中国历史文化名人传

神韵秋柳
王士禛传

李长征 著

作家出版社

中国历史文化名人传

组委会名单

主任：李　冰
委员：何建明　葛笑政

编委会名单

主任：何建明
委员：郑欣淼　李炳银　何西来　张　陵　张水舟　黄宾堂

文史组专家成员（按姓氏笔划为序）

王春瑜　王家新　王曾瑜　孙　郁　刘彦君　李　浩　何西来
郑欣淼　陶文鹏　党圣元　袁行霈　郭启宏　黄留珠　董乃斌

文学组专家成员（按姓氏笔划为序）

王必胜　白　烨　田珍颖　刘　茵　张　陵　张水舟　李炳银
贺绍俊　黄宾堂　程步涛

出版说明

　　中华民族五千年文明史中，涌现了一大批杰出的文化巨匠，他们如璀璨的群星，闪耀着思想和智慧的光芒。系统和本正地记录他们的人生轨迹与文化成就，无疑是一件十分有必要的事。为此，中国作家协会于 2012 年初作出决定，用五年左右时间，集中文学界和文化界的精兵强将，创作出版《中国历史文化名人传》大型丛书。这是一项重大的国家文化出版工程，它对形象化地诠释和反映中华民族文化的基本精神，继承发扬传统文化的精髓，对公民的历史文化普及和建设社会主义文化强国都具有重要而深远的意义。

　　这项原创的纪实体文学工程，预计出版 120 部左右。编委会与各方专家反复会商，遴选出在中国文化发展史上产生过重大影响的 120 余位历史文化名人。在作者选择上，我们采取专家推荐、主动约请及社会选拔的方式，选择有文史功底、有创作实绩并有较大社会影响，能胜任繁重的实地采访、文献查阅及长篇创作任务，擅长传记文学创作的作家。创作的总体要求是，必须在尊重史实基础上进行文学艺术创作，力求生动传神，追求本质的真实，塑造出饱满的人物形象，具有引人入胜的故事性和可读性；反对戏说、颠覆和凭空捏造，严禁抄袭；作家对传主要有客观的价值判断和对人物精神概括与提升的独到心得，要有新颖的艺术表现形式；新传水平应当高于已有同一人物的传记作品。

为了保证丛书的高品质，我们聘请了学有专长、卓有成就的史学和文学专家，对书稿的文史真伪、价值取向、人物刻画和文学表现等方面总体把关，并建立了严格的论证机制，从传主的选择、作者的认定、写作大纲论证、书稿专项审定直至编辑、出版等，层层论证把关，力图使丛书经得起时间的检验，从而达到传承中华文明和弘扬杰出文化人物精神之目的。丛书的封面设计，以中国历史长河为概念，取层层历史文化积淀与源远流长的宏大意象，采用各个历史时期最具代表性的文化符号与雅致温润的色条进行表达，意蕴深厚，庄重大气。内文的版式设计也尽可能做到精致、别具美感。

中华民族文化博大精深，这百位文化名人就是杰出代表。他们的灿烂人生就是中华文明历史的缩影；他们的思想智慧、精神气脉深深融入我们民族的血液中，成为代代相袭的中华魂魄。在实现"中国梦"的历史进程中，必定成为我们再出发的精神动力。

感谢关心、支持我们工作的中央有关部门和各级领导及专家们，更要感谢作者们呕心沥血的创作。由于该丛书工程浩大，人数众多，时间绵延较长，疏漏在所难免，期待各界有识之士提出宝贵的建设性意见，我们会努力做得更好。

《中国历史文化名人传》丛书编委会

2013 年 11 月

王士禛

目录

题记

秋柳是一个时代的意象。明末清初，朝代更替，满人一统中国。作为汉人士子，明遗后人，王士禛经历了怎样的心路历程？

秋柳，不是春柳，生机勃发，充满希望和期待；秋柳，不是夏柳，婀娜摇曳，娉婷曼妙；秋柳，也不是冬柳，把对春的希望深藏进霜雪的枝头。秋柳，是义士慷慨，是沧桑歌喉，是满怀生命希望却又不得不面对季节逆转的回眸一顾。秋柳，承载了春的生机和夏的婀娜，它骨子里的风流韵致，不得不承受秋风嘲弄。它才情奔涌，却不得不内敛；它激情澎湃，却泪眼迷离。那眼神中有几多逃避和畏惧、无奈和沉重、哀怨和忧伤。

但是，柳不是松柏，在墓道旁做无趣的挺拔；柳，也不是杨，在路边做孤傲的号啸；柳，不是槐，氤氲缱绻，忧思绵绵；柳，更不是枣树，忍受刀剥斧削，被奴役出果实。柳，自有自己的诗意生存，自有水边河曲的温柔敦厚，即使寒风砭骨，也要仰望天空；即使眼中含泪，也要抬头微笑；即使赞美潮起，也只颔首致意。这就是诗意之美，这是舞者的气度，这是草木中精神的贵族。

秋柳不言，却神韵自现。它仰望天空，天空就星光璀璨；它俯瞰大地，大地就鲜花盛开；它出处行藏，不着痕迹；它拥风抱月，挥洒风流；它心有无奈，却让自嘲有了诱人的芳香；它胸藏煎熬，却把煎熬打扮得诗意盎然……

风流秋柳，神韵无限。

第一章

命案背后的秘密

　　康熙四十三年（1704），九月二十一日。北京，正阳门内西侧，刑部署衙：刑部尚书王士禛坐在大堂内，满面泪水，一枚黄叶飘过来，满屋凄凉……

一、王五案

　　捐纳通判王五永远也不会想到，自己的名字会和一代诗坛巨擘王士禛联在一起而"名垂青史"。这王五本是一个泼皮无赖，因独眼，又无婚配，人送外号"光棍金眼"。这眼睛虽只有一个，身段却好，有点武功，好勇斗狠，在宛平一带也是有点名气。本来，王五就是街上惹是生非的主儿，没承想却认识了一个贵人——太医院吏目吴谦。

　　清代的太医院是给皇族和大臣看病的地方，别看是个业务单位，却也有行政级别。如：院长叫院使，正五品，相当于现在的厅级干部；副院长则叫院判，是个县级干部。其余则有御医和吏目，吏目是管理干部，类似财务科长、后勤主任之类。清代的太医院吏目有编制三十人，其中八品、九品各一半，这个吴谦就是一个保卫科长。因为吴谦在太医院混得久了，做了一些给五侯九伯、皇亲贵胄、达官显宦引荐御医、弄点名贵药材之类的事情，也就结交了不少有头有脸的人，所以也弄了个正八品的官儿。作为一个正八品的太医院吏目，吴谦让王五到宫中和六部做点事情可谓易如反掌。于是在王五的请托之下，吴谦便把王五引荐到了工部，做了一个匠役，干一些整理厕所、疏通下水道、换换门窗锁具以及揭瓦抹灰之类的活儿。

这王五倒也机灵，居然以工部干部的身份借势造势，狠狠把自己营销了一把。先是借在工部的身份炫耀自己的能量，吸引了一批不明真相的商人和朋友老乡请他办事。这种办事往往以钱开道，所有来人送的钱他照收不误，事办成办不成则另当别论。于是在极短的时间内，王五竟成了暴发户。

清朝当时因财政紧张，有个捐纳制度，就是拿钱可以买官，明码标价，捐多少钱，得多大官。（清代乾隆年间朝廷年总收入为白银四千四百万两，其中捐纳得银四百万两，占总收入的百分之九点零九。）就这样，王五以自己收的钱财，竟捐了个通判的官，身份一转，成了"公务员"，步入了仕途。

捐了官，也未必马上到任，因为捐官的人太多。就只有等，等有了空缺就可以补任。通判是个文官。在清朝，通判也称为分府，功能为辅助知府政务，分掌粮、盐、督捕等，品等为正六品。通判对州与府的行政长官有监察的作用，多半设立在边陲，类似于现今由上级直派的督察官员，以弥补知府管辖不足之处。虽是为上级督察地方官员而设，但是，其在地方还要掌管一定的实际行政事务。而王五也乐得不出京门，有了身份，继续在工部做事，而以这种身份在工部比以前收的银子更多了。

单说这吴谦，做了太医院的吏目后，有了些银子，便干起了放高利贷的生意。宛平县有个做药材生意的人叫薛应元，前年借了吴谦一百两银子的高利贷，而正值当年河北、山东等地遭遇大旱，田亩荒芜，颗粒无收。薛应元赔了生意，血本无回，可更着急的是吴谦，因为他的百两白银不要说利息，就是本钱也难以要回。

几经讨要无果，吴谦竟想起了王五。

这要账，其实也是一个技术活儿，最起码也得懂个软硬兼施、恩威并重。吴谦一介书生，肯定不谙要账的套路。王五本是个地痞，劫财越货的活儿他应该不陌生。于是趁夜色把王五叫来，几杯酒下肚，吴谦说出了原委。王五因得过吴谦恩惠，正巴不得找个机会报答吴谦，便拍下胸脯，一口应诺。

第二天，毒日如火，燥热难耐，王五找了几个过去在街上厮混的旧好，一路大摇大摆直奔宛平薛应元家。此时薛家已经失去旧日的繁华，偌大的院子只有一个仆人。这老薛先是磕头作揖，诉说自己的无助，那边薛妻也端上好茶款待不速之客。王五一开始二郎腿跷着，还哥哥长哥哥短地叫着，一看光说好话不奏效，便动了粗。他将独眼一竖，一抬手，将桌上的茶杯打翻在地："姓薛的，别的不说了，我们兄弟也没这工夫，挑明了吧，这钱还，还是不还？"老薛一怔，道："兄弟，真是还不了！容我来年想想办法吧！"这时，仆人上前想劝架，王五旁边的一人飞起一脚将仆人踹倒在地。岂知仆人也是个武人，哪里受得了这气，于是混战开始。这一下手就没有了轻重，尽管吴谦再三叮嘱别弄出人命来，但几个地痞怎顾得这些，每人都下了死手。不一会儿，薛妻、薛子及仆人已经血流如注，奄奄一息。王五见出了人命，便急忙收手，大呼一声，与众地痞四散而逃。

三条人命的案子毕竟是大案，又靠近京城，官府搜捕也快，不几日，王五等便被步兵统领托哈齐解押至刑部。

这本是一个逼索私债、致人死命的普通案子，但却因吴谦太医院吏目的身份而变得复杂起来。先是吴谦见死了人，死不承认是自己指使索债，把责任全推到王五身上，而王五这时也没了往日的义气，反咬是吴谦指使，现场是几个打手失手，自己并未参与斗殴。

吴谦这时也动用了关系，先是找到王府护卫色乐弼。这色乐弼虽是一个护卫，官小，但却是一个满人，在当时说话有些分量。色乐弼又找到了满人长史穆尔泰，而穆尔泰又与刑部云南司主事马世泰相熟。于是这个关系圈就形成了：两个满人托一个汉人为另外的两个汉人解脱。以清朝满人的地位，汉人马世泰尽管在这个关系圈中官职最高，但他也是乐得为满人办事的。于是，马世泰为吴谦疏通了关系，找到了刑部司员孙叔贻，让他帮忙开脱。这时孙叔贻满口答应，但提醒他，还有两个满司官。在清代，刑部设汉司官，同时还有满司官，为的就是相互制约。同审这个案子的还有关福和席尔满两个满司官。这个案子是三个人一起审的，孙叔贻是主审。在接受了马世泰的请托后，孙叔贻就先拟了判决决定：王五流徙，吴谦免议！之后，孙叔贻又指使吴谦给两个满司官送了银子，两个满司官也乐得这样，反正是你汉人主审，我们就假装不知，我们得了银子，责任还得由汉人承当，更何况将来有请托我们开脱的案子，你们汉人也得装聋作哑，贵手高抬，如此，何乐而不为？况且，案子最后还有堂官定夺，于是顺水推舟，这个拟判的结果就这样放在了刑部尚书王士禛的案前。

二、颇费思量

康熙四十三年（1704）的秋末，北京城内已有了瑟瑟寒意。刑部衙门位于正阳门内的西侧，在紫禁城的外面，此时院内已经飘落几多黄叶，那盛开的菊花告诉人们这是冬天来临前最后的鲜艳。七十一岁的王士禛本来就有疝气之疾，近两年频频发病，折磨得他面无血色、形容憔悴。而更让他受到精神打击的是：五月，被他称为"仙才"的弟子吴雯去世；六月，他的弟子、一代戏剧大师、《长生殿》作者洪昇在乌镇醉酒坠江身亡；六月初二，一代考据学大师、他的好友、著《古文尚书疏证》的阎若璩辞世；同月，被顺治皇帝誉为"真才子"，在没有任何科举功名的情况下，直接以一部《读离骚》的杂剧被授永平推官的尤侗以八十岁高龄卒于乡中；八月，好友、康熙十一年（1672）殿试状元、《大清一统志》的总裁官韩菼离世。整个文坛一片呜咽。而在此时，老家淄川又闹旱灾，哀鸿遍野，饿殍遍地。一个个老友的去世，一个个不幸的消息，使王士禛心里笼罩着巨大的阴影。

实际上，早在三年前，王士禛已经有了致仕的想法。那年春天，那次经筵后的大病让他伏枕四十多日。当时，他以六十八岁的病躯支撑刑部公务，着实有些力不从心，于是以"恐部务废弛"为由，具疏乞休沐，归里为父母迁葬。

康熙知道了王士禛的请求后，对王士禛做了一番意味深长的评价，让王士禛感激涕零。康熙说："山东人性多偏执，好胜挟仇，昔李之芳、孙光祀、王清其仇迄今未解，惟王士禛则无是也。其诗甚佳，居家除读书外，则别无他事，若令回籍，殊为可惜，着给假五月，不必开缺。"

身居要职，国之重器，给五个月长假，而且明确这个职位还给他留置，这是多么大的信任！

而康熙对山东人似乎没有多少好感，早在康熙二十一年（1682），内阁大学士、王士禛的新城老乡冯溥致仕的时候，康熙就传谕说："朕闻山东之仕于朝者，大小固结，彼此援引，凡有涉于己私之事，不顾国家，往往造为议论，彼唱此和，务使有济于私而后已。又闻其居乡，多扰害地方，朕皆稔知其弊。冯溥久在禁密之地，归里后可教训子孙，务为安静。"①看来，康熙对山东人爱结圈子、搞小帮派，为私利而不顾大局的种种脸孔是了然于心的，但"惟王士禛则无是也"，这真是对王士禛人品的莫大欣赏和肯定。

黄叶飘到王士禛的脚下，他睁开已经昏花的老眼，戴上四年前康熙亲自送给他的那副西洋眼镜，眼前似乎清晰了许多。看到这副眼镜，王士禛心里温暖了许多。那是在康熙三十九年（1700）的十月初六，庚辰科的武进士一百人的阅卷在太和殿进行，他和熊赐履、张英等一同被皇上召去看卷。那晚，他看卷至一更天，眼睛昏花，几欲晕倒。这时，康熙来了，他亲切地问王士禛的年纪，让他注意身体，又让侍卫给他送上一个稀罕玩意儿——西洋眼镜。这副西洋眼镜也成了他对康熙温暖的记忆。

① 《圣祖实录》（二）卷一〇四。

就在这个黄叶飘飞的刑部大堂，一向以敦厚著称的王士禛曾有一次大发雷霆——

那是他刚到刑部尚书任上的第一年（康熙三十九年），他审得一案：北城有个叫徐起龙的，女儿嫁给了一个叫冯继隆的人，而婆母曹氏是一个淫妇悍妇。刚嫁到冯家没几天，这个淫妇竟带来了她的两个情夫，一个是地痞，叫辛二，一个是和尚，叫宣召。在曹氏的怂恿下，这两个人竟要逼奸新娘。新娘不从，曹氏和她的这两个情夫竟拿烧得红通通的烙铁威逼，新娘就这样被奸淫了。过了两个月，他们才让新娘回到娘家。女儿回家，向父亲徐起龙哭诉。徐起龙怒不可遏，带着表弟侯六找到曹氏家门，一顿痛揍。曹氏报了官府，而官府来了人，不由分说将徐起龙和侯六抓了起来。刑部定案时，不知道为什么，以私入民宅、打砸抢劫为名将徐起龙兄弟打入大牢。王士禛在访得实情后，怒发冲冠，他几乎把那个定案的文书撕得粉碎，摔到堂下，对到堂汇报的满汉官员怒吼道："你们是不是惧怕曹氏的势力？你们这是在徇情枉法啊！你们究竟吃了曹家多少贿赂？竟敢拿这样的文书来骗我！天地神明你们都敢欺，安的什么狗肺狼心！"

王士禛当即把徐起龙和侯六释放，并将曹氏、辛二和和尚宣召缉拿归案，动用大刑。三人皆伏罪，按律定拟！徐起龙女儿也离婚，回到父母身边。

士不可不弘毅！王士禛的这次诗人豪气赢得了朝野喝彩！

然而，七十一岁的老人王士禛这次却没有了喝彩声，他可能真的是辜负了皇帝的信任。一个小小的王五案却给他最后的仕途一个大大的趔趄，并且成了他背负到生命终点的污垢。尽管几百年来一直有人为他清洗，却总是洗不去这污垢带来的阴影。

王士禛将刑部侍郎陈论传唤到书房，讨论王五的案子。陈论出身于被称为"一门三宰相、六部五尚书"的浙江海宁陈氏家族。陈论当时是右侍郎，他的意见自然重要。陈论道："司寇大人，王五与吴谦都是案件当事人，一个指使，一个亲临作案现场，但都不是杀人者，然而论谁都难逃其罪。而一个流徒，一个免议，未免差距太大了吧？要么都从重，要么都从轻。"陈论的观点实际上是很符合王士禛的刑罚思想的，他温柔敦厚的性格，使他总是站在从轻的原则上处理案子。在他看来，"失出"总比"失入"更稳妥一些，毕竟，人命关天啊！看着王士禛陷入沉思，陈论又道："吴谦是太医院吏目，是个八品官，而王五虽是匠役，却也是捐了个通判的官职。同为朝廷命官！更何况王五捐的官比吴谦还要高。在本案中，王五是参与者，而说到底，吴谦也是主谋，将王五判得如此重，而吴谦却免议，失之妥当。妥协的办法是：既然吴谦免议已决，不如将王五减刑，改为革职。"

陈论的说法正合了王士禛的心意，而这个和稀泥的办法，却给他酿了一杯终生遗憾的苦酒。

与司官的设置一样，堂官在清朝也有两个，一个汉尚书，一个满尚书，这个满尚书就是安布禄。安布禄看到这样的判决，自知不公，可又不愿直接跟王士禛明说，于是就采取了官僚最爱用的办法：拖！议而不决，最后只有让皇上定夺！

三条人命的案子，主使者一个革职，一个免议，当这个案子放在康熙的龙案上时，就出大事了！

康熙震怒！震怒的缘由，恐怕也是康熙对王士禛积攒下来的怨气的借题发挥，这里暂且不说。只说这皇帝的怒气要是来了，只怕会翻天覆地——案件马上交由三法司会审。

我大清朝清正廉明，体恤民生，怎容官官相护、草菅人命？皇帝一怒，再小的事也要严查。一会审，问题都出来了，说情的、行贿的、枉法的牵出了一串。王士禛也大吃一惊，原来背后有这么多人在关注这案子。会审结果很快呈到康熙的龙案上，这边左都御史舒辂马上呈奏："光棍金眼"王五逞凶毙命，应斩；吴谦同谋作案，应绞；刑部审讯既已延迟，又不审出实情，又为解脱，应将满尚书安布禄等降职调用。很快，圣旨下：刑部前审此事，明系隐蔽，尚书安布禄降三级留任，尚书王士禛、侍郎陈论俱降三级调用。

但事情还没有完，王士禛的前任叫李振裕，当时任户部尚书。此人喜欢舞文弄墨，却才气平平，平时有点投机钻营、阴阳怪气，王士禛还真有点瞧不起他，于是就有了点龃龉。这时李振裕认为是难得的好机会，就又趁机参了王士禛一本，无非就是王士禛执法历来就有问题，失出法严，整日沉迷诗文唱和，不理政事之类。

王士禛的厄运终于来了，圣旨下：王士禛"坐瞻徇革职"。坐，即为定罪；瞻徇，徇私枉法也；革职，削职为民也！

三、失出法严？

七十一岁的王士禛在经历了入京后四十三年鸿翔鸾起的坦途后，迎来了他人生最大的一次低谷。京城中萧瑟秋风今又起，只是换了不同的心境。一片黄叶吹进房中，似一只眼睛怔怔地看着这位老人。此时，两行清泪已流过诗人的脸颊。他遍索自己的大脑，然后一遍遍翻阅和放大王五案的每个细节。他想弄明白，自己的失误究竟在哪里。

往事像风中的黄叶，撒满他的心头。他不得不一片又一片捡起，检索着往事，检索着岁月。

这又是一个甲申年，想到上一个甲申的改朝换代，他那时只有十一岁。明朝的崇祯皇帝自缢，王士禛的伯父王与胤携夫人于氏、儿子王士和自尽殉明，王士禛随祖父、父亲避祸山中。风乍起，满山的黄叶鸣咽，而那鸣咽声中却分明还有坚强的希望，而这次在经历了鹤唳华亭之后，那泪水也分明充满了沮丧和痛苦。

而此时，更加懊恼的还有一个人，他就是康熙。除了懊恼，康熙还多了一分愤怒。

康熙八岁（1662）登基，八年后，十六岁的康熙扳倒鳌拜亲政。再过八年（1678），康熙二十四岁的时候，吴三桂病死，三藩之乱基本平定。康熙三十二岁（1686）时，清政府收复台湾，设立了台湾府。康熙的经历，恰恰印证了《黄帝内经·上古天真论》中的一段话："丈夫八岁，肾气实，发长齿更；二八，肾气盛，天癸至，精气溢泻，阴阳和，故能有子；三八，肾气平均，筋骨劲强，故真牙生而长极；四八，筋骨隆盛，肌肉满壮……"每一个八年，好男儿康熙总有一个可大书特书、功德圆满的事情发生，这也真是应了天意。

康熙的过人之处在于他的文韬武略，他一生马上征战，是一位杰出的军事家和政治家。他一生对汉文化充满迷恋，对诗词歌赋钟情有加。康熙一生作了一千一百四十七首诗词，可谓高产作家，而对诗词的热爱使他迫切需要有个亦师亦友的人常伴左右。于是，在他二十二岁（康熙十五年）的时候，年轻的皇帝也许遇到了写诗中的难题，也许是想重造国朝的文鼎，就问："各衙门中，谁的诗文最好？"这时，首相李高阳（李霨）推举了户部郎中王士禛。到了第二年，康熙在经筵讲学之后，又用同样的问题问了大学士张英，张英毫不犹豫地说，是王士禛。康熙这时心里有数了，但他并不急于要见王士禛，因为，那时他还没有闲工夫去吟诗作赋。直到了第三年（1678），也许是三藩既平，康熙也终于有了闲暇，想再次攻读诗词了，便又想起了王士禛。于是，懋勤殿召见，并出题面试，之后特旨传谕："王士禛诗文兼优，着以翰林用。"授翰林院侍讲（后改侍读）。部曹小吏改为翰林词臣，大清建国以来，还是首例。

这在当时是了不起的事情。你想，郎中和侍读，官品一样（从五品），但地位却不一样，原来可能终生见不到皇帝，现在每天陪在皇帝左右，成了皇帝的近臣，每天值班南书房，这不是"异宠"是什么！

然而，对王士禛将"羚羊挂角，无迹可寻""不着一字，尽得风流"作为诗论，康熙是接受的，但将此作为处世之法，康熙却不敢苟同。大力整饬吏治、奖廉惩贪，赏罚严明甚至崇尚用重典的康熙皇帝，在面对王士禛"失出法严"的执法理念时，不能不头痛。

如果把法律比作一个密密实实的大网，那么，一支箭从法网中穿过，就是找到了法律的漏洞，而"失出法严"的意思，无非就是钻法律的漏洞。

对于王士禛的"失出"，康熙其实是有感觉的。就在王五案的前不久，刑部呈上一个案子：江苏镇江的陈蒂生、陈潮父子二人，将邻居陈大胜打死，起因就是陈大胜屡盗陈蒂生家的牲畜。陈蒂生在忍无可忍之际，与儿子陈潮将陈大胜逮个现行，父子俩怒不可遏，竟下了死手，陈大胜一命呜呼。王士禛初审此案，便同意了江苏督抚的初拟结果：以陈蒂生年老为由，认定陈潮是凶手，判陈潮在狱中等候执行绞刑。然后又援引"存留养亲"的律条将其免死。所谓"存留养亲"，就是当子孙犯了死罪，如果父母、祖父母仍在世并无人抚养时，便可免除死罪以便安养父母。

存留养亲制度是中国古代独有的一种刑罚制度，从北魏入律至清末修律，一直作为中国古代法律家族化、伦常化的一个具体体现存在于律条中，它存在的思想基础就是孝道。倒是现代，这个有积极作用的条文，在"法律面前人人平等"的原则下被废除了。

王士禛判决陈蒂生父子这个案子时，他的考量也许是想保全两条性命，先保了年老的"老子"，后又以"存留养亲"为由保住儿子的性命，可谓一举两得。

但皇帝也有皇帝的考量！

因为是命案，必须报皇帝，康熙眼里不揉沙子，一见此案，顿生疑心：存养律条规定，被存养的人首先不应是案犯，而此案中，陈蒂生不是主犯也应是教唆。于是发回刑部重审，审定结果：陈蒂生罚杖一百，念其年老，以罚金代刑；儿子陈潮则以杀人罪绞监候，不得减刑或免死。

看来康熙看得更清楚：一、陈蒂生有生活能力；二、他还是主谋杀人者。至于陈潮的孝道当是其次的，如果留下他去孝敬一个杀人犯，可能于法于情都不能讲通。

康熙认为，王士禛是错引了律条，甚至是钻了法律的漏洞。在人命的问题上，王士禛屡屡轻判，这与其说是尊重生命，不如说是赏罚不明。康熙觉得，王士禛不是政治家。政治，必须下狠手，否则，温柔敦厚所带来的必将是政治上的一团混沌。

王士禛，这位词臣出身的官员，在诗歌和人品上，也许甚得康熙赞赏，但是，作为一个执法的大司寇，康熙还真的不满意。

四、皇帝、太子、诗人

这时，应该还有一个痛苦的人，他就是理密亲王，即太子胤礽。

胤礽是个倒霉蛋，两立两废。大清朝本来没有立太子的传统，但这康熙痴情，他最宠爱的孝诚仁皇后十二三岁就与他结发，结果在生胤礽时难产而死。康熙把所有的感情转移到了胤礽身上，不但对其十分宠爱，还在胤礽六岁的时候就预先将其册立为太子。

这皇太子究竟是个什么脾气的人暂且不说，先说他爹是怎么教育这孩子的吧。为了让皇子们受到最好的教育，康熙将全国最好的教师召来为皇子们上课，不但教文，还亲自教他们骑马射箭。有一天康熙心血来潮，在教皇子射箭时，让随行的老师徐元梦也一起试试。徐元梦虽是个满人，但却是文人出身，根本不懂骑射，不但不会，连个弓都拉不开。康熙就说："我们打下天下，就靠这个，你是满人，连个弓都拉不开，真是满人的耻辱！"

偏偏这徐元梦迂腐，还想争辩几句："臣是来教文学的，不是来教骑射的。"

徐元梦说得也在理，一文一武，两码事嘛！动拳头打仗和写字作文怎么会是一回事啊？孰料这一辩不要紧，康熙正憋着一肚子气呢：好，老家伙，还敢争？打！往死里打！

于是，在胤礽这群皇子面前，老师被扒开衣服露出屁股，一直打得皮开肉绽。这还不算完，康熙一怒：滚蛋，离我远远的，这无能之辈，我不用了！削职为民！将徐元梦及父母一家老少，全都发配到黑龙江！

稍稍平息一下，一想：不对啊，现在就让他走了，太子不就没人教了？不能让太子的学业耽误了！

就这样，在没有找到代课教师的情况下，康熙吩咐：叫太医！给这老家伙疗疗伤、上上药，太子的学业不得耽误，第二天必须正常上课。

第二天，正值大雨，浑身是伤的徐元梦大雨中跪着哭着求情，让御前侍卫代转奏自己父母年老体衰，请求代父母发配千里之外。这时康熙气消了，也觉得自己做得过分了，便降旨徐元梦官复原职，父母也免于流放。

这情景胤礽是亲眼看到的，什么尊师重教、师道尊严，统统都是放屁！我皇权最高，我最高贵，唯我独尊，其余都是奴才！你想，从小受到这种熏染教育，这人格能是健康的吗？他还能去关心别人、体贴别人、爱民如子吗？

康熙在皇子面前如此对待老师，说他受到报应，也是活该！康熙二十九年（1690），他御驾亲征与噶尔丹交手，没想到在途中却发起了高烧。人在病中，特别思念亲人，于是特地从京城将皇太子胤礽和三阿哥胤祉接过来。但胤礽来了，却让康熙失望了。看到父皇天颜消瘦，这个十六岁的皇太子却一脸冷漠，既无忧戚之意，也无良言宽慰。看到儿子对自己的病情不理不睬，对将士们却呵斥倍加，对战事也不管不问，甚至还与将士终日玩耍。想到自己八岁丧父，母亲重病时，自己"朝夕虔侍，亲尝汤药，目不交睫，衣不解带"，母亲死的时候，自己昼夜守灵、水米不进、哀哭不停，康熙不由叹道："我这是养的个什么儿子啊！"于是，厌恶之情顿生。

从心理学角度分析，这个胤礽是有情感冷漠症的人。这是一种病，表现为对情感欠缺反应，表达迟钝、麻木，以自我为中心，对人或事无兴趣、无责任感，不会关心人，不喜与人打交道。即使与自己最亲近的家人，也无法建立真实的、深刻的情感依赖。而这种病的形成，与早期的教育也有直接的关系。

由此看来，以后胤礽被废，也是顺理成章的。关于太子究竟是什么脾气的人，《朝鲜李朝实录》"中国史料"中说："闻太子性甚悖戾，每言古今天下，岂有四十年太子乎？"你想，一个太子整天嘟囔"我当了四十年太子了，还坐不上皇位"，天下哪有这事？这不是咒康熙早死吗？这当爹的能不厌恶吗？康熙也说他"不尊祖德，不尊朕训，专擅威权，鸠聚党羽，潜谋大事"。至于《清史稿》中说他博览群书，熟谙文学，仪表端庄，在同龄的皇子中是最完美的，在宫廷内没有不称赞的，这些话，估计也是溢美之词。康熙对他的评价，也许是最恰如其分的。太子地位的动摇，也是从这次探望父亲开始。而种下这祸根的，自然还是康熙自己。

皇宫内有个詹事府，这个詹事府其实就是管理太子事务的衙门，同时还负责太子的学习和教育。既然有这个功能，就得选人品好、学问高的人陪伴太子左右。最初设这个机构的是明太祖朱元璋，他说："辅导太子，必择端重之士。"于是，在康熙二十三年（1684）十月，五十一岁的王士祯，这位忠厚老实、才华横溢的饱学之士，从国子监祭酒迁詹事府少詹事兼翰林院侍讲学士。

所谓少詹事，其实就是副手，还有一个詹事，是正职，叫沈荃，另一个少詹事叫周之麟。沈荃的书法名倾朝野，而王士祯的诗文更是一时之冠，周之麟则擅长历史。文、史、书法都是顶尖的老师，这太子肯定应该教育得不错了吧？

实践证明：最好的老师未必能教出最好的学生！

到了十一月，王士祯奉命祭告南海。第二年九月，在回来的路上，他接到父亲去世的消息，于是回家奔丧，丁忧三年。直到康熙二十八年（1689）底，才回到京城，其间整整五年。回来后两个月，又升任都察院左副都御史，和太子朝夕相处最多也无非三个月。

以王士祯的性格，与一个十几岁的小孩相处，应该不会有什么特殊的事情发生，更何况这是一个未来的皇帝。王士祯尽心尽力教他诗词歌赋，在后来的记载中，有太子"赓咏斐然"的说法，就是依韵作诗，出口成章。而这，也正是王士祯的强项。也就是说，太子在吟诗作赋方面，的确得到过王士祯——这位大师级人物的真传。而尽管太子与王士祯只有三个月的师生之谊，但他们的诗词唱和却能延续二十年。一个皇太子学生，一个大师级老师，胤礽的这个爱好能得到老师的回应，他当然会乐此不疲。而王士祯即便是应付，也绝不会推托，一唱一和，你来我往，这个文字的游戏就这样牵着王士祯与太子玩了二十年。由于以后太子被废，我们极少能看到王士祯与这位太子的唱和之作，个中原因，大概是王士祯在编选集子的时候故意省去了这一部分。

　　王士禛死后一百余年，一位皇族叫昭梿的，写了一本《啸亭杂录》，其中记述："渔洋先生入仕三十余年，因与理密亲王酬唱，为上所怒，故以他故罢官，殁无恤典。"这个观点之所以被人们认同，是因为昭梿是个皇族，能知道许多宫廷的内幕。康熙第一次废太子是在康熙四十七年（1708），王士禛被罢官是在康熙四十三年（1704）。康熙废太子这事，也绝不是心血来潮，而是多年愤恨积累的结果。也就是说，康熙看这个太子不顺眼，是多年的事了，只是下不了废太子的决心，拿太子身边的人撒气，王士禛可能正撞在康熙的这个枪口上了。王士禛与胤礽不断的唱和，恰恰无意之间触动了康熙的隐痛之处：这儿子这德行的，就是你们这帮老师教得太不用心！由此来看，罢王士禛的官，还真的不是一个王五案那么简单！

　　老先生走了，这个胤礽能不痛苦？

第二章

一只『改朝换代』的鸡

崇祯十五年（1642）十二月，"南略"的清军突然杀了个回马枪，新城全城遭受屠戮，王氏家族四十八人惨死。王氏一家到长白山避祸，祖父王象晋闭门谢客，亲教诸孙。山风凄凉，但读书声琅琅。

一、家族的传奇

大厦将倾，似乎是有一些预兆的。

崇祯四年（1631）七月十七日夜，湖广地震，常德、澧州尤甚。常德府武陵，夜半地震有声，黑气障天，井泉泛滥，地裂孔穴，浆水涌出，此次地震波及湖北、湖南、江苏、浙江等地，南京也有震感。

王象春此时刚刚卸任南京吏部考功郎，回到家乡新城。王象春正是王士禛的同宗叔祖父。

新城王家在明末是一个传奇。

王士禛在《渔洋山人自撰年谱》中对王氏家族起源有一段记载：

> 始祖讳贵，迁济南新城，著籍焉，称琅琊公。
>
> 公居诸城，古琅琊地也。当元末白（花）马军乱，公祖击之，杀一贼，度不能抗，乃避居新城之曹村，为某大姓佣作。一日大风晦暝，有一女子从空而堕，良久既霁，公于尘坌中得之。云即诸城县初氏女也。晨起取火，不觉至此。时公方鳏居，女子年十八九。主人以为天作之合，遂令谐伉俪焉。二世祖讳伍，有善行，称善人公。三世至颍川公，而读书仕宦。四世至太仆公，始大振家门。二百年来，科甲蝉联不绝，皆夫人所出也。

大致意思是：王家的始祖叫王贵，迁到济南府新城县落了户，人称琅琊公。元末花马之乱的时候，王贵杀了元军的人，眼看不能抵挡时，就避居新城曹村，给人当长工。一天，刮大风刮来个姓初的女子，让王贵捡到了，并在王贵扛长工家主人的撮合下结为夫妻。这位初氏夫人，就是新城王氏家族的老祖母。

这个神话见之于族谱，族谱最早是由五世王之垣整理，王之垣应该是听颍川公（三世王麟，王之垣的爷爷）说的，但这个传说基本上是不靠谱的。神话传递出来的信息是：初夫人的来历很神奇，王氏之所以发达，就是因为有通灵的血统。这个神话在王之垣、王象乾那个时期就传之于朝野士子，且越传越奇。如万历二十九年（1601）至万历四十四年（1616）间在山东做官的谢肇淛在《五杂俎》中写道：

> 国初山东历城王氏方鳏居，一日，天大风，晦冥良久，既霁，于尘坌中得一好女子，年十八九，云外国人也，乘车遇风，欻然飘坠，遂为夫妇。今王氏百年科名，贵盛无比，皆天女之后也。

这已经差不多把初氏夫人捧到仙女那个层次了。王氏家族也是仙女之后，二百年来科甲蝉联不绝，是因为这个家族非凡人之后也。这恐怕是当初王贵编瞎话哄孙儿的时候所始料未及的。

且看这个家谱（见后页）：

王氏家族的辉煌经历大体是这样的：

王贵之后的王麟最有出息：十四岁保送国子监！你想，一个农民家的孩子，没有任何背景，就凭本事上了国子监，这确实不同寻常。国子监是国家最高学府，国子监学生的来源，一个是贵族子弟，一个是各地（府、州、县）官学的优等生保送过来的。国子监毕业的学生可以跳过举人直接考进士，考不上进士也基本上国家包分配，上了国子监，稳稳地能捞个一官半职。王麟得到的职位就是颍川王府教授，也就是教颍川王的子弟们读书的教师，不过这个王府教授是在正式公务员编制内的，从九品（相当于现在的副科级）。王麟先生的伟大之处在于：他带动了整个王家读书进取的风气，王氏家族的文脉也肇始自王麟。

王麟有八子，其中，王重光是王家家族振兴举足轻重的人物。王重光是嘉靖二十年（1541）进士，是王氏家族的第一个进士，官做到了户部员外郎。但因惹到了严嵩一党，他被平级调动，远远地打发到贵州布政使司左参议（从四品）任上。嘉靖三十六年（1557），北京皇宫大火，烧毁奉天、谨身、华盖三大殿，诏令王重光从贵州采伐大木，修建新殿。为征集修复皇宫用的大量木材，王重光深入崇山峻岭中的少数民族反叛地区，恩威并施，入果峡口、大落包、雾露沟等地督兵伐木，圆满完成使命。

嘉靖三十七年（1558），王重光积劳染病而死。

嘉靖四十一年（1562），三大殿竣工，朝廷"追叙前烈"，追赠王重光为太仆寺少卿（正四品）。并在贵州永宁为王重光立祠以祀，命名为"忠勤祠"。

王重光死后三十年，其次子户部左侍郎王之垣、长孙兵部尚书王象

新城王氏世系简表

贵 —→ 伍 —→ 麟

耿光　重光　恩光　文光　化光　国光　近光　观光

近光：建中　时中

之屏　之藩　之盐　之都　之翰　之垣　之辅　之赐　之武　之城　之猷　之栋

象兑　象壮　象奎　象云　象咸　象颐　象寅　象随　象坤　象泰　象乾　象贲（入嗣）　象晋　象蒙　象震　象斗　象节　象良　象孚　象益　象明　象恒　象复　象鼎　象丰　象春　象曾

与广　与端（入嗣）　与籽　与章　与胤（入嗣）　与龄　与胤（出嗣）　与朋　与敕　与宪　与政　与阶　与文（入嗣）　与仁

士梓　士泌　士琦　士勔　士懋　士和　士瞻　士鹄　士雅　士熊　士良　士禄　士禧　士禛　士祜　士蟱　士骥　士楚　士攀

启沉　启淳　启泓　启博　启泽　启洁　启涛　启演　启沅　启浣　启洛　启溶　启滔　启沉　启深　启淮　启涫　启濂　启涑　启汧　启汸　启泽　启座

乾为首的子侄们，认为"岁时常酹①，贵州祠远，不能近祀"，"家乡无祠，雅不称成功之盛德"。于是奏得万历皇上的恩准，于万历十六年（1588），在家乡新城又立忠勤祠。

王家自此开始了官宦世家之途。

在光字辈中，出仕者还有：王耿光（王麟长子，马湖府经历）、王近光（王麟第七子，太医院吏目，七品衔）。

到了第五世之字辈，人才开始涌现，进士至少有三个，举人若干，官职上知府、知县一群。其中最有成就的是王之垣。

王之垣是王重光次子。嘉靖四十一年（1562）进士，累官至户部左侍郎（第一副部长）。王之垣官声良好，但他之所以在历史上能留名，是因为他做了一件很有名、也为世代士子诟病的事：杖杀了思想异端——何心隐（本名梁汝元，字柱乾，号夫山）。

何心隐，是王阳明心学的一个分支——王艮的泰州学派的大佬。当时的首辅张居正以反对空谈和牟利、集中力量干大事为名，于万历七年（1579）正月下诏毁掉全国书院约六十四处。

在张居正时代，讲学诸子中最著名的是江西人何心隐与福建人李贽，都是王阳明学说的传人，先后在湖北孝感和麻城讲学。他们学问精深，是中国历史上少见的大思想家。这二位在讲学中讥讽宋明理学，挑战传统社会秩序，评论当朝时事，被保守派视为"非圣无法"的异见分子。

张居正认为他们是思想异端，扰乱了他的改革大计。万历四年（1576），何心隐被通缉，罪名是聚集门徒，扰乱时政。该着这个何心隐倒霉，被时任湖广巡抚王之垣逮到了，结果，被王巡抚杖毙于狱中。

李贽曾撰文为何心隐喊冤，说王之垣是为了讨好张居正，并说是张居正授意王之垣逮捕和杀害了何心隐。李贽说，张居正与王安石一样，都是思想文化上的专制主义者，都不如春秋时期的子产②。张居正追杀

---

① 酹：祭奠。
② 子产：春秋时期郑国政治家、改革家，其改革不毁乡校、给民众以议政空间，不轻易为民意及同僚的异议而动摇，坚决推行自己的改革。

有不同意见的人，显然比王安石更恶劣。

持这种观点的首先是那个著名的老愤青邹元标，他在《梁夫山传》中说："巡抚夷陵（之垣）惟知杀士媚权，立毙杖下，呜呼！"张居正死后，王之垣称病回乡。但这时，有个山东的监察御史叫赵崇善，又向朝廷上疏，提出要求追劾王之垣杀何心隐一事。幸亏王之垣据理力争，加之朝中一些大臣的有力奥援，才使王家幸免于难。

这算是王之垣留下的一大污点。后人对此多有议论。王家后人也多为王之垣洗白，如王士祯在他的《池北偶谈》中就曾记下这样一段文字，极力为曾祖父辩白，并言赵崇善"其言比于狂吠"。

何颜伪道学①

何心隐在万历间，屡变姓名，诡迹江湖间，所胁金帛不赀。尝游吴兴，诱其豪为不轨；又与一富室子善，偕之数百里外，忽曰："天下惟汝能杀我，我且先杀汝。"绁②之湖中，取其家数百金，然后纵之。其党吕光者，力敌百夫，相与为死友。又入蛮峒煽惑，以兵法教其酋长，事闻于朝。先曾祖时为湖广巡抚，捕之，获于岭北，置诸法，罪状昭然。有御史赵崇善者，挟私憾，追劾先公杀心隐媚江陵。而推心隐讲学时，先曾祖久以户部侍郎养亲家居矣。虽事之本末自有公议，而崇善捷捷幡幡③，良可畏也。此事之详，具载大宗伯周寅所（应宾）先生《识小编》。王弇州（世贞）先生《别集》，其所载颜山农挟诈赵文肃千金，与奸良家妇为心隐所殴事，尤丑。山农，即心隐讲学师也。道学狼籍至此，可叹可叹！崇善此疏，刻入万历疏钞，或未详何、颜颠末者，恐辄信之，聊复述及，以质公论云。

这里的颜是指颜山农（名钧，字子和），也是泰州学派的传人、何

---

① 《池北偶谈·谈献六》。

② 绁：羁，捆绑。

③ 捷捷幡幡：巧言轻率貌。

心隐的老师。这哥们儿是个奇人，号称人应率性而为，"贪财好色，皆从性生，天机所发，不可阏之，第勿留滞胸中而已"。于是，当性情来了，他就在讲课的时候躺在地上打滚，见到色美良家妇女就把人家按到地上强奸。而何心隐也是因为感觉到一个富家子弟能杀他，所以就先把富家子弟杀了，这种杀人越货和男盗女娼的勾当难道可以用他们精良的学问相抵吗？杀了何心隐，也让王之垣背负骂名？王士禛觉得自己的太爷爷太冤枉了，应"以质公论"，还历史一个清白。

到了第六世，王氏更是如日中天，象字辈居然出了九个进士。

王象乾，王之垣之长子、王重光之长孙，隆庆五年（1571）进士，累官至兵部尚书，总督蓟辽事务。年轻时就和蒙古兄弟比射箭赛喝酒，与蒙古各部气味相投，蒙古人很买这位王大人的账。他深知这些蒙古人的劣根，与蒙古人喝着酒、划着拳，再送些美女珠宝之类，玩着就把许多事情摆平了。

万历四十七年（1619），万历皇帝可能很欣赏王象乾的做派，追封其三代，曾祖父王麟、祖父王重光、父亲王之垣都追赠光禄大夫、柱国、太子太保、兵部尚书。地方政府在新城县建四世宫保牌坊，以纪念此恩典。这座牌坊竟能历四百年留存至今，默默宣示着新城王氏的荣耀和功勋。

王象春，即本节故事事主，王重光的孙子，是王重光七子王之猷第五子，万历三十八年（1610）进士，榜眼，全国第二。而著名的文人钱谦益，与王象春是同榜，无非弄了个探花，列王象春之后。

王象晋（1561—1653），王之垣第三子，王渔洋之祖父，明万历三十二年（1604）进士，历官浙江右布政使（省级干部），二品，自号名农居士。他用十多年的时间编撰了一部二十八卷四十余万字的农业巨著《群芳谱》。

除了以上三位进士，另外六位进士分别是：王象坤、王象蒙、王象斗、王象节、王象恒、王象云。

到了第七世与字辈，王氏家族遭遇明灭清兴的战火，历经辛未之难（1631）、壬午之乱（1642）、甲申之乱（1644），与字辈精英人物凋零殆尽。

第八世，以王士禄为首，王氏家族出了五个进士，王士禄（顺治十二年进士）、王士梓（王之都曾孙，顺治十八年武进士）、王士禛（顺治十五年进士）、王士骥（王象丰孙，王与玟子，康熙三年进士）、王士祜（康熙九年进士），家族开始中兴。其中，王士禄、王士祜、王士禛为亲兄弟，王与敕之子。王士禛累官至刑部尚书，创"神韵说"，康熙喜其诗，被士人推崇为清初诗坛领袖。钱谦益称之为："新城王氏门第，大振于烟硝火烬之余。"

第九世启字辈，出了七个进士，但仕途成就渐趋惨淡。

通过一个表格可以简要了解王氏家族的科举状况，和其在新城县科举中所处的位置：

王氏家族科举一览

年代 \ 级别	进士	占新城全县比例	举人	占新城全县比例	贡士	占新城全县比例
嘉靖元年至崇祯十七年	25	35.8%	51	20.7%	115	21.7%
顺治至康熙年间	30	51.9%	50	11.8%	118	15.1%
雍正至清末	6	25%	26	21.3%	110	47.3%

好了，我们还是书归正题，继续说王象春的故事。

万历四十年（1612），王象春任顺天乡试同考官，因一同考官被揭发舞弊，王象春遭受牵连。经刑部追查审理，历时两年，方弄清事实。王象春饱受精神折磨与迫害，只得告病回原籍新城。到了万历四十五年（1617），王象春才重回官场，先至北京任上林苑典簿，后长期在陪都南京任职，历任大理寺评事，兵部、工部员外郎，擢至吏部郎中。

以钱谦益的评价，王象春"雅负性气，刚肠疾恶，扼腕抵掌，抗论士大夫邪正，党论异同。虽在郎署，咸指目之，以为能人党魁也"。以这种性格，自然在官场中难有得意。而这种趾高气扬的性格，在平时顶多得罪几个人，而这次王象春却得罪了一个不一般的人，最终因为这个事件，竟改变了历史的走向。

二、孙元化的部队

说起王氏家族与明清改朝换代的关系，就不能不从源头说起。

明朝末年，后金起事，努尔哈赤的后金军队在辽东地区攻城拔寨，明朝十分畏惧。天启二年（1622），袁崇焕修筑以宁远（今辽宁兴城）为起点，锦州、松山、杏山、大凌河、小凌河、右屯等五十四座城堡为一线的著名的宁锦防线。

天启六年（1626）正月十四日，努尔哈赤统率八旗军六万余人，从沈阳誓师出发，渡过辽河，直逼宁远。

袁崇焕誓死卫城。这时，他从山海关调来的十一门红夷大炮发挥了决定性作用，努尔哈赤受到了他对明战争以来第一次挫败，并在这次战役中被炮火击中一命呜呼。

努尔哈赤死后，他的儿子皇太极继位，皇太极于一六二八年五月再次发动战争，进攻宁远、锦州。

这次，袁崇焕继续利用红夷大炮，再次取得宁锦大捷。

明朝在宁远之战中看到了红夷大炮的威力，便接受徐光启的建议，从西洋聘请专家，自己开始研发红夷大炮。

徐光启是崇祯年间的礼部尚书、文渊阁大学士，也是一个伟大的科学家，他曾入天主教，与意大利人利玛窦研讨学问。他的《农政全书》《崇祯历书》《几何原本》（译本）等在中国历史上影响巨大。在军事方面，他主张学习西方技术，并研究火炮在战争中的应用理论。在他的提议下，明朝在登州（蓬莱）建立军事基地，从葡萄牙进口红夷大炮（加农炮），请来一百多名葡萄牙的军事人才，指导明军学习火炮使用技术，并购置原材料，生产研发红夷大炮。

所谓红夷大炮，本是欧洲在十六世纪初制造的一种火炮，最突出的优点是射程远。最早的一批红夷大炮，有效射程为五百米左右，最大射程不到一千五百米。后又不断改进，使有效射程达到一千五百米，最大射程达到两千五百米。

之所以叫红夷，是因为当时明朝的第一批这种大炮是从荷兰人的东印度公司进口，而掌握制造和发射技术的又多是红发碧眼的荷兰人和葡萄牙人，故而叫红夷大炮，后因"夷"字有蔑称之意，所以也叫红衣大炮。

登州巡抚孙元化正是徐光启的大弟子。

在登州的孙元化的部队中，有两个后来很有名气的人，一个是孔有德，一个是耿仲明。之所以有名，是因为这两个人都与三藩之乱有很大关系，且同时是皮岛（在鸭绿江口附近）总兵毛文龙的部下。毛文龙拥兵自傲，被袁崇焕杀掉了，后来孔有德和耿仲明就投靠到登州巡抚孙元化帐下，各守要害。

孔有德的部下多为辽东人，与山东部队向来不和。

关于辽人与山东人的不合，是有历史渊源的。

自从后金攻陷辽沈之后，大批汉人被迫逃离家园。向何处逃？由于金国没有水军，所以许多难民选择扬帆过海，去了东江诸岛和山东沿海，尤以登莱地区最多。这些难民也是汉人，只是习俗与山东人不同罢了。一到了山东和东江，即被称为辽人。

东江，即东江镇，就是由毛文龙创立的现属朝鲜的皮岛（椵岛）。皮岛在鸭绿江口，东西十五里，南北十里。

毛文龙与后金作战，退守朝鲜，朝鲜国王建议他将皮岛作为根据地，毛文龙便在这里招纳汉人，声势渐盛。明朝特别为他设立一个军区，叫作东江镇，升毛文龙为总兵。之所以叫皮岛，是因为毛文龙姓毛："皮之不存，毛将焉附？"

而之所以叫东江，也是因为毛文龙之名中有"龙"字，龙，当然要有水。当时辽人难民入关者达二百万人，仅东江一镇就有十余万人，其中在编的部队就有四万八千多人。

辽人生活在边疆地区，气候寒冷，文化落后，民风强悍。他们一般扎黄色头巾，系腰带。由于文化落后，习俗不一样，加之文明程度较低，常被山东的汉人歧视，更遭官府欺压。

但辽人作战能力极强，孔有德的这支部队就是一支辽人部队。这支部队经葡萄牙人培训，拥有大炮发射技术，甚至还懂得大炮制造技术，有三千六百名火炮手以及十六门红夷大炮，可称得上是明朝当时最精锐的部队。

皇太极用反间计，诱崇祯杀死袁崇焕。之后，明朝继续采取袁崇焕的攻守策略，在锦州以北命祖大寿修建大凌河城（现凌海）。皇太极得到情报，趁大凌河城还未彻底修建好之际，率领满族军队攻打大凌河，大凌河危在旦夕。

祖大寿部被包围后，孙元化接到兵部命令，派部队从山东出海救援。孙元化于是派出得力干将孔有德前往。然而刚出海没几日，孔有德又回到了登州，理由是北风强劲无法渡海。孙元化勃然大怒。后金兵一旦破了防线，会危及朝廷，养兵千日，用兵一时，海上去不了，陆上也得去。孙元化盛怒之下，命孔有德星夜出发，从陆路驰援。

然而，孔有德增援大凌河，本来就是"初无往意，勉强前赴，沿途观望"，以至于磨磨蹭蹭，出发两个月才走出山东境地，到达直隶河间府的吴桥，已是十一月二十七日。而早在一个月前（十月二十八日），大凌河城守将祖大寿已经率一万一千六百八十二名军民投降了皇太极。

孔有德本想到吴桥再改沿大运河到天津，从天津再出山海关，没想到，在吴桥却因一只鸡而激起了兵变。

三、"鸡"起兵变

孔有德站在冰天雪地的兵营外面，心中凄惨加怨恨。凄的是，临近年关，这些辽兵思家心切，无心恋战；恨的是，一路上山东百姓对辽兵根本不待见，除了闭门，就是谢市，弄得自己这群兵一路上连口热水也喝不上。更不可容忍的是，当孔有德部进入吴桥境内，县令毕自寅做了一个决定：闭城！并且公开号召百姓家家闭户，商埠也关门打烊。

闭城罢市，是对孔有德部队的防范之举，但更深刻的原因还是来自县令毕自寅。他的哥哥是当朝户部尚书毕自严，与孙元化素有不快。毕自寅的八弟毕自肃在宁远兵变中被辽人所逼，自缢身亡，因此，对孙元化这支辽人部队，县令毕自寅从情感上就不接受！

就这样，孔有德他们被逼无奈，只能在城外安营扎寨。既然官民都不待见，这更激发了辽东兵的野性，城内进不去，生活物资也买不到，那就在城外抢！而这一抢，却抢到了王家，杀了王家的一只鸡。

王象春在离新城百里之外的吴桥有一座庄园，给他打理庄园的正是他的儿子王与文。

其实被兵士杀了一只鸡，本来没什么了不起，问题是士兵还捆了一个看院的家奴。当家奴向王与文报告时，他并未当回事，但看到家奴不停哭哭啼啼，心中的气也就上来了：敢捆我家奴，我王家的脸面何在？这可是当朝吏部考功郎的庄园！再说自己伯父王象乾那是堂堂的兵部尚书，另一个伯父王象晋（王士禛爷爷）是浙江右布政使。更难以容忍的是，我爹王象春就是孙元化的乡试主考官，孙元化见了我爹也要执弟子礼，师徒如父子，这孙子辈的孔有德竟敢在师爷家门口动粗，是可忍，孰不可忍！我们王家在本朝号称"王半朝"，"势凌东省"，哪个敢怠慢？打狗还得看主人呢！这口气不能就这样轻易地咽下去！

王与文星夜派人带着书信，向当时刚刚回到新城的父亲王象春汇报此事。王象春刚刚被罢官，正在郁闷，听到此事，更是气不打一处来。堂堂王朝，岂无王法，中国之大，容不下我王象春，难道连一只鸡也要斩尽杀绝吗？他当即指示儿子，一定要一个说法，鸡虽小，这却是王家的面子，王家的名声！

第二天，王与文一早就带上父亲王象春的名帖，怒气冲冲地找到孔有德，要求严惩杀鸡的士兵。孔有德一看是王家的人，也吓了一跳，谁不知道当朝的王氏号称"王半朝"啊，更何况这个王象春还是孙元化的老师！这还得罪得起？孔有德心里骂道："这群王八蛋！哪里不能抢，偏抢这王家的庄园！"

以孔有德身经百战的资历和战争期间军队的权力，他当然不会惧怕王与文，但他完全可以赔礼道歉，说些好听的话，大不了赔些银子。不过，一是王与文不依不饶，王家的权势和面子必须顾及；二是对兵士的胡闹他也早已经心烦意乱，正想借此惩处一下，否则，部队的名声坏了，自己的一世英名岂不也毁了？于是，他做了一个出乎大家意料的决定：对这个兵士穿箭贯耳！

这可不是一个小的惩戒。在古代，穿箭贯耳之刑可是酷刑、重刑！穿箭贯耳即用箭将双耳穿透，再钉在木柱上，手和脚也要绑在柱子上，这时头是不能动的，稍微一动，两只耳朵就会被扯下来。贯耳还不算完，还要游街示众。人被绑在柱子上，头纹丝不得动，用车拉着上街，一路上是老百姓的骂声、唾弃声。这是啥滋味？

就在这个兵士刚刚游街示众结束，旁边兵士把捆在他身上的绳子解开，他便大吼一声，不顾此时箭还在耳上，脑袋拼命一挣，只听刺啦一声，两只耳朵全部撕裂。他也顾不上疼，顺手抄起刚刚在耳朵上掉下的箭，咆哮着像疯了的狼狗，直向那个在人群中叫喊的王家家奴扑去。家奴正为刚才看到的情形解气、过瘾，还未缓过神来，那支利箭已经插在他的咽喉之上。

周围的兵士刚才因自己的兄弟受刑正垂头丧气，看到如此情形发生，不由群情激奋。带头的几个人一声高呼："兄弟们，开杀戒吧！"一时间，刀剑出鞘，血流一地，百姓四散而逃。

就这样，这群官兵站在了孔有德的门前，高声大喊："反了！反了！"

孔有德现在落了个里外不是人：一方面，他没给王家面子，并且现在还出了人命；另一方面，兵士们已经起了反心。同时，自从自己的义父毛文龙被袁崇焕所杀之后，他一直处于不被信任的境况，是孙元化收留了他，并委以重任。此时若反，怎能对得起孙元化的知遇之恩？若不反，底下的兵士又如何安抚？他也深知自己所带的这群辽东兵的秉性，点火就着，有血性更有匪气，是虎狼之师，更是亡命之徒。

这时，李九成的出现加剧了事态的发展。

李九成和孔有德一样，都是原毛文龙的部下，后被孙元化招募。但这个李九成却是一个嗜赌如命的人，此次孙元化出于信任，让他拿着银子去宁夏买马，没承想，马没买成，几百两银子却被他一路赌光。他自知罪孽深重，难逃其咎。正好儿子李应元在孔有德手下当千总，自己与孔有德又是朋友，听说孔有德在吴桥，正无路可走之际，便一路狂奔，来到吴桥。

李九成见到门外兵士的情形，不由心中狂喜，自己正走投无路，何不拉上孔有德一起亡命天涯？

李九成怂恿孔有德说："当今大势，大明江山已不能自保。如今祖大寿已降，在关外的皇太极，对明朝降将多以厚待，可当今皇上对兵败者非杀即诛，现在倒不如反了投靠后金。以我们部队的精良装备，后金肯定喜出望外，高接远迎。"

李九成的这些话，孔有德当然明白，但他心中依然在纠结。李九成似乎看出了孔有德的心思，一跺脚："好吧，造反的罪名全算在我身上！"

李九成几步冲出门外，拉起儿子李应元，对着在外正群情激昂的兵士高呼："弟兄们，朝廷无道，我们去送死，却连个饱饭也吃不上。我们当兵的做个战死鬼也不做饿死鬼，先杀了那些作威作福的狗官，给咱兄弟出口恶气。"

见有人带头，而且带头的又是一个千总，众兵士的野性更是大发，几乎是不约而同地高呼："反了！反了！"

大营中瞬间呼啸着冲出了大批的兵丁，他们手持兵器，气势汹汹地向着大营周围的民众杀了过来……

要知道，孔有德这支出身于东江镇的明军，他们长期和后金作战，战斗力在明军中也是首屈一指。冲出大营的李九成他们，立刻扫荡了周围看热闹的民众。接着，他们就冲进王象春庄园中，把整个庄园杀了个鸡犬不留，而王与文此时也逃之夭夭。

兽性一发，拦也拦不住，李九成扫荡完庄园，兵锋便直指吴桥县城。

那吴桥县衙毫无防备，吴桥当地官员，竟被这支哗变的明军不费吹灰之力杀了个一干二净。

反正是开了杀戒，干脆杀到底，来个屠城，于是家家户户都被破门而入。吴桥城内，血流成河。

这时，孔有德再不能坐视不管了，他决定面对现实。这个现实就是：这支部队回辽东已经不可能了，唯一的办法就是回登州。如果带这支部队回去接受招安也是一步不错的棋，但接受招安，就必须先壮大实力，没有实力，肯定会轻而易举地被消灭！

于是孔有德打开了吴桥县的大牢，收罗了一些当地的亡命之徒和地痞无赖。同时由于山东连年大旱，民间有大量的流民投靠。孔有德给他们分发粮食，队伍立刻壮大了起来。

接下来，孔有德接连攻陷陵县、临邑、商河等诸多州县，在鲁西北地区大肆掠夺，这些士兵也正式变成了土匪，队伍也膨胀到了五千多人。

杀回登州，新城是必经之地，那只鸡的主人不正是这新城的王象春吗？一听来到了新城，众兵士眼都红了，不杀王家，怎出这口恶气！

据民国《重修新城县志·卷四·方舆志四·灾祥》："崇祯辛未，春正月，大风。冬十一月，孔有德、李九成等叛，攻陷县城。知县秦三辅等死之。"后有注释云："正月二十四日子刻风起；寅刻，月、星、日并见，色赤如血；申刻，傍有似日者十余，变动不居。二十五日，日中有黑子，环晕数重，作背反逆之状。其日日在尾十度，月在尾一度，每夜荒鸡争鸣。又有月下见一城如烟雾状。十二月初七日，叛将李九成、孔有德等自吴桥南下陷新城，知县秦三辅等死之。一时士民死节者甚众。"《人物志三》记载，除王象复、王与夔、张俨然、张蔚然、张燏然、耿弘炜、王好书、贾进忠、张允扬、郝真素、毕问学、王与瓒诸人外，尚有"县役王可泽等二十余人，居民韩福、焦茂材等三百七十二人，仆从侯有功等十七人皆随知县秦三辅死李九成之变。或战或没或受戮，无一降者"。死难者至少达到四百二十一人。

幸好，王象春这时不在新城，而在济南，逃过此劫。他在大明湖南岸的百花洲上购得明"后七子"之一李攀龙的旧居为家，又筑问山亭以自娱。他此时正徜徉于济南的湖光山色中，写他的《齐音》（又称《济南百咏》）。但王象乾却全家被杀。王象春的哥哥、官至保定府同知的王象复正在家中养病，有人劝他赶快逃避。他却抱病而起，慷慨陈词："吾家世受国恩，宜不可去。"于是召集乡民守城，并击毙叛将一名。最后被俘，不屈而死。王象复之子王与夔也在这次杀戮中罹难，其他族人逃往山中避难。

王象春虽幸免于难，但以后，经不住族人责难，第二年就郁郁而终。

一路杀戮，孔有德自知罪孽深重，已无接受招安之意。十二月二十二日，孔有德长驱返抵登州，竟与城内的守将耿仲明来了个里应外合，于正月初三破城而入。孙元化引刀自刎，却被孔有德救下，与众官兵同时被俘。当时城中部队六千人，援兵一千人，马三千匹，饷银十万两，红夷大炮二十余门，西洋炮三百余门等大量人员物资，皆为孔有德所有。

孔有德占据莱州城，和明军开展了长达一年半的攻防对决。

崇祯六年（1633）四月十一日，在明军的大力围剿之下，孔有德和耿仲明向皇太极写下了乞降书，云：

> 本帅现有甲兵数万，轻舟百余，大炮火器俱全。有此武备，更与明汗同心合力，水陆并进，势如破竹，天下又谁敢与汗为敌乎？……汗若听从，大事立就，朱朝之天下，转瞬即为汗之天下。

四月十五日，在后金国重兵的护翼下，孔有德和耿仲明率众在鸭绿江出海口降后金。当时，共用船载去男女一万二千人，最精良的红夷大炮十二门（相当于后金国当时拥有大炮的总数）及各种西洋先进武器无数。

皇太极一反昔日见降兵降将的常态，此次竟率众贝勒出沈阳城迎接，并不顾众人反对，大步向前紧抱孔、耿二人，抱腰蹭面，笑逐颜开。为什么？因为孔有德、耿仲明给他送来了他最需要的水军和炮兵。

皇太极拥有了这些大炮，对付明朝更是所向披靡。明朝辛辛苦苦造出来的这些大炮本来是用来对付蛮夷的，没承想，炮口瞬间一转，却对准了自己。

这个孔有德竟然还是孔子后人，后来孔氏一族以他为耻，他想要祭祀先祖，孔家人都把大门关上不让他进，族谱上也删去了他的名字。他投靠清军之后很是风光，后来顺治三年（1646）被授平南大将军，进攻南明永历政权。顺治九年（1652），被南明大将李定国在桂林击败，自杀，死后尸体又被李定国挫骨扬灰。他的女儿孔四贞被孝庄太后收为义女，赐封和硕格格，这也是清朝唯一的一位汉人公主。

王氏家族的一只鸡，在不经意间，扮演了一个"改朝换代"的角色。也许，这只打鸣的公鸡不知道：它很有幸，走进了历史；它很不幸，至今还与它的主人在历史的锅镬中被蒸、煮、煎、熬。

四、厄运与避祸

王象春也许没有料到，就为这只鸡，王氏家族的厄运从此开始了。

皇太极的后金部队在辽西战场因无法攻克宁锦防线而与明军陷入僵持，于是后金绕道蒙古，从山海关西面的长城关隘进入大明腹地开辟第二战场，共得手六次。这在史书上被称为"清（后金）南掠"。

华北平原上，一队队满洲八旗骑兵纵横驰骋，扬起漫天的烟尘。所过之处，庄稼被践踏、城市化为废墟，百姓除了逃难就只有被屠戮、被掳掠两种命运……而明军却不敢出战，节节败退。崇祯九年（1636），清军分两路自独石口、居庸关入关，攻克昌平，直逼北京。明兵部尚书张凤翼、宣大总督梁廷栋皆按兵不敢战，使清军五十六战皆捷。临走时还在马背上竖上木牌，上写四个大字："各官免送"。那得意洋洋的劲儿，让明军无地自容。

崇祯十五年（1642），清军在贝勒阿巴泰率领下，进行了入关前的最后一次深入腹地。阿巴泰率军从黄崖口出击，"连克三府、十八州、六十七县，共八十八城"，降城六，掠夺黄金白银、珍珠、驼马骡牛驴羊无数。清军一路上纵横驰骋，兵锋止步于南直隶海州一带（现江苏连云港），次年四月北还。明朝将帅拥兵观望，无一敢战。

而就在这次，本不在清军袭击范围内的新城，却被南下的清军杀了个回马枪，一夜之间，新城之内血流成河，哀鸿遍野。这其中的原因，你懂的。

这一年，本书传主王士禛刚刚九岁。

王氏家族在吴桥兵变中与清军结下的"梁子"似乎难以破解，更何况，这次带兵滋事的正是吴桥兵变中李九成的儿子——李应元。

事过十一年，那只鸡好像又在李应元的脑海里扑腾，那个新城王家还安好？不妨搂草打兔子，与这个王家"亲热"一下，做一次土匪加流氓。

月黑风高，寒风似刀，一队骑兵自东向西风驰在鲁中大地，饿狼似的眼睛和挎着的军刀在漆黑的旷野上幽幽地闪着亮光。

这时，王家也得到了消息，那些平日弱不禁风的儒生秀才带领全城百姓奔上城头阻击贼兵。然而，没经过军事训练的百姓，如何能敌得过这些骁勇善战的清兵。清兵很快攻入城门，然后，挥马扬鞭直奔王家。

于是杀戮开始了！此次屠杀，全城一百余人死难，而王家死难者竟有四十八人。有的是父子俱死，有的是兄弟同亡，王氏家族的第七代——与字辈，精英丧失殆尽，王氏家族的高宅大院也在战火中化为一片废墟。王渔洋伯父王与龄、王与朋以及王与朋的儿子王士雅、王士熊遇难，伯父王与胤的女儿投井自杀。更为凄惨的是，九岁的王士禛目睹了王象春之女——自己的姑姑（嫁与徐民和为妻，生子徐夜）投井自杀，自己的母亲孙夫人也和张氏（王与胤儿子王士和妻）对缢。幸而，九岁的王士禛，此时赶来救下了母亲。

王士禛在《渔洋文略·五烈节家传》中记载了当时他亲眼看见母亲孙宜人于战乱中自缢的经过：

> 张氏，士和妻，新城人。壬午十二月初一，城陷自经东阁中，以发覆面。初，先宜人（王士禛母亲孙宜人）与张对缢，先宜人绳绝不死，时夜中，喉咯咯有声，但言渴甚。士禛方九岁，无所得水，乃以手掬鱼盎冰进入，以书册覆体上，又明日

兵退，得无死，视张则久绝矣。

这场战祸在王士禛幼小的心灵中留下深刻的烙印。王象晋的四个儿子，死掉了与龄、与朋两人。为了全家的安全，王士禛祖父王象晋、父亲王与敕便率领全家躲避战乱，投奔邹平长白山麓的鲁泉村士禛外祖父家。

这是王家第二次避祸邹平了，前一次是在孔有德吴桥兵变时，当时王士禛还没出生。

九岁的王士禛就这样在长白山中，与自己的哥哥弟弟们一起，接受了祖父王象晋最初的启蒙教育。

而就在新城战乱稍息时，更大的国难来了！一六四四年，李自成攻占北京，明朝灭亡。王象晋抗击李自成无果，回到老家新城。

就在李自成任命的县令贾三俊到新城就职后，王家的厄运再次来临，而这次不是李自成的屠杀，而是王氏家族的集体自愿殉明。

这一年，王象晋八十三岁。

在明朝灭亡时，王家人选取了三条人生的道路：第一，如王象晋，他和徐夜及名士顾炎武、黄宗羲、王夫之、傅山等人，选择了永不出仕。他们认为，旧朝刚走，为新朝卖命，是没有气节的无耻之举。顾炎武说："士之无耻，国之无耻也。"第二，如王与胤夫妇及儿子王士和，皆自杀殉国。第三，如王士禛父亲王与敕，清朝刚一定鼎即开科举，在全国招收人才，王与敕参与了这次选拔，被保送入京，成为国子监的生员。这国子监，实际上就是国家的最高学府了，再经过朝考合格，可以充任京官、知县或教职。然而，王与敕在矛盾的心情下，实际上又选择了第四条道路，他以父亲年迈需要照顾，拒不赴京学习，将真正的精力花费到对后辈的培养上。

再说选择了第二条道路的王与胤，在听到崇祯煤山自尽的消息后，终日哭泣不止。皇帝的生死关乎国家的存亡，在京城，一些忠臣听到崇祯帝自杀的消息后纷纷自杀。他们有的放火自焚，有的悬梁自尽，有的跳河，有的投井，有的服毒，有的绝食。自宰相、七卿以至知县、生员，自外戚、勋臣以至宫女、太监，臣死君、子死父、妻死夫、仆死主。京城内外出现了人人争相自杀、家家争当烈户的惊人场面。据粗略估计，崇祯自杀后，仅在北京就有近四十名官员自愿为崇祯帝殉难。

崇祯帝死难的消息传出京城后，各地汉族官绅也纷纷为崇祯帝自裁。而这场悲剧从京城蔓延到全国各地，从崇祯十七年（1644）三月下旬持续到康熙元年（1662）南明小朝廷的最终灭亡，全国殉明的官员和士子达一千余名。

王与胤在家乡听到崇祯帝自杀的消息后，终日啼哭，不思饮食，一定要追随先帝而去。

朱彝尊《曝书亭集》卷七十二《文林郎湖广道监察御史王公墓表》云：

> 李自成陷京师，帝崩煤山。公闻变恸哭，将浮于海，行至利津，海多盗，不可行。公尝览方书，谓冰片多服能死人，遂命仆购之。仆市伪者以进，公晨夕服之不死，夜起投水者再，仆卫之，又不死。公乃回州抵里，求死愈决。自撰圹志，以四月二十六日暨妻子登楼齐缢死。遗孙启沆仅五龄。（中略）公卒时年五十有六。于孺人，福建道监察御史青城于公永清之女，卒时年五十有五。士和为人坦易，博综经史，书学李北海能神似，卒年二十有八。公遗教葬从薄从速，遂以其年某月不卜日而葬。葬之日，观者千人。伪顺县令贾三俊闻之亦来观，众争持土石击之，三俊弃县印遁去。

王士禛《池北偶谈》卷五也载："伯父侍御百斯公与胤，登崇祯元年戊辰进士，入翰林，改御史。甲申，公家食已八年矣。闻三月十九日之变，同妻子尽节，于几案间得手书一纸云：'京师足卒破，圣主殉社稷。予闻之雪涕沾衣，不及攀龙髯而殉命，遂偕妻于氏、子士和并命寝室。命也奈何，葬从薄从速，随时也。'公清介忠信，言笑不苟，须眉若神。葬日，会者万人，莫不流涕。"

王与胤之子王士和也是忠烈之士。当时，王士和见父母要自杀，寝室门就要关上，就大声呼喊："父死忠，母死节，忍儿独生乎？"冲入室中，与父母一起缢死。王士和此前作了一首《绝命诗》，诗中有句云："痛予生之不辰兮，天灭我之立王。予父母闻之兮，涕滂沱以彷徨。以身殉国兮，维千古之臣纲。"其词痛切，闻者悲之。

王士禛在《分甘余话》中曾记其伯父王与胤一首《咏梅》。诗云："繁英任似火，稜①冰白如石。南枝与北枝，不作春风格。"其忠烈之性，可见于此。

说起殉明者，其实也不仅仅是像王与胤一样为了皇帝，对普通百姓而言，更大的原因则是与清初所推行的剃发令有关，是为尊严而殉国。

前脑剃光，后脑留辫，本是流行于满族的习俗。为使汉人臣服，清朝统治者将其强加于汉族。这个剃发令的始作俑者，竟是王士禛的同乡淄川人孙之獬。

这个孙之獬，是现淄博市博山区白塔镇大庄村人，明朝天启年间进士，官至侍讲。清军入关后，他俯首乞降。顺治为收揽人心，接纳并让他当了礼部侍郎。当时天下未定，所以清朝上朝时允许明朝的降臣穿明朝服饰，只是满、汉大臣各站一班。

戴乌纱帽、身穿盘领补服是明代官吏的主要服饰。盘领大袍是明朝官员平时的服装，胸前、背后各缀一块方形的补子，文官绣禽、武官绣兽，只是一至九品所用禽兽的尊卑不一样。而明代庶民男子的日常服饰则是"戴四方平定巾，杂色盘领衣，脚穿皮扎"。四方平定巾也称"方巾"，是一种四角方正、可以折叠的轻便纱帽。盘领衣即圆领长袍，因其领形似盘，故名盘领衣。皮扎是十分简便粗糙的皮履，多为北方人穿用，江南则可穿蒲草编的鞋子。而头发一般人则在脑后绾成三股或两股发髻，读书人、秀才、官家贵族等一般都在头顶结发髻，然后缠绕网巾来固定头发，这种发型在明朝已经流行了几百年。

孙之獬求宠心切，有心"标异而示亲"。一日上朝时，他变得焕然一新，不但剃了发，留了辫，还改穿了满族官吏的服装。当大臣们步入朝

---

① 稜：同"棱"。

堂站班时，他大大咧咧地走进了满族大臣的行列。满族大臣都自谓高人一等，哪能容忍属下的汉臣孙之獬与之同班？七嘴八舌、你推我拉把他逐出班外。汉臣见状，多有掩面窃笑者。孙之獬自讨没趣，悻悻然走回汉班，汉臣恨他过于逢迎求宠，一个紧挨一个毫不松动，不让他入班。

徘徊于两班之间的孙之獬进退不得，狼狈万状，恼羞成怒之下，向清世祖上了一道奏章，奏章中说："陛下平定中国，万事鼎新，而衣冠束发之制，独存汉旧，此乃陛下之从汉旧，而非汉旧之从陛下，难言平定，难言臣服也。"

他把发型、穿着、服饰问题上纲上线了：是陛下你依从汉人，而不是汉人依从于陛下，衣冠束发不改，就别说天下平定了！

这正中了摄政王多尔衮的下怀，他正想干这事，苦于没人上奏折呢，干脆顺手推舟，一不做二不休，准了孙之獬所奏，下达了剃发令。可是，这剃发却不是闹着玩的，身体发肤，受之父母，汉人如何能接受？以家族宗法儒学为源的中国人，或许能把朝代更迭看成是天道循环，但把几千年的汉儒发式和盛唐袍服变成"猪尾巴"小辫，不仅仅是一种对人格尊严的侮辱，简直就类似"阉割"之痛。这种形象又如何得见列祖列宗！于是，不仅是士子，连老百姓也纷纷抗争。

请看清代《研堂见闻杂录》里的一段记载：

> 士在明朝，多方巾大袖，雍容儒雅。至本朝定鼎，乱离之后，士多戴平头小帽，以自晦匿。而功令严敕，方巾为世大禁，士遂无平顶帽者。虽巨绅孝廉，出与齐民无二，间有惜饩羊遗意，私居偶戴方巾，一夫窥瞯，惨祸立发。琴川二子，于按公行香日，方巾杂众中。按公瞥见，即杖之数十。题疏上闻，将二士枭斩于市。又其初，士皆大袖翩翩，既而严革禁，短衫窄袖，一如武装。间有乡愚不知法律，偶入城市，仍服其衣，蹩躠行道中，无不褫衣陵逼，赤身露归，即为厚幸。后幸禁少弛。

你看，这琴川（现苏州）二子，竟敢在众人当中戴明朝的方巾，就被枭斩于市了。

于是，悲壮激烈的反剃发斗争风起云涌，所有的汉人几乎都表现出精神上的一致性。由此可见这孙之獬是多么不得人心。

顺治二年（1645）六月二十八日，清廷再次传谕："近者一月，远者三月，各取剃发归顺。"剃发成了绝对命令。清政府给了汉人两条路，要么留发，要么留头。这野蛮的"留发不留头"，更引发了江南汉族人民的强烈反抗。当时的顾炎武就说：明朝灭亡仅仅是换了一个皇帝，这叫"亡国"，但是清朝的统治是要更换原来的生活方式和思想文化，这叫"亡天下"！于是，从苏州开始，抗争怒潮波延而起，常熟、太仓、嘉定、昆山、江阴、嘉兴、松江，处处义旗，人人思愤。清军王爷多锋大肆镇压，江南胜地，顿时血流成河。

王家的第三次逃亡山中，实际上是与清初的农民起义有关。这次农民起义的领袖就是谢迁，谢迁起义正与剃发有关。而这时，已经是顺治三年（1646），王士禛十三岁。

这年十一月，谢迁带领民众举行反清起义，打击当地首先剃发的豪绅，受到了农民的拥护，势力发展很快，因而被清统治者称为山东"第一巨寇"。

从时间上推算，王氏家族是剃了发的。也许祸事频仍，也许付出太多生命的代价，使他们意识到与新朝的斗争不是与一个新朝廷的斗争，而是与天意的斗争，与不可改变的天意斗争只能使自己的家族失去更多生命而于事无补。"为天地立心，为生民立命，为往圣继绝学，为万世开太平"的儒家教育，使他们不得不停下抗争，转为顺从天意。在这个过程中，他们明白了一个道理：只有在天意中找到自己的轨迹，而不可以自己的轨迹要求天意。于是，他们选择了顺应天朝，因为他们也找到了自己的逻辑，国还是这个国，只是主人变了，他们没必要为了一个已经逝去的主子而去背叛这个国家，因为改朝换代已经是中国历史的常态。主子换了，并不意味着这个国家没有了，他们的历史还是那个历史，文化还是那个文化，传承还是那个传承。如果说剃发是个屈辱的事，那么这个屈辱还能赶上失去生命吗？在改朝换代之际，也许没有哪个家族能像王家一样在这个极端矛盾的心态中思考着活的意义、生命的意义。

谢迁却还是要杀人的，也许真正的内因是农民在那个时代已经失去生存下去的希望，他们是没有时间考虑生命和民族存亡的意义的，他们就是要要回食物和粮食、土地和女人，而这些行动就是在誓不剃头、不做亡国奴的大旗下展开的。

最能够增添起义大旗光辉的无疑就是杀了那个提出剃发的孙之獬。此时，孙之獬已被贬官到了故里淄川。于是，在谢迁义军围攻淄川县城之时，孙之獬和知县等官员率领地方武装和城内百姓，以白木棍作武器，与义军进行战斗。城陷后，孙之獬率领家人再与入城义军士兵殊死搏斗。就在他筋疲力尽、无力战斗、欲悬梁自尽之时，义军蜂拥而至，闯入内宅，将孙之獬五花大绑，押解到县衙。

谢迁和众弟兄见到孙之獬恨得咬牙切齿，当众宣布其罪状，用锥子遍刺其身，戳其头皮，并在戳了洞的头上插上猪毛当头发，恨声不绝地骂道："我为汝种发！"孙之獬自知众怒难犯，已无活理，破口大骂。义军将其口缝上，并把他的四个孙子兰兹、兰蘂、兰薮和兰蔼一同绑来，把刀架在他们的脖子上。孙之獬依然不为所动，被气疯了的义军一个一个地砍下他孙子的头，每砍一个，都问孙之獬认不认罪。孙之獬眼睁睁地看着四个孙子的头被砍掉，最后他被凌迟处死。

可笑的是，当孙之獬死后，有人为他向顺治帝请求抚恤，但有多位大臣以各种理由表示反对，他最终也没得到任何旌表和抚恤。

顾炎武听到这个消息后，竟开心地写了《淄川行》一首表示庆贺："张伯松①，巧为奏，大纛②高牙③拥前后。罢将印，归里中，东国有兵鼓逢逢。鼓逢逢，旗猎猎，淄川城下围三匝。围三匝，开城门，取汝

① 《汉书·王莽传》记载，张竦（字伯松）为刘嘉作奏表，博得王莽好感。王莽封刘嘉为侯，张竦自己也被封了侯。百姓歌谣说：欲求封，过张伯松；力战斗，不如巧为奏。这里借张伯松代指孙之獬之巧言奉迎。
② 纛：古时军队中的大旗。
③ 牙：大旗。

一头谢元元。"

作为遗老的顾炎武当然开心，但作为已经剃发的王氏家族却沉不住气了。这一年冬天，他们事先得到谢迁要攻新城的消息，就提前准备，再次逃到长白山中。这一次，他们避祸于王象晋的故友张延登家中，他也是王士禄（王士禛之兄）的岳祖父。

这张家也是山东邹平的名门望族，张延登与王象晋是万历年间的同科进士。十几年后，张延登官居南京督察院左都御史，王象晋以按察司副使备兵淮扬，与张延登交往甚厚。当时，王与敕正随父亲王象晋在扬州，见到王与敕的长子王士禄"日记千言，背诵如流"，张延登十分欣赏，便将长子张万鼎的女儿许配给士禄，当时王士禄仅有六岁。

王家的这次逃难就是投奔王士禄的岳父张万鼎家。此时，王士禄已经二十一岁。尽管王士禛只有十三岁，在这次避祸中，也定下了自己的终身大事，依媒妁之言，与张延登次子张万钟的女儿定下了亲事。这样，王士禛和哥哥王士禄都成了张延登孙子辈的女婿。

王士禛的岳父张万钟也非等闲之辈，他颇有文采和闲情，写出了中国第一部、也是世界第一部《鸽经》。《鸽经》是记录中国古代观赏鸽种类、特征和饲养技术的第一部专著，由论鸽、典故、赋诗三部分组成。论鸽首述鸽之性情、品德、生活习性及羽毛、眼、嘴、脚各部，并及筑巢、治瘠方法。此后详列鸽之品种，又区分为花色、飞放、翻跳三大类。所记录的鸽的品种总数在百种之上，著录十分详备。典故汇集前人关于鸽之记述传闻，有很多偏僻罕为人知者。赋诗录历代辞赋吟咏，兼收并蓄。全书科学人文并重，为明以前鸽文化的总结。清朝定鼎后，张万钟携家至南京，被南明政府任命为镇江府推官、江防同知，负责守备南京。这一职与多年后自己的女婿王士禛被清政府任命为扬州推官，竟殊途同任。

就在大山之中，王士禛在爷爷的亲自教诲之下开始了他的文学启蒙，并在这家仇国难之间，裹挟着重重悲恨和无奈、憧憬和向往，携带着这个家族的灵性和气质，开始迈出自己坚实的脚步，并一步步登上山顶，成为一个时代的诗坛盟主。

第三章

秋色向人犹旖旎

顺治十四年（1657）八月二十八，济南大明湖畔，天心水面亭上，接天碧水，残荷渔舟，莺飞鱼跃。亭下杨柳，披拂水际，叶如微黄，乍染秋色，若有摇落之态，王士禛在亭上置办酒宴，几位诗友把盏面湖，心潮荡漾……

一、秋柳四章

二十世纪二十年代，学者顾颉刚在福建泉州购得一件题为《柳洲诗话》的图卷，引起广泛关注。《柳洲诗话》画面右上为四个人围坐在大明湖畔的秋柳之下，左起第三个人手执麈尾，一人手握书卷，右下有两书童背琴捧卷侍立。画面左边是一泓湖水，远近高低是一片洲渚，执麈尾者即是王士禛。图后又接一幅，上书王士禛的成名作《秋柳四章》并序，并有曹溶、朱彝尊之和作，严沆及陈伯玑的评语。

这幅图顾颉刚购来之后，请陈衍、赫立权、丁山、黄仲琴、吴梅、容肇祖、马叙伦、蔡元培、郭笃士等十九个名士题跋，并自撰跋文记其始末，至今为顾氏后人所藏。

这被人追捧的画卷所记之事，即是王士禛的《秋柳四章》。

王士禛来到济南，是在顺治十四年（1657），此时南方大部分未定，桂王朱由榔（永历）偏居广东，正垂死挣扎。

王士禛是陪二哥王士禧和三哥王士祜来参加乡试的。早在两年前，王士禛就已经以会试第五十六名的名次，得到了贡士名分。只不过那年他对自己的状态不满意，主动不参加殿试，而选择补殿试的方式，准备以更好的状态参加殿试，获得进士名分。

这一年，顺治皇帝为科考的事焦头烂额。先是顺天府的乡试考场，主考官李振邺等人贿卖"关节"而引发舞弊案，后是南闱科考又生变故。此时山东乡试考场虽未生变，但也是人心浮动。当王士禛与众士子正苦苦等待结果的时候，他们不知道，也许就在这时，李振邺正忙着数银子，与仆人一起翻看行贿人的卷子。江南考场的主考官方猷、钱开宗也正在为定谁是解元犯难，而掂量的依据也自然是出钱的多少。

也许是山东的考生历来"忠厚老实"，所以山东考场只是暗流涌动，表面波澜不惊，一片太平景象。只是，大家在不停的怨言和忐忑中等着发榜日子到来。这个时间段是煎熬，但同时也是思绪万千、诗情喷发的时候。王士禛此时已经在上科会试成功，准备参加明年下科的补殿试。作为一个过来人，他知道众人的心情：考得自以为不错的，志得意满；考得不如意的，郁郁寡欢。何不把大家都招来成立个诗社，以后各奔前程，济南一会，以诗留念？

王士禛的诗名世人早知，他大旗一挥，众举子连声响应。孙宝侗、印海石、柳蘥煮、杨对宜等更是积极促成。诗社名就定为秋柳社，开社之日定了八月二十八。这一天，正是王士禛二十四岁的生日。

水面亭就是大明湖里伸进水面的一个亭子，也叫天心水面亭。人们从诗社曲径穿过，来到亭上，王士禛早已经置好酒宴，几位诗友把盏面湖，心潮荡漾。

酒过三巡，王士禛道："今日诗社成立，大家有幸相聚，明天杨兄就要回到济宁，我先起个头，作诗四首，博大家一笑——"

秋柳

（并序）

昔江南王子，感落叶以兴悲；金城司马，攀长条而陨涕。仆本恨人，性多感慨。情寄杨柳，同《小雅》之仆夫；致托悲秋，望湘皋之远者。偶成四什，以示同人，为我和之。

一

秋来何处最销魂，残照西风白下门。

他日差池春燕影，只今憔悴晚烟痕。

愁生陌上黄骢曲，梦远江南乌夜村。

莫听临风三弄笛，玉关哀怨总难论。

二

娟娟凉露欲为霜，万缕千条拂玉塘。

浦里青荷中妇镜，江干黄竹女儿箱。

空怜板渚隋堤水，不见琅琊大道王。

若过洛阳风景地，含情重问永丰坊。

三

东风作絮糁春衣，太息萧条景物非。

扶荔宫中花事尽，灵和殿里昔人稀。

相逢南雁皆愁侣，好语西乌莫夜飞。

往日风流问枚叔，梁园回首素心违。

四

桃根桃叶镇相怜，眺尽平芜欲化烟。

秋色向人犹旖旎，春闺曾与致缠绵。

新愁帝子悲今日，旧事公孙忆往年。

记否青门珠络鼓，松枝相映夕阳边。

为了让读者好理解，我试图将这四首诗译成白话，但我发现这是枉费心机。王诗的用典是有名的，这四首诗的典故就达二十余个，读者读诗就只好借助于词典和万能的百度了。

这就如同芝麻烧饼，那些典故就像芝麻一样散落在这烧饼当中，自然不能将每粒芝麻都拿出来分析，再变成白话了。典故是学识，是深化在血脉中的滋味，只可意会，不可言传。比如我说"闻鸡起舞"，大部分会知道这是励精图治之意，尽管也有祖逖的典故在内，但它的普及率已经相当高。而我再说"王佐之才"这个成语，也许大部分人要借助词典了，因为这是刘向称赞董仲舒的话，意指能辅佐成就大业的干才，并且这个词的普及率不高。而王士禛以他遍读诗书的大才，在他的诗文中大量出现这些普及率不高的典故，这正构成了王诗的特色，用典，高古。而这，又是他"羚羊挂角，无迹可寻"的神韵诗说的具体实践。可意会，但却难以用语言表达出他诗中所含有的全部意思。也许，就在你反复意会之中，才体味出王诗所表达的真正韵味。

好了，现在唯一的办法，就是我们用索隐派的办法，来啃一下这个硬骨头，因为这是我们绕不开的一个话题，是我们的传主王士禛的代表作，也是他所倡导的神韵诗学代表作品。就让我们领略一下王诗的魅力，但，这需要你有足够的耐心：

序："江南王子，感落叶以兴悲。"

江南王子是谁？南朝梁代简文帝萧纲也，他是梁武帝萧衍的第三个儿子。萧衍的儿子都有文学才华，皇太子萧统编出了中国第一部文学作品总集《昭明文选》，第三子萧纲则创立了宫体诗。哥哥萧统死后，他做了两年的傀儡皇帝，最后也被人所害。萧纲作了一首著名的《秋兴赋》，赋中有"秋何兴而不尽，兴何秋而不伤。伤二情之本背，更同来而匪方。复有登山望别，临水送归，洞庭之叶初下，塞外之草前衰"之句。

王士禛序中所说，"感落叶以兴悲"，就是说这个江南王子在见到洞庭之叶、塞外之草秋衰之时发出的感叹。

"金城司马，攀长条而陨涕。"金城司马谓谁？西晋桓温也。大司马桓温率步骑五万北伐前燕，一路势如破竹。经金城（属今南京市）时，见到在东汉时植的柳树已经有十围，慨然曰："木犹如此，人何以堪！"

攀枝执条，泫然流涕。

"仆本恨人，性多感慨。"又是一个典故，语出南梁诗人江淹的名篇《恨赋》，其中有"试望平原，蔓草萦骨，拱木敛魂。人生到此，天道宁论？于是仆本恨人，心惊不已。直念古者，伏恨而死"。

江淹在赋中还接连列出始皇猝崩、赵王失国、李陵败降、昭君远嫁、冯衍罢黜、嵇康下狱等恨事，戍人迁客、浮华子弟，人虽不同，境各有异，皆含恨而死。江淹说，我本来就是一个多愁善感的人，现在看到这些往事，更是心惊不已。

一个"恨"字也许足能道出悲天悯人的情怀。

"情寄杨柳，同《小雅》之仆夫。"典出《诗经·小雅·采薇》："昔我往矣，杨柳依依。今我来思，雨雪霏霏。行道迟迟，载渴载饥。我心伤悲，莫知我哀！"（回想当初出征时，杨柳依依随风吹；如今回来路途中，大雪纷纷满天飞。道路泥泞难行走，又渴又饥真劳累。满心伤感满腔悲，我的哀痛谁体会？）

所谓仆夫，是指《小雅·采薇》中所说的戍卒。

"致托悲秋，望湘皋之远者。"出自《楚辞·九歌·湘夫人》："帝子降兮北渚，目眇眇兮愁予。袅袅兮秋风，洞庭波兮木叶下。"是写湘君在秋风中期待湘夫人而不至，产生的思慕哀怨之情。

仅一小序，就一句一典，且都是逢秋悲凉的情愫。而王士禛竟能信手拈来，这也难怪人们惊叹其为天人了。后人也多有认为王士禛故意卖弄学识，尤其是"恨人"一词，多是在自身遭遇坎坷经尽家国恨仇的人才可发出。而王士禛以小小年纪，自说是恨人，是否故弄玄虚？但，恨人的本意就是多愁善感。王士禛在七岁的时候，读到《诗经》中的《燕燕》："燕燕于飞，差池其羽。之子于归，远送于野。瞻望弗及，泣涕如雨……"读到《绿衣》："绿兮衣兮，绿衣黄里。心之忧矣，曷维其已……"竟眼内含泪，哽咽不能卒读。这种对诗歌艺术的天赋敏感，也许是恨人的最好注脚。

现在来看全诗，第一首：

秋来何处最销魂，残照西风白下门。

他日差池春燕影，只今憔悴晚烟痕。

愁生陌上黄骢曲，梦远江南乌夜村。

莫听临风三弄笛，玉关哀怨总难论。

"秋来何处最销魂，残照西风白下门。""白下"何指? 南京也，南京市区有一幕府山，因盛产白云石，古又称白石山。东晋在此山麓筑白石垒作为军事要塞，南朝宋于此设城隍，因位于白石山下，故名白下城，故址在今金川门到幕府山之间。唐初移金陵县治于此，改名白下县。从此，白下也成了南京的别称。而白门杨柳的意象，在中国历代诗歌中也多寄托离愁别绪、山河之异、故国兴亡。如李白有诗《金陵白下亭留别》:"驿亭三杨柳，正当白下门。"销魂一词出自江淹的《别赋》:"黯然销魂者，唯别而已矣。"秋天、残照、西风、白下门，几个意象组合，带给人的是什么呢? 是失魂落魄，是黯然神伤!

"他日差池春燕影，只今憔悴晚烟痕。"差池，是古音的问题，也就是今天所谓参差不齐之意，出自《诗经·邶风·燕燕》:"燕燕于飞，差池其羽。"沈约也有词《江南弄·阳春曲》:"杨柳垂地燕差池，缄情忍思落容仪，弦伤曲怨心自知。心自知，人不见。动罗裙，拂珠殿。"这是宫女失宠落爱时的情绪记录。往日里参差飞动的春燕，到了秋天却在夕阳的烟痕中独自憔悴了。

"愁生陌上黄骢曲，梦远江南乌夜村。"这又有典，《唐书》记载: 唐太宗破窦建德时，乘的马叫黄骢骠，到了征高丽时，这马死在路上了。太宗对这黄骢马很有感情，十分痛惜，就让乐师作了一首黄骢叠曲以寄哀思。

乌夜村也是一典故，据《昆山县志》记载，在城南有一村，村里一个叫何准的人，那天夜里正赶上夫人生孩子，一群乌鸦落在了房上，啼叫不止。生下一个女儿后，第二天，便接到了天下大赦的消息。而那群乌鸦还是不走，自此在村子里彻夜啼叫。后来，那天夜里生下的这个叫何法倪的女儿，就成了晋穆帝的皇后。

这个乌夜村的典故给了我们极大的想象空间：女儿当了皇后，有乌鸦啼叫，这不是一个欢乐幸福的故事吗？怎么能和秋天的悲愁联在一起？况且，江南民俗将乌鸦视为吉祥之物，江南名曲《乌夜啼》也是欢快的调子。

哈哈，你别忘了，诗人在这里说的是"梦远"，离这些幸福太远了，能不生愁？而这又如何扯到柳上呢？这里面藏着一个更深的典故——杨柳可藏乌。南朝乐府诗题《杨叛儿》有"杨柳可藏乌"之语，原诗为："暂出白门前，杨柳可藏乌。欢作沉水香，侬作博山炉。"

杨柳和乌是分不开的。

而黄骢曲和这柳又有啥关系呢？请你注意前面，陌上！陌上肯定有杨柳，杨柳可拴马！

这个想象的空间是很大的，诗中无柳，不代表想象中无柳，此之谓"羚羊挂角，无迹可寻"。

"莫听临风三弄笛，玉关哀怨总难论。"三弄笛是晋书里说的故事。《晋书·桓伊传》："（桓伊）善音乐，尽一时之妙，为江左第一。有蔡邕柯亭笛，常自吹之。王徽之赴召京师，泊舟青溪侧。素不与徽之相识。伊于岸上过，船中客称伊小字曰：'此桓野王也。'徽之便令人谓伊曰：'闻君善吹笛，试为我一奏。'伊是时已贵显，素闻徽之之名，便下车据胡床，为伊三调，弄毕，便上车去，客主不交一言。"

故事说的是魏晋名士的意趣，桓伊善吹笛，是江南第一。一天正与王羲之的儿子王徽之在一条小溪旁碰到了，两人都是闻其名未谋面。王徽之自负清高，也不主动去邀请，而是派下人过去，那意思就是以我的名声就足以让桓伊吹笛了。当然，桓伊也很给他面子，就笑笑下车为他吹奏一曲。有趣的是，吹完，桓伊并不理他，他们谁也没说话，桓伊便扬长而去了。

"玉关"一语又出一典，唐人王之涣诗："黄河远上白云间，一片孤城万仞山。羌笛何须怨杨柳，春风不度玉门关。"

王士禛在这首诗中没有说一个柳字，却通篇让人想到柳：第一联是李白的"驿亭三杨柳"；第二联是沈约的"杨柳垂地燕差池"；而第三联最玄，"愁生陌上黄骢曲"，看来就是陌上杨柳可拴黄骢了，而"杨柳藏乌"也是用得恰到好处；最后一联"羌笛何须怨杨柳"更是贴切。

同时白下门、乌夜村，所说的已经非常明白，而销魂、残照、西风、憔悴、晚烟痕、愁生、莫听、哀怨等一个又一个描述让人仿佛陷入一个巨大的低沉的情绪当中。在这个情绪中，我们眼前所晃动的只有一个意象，那就是——柳。

这可能是永远说不出来的，但它隐含其中。也许你说这是王士禛的文字戏法吧，不错，这是高级的神韵的玩法：不着一字，尽得风流。然而，没有熟读诗书的功夫，没有参禅修佛的悟性，谁也不可能知道个中滋味。

再看第二首：

> 娟娟凉露欲为霜，万缕千条拂玉塘。
> 浦里青荷中妇镜，江干黄竹女儿箱。
> 空怜板渚隋隄水，不见琅琊大道王。
> 若过洛阳风景地，含情重问永丰坊。

"娟娟凉露欲为霜，万缕千条拂玉塘。"首句出自《诗经·秦风·蒹葭》"蒹葭苍苍，白露为霜"，指秋天，但不明说秋。次句，语出唐刘禹锡《杨柳枝词九首》其七"御陌青门拂地垂，千条金缕万条丝"之句。

"浦里青荷中妇镜"也是有典：南朝宋郭茂倩《乐府诗集》卷七五，录梁朝江从简少时作《采荷调》，以刺何敬容曰："欲持荷作柱，荷弱不胜梁。欲持荷作镜，荷暗本无光。"何敬容也是梁朝的诗人，江从简拿他的名字开玩笑，讥讽说：这个"荷"（何谐音）做不了栋梁，拿它当镜子（敬容）又暗淡无光，是个废物！王士禛在这里借此典说妇人拿荷当镜子，我们牵强附会地认为，他是说暗淡无光的秋色吧。中妇，次子之妻，这里泛指女子。

下一句，"江干黄竹女儿箱"。女儿箱，就是化妆盒，《乐府诗集》卷四七《黄竹子歌》"江边黄竹子，堪作女儿箱。一船使两桨，得娘还故乡",以黄竹子比喻秋柳"叶始微黄"的状态。

尽管这两句十分费解,但也有不服气的人能给出强解。李兆元《旧笺》:"三四句指马(士英)、阮(大铖)辈,言辅助之无人也。莲为君子花,而但余青荷,有群小在位、君子消亡之意。中妇镜,刺其昏暗不能补益君德也。竹亦应有劲节,而无如竟成黄竹,只可供女儿箱之用,刺其以声色奉君也。在朝之臣若此,南都安得不亡乎?"

郑鸿《析解》曰:"盖指弘光帝征歌选舞之事。当时下诏选民间美女,供奉内廷,令校尉大事搜索。民间一闻此讯,朝议婚而暮已嫁,有投水自尽者。"

但胡适在《文学改良刍议》中,把这首诗当成了反面典型痛加批评,他说这首诗中"比喻泛而不切,可作几种解释,无确定之根据","此诗中所用诸典无不可作几样说法者"。

但是,如果我们深加理解,就不会愤恨作者不给面子了。其实,这两句无非是在形容柳的姿态和容颜罢了。你看,柳丝,垂落在水面的荷叶之上,那姿态多像拿着荷叶照容的妇人,而她的脸色又如黄竹一般,她照见了什么?

当然是凄凉!

以柳喻妇人,而且是秋柳,是容颜将逝的中妇,这比喻,够恰当吧?!

下一联:"空怜板渚隋隄水,不见琅琊大道王。"板渚隋堤,现已经是成语,指古渡岸柳的宜人景色。惠栋注:"《隋书》:炀帝自板渚引河达于淮海,谓之御河,河畔植柳树,名曰隋堤。"琅琊王,琅琊国(现山东临沂)最高统治者,最早始于西汉皇族刘泽,不久被废。东汉刘京为琅琊王,三国两晋至隋唐又有多位琅琊王,最为有名的当数东晋元帝司马睿。

《古今乐录》有琅琊王歌八曲,其中有"琅琊复琅琊,琅琊大道王。阳春二三月,单衫绣裲裆"和"琅琊复琅琊,琅琊大道王。鹿鸣思长草,愁人思故乡"之句。看来琅琊王是很风流倜傥又多愁善感的,他春天穿着一个坎肩,到秋天思念春天莺飞草长的时候,常常愁容满面,思念故乡。

前两句以柳姿喻妇人凄苦，后两句以柳意喻男儿秋愁。

"若过洛阳风景地，含情重问永丰坊。"如果到了洛阳永丰坊，也会像白居易一样作起《杨柳枝词》来，让柳树之名远播千古。据载：洛阳永丰坊西南角园中，有垂柳，柔条极茂。白居易作了一首《杨柳枝词》，盛赞此柳："一树春风千万枝，嫩于金色软于丝。永丰南角荒园里，尽日无人属阿谁？"此诗传入乐府，遍流京都，皇帝听说了，就下诏：弄两株植在皇宫里。于是这里的柳树就一顾千金了。

这里的意思也无非是，此情此景，是该有诗情诗作的。

再看第三首：

> 东风作絮糁春衣，太息萧条景物非。
> 扶荔宫中花事尽，灵和殿里昔人稀。
> 相逢南雁皆愁侣，好语西乌莫夜飞。
> 往日风流问枚叔，梁园回首素心违。

"东风作絮糁春衣，太息萧条景物非。"柳絮生在春天都可以作衣裳了，只可惜物是人非，那春柳繁盛的景色在一声叹息中变得萧条一片了。糁，散开，洒落。杜甫《漫兴九首》之七："糁径杨花铺白毡。""太息"句，语本杜甫《送韩十四江东觐省》诗："叹息人间万事非。"

"扶荔宫中花事尽，灵和殿里昔人稀。"花事尽了，即使开到荼蘼的也会在霜季到来之时谢去了，那繁花似锦已经远去，那柳下的游人如织也马上退潮了。下面扶荔宫和灵和殿又是两典。扶荔宫，在长安，据《三辅黄图》载：汉武帝元鼎六年（前111）破南越王，在上林苑中建扶荔宫，栽下荔枝和各种奇花异木。灵和殿，南齐宫殿名，在今南京。《南史·张绪传》："刘悛之为益州，献蜀柳数株，枝条甚大，状若丝缕……武帝以植于太昌灵和殿前，尝赏玩嗟叹曰：'此柳风流可爱，似张绪当年时。'"

看来，这南朝的齐武帝是很爱柳的皇帝，将柳比为名士，很有创意。

"相逢南雁皆愁侣，好语西乌莫夜飞。"南雁纷飞，对对愁颜，点明秋令。南朝宋郭茂倩《乐府诗集》卷四九有《西乌夜飞》五首，抒写男女相慕之情，其题下有注云：《古今乐录》说《西乌夜飞》是南朝宋元徽五年（477），荆州刺史沈攸之所作的一首诗。当时沈攸之举兵发荆州，东下，思归京师，有"折翅乌，飞何处，被弹归"之句。

"往日风流问枚叔，梁园回首素心违。"这两句又是一典：西汉辞赋家枚乘为梁园写下千古名赋《柳赋》，极尽柳之风流，你看："忘忧之馆，垂条之木。枝逶迟而含紫，叶萋萋而吐绿。出入风云，去来羽族。既上下而好音，亦黄衣而绛足。蜩螗厉响，蜘蛛吐丝。阶草漠漠，白日迟迟。于嗟细柳，流乱轻丝……"而他所说的柳之风流只好问他自己了，如今的梁园在哪里呢？是谁违背了初心？这两句话有意思，如果是暗指，又暗指了谁？那肯定是一个家在梁园（现河南商丘）附近，又有枚乘之名，并做了违背初心事的人。据史家考证，此人正是侯方域。

侯方域（1618—1654），明末四公子之一。字朝宗，商丘（今属河南）人，就是清代孔尚任所著剧本《桃花扇》中的主人公。侯方域少年即有才名，参加复社，与东南名士交游，时人以他和方以智、冒襄、陈贞慧为"四公子"。本是反清名士，但入清后在顺治八年（1651）时，又应河南乡试，成为贡生。

最后一首：

桃根桃叶镇相怜，眺尽平芜欲化烟。
秋色向人犹旖旎，春闺曾与致缠绵。
新愁帝子悲今日，旧事公孙忆往年。
记否青门珠络鼓，松枝相映夕阳边。

"桃根桃叶镇相怜，眺尽平芜欲化烟。"桃叶是晋朝王献之的爱妾，桃根是桃叶的妹妹，两人都是美女。王献之曾有诗："桃叶复桃叶，桃树连桃根。相怜两乐事，独使我殷勤。桃叶复桃叶，渡江不用楫。但渡无所苦，我自迎接汝。"因为这个典故，后来，诗人们将桃根桃叶当成美女的代名词了。镇，常。相怜，相爱。首句以古代美女比喻秋柳情态之美。

宋朝的赵彦端《清平乐·席上赠人》：

> 桃根桃叶，一树芳相接。春到江南三二月，迷损东家蝴蝶。殷勤踏取青阳，风前花正低昂。与我同心栀子，报君百结丁香。

纳兰性德也有词《一丛花·咏并蒂莲》：

> 阑珊玉佩罢霓裳，相对绾红妆。藕丝风送凌波去，又低头、软语商量。一种情深，十分心苦，脉脉背斜阳。
> 色香空尽转生香，明月小银塘。桃根桃叶终相守，伴殷勤、双宿鸳鸯。菰米漂残，沈云乍黑，同梦寄潇湘。

周亮工也有两诗句："桃根桃叶莫相催，艳极轻波不敢洄。"看来桃根桃叶在清代已经是美色的代名词了。

平芜，草木丛生的平旷原野。烟，柳树枝叶茂密似烟雾，称柳烟。

"秋色向人犹旖旎，春闺曾与致缠绵。"在秋天，柳枝在人前依然婀娜，却满怀凄凉，是否曾忆春闺中的缠绵呢？可是，缠绵已过，春宵已尽，只有这旖旎的身姿在人前寂寞空摇了。这"犹"字用得真好！

"新愁帝子悲今日，旧事公孙忆往年。"新愁帝子与旧事公孙都是与帝王有关的柳树的遗事。新愁帝子指魏文帝曹丕，他曾作《柳赋》，在序中云："昔建安五年，上（按指魏武帝曹操）与袁绍战于官渡，予始植新柳，自彼至今，十有五载矣。感物伤情，乃作斯赋。"

公孙，指汉宣帝，他是汉武帝的曾孙，生下来后藏匿民间。昭帝无子，乃辗转继承皇位。《汉书·眭弘传》："孝昭元凤三年……上林苑大柳树断枯卧地，亦自立生。有虫食树叶，成文字曰：'公孙病已立。'"宣帝小名病已，这是他继承帝位的谶语。

曹丕见柳,感物伤情,公孙见到柳,肯定也会忆起往年的谶语。

"记否青门珠络鼓,松枝相映夕阳边。"汉代长安城东南的霸城门,因城门为青色,故俗称为"青门",后借以泛指京城的城门。昔日城门两侧,柳绿花红,树枝上系满珠络环佩,摇曳叮当,而今天,这繁华美景已变成夕阳西下、松柏相映了。

这最后一句的夕阳,又与第一首的残照西风呼应一体了。

二、乌夜、公孙梦

这四首解完,我们似乎长出一口气,真是玄妙高深,难辨其旨。好了,诗句我们解读完了,再来听故事,看看这秋柳诗中所隐隐展现的是怎样一个悲欢离合的故事。

关于弘光帝的故事:

弘光是南明的第一个皇帝。明朝定鼎后,朱元璋对他的儿子们实行藩王制,即将他三十六个儿子在全国各地都封了王。这些都是世袭的王爵,拥有大片土地,一开始还有兵权。其中,福王建藩国于河南洛阳府。福王朱由崧就是世袭了老福王的爵位,成了在河南洛阳独霸一方的王侯。

崇祯十四年(1641)正月,李自成攻陷洛阳,老福王朱常洵被起义军与一只梅花鹿一起煮了,做了下酒菜,名曰"福禄酒"。而就在农民军划拳行令的时候,肥头大耳的朱由崧竟偷偷用一根绳子从城墙上溜了下去,一路狂逃,来到淮安,与南逃的周王、崇王一同寓居于洪泽湖里的小舟中。一日周王死在了船上,福王朱由崧就上了岸,住在淮安杜光绍园中。

李自成攻陷北京后,崇祯帝在煤山自缢殉国,留都南京以及南方各省虽在明朝的控制之下,但国不可一日无君。这时朱由崧竟被找了出来,经过各方的较量,崇祯十七年(1644)五月十五日,朱由崧即皇帝位于南京紫禁城武英殿,这"胖猪"就这样成了"真龙"。于是以次年为弘光元年，其国号依旧为"明"，史称"南明"。

这朱由崧在风雨飘摇中做了皇帝，按说，他该珍惜这来之不易的皇位吧，而他不！还是那个花花公子的熊样儿，什么江山社稷，什么百姓黎民，管他呢！当了皇帝首先就要吃好喝好。他嗜酒如命，有时为酒到了不理朝政的地步。近臣刘宗周劝他戒酒，让他每次只喝一杯，朱由崧当面答应了。

没想到，当刘宗周再看他喝酒的时候竟然变成了这个模样：太监给他准备了一只像大海碗一样的特制金杯，每次只喝一半的时候，旁边的人就赶紧给他斟满，还自己打趣说，没见底就不算一杯！

再说这"色"。根据明末清初笔记记载，他听说蛤蟆能壮阳，就命人替他捉蛤蟆配制春药。于是整个南京城不但鸡飞狗跳，还加了个蛤蟆跳，到了夜里，宫廷内外，蛙声凄切。南京的百姓就给他送了个绰号——"蛤蟆天子"。

他还有个爱好，就是看戏。一六四五年（弘光元年，顺治二年）除夕，当清军南下之际，这天子不但不慌，还突然闷闷不乐起来，急召群臣入见。大家一开始还以为是前线吃紧有什么大事，哪想到这位老兄闷了半晌，竟说出一句话来："后宫寥落，且新春南都无新声。"大臣面面相觑，只好一哄而散。

大臣们走了，他却来了精神，立马派太监田成至杭州、嘉兴二府选美女。四月，他亲自在南京贡院选淑女，七十人中选一个，一时间，苏杭一带乌烟瘴气，鸡犬不宁，吓得有女儿的人家赶紧把女儿一嫁了事。直到灭国前两个月，他还忙于计较后宫妃嫔的数量之少。据清初史学家谈迁笔记记载："上体魁硕，一日毙童女二人，厚载门日裹骸出。"这就纯粹是一个变态的色情狂了，实在骇人听闻。其实在其即位之前，史可法曾写信给马士英说明"福王七不可立"——贪、淫、酗酒、不孝、虐下、无知和专横。

他的好色是出名的，即使在逃亡中，也不闲着。就在他顺着城墙逃掉，跑到周王封地尉氏县的时候，还与周王府的宫女——童妃，搞了一夜情。春闺缠绵之际，朱由崧对这个姿色颇丰、知书达理的女子十分中意，就对她说："我是王子，我还有两个王妃，一个是东宫黄氏，一个是西宫李氏，并且这两个都是经朝廷册封的，现在册封你已经来不及了，我们就搞个简单的仪式，等战乱平息，再正式备案。"

童妃就这样信了这膀大腰圆的小子，想到自己竟成了皇亲，不由一夜夜激动不已。想到朱由崧现在只是王子，一旦将来真的做了皇帝，自己不就是真的皇后了吗？那个乌夜村的故事便一次次在脑海中浮想联翩，难怪那天我就看到一群乌鸦落在房上，敢情还真有做娘娘的命啊！虽然现在清苦，但有了福王，这童妃也算凄苦中捡拾到一丝温热的炭火，于是真的像侍候皇帝那样侍候起了朱由崧，使朱由崧度过了难堪中最美妙的时光。

只是朱由崧和童妃只在一起住了四十几天，李闯王的部队攻过来了，朱由崧不得不甩下童妃，继续南逃。

后来这朱由崧真做了南明的皇帝。

而童妃就在一个叫宁家庄的地方住了下来，继续做她皇后的乌夜村的美梦。有一天她的哥哥和邻居秀才吵架，气愤不过的时候竟说出了这么一句话："别以为我们家好欺负，我妹妹可是当今的皇后，她只是现在暂居民间，等她有朝一日真的入了皇宫，诛灭你家九族！"

这话就被别人听到了，一传十，十传百，传到县令那里了。县令不敢怠慢，便逐级汇报，于是朝廷就派当时驻守河南安徽一带的刘良佐把这个童妃接到南京。

刘良佐觉得去接一个皇后，自己不方便，就让他老婆去接。童妃就在路上对刘良佐的老婆说了自己和朱由崧的故事，并且告诉她，自己已经为朱由崧生下一个儿子，名叫金哥。这一路上，闻知消息的地方官员都不敢怠慢，均以皇室礼遇接待童氏，这令童氏心花怒放。她想象宫中的情景，自己与朱由崧牵手，宫廷柳下，春燕飞影，认为自己真的不久就要成为皇后了，于是她的脾气也开始大增，有时候看到饮食不合自己的意，甚至把桌子都给掀了。

然而，匪夷所思的事情还是发生了。按说，这妇人是不是童妃，做丈夫的一看不就知道了吗？偏不！童氏抵达南京之后，弘光帝并不亲自见她，而是派遣锦衣卫冯可宗前去查证童氏的真伪。童氏提供了许多细节，包括她和朱由崧定情的准确日期，以及爆发兵乱后的流散过程。看到一切都能对得上号，冯可宗也相信童氏就是真正的皇妃，于是把审讯记录呈给弘光帝看。

想不到的是，弘光看完后竟勃然大怒："朕元妃黄氏，先朝册封，不幸夭逝。继妃李氏，又已殉难。登极之初，即追封后号，诏示海内。卿为大臣，岂不闻知？童氏不知何处妖妇，诈冒朕妃。朕初为郡王，有何东西二宫？据供是邵陵王宫人，尚未悉真伪，若果真实，朕于夫妻之间，岂无天性？况宫勝相从患难者颇多，夫妻之情，又岂群臣所能欺蔽？宫闱攸关风化，岂容妖妇阑入？国有大纲，法有常刑，卿不得妄听妖讹，猥生疑议。"

几句话，说得大义凛然，有板有眼，就给童氏贴上了个标签——妖妇。那意思就是：我是皇帝！我每天忧国忧民，怎么可能在战乱的时候与宫女私通，做出有伤风化的事情呢？国有大纲，法有常刑，你们不要妄听妖言，怀疑我这一国之君的德行！

见皇上不认，太监们便给童氏动用大刑，严加拷讯。那童氏终究矢口不移，坚称自己就是童妃。最后实在被折磨得不行了，只好改口说，自己是假冒的。满希望以自己的妥协换取一条生路，谁知朱由崧在得到了供词后，便于当天深夜，密令太监，让狱卒将她勒死，此案算是了结。

这又是一个痴心女子负心汉的故事，只是，这个负心汉是个皇帝，却不是那个有情有义、风流倜傥、见物生情的琅琊大道王。童妃一腔深情付诸隋堤流水，还要付出生命的代价。

千里寻夫的故事刚刚了结，弘光又接一案，有个年轻人自称太子，要来跟他争皇帝宝座了！

崇祯十七年（1644）十二月，大臣高梦箕的仆人穆虎，在从北方逃难来南方途中遇一少年。晚上睡觉，那少年解开上衣，穆虎一看，少年身上竟文了一个龙，他惊奇地一问。少年告诉他，我就是太子，父崇祯殉国，战乱中逃至此地，然后涕泪交加，悲哭长号。穆虎觉得这事非同小可，就赶紧报告高梦箕，太子找到了！

高梦箕哪里敢怠慢，太子找到了，这是名正言顺的天子啊，众民所向，我大明朝的天快晴了。他马上命令穆虎先保护好太子安全，并将他藏在苏州，后又想转到杭州，赶紧将此事向弘光报告。

可是，这高梦箕真是个书呆子，他哪里知道朱由崧此时正在皇帝的宝座上尽情享受呢！如果这时太子来了，太子是名正言顺的接班人，何况东林党人正为他的德行愤愤不平，他想："我刚坐了几天皇帝，太子来了，我情何以堪！"

心里紧张，但他并不形于色，还是假惺惺地派人将太子接到南京，时在弘光元年（1645）三月初。这时这个太子来了精神，"稚子至，益骄，每酣饮则狂呼，间大言阔步"，似乎也知道了那个汉宣帝藏匿民间，辗转继承皇位的故事。

但到了南京，这太子却蔫了，弘光没有高接远迎，而是先派人去查验真伪。

这一验，弘光心里的一块石头落了地，回来的人不像上次童妃来时那样一致说是真的，都报告说，太子是假的，其中以王铎态度最坚决。这王铎是大书法家，他自称在太子身边侍读三年，没见过这人！因此弘光朝廷将高梦箕、穆虎和北来太子下狱刑讯。之后录出北来太子口供说他是驸马都尉王昺之侄孙，名字叫王之明，但审来审去都没有审出幕后真正主谋是谁，穆虎被刑讯致死，高梦箕弃市。

弘光帝此次有惊无险，自然又多喝几杯了！

这太子一案，成为南明三大疑案之一，真的假的，到现在还莫衷一是。但也有以为太子不伪，认为这是弘光帝害怕太子夺位便指鹿为马，执意以为伪。

但太子案却造成了弘光的迅速灭亡。很快，左良玉假造太子密诏，起兵"清君侧"，朱由崧仓促逃亡，南京城内有人从狱中救出那个太子，拥立为监国，拟即大位。王铎被民众痛殴，头发胡须都被拔掉。而就在这时，清兵尾随而至，攻破南京，将这个太子和弘光帝逮住，一同带往北京。

好，这就是南明弘光朱由崧的故事。看了这童妃和太子的故事，能否对白下门、春燕影、乌夜村、女儿箱、洛阳风景地以及新愁帝子、旧事公孙做另一种解读呢？如果顺着这个线索和逻辑关系，此诗当有别解。就让我们尽情地联想弘光帝、童妃以及弘光更多的故事吧，而多义多解，也许正是这《秋柳四章》的魅力所在哩！

这四首《秋柳》诗所作的年代，距弘光朝灭亡只有十二年。而此时，遗老们又在广东拥立了桂王朱由榔，号永历，南明还在苟延残喘。

三、遥远的唱和

掌声响起来，似乎并不仅仅是因为这《秋柳四章》的神韵。

一般来说，诗歌能引发共鸣，当是感同身受后的唏嘘，直逼灵魂后的震颤，或是神接千古后的幽思。比如："男儿立身须自强，十年闭户颍水阳。业就功成见明主，击钟鼎食坐华堂"①，这便极有可能在立志男儿中产生共鸣；又如"慈母手中线，游子身上衣"，也会让广大游子泪流；"窈窕淑女，君子好逑"，极可能被恋爱中的男女奉为纶音仙声。而王士禛这《秋柳四章》，仅在清代的二百余年中，就有一千多首和诗，这些和诗之人又都是在不同境遇下的人，不同性别的人，这已成为一个可思考、可围观、可惊叹的文学奇观了。

先说遗老的和诗：

顾炎武在山东有四个好友，一是德州的程先贞，一是新城的徐夜，再就是济阳的张尔岐、曲阜的颜光敏。明朝的文人有结社的传统，一开始无非是为了科举考试，一些读书人凑在一起"揣摩八股，切磋学问，砥砺品行"。"兴复古学"是著名的复社的宗旨，顾炎武就是复社的重要成员。明亡之后，顾炎武奔走呼号，反清复明，这复社就有了明显的政治色彩。顾炎武之所以到山东来，就是这里有复社基础。顾炎武来到山东，在长白山下的大桑家庄置了土地，买了房子，就每天呼朋引类，秘

---

① 唐李颀《杂曲歌辞·缓歌行》。

密商议反清复明大计。

因为和徐夜住得最近，自然接触最多。

徐夜是谁？王象春的外甥，也就是王士禛的表兄。徐夜三岁即丧父，自幼在王象春家长大，母亲在壬午之难中投井自尽，而顾炎武的祖父做过明朝的翰林院编修，母亲在战乱中又被清军砍断了手臂，两个兄弟也遇难。这两人都是官二代，前辈都在明朝当过中央级的大官，而且都与清朝有夺母之恨、杀兄之仇。同时，两人科举都不得意，顾炎武连个举人也没考上，徐夜大不了弄了个副举人（副贡）。

同样的经历，使两人一见如故，结为知己。

顾炎武曾有诗："今日大梁非旧国，夷门悉杀老侯嬴。"徐夜也说："不堪频北望，曾是旧神州。"两个人都表达了与清朝不共戴天的仇恨和憎恶。所以，当王士禛《秋柳四章》的凄清风调传到他们耳中，那种莫名的悲伤，竟使他们徘徊往复，不能自已。徐夜首先应和："摇落江天倍黯然，隋堤鸦乱夕阳边。谁家楼角当霜杵，几处关程送晚蝉。为计使人西去日，不堪流涕北征年。孤生所寄今如此，苏武魂伤汉使前。"这首诗竟让《清诗别裁集》的编者沈德潜佩服得五体投地，他说徐夜的诗比王士禛写得还好："萧瑟之音，不粘不脱，远胜渔洋名作。"

顾炎武也被感召，写下《赋得秋柳》："昔日金枝间白花，只今摇落向天涯。条空不系长征马，叶少难藏觅宿鸦。老去桓公重出塞，罢官陶令乍归家。先皇玉座灵和殿，泪洒西风日又斜。"那萧索衰败的意象，家国已去的惆怅，建功立业而不得的愁苦，表达得淋漓尽致。

未几，明末四公子之一的冒襄，也就是那个著名的董小宛的夫君，再和。

其一

南浦西风合断魂，数枝清影立朱门。

可知春去浑无迹，忽地霜来渐有痕。

家世凄凉灵武殿，腰肢憔悴莫愁村。

曲中旧侣如相忆，急管哀筝与细论。

其二

红闺紫塞昼飞霜，顾影羞窥白玉塘。
近日心情惟短笛，当年花絮已空箱。
梦残舞榭还歌榭，泪落岐王与薛王。
回首三春攀折苦，错教根植善和坊。

其三

无复春城金缕衣，斑骓躞蹀是耶非。
张郎街后人何处，白傅园中客已稀。
誓作浮萍随水去，好从燕子背人飞。
误传柳宿来天上，一堕风尘万事违。

其四

台城隋苑总相怜，忆昔萦堤并拂烟。
金屋流萤俱寂寞，玉关羁雁苦缠绵。
十围种就知何代，千缕垂时已隔年。
最恨健儿偏欲折，凉秋闻道又临边。

再看陈贞慧的儿子陈维崧的和诗《秋柳和王贻上韵四首》。

其一

暮霭荒原镇断魂，枝枝瘦影锁横门。
依然和月多眉妩，何处临风少泪痕。
千尺苹花流水岸，几家枫树夕阳村。
江南子弟头都白，青眼窥人忍再论。

其二

平明帘幕落青霜，剩得轻阴满曲塘。

似尔陌头还拂地，有人楼上怕开箱。

可怜古戍苏兼李，不见朱门谢与王。

若问一春攀折处，钿辕斜过善和坊。

其三

尽日邮亭挽客衣，风流放诞是耶非。

将军营里年光换，京兆街前信息稀。

悠黛忍令秋水见，柔条任与夜乌飞。

舞腰女伴如相怜，为报飘零愿已违。

其四

鹅黄搓就便相怜，记得金城几树烟。

未到阿那先属鬖，任为抛掷也缠绵。

由来春好惟三月，待得花开又一年。

此日秋山太迢递，株株摇落画楼边。

而远在江南的朱彝尊也有遥和《秋柳》之作，诗云：

回望秦川落照残，西风远影对嶻嵲^①。

城头霜月从今白，笛里关山只自寒。

亡国尚怜吴苑在，行人只向灞陵看。

春来已是伤心树，犹记青青送玉鞍。

要知道，顾炎武、冒襄以及陈维崧可是明末大名鼎鼎的人物，当时王士禛无非是一个年仅二十四岁的文学青年。这几人一和，其余的人也来了，如彭孙遹、曹溶、许旭、汪懋麟等名家也加入了唱和队伍。这一来，大江南北，从北京到南京，王士禛的这四首诗广为传唱，尽为人知。

---

① 嶻嵲：山峰高锐。

在这里我们不能不提这样的历史背景：当时，清朝已经定鼎中原，改朝换代之际，大部分士子都表示了臣服，但还有相当一批明朝的遗老表现出深深的、执着的故国之思、亡国之痛，也自然创作了大量诗作，以表达自己的民族气节。但为什么诗作大多不被人所知，唯独《秋柳四章》被广泛唱和、应者云集呢？

朱彝尊在他的《曝书亭集》卷三十七中做出了这样的解释："盖自十余年南浮滇桂，东达汶济，西北极于汾晋、云朔之间，其所交类皆幽忧失志之士，诵其歌诗，往往愤世嫉俗，多离骚变雅之体，则其辞虽工莫传焉。"这意思就是说：这些诗歌可能都是高手的作品，但往往都是愤世嫉俗之作，就如上面顾炎武等的诗，作了些先皇先帝泪洒情伤之类明显的哀伤之言，要么反清复明旨意明显，要么隐晦曲折暗藏玄机，所以，即使文词工整，也难以流传。

而只有王士禛的《秋柳四章》，通篇你是看不到这些词语的，最多有"愁、哀、怨、怜"几个字，泪水婆娑也是用"晚烟痕"的意象代替了。凄苦的意蕴，代替了"杀、伤、霜月、关山、故国、泪痕"之类突兀醒目、立意明显、一目了然、暗藏杀机的词语。而这些，在清朝初立，几乎就是一些敏感到大逆不道地步的词汇了。以清朝文字狱之盛，王士禛能以这些朦胧、含蓄的意象，躲过针对敏感词语的重重围剿，继而让《秋柳四章》在俗世现实中能如一束亮光横空出世，并光照百年，这真是他的智慧和功力所致了。

这些明朝遗老之所以对王士禛《秋柳》诗表达了极浓的兴趣，大概就是因为其模糊的意象、隐晦的典故和莫名的哀怨，让人在淡淡的忧伤中静静地感悟。这和在诗中赤裸裸地表达反清复明宣言相比，至少可以躲过杀身之祸吧！

《秋柳四章》，在华美的外衣下透出一种氤氲的凄美之气，在对典故的无限联想中，对故国的愁思跃然纸上。在纷繁杂陈的典故中寄托了多少怅想？转弯抹角的意蕴中又有多少味外之味？这便如袁宏道所说的"趣"："如山上之色、水中之味、花中之光、女中之态。虽善说者不能一语，唯会心者知之。"

有些和诗者，甚至也只有自己意会，而不可与外人道。这些典故是深得文人之趣的，从而有了"天下遂翕然应之"之效应。

而更让王士禛意外的是，这《秋柳四章》让他收获了一大批女粉丝。

也许是童妃这千里寻夫故事的感召吧，闺秀诗人纷纷加入应和的队伍。王士禛在《带经堂诗话》中记叙："顺治丁酉，余在济南明湖倡秋柳社，南北和者至数百人。广陵闺秀李季娴、王璐卿亦有和作。彼二年八至淮南始见之，盖其流传之速如此。"

李、王之诗现已经查不到了，但嘉庆、道光年间的梁章钜曾说：王渔洋《秋柳》诗当时闺秀和者至数百家。如其所撰《闺秀诗话》载其同乡郑玉台之作《和王渔洋秋柳》：

其一

遣愁何处写诗魂，节序惊心白板门。

斜日寒塘留故态，秋风凉露即啼痕。

长条有意萦归舫，暮色无端黯别村。

为惜当时眉样好，临风惆怅与谁论。

其二

蝉吟蛩怨到微霜，蘸影长堤半水塘。

苦调惯依迁客笛，嫁衣久叠女儿箱。

只今摇落人悲宋，犹忆萧寥赋学王。

未必陈根都委露，春来依旧簇花坊。

这纯粹就是怨妇诗了！

再看《国朝闺阁诗钞》中苏世璋的两首诗：

其一

萧萧疏影度寒霜，半入斜阳半入塘。

草里茱萸堪作佩，竹间云母可为箱。

眉销灞岸思张敞，腰瘦章台恨楚王。

莫遣使君重问讯，故园西角永丰坊。

其二

芳春作絮点宫衣，秋色萧条汉苑稀。

陌上堤边花事尽，星移物换故人非。

难凭眠起随风异，惟解飘零逐雁飞。

曾说金城千万缕，何堪流涕素心违。

女诗人所表达的大多是爱恨离愁，春闺秋怨。所用的典故也无非是张敞画眉和白居易与小蛮、吴越王钱镠与夫人遗书"陌上花开，可缓缓归矣"的夫妻情深故事，表达对年华已逝的哀叹和感情无常的指责，而全不见那些遗民诗人在诗中表达的微言大义了。

女诗人本来就多具悲天悯人情怀，《秋柳》诗中王士禛这个"恨人"，所营造的恓恓惶惶、纱幔摇曳、雾绕云遮的文字氛围自然一下子与女性心理产生共鸣。这种共鸣，也会使女性作者联想起那若即若离又情绕魂牵的旧梦。

被《秋柳》这朵天边飘来的云所震撼的除了遗老和闺秀，还有一些新朝的士子。这朵云彩飘过，落在他们身上的小雨不是落寞和惆怅、愁思和悲凉，而是志得意满和踌躇满志。

先看看彭起丰，这位官居兵部尚书，和爷爷都曾是清朝状元的志得意满者是怎样写的吧。

彭起丰《秋柳四首追忆和王阮亭先生原韵》：

其三

忆昔春花点客衣，而今景物已全非。

板桥流水行人暮，兰根桃叶荡桨稀。

三匝暗惊乌夜宿，一行早睹雁南飞。

攀条最有青衫泪，李固袍新愿莫违。

其四

风风雨雨最堪怜，黄叶村中笼碧烟。

种向金城愁寂寞，吹筳玉管思缠绵。

兰成萧瑟悲今日，张绪风流忆少年。

待得新黄依旧发，江南春色自无边。

这简直就是扫去旧愁、万象更新、整装上阵的景象了。"李固袍新"是一个典故。一个叫李固言的人（诗中李固是李固言的简称），科举前路过一棵古柳树，突然听到一声弹指的声音。李固言见四周无人，就大声问是谁。这时旁边的古柳发话了："我是柳神九烈君，已用柳汁染了你的衣服，如果你将来中了状元，换了蓝袍（古人秀才着白衫，举人绿衫，再高级的进士和一般官员蓝袍，再高一点的官员红袍，最高的官员紫袍），你一定要拿枣糕来祭我。"

你看，"李固袍新君莫违"和"江南春色自无边"，这是壮志已酬的情怀。我奇怪的是，如果说古柳真是个科举吉祥的象征，那么，彭起丰何以能在凄恻缠绵为主调的《秋柳四章》中，共鸣出春色无边的情愫呢？

也许，这正是《秋柳四章》的魅力吧！

且看那些屡试不第、低眉倒运、风泊鸾漂、功名蹭蹬的读书人是怎样共鸣的吧！

郑炎《秋柳和王阮亭司理韵》：

暮砧催尽未成衣，怅别离筵景物非。

几日秋莺花底涩，一双蝴蝶树头稀。

抛残驿路星霜换，遮断旗亭鼓吹非。

远送平芜游子泪，白原衰草壮心违。

这郑炎就是被朱元璋命名为"江南第一家"——又称"郑义门"的

郑家人。这郑家可是当地的豪门望族，历经宋、元、明三朝十五世同居共食达三百六十余年，鼎盛时三千多人同吃一"锅"饭，其孝义家风多次受到朝廷旌表。"江南第一家"最有名的就是由当时家庭教师宋濂修订的一部长达一百六十八条的《郑氏规范》。而这郑炎却是个倒霉蛋，本是个天资绝顶的人，在清朝却屡试不售，最后只能借酒消愁，成为酒鬼了。

在他眼里的秋柳也只能是"远送平芜游子泪，白原衰草壮心违"了。

还有一个叫钟寿潞，其作《秋柳和渔洋山人韵四首》：

其一

九烈如闻汁染衣，当时嘉话是邪非。

啼乌别馆人初起，走马章台客已稀。

看遍鬓华青眼在，画将颁顿素心违。

西风自是无情者，惯送长亭叶乱飞。

钟寿潞字曾伯，会稽人。《两浙輶轩续录》卷五十载："曾伯幼笃志于学，群从多蜚声庠序，曾伯独艰于一衿，年未及壮，抑郁以殁。其志可哀，其业罔竟，亦可惜也。"同样是九烈神柳，对于郁郁不得志的老钟来说，只能更加刺痛自己的伤处了。

同样是"太息萧条景物非"，有人看到华年不再，有人看到辞旧迎新；同样是"秋色向人犹旖旎"的柳树成荫美景，有人想到帝家谶语，有人想到柳汁染袍神话；同样是"万缕千条拂玉塘"，有人看到长条有意，有人看到摇落天涯。这正是王士禛的《秋柳》带给不同境遇人的不同情绪，而这些不同情绪一旦都激发出来，共鸣的声音便如排山倒海，响彻天涯。

四、典、远、谐、则

王士禛在顺治十三年（1656）将其诗作编成《丙申诗集》。他在序

言中提出"典、远、谐、则"的四字纲领,并被钱谦益称为"谈艺四言"。我们先看他自己的解释:

> 六经、廿一史,其言有近于诗者,有远于诗者,然皆诗之渊海也;节而取之,十之四五,魋结谩谐之习,吾知免矣;一曰典。画潇湘、洞庭,不必蹙山结水,李龙眠作《阳关图》,意不在渭城车马,而设钓者于水滨,忘形块坐,哀乐嗒然,此诗旨也;次曰远。《诗》三百五篇,吾夫子皆尝弦而歌之,故古无《乐经》,而《由庚》《华黍》皆有声无词;土鼓鞞铎,非所以被管弦叶丝肉也;次曰谐音律。昔人云:《楚辞》《世说》,诗中佳料,为其风藻神韵,去《风》《雅》未遥;学者由此意而通之,摇荡性情,晖丽万有,皆是物也;次曰丽以则。

魋结,即椎结,也作椎髻,就是椎形的发髻,与"谩谐"一词共同形容诗歌语言鄙陋荒诞,不合雅正。意思是说:六经、廿一史之古文,其行文有近于诗的,有离诗太远的,但都是诗的渊源。现在的诗文,取自这些古典文字,十有四五,那些鄙陋之作,就免谈了。

先说典:"典",就如画潇湘、洞庭,不必拘泥于山水细节真实。可以言在内,而意在外。一首诗只要有主旨就行,而这个主旨,就要融取经史,以学问为根底。他说:"为诗须多读书,以养其气。"《秋柳四章》中用典二十多处,几乎句句有典,而各个典故总与杨柳或多或少有联系,形成一个关于柳的意象群。王士禛强调用典,无非有这样的考虑:典是历史积累下的精华,已经为多数人所知所用,其落在文字上,第一是为节约字数。因为诗不同于散文,大多五、七言,要想表意丰富,含义深邃,就要用典来经济字数。如"愁生陌上黄骢曲,梦远江南乌夜村"这两句,如果解释起来,就需要很多的文字,而用典,则只用了这样十四个字。其次,有些事情,不便说,或直说不雅,就要用典,借助典故表达出来,就能达到可意会而不可言传的效果。比如李商隐诗:"长筹未必输孙皓,香枣何劳问石崇。"其实说的"如厕"典故,前一句出自《法苑珠林》：长筹，就是古人如厕时的刮屎棍。吴王孙皓将一尊佛像放在厕所里，佛像旁边放刮屎棍，结果惹怒了佛，下体肿痛，直到他用"香汤洗像，惭悔殷重"，并广修功德于建邺寺，隐痛才渐愈。

石崇则是西晋时的巨富，他进厕所时，要用香枣塞鼻。而《世说新语》里则记录了琅琊王王敦的一个典故，他进了厕所，把盒子里的香枣都吃了，把婢女端上的洗手水和"澡豆"（古人的肥皂）倒在一起当干粮吃了。李商隐的这两句诗无非是说进厕所大可不必太讲究，用了孙皓和王敦的典故，使有限的文字，表现得更加丰富和文雅，让人去细细意会。

社会、文化不断发展，前人记载的事情就有可能被后人比拟、借鉴、沿袭，而不断地被人承前相映的部分，就是典故。而典的积累，只有一个办法，就是读书。

用典的最高境界是不露痕迹，王士禛在《池北偶谈》讲过一个例子。董文骥被外迁到陇西道，作了一首诗，其中有两句："逐臣西北去，河水东南流。"这两句看似平常，其实有深意，不读书的人是看不出其中意味的。读《北史》才知道孝文帝元修被高欢逼走洛阳，只得投奔关中宇文泰的故事。当时，元修循河西上，对人说："此水东流，而朕西上。"在这里，董文骥虽然只说了两句看似平常的话，但读了历史的人，才能知道其中无穷的恨意！

施愚山在《蠖斋诗话》中曾说自己写诗如"人间筑室，一砖一木，累积而成"，而王士禛作诗，则"如华严楼阁，弹指即现，有一顿一渐之别也"。这就是说王士禛的诗也是用一字一句写成的，这"一砖一木"，就是其典，而之所以像华严楼阁，就是因为其典形成的意象所带来的联想和多义，竟如昙花一现的海市蜃楼，顿悟和渐悟的区别大概也在于此吧。

"远"是什么？是意境，看似不相关，却张力无限。王士禛所说的这个远，其实就是诗能使人联想的张力。在时空中拉开跳跃的步履，灵动的思绪，其境在此，其意在彼，在这时空交错互织的链接点上，便结成一个个想象的落脚点。王维诗《送元二使安西》："渭城朝雨浥轻尘，客舍青青柳色新。劝君更尽一杯酒，西出阳关无故人。"宋人李龙眠据此诗意画《阳关图》：五里短亭坐落在绿水东流的溪畔，亭边杨柳依依，亭下的两三歌者、舞者，刚唱演罢那凄回婉转的《渭城曲》，面对着主人和即将远行的羁客，不忍举目凝视，只得背去拭泪。相顾缠绵的氛围里，主人置酒相敬行人，那分别的凄楚感伤，令前来饯行的人们都黯然伤神。酒阑童仆抱拳相辞，小小的孩童无助地牵着老人的衣角，而老人在掩面呜咽。两个负薪的樵夫，擎鹰随猎，从桥上而过，相谈甚切，也似在说离别的辛酸。连那亭外的驴也低头顿蹄，似乎也难耐这将近的别离。而不远处的杨柳荫下，一位白发渔翁在静静地独自垂钓，丝毫未被这离愁所左右。

这个独自垂钓的老者似乎与这个送别的场面不相关，离这个画面很远很远，但王士禛认为，这个垂钓的老者恰恰体现了王维诗的主旨。这个主旨是什么？王士禛没有解释，倒是宋人米芾在他的《题李公麟阳关图》一诗中写出了个中玄机："……唯有溪边钓鱼叟，寂寂投竿如不闻。李君作画何容易，画出樵渔有深意。为道世间别离人，若个不因名与利……"也许，这个远离尘嚣的钓者才道出了对世间送别的不屑，他才是真正看透世事，远离了"爱别离""求不得"之愁苦的人。米芾最后写道："试问主人在何所，尽向安西幕府开。歌舞教成头已白，功名未立老相催。西山东园不我与，造父王良安在哉？已卜买田箕岭下，行看筑室颍河隈。凭君传语王摩诘，画个渊明归去来。"出关的洒脱、远离尘世功名的无畏，不正是诗的主旨所在吗？

冒襄在评王士禛诗的时候，用了这样一句话："其标旨也，微而远，其托物也，思而多风。"就是说王士禛诗，往往从小事切入，而立意高远，而托物之作，又能让人浮想联翩。这可谓是对"远"精当的解读。王士禛后自号渔洋山人，就是他在远远地看到太湖之上的渔洋山胜景时，触景生情，那种飘逸天地的神思非近描细刻所能代替得了的。所以，与生活保持一定的距离，则是审美的需求。

"谐"为声律。要求气韵生动，朗朗上口，回环往复，层层深入，最终形成一个和谐的整体。

"则"，即为规则，要求语言含蓄蕴藉，华美而不绮靡，典雅而不呆板，不可漫无目的，不可肆意挥霍、铺张，要有节制和法度。

当时有一个叫赵执信的，这个人还是王士禛的外甥女婿，他讥讽王士禛为"王爱好"，爱"好"（偏正词组），无非是说王士禛的诗喜欢语句修饰，装扮得比较华丽漂亮吧。

但赵执信只是将王诗的修饰夸大了。实际上，王士禛的诗华丽之中还有一个特点，就是节制。华丽而又节制，这就难得了。这就是"则"。

典、远、谐、则四个字，构成了王士禛神韵说的主体。何谓神韵？我认为，神，当是来自天外的一种感觉。而韵，则是一种节奏和逻辑。感觉从何来？它是在各种感应、阅历、知识，在经过沉淀、锤炼、融会之后，所锻造成的一种气息和味道。"神"无迹可寻，如光如电、如云如雾。它乘韵而至，它离韵而驻。它是心领神会之后的顿悟、灵性喷涌之后的趣味。它是歌者的嘹亮、舞者的优雅、书者的矜持和洒脱、丹青的恢弘与幽美。有神无韵，杂草一地；有韵无神，死气沉沉；有神有韵，才能神采飞扬！神会意会，则顿悟、灵性闪烁，这也许正是神韵的玄妙之门！

钱钟书先生在《谈艺录》中曾说："渔洋谈艺四字'典、远、谐、则'，所作诗皆可几及，已非易事。明清之交，遗老'放恣'杂驳之体……诗若文皆然。'贪多'之竹垞，能为馈贫之粮；'爱好'之渔洋，方为拯乱之药。功亦伟矣。"

钱钟书先生将王士禛的诗看作是那个时代的拯乱之药。看来，王士禛在那个承先启后的时代在诗歌上所做的丰功伟绩是抹杀不了的。

好了，王士禛的《秋柳》诗我们讲完了，好在对这四首诗的解读很多，有兴趣的自可攻读，我们应该继续看我们的传主的故事了。这四首诗，不是他的归宿，因为他还有治国平天下的男儿大志！他要继续飞，继续远行，这四首诗不过是振翅的好风，前行的光环，冠带上的美玉。如今，手握美玉的少年王士禛就要"击钟鼎食坐华堂"了。

第四章 登天之路

顺治十五年（1658），戊戌科殿试在太和殿丹墀前举行。王士禛的眼睛穿过眼前的台阶，想象着前方金銮殿里的那七十二根楠木柱子，那或许就是高祖在贵州深山中砍伐所得啊！柱子撑起了王朝的门面，也撑起了王氏家族的荣耀。他是家族中离这个顶梁楠木柱最近的人，他要成为这个家族的顶梁柱！

一、祖父的功绩

台湾的严志雄先生在他的《秋柳的世界》一书中，对王氏家族的仕宦科举之梦曾有一段精彩的评论，他说："王氏一族的生存目的有一内在逻辑，即登第入仕，此一生命实践代代相传，内化成一习性。王氏子弟倾注无限心血，在朝往'进士'之途上奋力前进，考取功名与仕宦任官构成了他们生命史上重大的'通过仪式'。"

如果说顾炎武们的遗老山林是对士子生命尊严的一种维护，如果说王与胤的以死殉明是对信仰和承诺的一种坚持，如果说不改汉服是对民族精神的张扬和捍卫，那么，王士禄、王士禛兄弟二人在明亡次年就积极参加清朝组织的科举，几乎没有挣扎和犹豫，在家难的凄苦还未散去之际，这难道是他们积极主动的效忠吗？

也许我们不应该这样苛求王氏家族。

王重光是王氏家族的第一个进士，自王重光以来，经王之垣一代，再历王象乾、王象晋、王象春共三世，再到王与敕第四代，两百余年来，王家就是靠科举才成为了"王半朝"。他们积极进取，获得了皇恩浩荡。对于皇恩，他们当然感激涕零，但在骨子里面，他们可能更感恩的是自己这个家族的勤勉。在这里，曾有一个故事：

王重光逝后，儿子王之垣和王之翰曾一起进京为父乞恤，当时主事的正是严嵩之子严世藩。严世藩当着兄弟两人的面就说："乞恤这事好说，只是我自己说了也不算，要上下打点，至少也得五百两银子。"王之垣兄弟俩一想，父亲一生勤勉，为朝廷死在蛮野，死后之名难道还要花钱去买吗？如果这样，是否有辱先辈英名？于是愤而回乡，砥砺子侄靠真才实学赢取功名。

真才实学，是王家的立世之本。所以，在科举之路上的坚韧不拔，使他们对自己的感动甚至超过了对皇恩的感动。所以，为考试而考试、为感动而感动成为了他们内在的行动逻辑。只有考过去，登第入仕，才能在列祖列宗面前有荣光。王重光曾为王家立下四条家训："存道义之心，行道义之事，友读书之人，言读书之言。"这一家训归结起来有两点：一是道义，二是读书。这个家训后来刻于王氏的家祠之中，成为后世子孙的处世之纲。

王之垣是王重光的次子，他的仕取之心极强，并且很有能力，他始读书时"攻苦茹淡，穷日夜不辍"。王之垣受到张居正的欣赏，曾在一年之内仕途通达，先后历任太仆寺卿、鸿胪寺卿、大理寺卿，并在次年被提拔为顺天府尹，后来又出任湖广巡抚。但在张居正去世后，他也不得不退隐，在家里做起了教书育人的工作，并且乐此不疲。王氏家族的家法、家训有了系统的整理和传承，实际上是从王之垣开始。

当时，山东临邑有个邢氏家族，后来出了一位蜚声海内外的书法大家，名叫邢侗。邢侗的父亲邢如约也是一位教育大家，王之垣和邢如约是好朋友，不但是好朋友，邢如约的孙女（邢侗的女儿），还许配给了王之垣的孙子（王象乾的儿子）王与定为妻。从辈分上讲，王士禛应叫邢侗的女儿姑姑。

因为邢氏教育子女非常成功，王之垣经常到邢如约那里取经。而当时，临邑德平的另一大家族——曾做过明朝左都御史的葛守礼家族科举正旺，葛守礼的孙女也是嫁给了邢侗的儿子。实际上，王之垣通过与邢氏的联姻，与葛守礼也成了亲家。当王之垣问邢如约如何教导子女时，邢如约对他说："我也是采纳了葛家的办法，这个办法没有什么稀奇之处，就是严格施教而已。每天让孩子读经史，读完后还不能算了结，必须写出心得七篇，少一篇也不行，一天不写也不行！"

王之垣即以其法训子，结果，三个儿子中，两个（王象乾、王象晋）都成了进士。

农耕时代，家族是社会最基础的单位。家族的兴衰，也代表着时代的兴衰，而家族文化的传承基本是依靠家训的，所以中国人特别重视家训的制定传承，每一个大的家族都会制定自己特有的家族、家法、家规和家训。家训实际上是中国传统文化的精髓，它通常由家族中学养和威信较高者总结祖上成功经验和教训，为子弟制定生活起居、为人处世、入仕为官等行为准则，以训诫子弟。家训对一个家庭、家族，乃至社会都有很好的教化作用，对一个家族人的品格养成有着重要意义。王之垣实际上担当起为王氏家族传承文化的重任。

王之垣对王氏家族的文化传承是从修订族谱开始的：新城王氏的第一部族谱修于万历三年（1575）。其时，新城王氏已经具有了相当的政治地位和社会地位，成为远近著名的望族，家族中先后有多人由科举出仕。嘉靖年间，王麟以贡生官至颍川王府教授之后，其长子耿光以贡生官马湖府经历，次子重光以进士官至贵州右参政。重光子之垣以进士出仕，并已官至顺天府尹，之垣侄象坤也官至山西左布政使，王之垣子侄辈尚有多人科甲中第走上了仕途。在这个背景下，万历三年，在王之垣的主持下，新城王氏修纂了家族的第一部族谱。

王之垣在《族谱原序》中明确指出："予家徙新城二百年耳，已不能详，至今不谱，后世何观焉？谱一做使后人按图而披，寻原而绎，测然动木本水源之感，蔼然兴敦宗睦族之思。近之而笃亲叙伦，远之而维风弘化，恒必繇之。"他试图通过族谱，使五服之内族人产生孝悌之心，从而达到尊祖敬宗目的。

在修纂族谱的同时，王之垣继王重光立下王氏第一条成文的家训后，又写下《念祖约言》总结记录了王家几代祖先的嘉言懿行，并将自己一生的为官经历进行经验总结，写成《历仕录》。同时他总结归纳古人格言警句集成《炳烛编》《摄生编》《百警编》，作为家规家训，告诫劝谕子孙。

他的儿子王象晋更是继承了他的宏志，继续扮演了这个家族文脉传统坚忍不拔的监护人和传承人，将三个孙子——王士禄、王士祜、王士禛推上了进士的高地。同时，他对王家的家规做了进一步的调整和完善，编成《清寤斋心赏编》和《日省撮要》。

王象晋活到了九十三岁，他最后在故里的十六年里，倾尽心力，自办私塾，培养这几个孙子，并亲眼目睹了长孙王士禄顺治九年（1652）进士中式，老四王士禛顺治八年（1651）乡试中第六名举人（前一年，王士禛在童子试中，郡、邑、提学三试皆为第一）。王象晋死后两年，顺治十二年（1655），王士禛以三甲第三十六名进士及第。士禛的三哥王士祜在康熙九年（1670）成为进士，二哥王士禧虽未中式，但他很早就是国子监的学生了。

王象晋是在浙江左布政使的任上致仕的。明朝的布政使是一个省的最高行政长官，设立左右（即正副）二人，负责一省的赋税的征收和向中央的解送。崇祯九年（1636），当时的左布政使姚永济进京觐见皇帝，王象晋在浙江主政。但姚到了北京，却被崇祯以浙江省征解的数额不足为由拿下大狱。王象晋闻听，马上把负责守藏的官员叫来，让他马上将钱粮一分不差、一粒不留地送往北京。但那个小官担心自己会受到牵连，不愿办。王象晋就对他说："你此前没如数征解，怕受到牵连，我何尝不知，但我也有责任，大不了给降职，可姚永济现在大狱，随时会有不测，与他同事一场，他处于危难，我们却坐视不管，怎么能忍心这么做？"于是他又换了一个官员，将征解的钱粮如数交到朝廷，姚永济就这样被释放出监狱。

这就是王象晋，一个忠厚老实的官吏，一个宁愿自己承担风险也不愿让同事朋友吃亏的好人。而王士禛温柔敦厚、恬淡寡欲的为政之风，无疑是受到了祖父的影响。

王象晋归隐之后，设立家法："每夜五鼓即起，终年在书屋；惟元旦拜家祠，与尊长贺立毕，即入墅肄业，虽至亲近族，罕得会面。一文不佳，责有定数，初不胜苦，久久操之既熟。"

这个攻读的规矩就是：每天五更起床，终年要在书屋学习，这些学习的子孙是没有寒暑假的，只有在春节元旦之日，才可与长辈一起拜祭祖祠，然后马上就要再入书屋学习。即使是至亲近族的人，在一年之中也难得见上一面。每一个作文中的错误，都可能带来不同的惩罚。

王士禛小时的记忆是：

> 祖父课业甚严。每自墅归，太夫人从窗闻履声，辄呼而问之："儿辈今日读何书，为文章当祖父意否？"命列坐于侧，予之酒食，或读书塾中，夜分不归，则遣小婢赐卮酒饼慰劳之，优选法为常，兄弟四人每会食，辄谈艺以娱母，夫人为之解颐。

这是何等幸福的感受啊，每当繁重的课业结束，回到家中，母亲就从窗前早听到儿子们脚步声，就大声问道："今天读的什么书啊？爷爷对你们的作文满意吗？"然后让四兄弟一个个坐下，拿出早已经准备好的饭菜让他们吃。如果在学习里苦读错过了饭时，就让小丫鬟把饭菜送到私塾中。而每当兄弟四人一起吃饭的时候，就给母亲谈自己的学习心得，惹得母亲笑得合不拢嘴。

再看看兄弟几个学习的场景：

予兄弟少读书东堂，堂之外青桐三、白丁香一、竹十余头而已。人迹罕至，苔藓被阶，纸窗竹屋，灯火相映，咿唔之声相闻。如是者十年。长兄考功①先生嗜为诗，故予兄弟皆好为诗。尝岁暮大雪，夜集堂中置酒，酒半出王、裴《辋川集》，约共和之，每一诗成，辄互赏激弹射。诗成酒尽，而雪不止。

（王士禛《蚕尾续文》）

青桐、黄竹、白丁香、苔藓、纸窗、灯光，这种场景里再传出几场儿童咿咿唔唔的读书声，简直就是一个仙境。若逢大雪满天，屋内置酒把盏，诗飞如雪飘。王家的读书之乐可赞可叹！

王象晋辞世前，自撰祭文，写下了《辞世小言》，其豁达之胸襟、恬淡隐士之情怀跃然纸上：

生前自祭文，世人皆艳言之，予非其伦也。暇日戏题数语，用发一笑。若曰效颦前哲，则吾岂敢？

以而生之蠢蠢兮，冠裳远嗣；以而性之次次兮，诗书是肆；以而学之憒憒兮，科名倖跻；以而材之庸庸兮，勿宣谬寄。古训无违，四十强仕，七十告老，悬车明志。抚松菊之犹存，幸蓬茅之足憩。樽有醪醴，庖有兔雉，场有稷黍，园有枣栗，足以娱宾，足以永日。

有子有孙，一堂五世。诵读堪绳，蔍蓘②可继。或课艺于西塾，或劝农于东遂，朝咏夕吟，耕深耨易，国税有供，家声不坠。虽坎坷之时经，亦赋命之偶值。于人何尤，于己何累，清夜内省，颇知自励。不敢丧心，不求满意，能甘淡泊，能忍闲气。九十年来，于心无愧。可偕众而同欢，可含笑而长逝。桓台之西，系河之溪，旧封新启，不筑不植，布素掩形，抔土

---

① 王士禄曾任吏部考功清吏司员外郎。
② 蔍蓘：耕耘和培育。

为识。一朝归骨，千秋永闭。世或目为无用之顽人，我自命
曰：庶几乎明农之隐士。聊荐一卮①，用旌高致。

九十三岁赋闲老人王象晋康宇题

这就是王象晋，一个性情恬淡的士子，一个教书育人的祖父，一个
明朝遗老隐士般的与世不争。

二、十八岁的举人

顺治七年（1650），十七岁的王士禛应童子试（秀才考试），在郡、
邑、提学三试中均为第一。同时，他也在这一年的八月与张氏完婚。王
象晋为了让他最看重的这个孙子继续深造，做出一个决定，让王士禛远
离闺帏，去到济南大明湖畔的水月禅寺静心修习，以参加来年的乡试
（举人考试）。

水月禅寺又叫水月庵，在济南大明湖东北隅，禅寺方丈姓丁，是万
历年间进士，曾在崇祯初年袁崇焕帐下充职。袁崇焕屈死之后，老丁寒
心，弃官出家，隐姓埋名，到水月禅寺为僧，做了这里的方丈，法名水
月禅师。

在新城南关有一万佛堂，其住持是湧空禅师。湧空禅师俗名赵天
德，原是王士禛叔祖、兵部尚书王象乾总督蓟辽时的得力将军。王象乾
告老回乡后，赵天德跟随到新城，弃爵皈依沙门，在新城万佛堂住了
下来。

湧空禅师与水月禅师是朋友，而万佛堂又与王象晋隐居的南园甚
近，水月禅师每到新城，湧空禅师总是邀王象晋作陪。三人谈禅论佛、
十分投机，很快成为密友。崇祯十三年（1640）湧空禅师圆寂后，水月
禅师并没因此中断与王象晋的交往。王象晋深知水月禅师是个乐于行善

---

① 古代盛酒的器皿。

助人的人，经过深思熟虑后，与水月禅师联系，让王士禛去济南由水月禅师辅导就读。禅师回信欣然应诺："只要你放心，老衲虽居方外之地，亦愿尽力为之。"

就这样，新婚燕尔的王士禛背负着家族使命，怀揣祖辈亲人的嘱托，只身来到了风光宜人的济南大明湖畔。

鸢飞鱼跃，荷花满塘，画舫穿行，岸边杨柳荫浓，繁花似锦，湖面又点缀着亭、台、楼、阁，远处的千佛山与一池碧水和晴空融为一色，犹如一幅美丽画卷。春日，湖上暖风吹拂，柳丝轻摇，微波荡漾；夏日，荷浪迷人，葱绿片片，嫣红点点；秋日，芦花飞舞，水鸟翱翔；冬日，湖面虽暂失碧波，但银装素裹，分外妖娆。

这就是大明湖，早在唐宋时期，就以其美景而闻名四海，被称为"中国第一泉水湖"。

而王士禛是无暇顾及这人间美景的，他做梦都是乡试的考题。

王士禛在《香祖笔记》中曾记下了这个梦。一日，他读书倦了，竟打起了瞌睡，迷迷糊糊中，见一鹤发童颜、长髯飘飘的神人走到他的面前，问："你知道今年乡试的考题吗？"隐约间，那神人的话从远方飘到耳边，今年的考题是"子曰惟仁者能好人能恶人也，《诗经》题是：维清缉熙，文王之典"。

这几乎就是每个少年在参加考试时共同的渴望，真的盼望能偷来考题以解那寒窗之苦。王士禛的这种渴求可能更强烈，以至他梦中全是神人告密的场景。

而到了第二年的八月，应乡试，那首题果然是"子曰惟仁者能好人能恶人"，颂题为"圣敬日跻"。

在这里，我们有必要解释一下《论语·里仁》里的这句话。孔子所表达的意思就是，爱憎分明应是仁者的优秀品质，真正的仁者应以善恶是非为标准，应做一个有是非原则、有正义感、敢爱敢恨的人。

"维清缉熙，文王之典"则是《诗经·周颂》中歌颂文王时代清明光明、一片盛世之象的意思。

"圣敬日跻"，也是出自《诗经·商颂》"汤降不迟，圣敬日跻"，意

思是自成汤降生以后，以其恭敬、端肃、礼贤下士的德行使圣名日渐
高隆。

这两句话无非是在暗指新朝统治之后，一片盛世景象，皇帝圣名隆
起罢了。在清初之时，这样的考题被王士禛这样聪明的人赌上，是在情
理之中。至于那个梦中神人，也许是王士禛随意的托词吧？

既然赌上了题，成功的概率就变得非常高。八月，王士禛应乡试，
便一举夺魁。但匪夷所思的事还是发生了，本来王士禛已经定为第一名
解元，但这时赶上来了个不要脸的，这人叫滕和梅，已年近六十，考
了多年乡试也没中举。这个滕和梅是丘县（现河北，当时属山东）知县
李应轸的门生。当时的乡试主考官，一个叫杜笃祜，一个叫夏敬孚。这
个夏敬孚与李应轸是老乡，于是滕和梅托了李应轸，李应轸又不远百里
来到济南，找到老乡夏敬孚。李应轸对夏敬孚不无可怜地说："老乡啊，
你看我这把年纪了，还来求你，要是我的弟子能成第一名，就能光宗耀
祖了，我这个老师自然也会名垂青史！那个叫王士禛的小子才十八岁，
可我的这个学生是快六十岁的人了，这把年纪，寒窗苦读不容易！这小
青年还有的是机会，可我的弟子快六十岁的人了，好不容易修成正果，
你就成全了他。如果你高抬贵手，把我这个学生拔为第一，我和我学生
全家会年年给你烧高香啊！"

禁不住李应轸的软磨硬泡，又加上这知县手里有银子，杜笃祜和夏
敬孚妥协了。于是王士禛被稀里糊涂与滕和梅换了名次，滕和梅由第六
成了第一，而王士禛由第一改成了第六。

虽然是第六名，但毕竟是中了举，王士禛完成了家族的重任，他并
没有太计较名次：天生我材必有用，中个举算什么！我还要中进士呢！
这滕和梅不要脸，成全他就当行善积德了。

于是，王士禛取了自己的朱卷，兴高采烈地连夜返回了新城。而当
他把喜讯告诉爷爷，王象晋苍老的眼中竟涌出一行热泪。

王象晋边流泪边颤抖着走进书房，翻出一个纸轴，交给王士禛，对
他说："你中了举，这是全家的喜事，爷爷高兴，送你一个珍品。那年，
你哥士禄中举，我也送他一幅邢侗书写的《兰亭序》，现在我把这幅邢

侗的真迹送给你，你要好好珍藏，不负爷爷对你的希望！"

王士禛展开纸轴，一看，也不由欣喜若狂。原来，爷爷给他的是书法大家邢侗的价值连城的作品《白鹦鹉赋》的真迹！

邢侗（1551—1612），临邑人，字子愿。万历二年（1574）进士，官至太仆寺少卿。七岁能作书，深得右军之神。与张瑞图、米万钟、董其昌并称邢张米董。在当时，邢侗的书法与黄金同价，人们以得到董其昌、邢侗的字为荣耀。作为长期与书墨为伴的王士禛，自然深知它的价值。

邢侗与王士禛的叔祖王象乾是儿女亲家，邢侗的第五个女儿许配给王象乾的儿子王与定。因为这种关系，王象晋手中有邢侗的真迹也不难理解了。名家的字，有真有伪，关键的问题是亲戚之间是不好骗的，亲戚的价值就在于知道哪个是真、哪个是假。王士禛在《池北偶谈》卷二十一中，就记录下了这真假的问题："戴禄者，临邑邢子愿先生家童，亦精六书之学，与子愿书往往乱真。邢与寒家有姻娅之好，予幼时多见屏幛间署子愿姓名，率戴书也。"看来，王家大部分所谓邢侗的字是邢侗的家童戴禄所写，而真迹则是《兰亭序》和《白鹦鹉赋》二卷，对这一点，王象晋是了然在心的。

前辈给后辈送贺礼，也许真的要斟酌再三。金银财宝未免俗气，只是励志也未免无趣。那么，这既可传世又价值连城的墨宝是最恰当不过的了。一者，有价值；二者，在自己子孙手中可代代相传。那一年，王士禄中举，王象晋将《兰亭序》赐予士禄，他就等王士禛中举将这幅真迹送给他最器重的这个孙儿，这可是王象晋盼望许久的事情了。

那还是在长白山避祸的时候，王象晋闭门谢客，专业教授诸孙课业。一天，他的从弟王象咸来拜访。王象咸工草书，有张旭之风，喝了几杯酒，几个孙儿竟围着王象咸讨要真迹。王象晋笑道："且慢，爷爷先出一联，谁能对上，就让你叔祖给写。"王象晋一个个看着孙儿——慢慢吟道："醉爱羲之迹。"这边声音还未落下，那边王士禛已经高声应了出来："狂吟白也诗。"对仗之工整，情景之契合，出口之快速，不由使两位老人大吃一惊。王象晋惊讶之余，对王与敕说了一句话："此子必早成！"

在王象晋的眼中，王士禛必将是王家重振门第的栋梁之材。因此，他对王士禛寄予的希望也最大，王士禛得到他的特别关照也最多。今年，王士禛得到了举人功名，而明年，王士禄和王士禛兄弟二人就可以赴京参加会试。如果能得进士，那王家在战乱之后中落的家道，就可以重振了。

《白鹦鹉赋》为唐代诗人王维所作唯一一篇骈文，熟读诗书的王士禛自然对这篇文章不陌生。看到祖父将邢侗这样一个大家的真迹交到自己的手里，他知道，这是祖父的嘱托，也是更加殷切的希望，这个希望来自祖父，更来自这个家族。

十八岁的王士禛此时已心潮澎湃！家族的使命、个人的抱负，他感到前程无限，却又任重道远。回到书房，他突然想起"晋有横磨大剑十万口"的豪言壮语。是的，即使前方关隘重重，但我心中自有雄兵百万，业就功成见明主，钟鸣鼎食坐华堂！王士禛凝心定气，写下：

横磨大剑，玉帐展开兵百万。一卷阴符，孺子功名圯上书。壮怀烟冷，笑看吴姬双鬓影。封酒泉侯，骨相输君是虎头。

这是在向自我宣战、向命运宣战，只有如张良受尽屈辱后才能成就孺子功名，还有什么能抵挡得住一个才华横溢的年轻人横扫天下的雄心呢？

三、会试之路

会试是在乡试第二年的二月，各省的举子由官府派公车赴京，参加由礼部主持的考试。因为是在春天，所以又叫春闱，皇帝任命正、副总裁，除各省经乡试选出的举人外，国子监监生也可应考。考中者均称贡士，会试后贡士再由皇帝亲自御殿复试，择优取为进士。

到北京去其实也用不着太早，但这是国家的考试，以当时的交通和信息的条件，举子们对国家的政治气候要有一定的了解，才可以在经义上有重点地进行准备，而当时的考试内容是重经义的阐述而轻诗赋的写作。而这，正是王士禛兄弟的短板，所以他们必须提前进京，越早越好，了解朝廷的一些方针政策，在押题上再下点功夫。

顺治九年（1652），王氏兄弟坐上公车，一同赴京参加会试。这一路，王士禛横溢的诗情给一路驿亭的墙壁上留下了华美诗章。从新城一直到北京，那一条墨迹缓缓流动，龙飞凤舞，让天下注目，让世人惊叹。

那时的纸还很贵，于是，为了交流和留下才子们的诗，店家便让诗人写在自家旅社的墙上。墙上写满了，店家便准备了许多木板，叫诗板，请过往的才子们往板上题诗。当时的店家是很有文化意识的，他们知道，能题诗的人，肯定不是一般人物，让他们留下诗作，对自己的生意肯定会有好处。而才子们也乐得这样做，一可以青史留名，二可以与来来往往的人交流。

《渔洋山人自撰年谱》曾记："予少时与先兄考功同上公车，每到驿亭，辄题素壁，笔墨狼藉，率不存稿，逸去多矣。数年来往往从友人口中得知。"

后来，王士禛的朋友丁弘诲曾在《阮亭诗余》序中记："余与贻上定交，盖在壬辰春仲云。会贻上上公车，北游燕赵，余亦偕计入春明，卜肆①一言，欢如夙昔。时贻上未及终贾②之岁，琼枝玉树，映带千人。而抵掌古今，晰玄疏滞③，意气拟托，则欲攀提乐、卫④，含咀殷、刘⑤，余为解带流连，屡发天人之叹。"

意气风发的王士禄、王士禛兄弟俩就这样一路走，一路写，一路酒肉过肠，一路高歌吟诵地来到了北京。

---

① 卜肆：占卜的地方。
② 终贾：终军、贾谊，均为少年才子。
③ 晰玄疏滞：辩析玄理，无滞无障。
④ 乐、卫：东晋名士乐广、卫玠。
⑤ 殷、刘：东晋名士殷浩、刘惔。

在北京，他们住在了表哥高念东家里。

青砖红瓦，车马熙攘，这就是京城。从新城小县来到京城，王士禛完全被这里的皇家气派所震慑，而这并不只是因为建筑的雕梁画栋，还有权力下的压迫感。

高念东（高珩），进士出身，官至刑部侍郎。他的母亲就是明朝兵部尚书王象乾的女儿、王士禛的姑母。

王士禛兄弟向高珩询问了京城的政治动向，以及在考试中应注意的细节，便进了书屋，专心应考。

三月，兄弟俩共同应试，王士禄中式，而王士禛落榜。但王士禛毕竟只有十九岁，对这次会试，他本来就是陪着哥哥，练兵而已。

王士禄时年二十八岁，中了贡士之后，他还要参加随后（四月）进行的殿试，这样才能取得进士名号，但就在这时，王士禄的不幸发生了。

这年的会试主考官是大学士胡统虞，副主考是成克巩、齐白山二人。取士发榜，本科会元叫程可则（会试考中的考生被称作"贡生"，第一名为"会元"），蒋中和、戚藩、王士禄等皆榜上有名。按例，会试后是殿试，殿试就是要给贡士们一个进士的名分。一般情况下，殿试是不往下刷人的，但殿试前要将名单报送礼部审核。审核，也主要是看看有没有政治问题，然后确定参加殿试的人员。这个环节一般情况下是走走过场，可是就在这个环节上，王士禄却出了问题。

问题就出在第一名程可则身上。程可则，字周量，一字湟溱，号石瘤，广东南海（现归佛山市）人。当时的南明还残存于广东、广西等地，对这里的考生当然要特别注意，万一发现了个南明的特务怎么办啊？

主考官胡统虞在考前还发誓，一定要让寒门子弟有公平竞争的机会，所以，他取士非常严明。但是自明以来，科考舞弊之风盛行，权贵们使点银子就可以让自己家的子弟轻易获得功名，而这次权贵子弟榜上无名的大有人在，寒门子弟倒是很多。于是权贵们有意见了：我使了银子，居然没管用，莫非有什么猫腻？你们认为公平，我还以为不公呢！究竟公平不公平，这就要"磨勘"一下。所谓磨勘，就是重新审核。权贵们一闹，朝廷沉不住气了。核查，当然就先从第一名开始，而那个负责磨勘（审核）的官员与主考官胡统虞还有矛盾。考卷上没有看出什么政治问题，但他认为，程可则不可取为第一名：第一，他从南明势力范围来，没准儿是个"特务"；第二，每年会试，南方士子居多，北方士子很有意见，这次又是一个海南人，取他为第一，难平士子之怨！怎么办？就用了一个首题不符朱熹《四书集注》的理由：程可则答题"悖戾经旨"！程可则的第一名就这样被废了。

后面的故事发展自然很明白了：既然考题有问题，第一名的答卷又"悖戾经旨"，为什么把这个定为第一名呢？那么这里面肯定有舞弊行为。于是，按这个逻辑推理下去，一个奏本，以胡统虞在会试考试中舞弊为由，告到了顺治那里。

其实，中国的科举一直被认为是最公平的平民进入上流社会的途径。清初在全国局势尚未稳定的情况下之所以马上开科取士，其目的就是要笼络人心，因此也得到了全国士子的拥护和颂扬。在明末考场舞弊久已成风，许多士人要走人情关系的后门，用财色贿赂考官，以作弊的方式猎取功名，并且作弊手法防不胜防，这种风气一直延续至清初。而在此情况下，一旦出现对科举不利的舆论，对清政府来说是至关重要的，因为它涉及执政清明和执政能力的问题。如果清朝不给考场舞弊下猛药，那么政治清明，只能是一个幌子而已。而此时的顺治，正想以大家普遍议论的科场开刀，树立清朝的威信。此事，正好撞在了顺治的枪口上。

尽管最终也没搞清这是不是一个冤案，不了了之，但足以看出顺治高度重视，不管有没有舞弊行为，一定要立案，一定要严查！最后胡统虞被降了六级，并且，录取的前二十名皆受到停一科的处分，王士禄就在其中。停一科，就意味着停三年才能再参加殿试，这是每个举子都极不愿遇到的事情，好端端的前途，就因为权贵斗争而断送了。

冤不冤？呵呵，命该如此吧！

兄弟俩就这样铩羽而归，怏怏回到了新城。

回到新城，自然得到了亲人们的抚慰，但谣言这时也传出来了：王氏兄弟之所以没中第，就是因为在王象春时期的一只鸡，与新朝结下的怨仇，这令王象晋哭笑不得。然而，这位老人的过人之处就在于，他继续让两个孙子闭门苦读，所传来的这些谣言他自己当成耳旁风。同时，他也让孙子们尽量避免受到这些杂音的干扰，在家苦读，不得与外界接触。他坚信，凭着王家的深厚底蕴，凭着两个孙子的聪颖天赋，他们一定会金榜高中。

又过三年，顺治十二年（1655），兄弟两人再赴京会试。

这一年，新城县令刘敦典做了一个奇怪的梦，梦见五只凤凰飞到院中，他认为这是一个好兆头。果然，很快传来好消息，新城一榜高中五个进士。

这五个进士是：王士禛、伊辟、傅宬、于觉世、荣开。

按说，这一年，新城县是有六个进士，王士禄是参加了这次殿试的，不过是因上一科被停参加的这次殿试。但是，倒霉的是，因为上次的案子还未结案，考官们不假思索，不管他考得如何，把他列了个最后一名，不得进朝做官。没把他废了，就是便宜王士禄了。无奈之余，王士禄投牒吏部，乞改教职。吏部最后给了王士禄一个莱州府教授一职，即莱州府的教育局长。

此次王士禛得会试第五十六名，按说也是个不错的名次了，但王士禛却感失落。因为如果直接参加殿试，可能连个三甲也弄不上，而王士禛的鸿鹄之志是要进一甲，至少也应是个二甲的。不弄个状元，弄个探花也不枉自己江北才子的名声，更何况自己还小，不如攻读三年，参加下科的殿试。

与王士禛同时放弃殿试的还有于觉世，他因为父守丧而不赴殿试。四年后，于觉世参加了顺治十六年（1659）的殿试。

明清以来科举的惯例，会试成功的贡士要参加由皇帝亲自把关的殿试，才会成为真正的进士。由于殿试是所有的贡士都参加，一般情况下，贡士只要参加了殿试是不会被刷下来的，再进行一次考试的意义就是：把这些贡士重新分出三六九等，一甲三人，称状元、榜眼和探花，赐进士及第；二甲若干名，赐进士出身；三甲若干名，赐同进士出身。成为进士的人员，才可以正式授予官职，仕途便自此开始了。

而获得贡士资格的，由于状态、身体和家庭等等原因，许多人选择"补殿试"的方式，即不参加当年的殿试，转到下一科（三年后）或再下几科参加殿试。参加下科殿试的"补殿试"者，如果和当年的贡士一起考试，是不影响进士名次的。在清朝，许多状元都是经过"补殿试"成功的。王士禛就选择了"补殿试"这条路，其中主要的原因，是自感会试的名次不佳，即便勉强参加殿试，也未必有个好的名次。干脆卧薪尝胆，调整状态，来年再应殿试。

王士禛在替哥哥打抱不平之后，也不得不劝王士禄接受现实。王士禄倒也想得开，有什么法子呢？留得青山在，不怕没柴烧，干脆，上任去吧！

送哥哥王士禄上任之后，王士禛彻底轻松下来。三年之后再应试，这就意味着他有充足的时间去做他自己喜欢的事情了。王士禛昔日沉溺于八股，没有时间攻读自己喜欢的诗歌，现在终于可以暂且抛开这些包袱，轻装上阵，做自己喜欢的事，看自己喜欢的书，开启自己新的生活。

四、丹墀上的殿试

在经历了三年的潜心攻诗之后，王士禛再次来到京城，参加顺治十五年（1658）的殿试。

按规定，参加殿试的贡士在参加殿试前要接受礼部的统一训话，按现在的话就是要接受培训，要向他们说明考试的注意事项。

训话是在一个大家都方便前来的兵站里，因为来得早，王士禛将双脚放在榻上，正闭目养神。这时，突然听到门口一个声音传来："哪位是济南府的王郎王士禛王阮亭？"随着声音望去，只见一身材清瘦、目光炯然、意气风发的年轻士子边问边东张西望地走进来。他这一叫，引得许多人都在四处打听："王士禛？谁是王士禛王阮亭？"

认识王士禛的人都冲他微笑，王士禛这时却不慌不忙地站起来，对那个年轻人卖起了关子："你仔细看看，这里面谁是啊？"年轻人走到王士禛的面前，认真地看了一眼王士禛，他一下子扳住王士禛的肩膀，恍然大悟的样子："噢！噢！原来是你！写出《秋柳》诗的原来是你！"于是众人哄堂大笑。

这个年轻人叫吴国对。其实，在几天后的殿试中，他是被顺治钦点的探花，第二名。说到吴国对的名字，可能很多人很陌生，但提他孙儿的名字，大家却都知道，他的孙子是写《儒林外史》的吴敬梓。

以吴国对获得榜眼的学识和水平，他对王士禛所表现出的崇敬足以看出当时《秋柳》诗的流传之广。

这次的礼部会面，使两人成了好朋友。以后两人互相提携鼓励，吴国对也成了王士禛的终生知己。

顺治十五年（1658），戊戌科的这次殿试有这样两个特点：第一，殿试首次由原来的天安门外，改在太和殿丹墀上考试。丹墀即台阶，就是改在太和殿外的台阶上进行考试。第二，本科考试的策题完全由顺治亲自出，原来的策题是"今欲使兆庶遂生乐业，咸得其所。时用诛流以惩南北式之弊，礼闱校士"，而临考前的晚上，半夜时分，顺治突然让侍臣把考题换了，并加了大锁，彻夜由兵士看管。策题改为"庶几衣食足而礼义兴，人心协正，风俗还淳，敦尚经学而修明性道；君子怀刑，小人亦耻犯法。俾①隆古之上理再见于今日，何道而可？"

这两个策题如果翻译成现代白话文就是：前一题"要让百姓安居乐业，各得其所，就要起用治世之才，对南北乡试的舞弊者杀戮和流放，以坚决惩治，让科举真正成为选才用能的好途径"。后一题"希望百姓衣食无忧，知书达理之风兴起，使人心向善，社会风气回归淳朴，崇尚儒家经典，天道和人性得以彰显；让君子要时刻心中牢记法律法规，百姓也把犯法当成耻辱之事，使上古之道在今天重现，怎么才能实现这种局面呢？"

顺治之所以亲自出题，是有原因的。当时，正是顺治严惩考场舞弊

---

① 俾：使。

大开杀戒的时候：去年顺天府的乡试由于查出作弊使整个考场皆废，先是主考官李振邺等七人，被押往菜市口刑场处斩。接着，科场案内各人犯家中捉拿来的男女老少共有一百零八人，一起被发配到关外杳无人迹、冰天雪地的尚阳堡。

这种株连大批家属的做法，在清朝诸多科场案的处罚中极为罕见。顺治为此还特颁诏谕："贪赃坏法，屡有严谕禁饬。科场为取士大典，关系最重。况辇毂重地，系各省观瞻，岂可恣意贪墨行私！所审受贿、用贿、过付种种情实，目无三尺，若不重加惩处，何以警戒来兹？"

就在殿试的前三个月，顺治十五年（1658）正月十五，顺治对参加顺天乡试的考生再行考试，并亲自主持。这天，参加复试的举人们入场时，"每人以满兵一人夹之"，这阵势使许多举子胆战心惊！也许因为元宵佳节，顺治也觉得有点过分了，就传旨，说明自己是不得已而为之。他先安慰举子们说："顷因考试不公，特亲加复阅。尔等皆朕赤子，其安心毋畏，各抒实学。朕非好为此举，实欲拔取真才不获已尔。"随后，又传旨向答卷的士子们供给烟茶物品，并告诫在旁边站岗监督的兵卒格外小心，不得放肆无礼。

紧接着，江南考场又出事了。二月，顺治又将江南考生悉数召到北京，在中南海瀛台，亲试该科江南考中的正副榜举子。和上次亲试的情景差不多，每个举人都由护军营的军校持刀监视，戒备森严，如临大敌，不像考场，倒像刑场！皇帝以春雨诗五十韵命题，结果只有吴珂鸣三试皆优，文列第一，当了解元，准许参加当年会试。余者，七十四人准许参加下科会试，二十四人罚停会试，二十四人文理不通，革去举人。

对于江南科考案，顺治帝在刑部奏折上御批：方猷、钱开宗俱着即正法，妻子家产籍没入官。其余叶楚槐等"南闱"全部考官十八人立即处以绞刑，妻子家产籍没入官。八名被控告有"关节"的新举人，各责打四十大板，家产籍没入官，父母、妻、子流放宁古塔。

顺天和江南这两次考试，实在惊心动魄。顺治也许再也不愿意看到那人头滚滚的场面，所以对于殿试，他也是亲自安排，矫正科场秩序，还科场一个清明。清朝要立威，从科场开刀是最好的突破口，因为它顺乎民意，得乎民心！同时，他想的是，清朝必须得到真正的人才！

以目前的资料，我不知道王士禛是如何回答那个顺治皇帝提出的"君子怀刑"的策题，但我能想象得到，当王士禛坐在太和殿前临时搭起的考试帐篷里的时候，他是百感交集的。

眼前的太和殿蟠龙附柱，金光闪耀，殿顶琉璃瓦片在阳光中熠熠生辉，这就是民间所说的"金銮殿"。整个金銮殿完全是用木头搭建起来的，是整个紫禁城最重要的建筑，堪称中华第一殿。

然而王士禛所感伤和激动的并不是这个雄伟的建筑，而是这个建筑与王氏家族的关系。

这太和殿始建于明永乐十八年（1420），当时叫作奉天殿，明嘉靖四十一年（1562）改称皇极殿，清顺治二年（1645）才改为太和殿。这个殿不是用于上朝的地方，而是用于各种典礼，如皇帝登基、大婚、册立皇后、颁布诏令等重大仪式的地方（相当于现在的人民大会堂的功能）。殿前是三层汉白玉石台基的月台，月台下是三万余平方米的广场。举行大典时，要陈设各色仪仗和规模庞大的象队、马队，蔚为壮观，因此也是皇权的象征。

永乐皇帝将这奉天殿刚建起来，永乐十九年（1421）正月初一宣布投入使用，四月初八便遭雷火，奉天、华盖、谨身三大殿全部被火烧毁。永乐将这看成是上天和祖宗对他"靖难"夺位、强行迁都、大兴土木的愤怒，惊恐之余，改北京为"行在"，仍尊南京为首都，不再重修三大殿。此后的洪熙、宣德二帝，皆有迁都南京的念头，也没有重修。

到了明英宗继位后，南迁之念已绝，正统五年（1440）重修三大殿。然而仅仅过了十七年，嘉靖三十六年（1557）四月，三大殿再次被雷火烧毁。

当时王士禛的高祖（四世祖）王重光，他是王家的第一个进士，已官至户部员外郎，因其秉性刚直，为严嵩党人所忌，贬为贵州布政使司左参议。三大殿被焚之后，身在贵州的王重光得到诏令，令其采伐大木，修建新殿。王重光于是深入崇山峻岭长达一年多采伐大木，这个过程是很麻烦的：首先要把皇木从采伐地运到溪河边，名为"拽运"。要动用数百数千运夫拽运皇木到木厂，之后再将皇木滚进山沟，运至溪河，编成木筏，待山洪暴发时，将木筏从山沟和溪河中冲入江河，然后顺流而下。这个过程要万分小心，皇木一旦遭受严重碰撞，决然是不能再用了。第二步，是把皇木从长江运往京城，各路的皇木从长江扎筏运到大运河，再北上运到通州交割验收。历时之长，消耗之大，令人咋舌。

而王重光终因触冒瘴气、积劳成疾，于嘉靖三十七年（1558）以身殉职。嘉靖感其"平蛮"和"督木"有功，亲书"忠勤可悯"四字，并降旨让礼部尚书吴山书"忠勤报国"四字以示嘉奖。光耀王氏五代的忠勤祠，就是因为王重光的功德而来。三殿竣工后，嘉靖将奉天殿改名为皇极殿，又"追叙前烈"，赠王重光为太仆寺少卿，王家从此走上官宦世家之路。

而在此后，皇极殿于万历二十五年（1597）再被烧毁。后修复，李自成在逃出北京前"焚宫殿及九门城楼"，皇极殿受损严重。

眼前的太和殿，就是顺治历时十四年刚刚修复好了的皇极殿，他嫌"皇极"太张扬，将其更名为太和殿。

王士禛此时已经饱蘸笔墨、紧握笔管，而他眼睛却穿过眼前台阶，想象着那金銮殿里的七十二根楠木柱子。那里面或许还有高祖在深山中砍伐所得啊！柱子撑起了王朝的门面，也撑起了王氏家族的荣耀。他想象着那个直径一点零六米、高十二点七米的顶梁楠木柱是如何从遥远的贵州深山抵达北京城的，那楠木漂流的过程，不正是自己家族的风雨历程吗？如今，他就来到了北京城，他是家族中离这个顶梁楠木柱最近的人，他必须发奋，成为这个家族的顶梁柱！

也许是高祖的遥祝和助力，王士禛此次获得二甲第三十六名！赐进士出身。在三百四十三名进士中，王士禛名列三十九名。同科的状元、榜眼和探花分别为：孙承恩、孙一致和吴国对。

同科的著名人物，以后成为国之栋梁的还有：陈廷敬（三甲一百二十三名，后官拜文渊阁大学士，位居宰辅相位）、李天馥（三甲一百零九名，官至吏部尚书，授武英殿大学士）、熊赐履（三甲一百七十八名，官至吏部尚书，授东阁大学士）。

同科与王士禛关系密切的还有李念慈（书画大家）、毛际可（古文家）、邹祗谟（词家）、郑重（诗人）、张一鹄（诗人、画家）、许虬（诗人）。

一般情况下，一甲肯定进翰林院，二甲好些的可以进翰林院，一般的要么到中央各机关当主事，要么在翰林院当庶吉士，再学几年，然后做官。三甲则大部分就直接派到各地当知县、县丞、教谕。

因为这次是顺治亲自出的考题，又严加看管，所以他认为这是最公平的一次考试，所得的进士应全部是人中才俊，对此，他深信不疑！

但半路杀出"程咬金"。这一次，朝内的一个给事中（谏官名，相当于现在的监察官员）却奏了一本，无非是说新中的进士缺乏基层经验，国家初建，地方上最需要人，应先多选些人到地方锻炼，然后再选其优者进京。顺治一想，也对，国家初建，百废待兴，到处需要人才，于是，他采纳了这个给事中的建议。

这年四月，顺治帝诏谕吏部："设科取士，原为授官治民，使之练习政事。向例二甲授京官，三甲授外官，同一进士，顿分内外；未习民事，遽任内职，未为得当。今科取士，除选取庶吉士外，二甲三甲俱着除授外官，遇京官有缺，择其称职者升补。"（《清实录·世祖》卷一一六）

就这样，一甲前三孙承恩、孙一致、吴国对到翰林院任编修，主要做些诰敕起草、史书纂修、经筵侍讲之类的工作。

二甲怎么留，留多少，也就是多少人会成为庶吉士，成了顺治犯思量的问题。顺治觉得留在自己身边的人才还不够多，于是又留了三十二人做了庶吉士，继续到翰林院深造。馆选就这样完事了，遗憾的是，王士禛没有进入馆选名单。

所谓馆选，是明清采取的一种考试制度。进士一甲三人被授翰林院修撰和编修之职，二、三甲进士可参加翰林院庶吉士考试，称馆选。馆选考取后称庶吉士，在翰林院学习三年，学成后授职。明中叶后形成非进士不入翰林、非翰林不入内阁的局面，凡经馆选而成为庶吉士的进士均被认为是储相。所以庶吉士虽晚三年授官，且学习期间待遇微薄，但许多进士都乐于此道。而被放到地方的官员，若想成为京官，所经过的程序就很艰难了：首先必须经过考满这一关。考满，是自明代以来针对官员任职到一定期限进行的一般性考核。三年一考，三考为满，经过考满，量其功过，分成上中下三等，以此为据决定其升降去留。

王士禛以二甲三十六名的成绩，却不得"馆选"，他当然是心中非常郁闷，其中的原因颇让人思量。是哥哥的牵连？还是那只"鸡"惹的祸？

不得而知。

重新排名后，二甲之后的一律到地方，二甲前十名为知州（市长），二甲十名之后者和三甲部分人到地方任推官（相当于法院院长），其余的人到县里面做知县（县长）。所有人员，都是正七品。

按照惯例，士子进士及第后并不立即授官，而是被派遣至六部九卿等衙门实习政事，这就是观政制度，也就是任前实习。这观政规定，必须满三个月。而此时，南方战事又吃紧，郑成功军队占领舟山群岛，马上要进攻长江口，清朝严阵以待，所以全体新科进士都到兵部观政。

《渔洋先生自撰年谱》卷上记下了这段经历：

> 赴殿试，居二甲，馆选不得与。故事：进士二甲前列授部主事。是科以给事中言，改外任。二甲前十人为知州，余及三甲如干人为推官，余者知县。庶吉士外无京职，自是科始。馆选罢，不得归，观政兵部。

如果算上观政的这三个月，王士禛在京城度过了一年零七个月的煎熬时光。因战事吃紧，朝廷无暇授官。这一年零七个月，王士禛在激动、憧憬、兴奋、沮丧的情绪波澜中度过。时而百无聊赖，时而黯然神伤，时而百爪挠心、捶胸顿足，时而春风得意、豪情满怀。这苦苦的等待一会儿把他推入巅峰，一会儿又使他陷入谷底……

这次"不得馆选"，对于二十五岁、青春年少、意气风发的王士禛是一个不小的打击，因为留在京城，留在皇帝身边，是每个士子的梦想，这是光宗耀祖的开始。就像现今刚一毕业的大学生就直接到了中央部委工作，这对父母、对家乡、对家庭都是很有面子的事情。王士禛自然不能免俗。

五、自号阮亭

但是，王士禛毕竟是一个诗人，他倾情于诗词，在诗词之中，他找到了情感抒发的平台和心灵困顿时的寄托。对经义考据之学他尽管非常重视，但不过是为应试不得已而为之，而诗词又在科举考试中所占比重较小，能取得二甲三十六名已经是不错的成绩了。哥哥王士禄在科举上屡屡受挫，这使王士禛也由此心灰意冷起来。同时，从骨子里头，他向往风流倜傥、愤世嫉俗、心游万仞、不受羁绊的才子名士风范。他崇拜的人物是阮籍，是那种坦荡、飘逸、怀治国之才又有穷途之哭的悲悯情怀的人。

就在前一年，王士禛为自己起了一个号。号是自己起的，所以它不像姓名、表字那样要受家族、宗法、礼仪以及行辈的限制，可以自由地抒发和标榜自己的志向和情趣。

王士禛为自己所取的这个号就是——阮亭。

阮亭——固然与他的家乡门前的一个亭子的名字有关，但更深的含义我们在徐夜的这首《答阮亭见赠嵇庵诗》中得到解读：

阮公济世人，落拓遗世事。慎口发远言，咏怀见高致。神交称嵇生，愿师每不至。相赏琴酒间，谁能知所寄。辽辽千载余，君独得其意。寂寞常闭关，登临必穷邃。至性绝礼俗，晤言守独寐。醉心步兵厨，乃有阮亭字。惟余土木躯，慢弛兼且备。性复暗机宜，人情动触忌。自顾无仙缘，辄尔甘憔悴。徒读中散书，陋巷毕此志。缅钦瑰杰姿，况乃生同地。庶几苏门俦，从游脱尘累。

这其中的"醉心步兵厨，乃有阮亭字"则可以让我们恍然大悟为什么王士禛要自号"阮亭"了。这是他的人生情趣，也是他的政治志向，至少，是他年轻时的政治志向。

且看他写给徐夜的这首《徐五兄自号嵇庵》：

我慕阮步兵，君学嵇中散。平生竹林期，凫鹤谁长短？君抱出世姿，夙昔薄轩冕。弹琴聊自足，采药忽忘返。且复龙性驯，兼之养生善。嗟哉俊伤道，斯语君知免。独应七不堪，仿佛嵇生懒。我本淡荡人，早岁颇任诞。一闻如鸾啸，自顾为人浅。廿年婴世网，岁月坐晼晚。往往逢途穷，痛哭回车阪。深惭至慎言，薄俗谁青眼！永怀素心侣，讵异平生撰。空传周仆射，远欲希嵇阮。

阮籍是以仕为隐的，他曾任步兵校尉，但之所以要做这个官，也是因为阮籍听说一个兵营的厨子善于酿酒，存有美酒三百斛，他才要求到那里当步兵校尉。也许，没有美酒，才子阮籍才懒得做这破官呢！有了酒，他便对政事不管不问，终日寄情诗酒，这倒使他多次以酩酊大醉躲过了灾难，所以阮籍又叫阮步兵、阮兵厨。

而这，是否也是王士禛入仕的初衷呢？

对于年轻的王士禛的这种政治志向，我们也可以从他与徐夜自比嵇康的政治取向上做一对比。同是魏晋名人，一个是以仕为隐，一个是厌恶政治，而王士禛更愿意走的是阮籍路线，而徐夜则是坚不仕清的嵇康路线。王士禛和徐夜，两人同是羡慕名士风范，但路线并不相同。王士禛作为青年才俊，并未与清朝结下深仇大恨，而徐夜则是夺母之恨久藏心间，让他仕清，他从情感上首先接受不了，又怎能奴颜婢膝地事权贵呢？

嵇康曾以"七不堪"拒绝出仕，这也是徐夜的追求。

嵇康在《与山巨源绝交书》中写了自己的七不堪："卧喜晚起，而当关呼之不置，一不堪也。抱琴行吟，弋钓草野，而吏卒守之，不得妄动，二不堪也。危坐一时，痹不得摇，性复多虱，把搔无已，而当裹以章服，揖拜上官，三不堪也。素不便书，又不喜作书，而人间多事，堆案盈机，不相酬答，则犯教伤义，欲自勉强，则不能久，四不堪也。不喜吊丧，而人道以此为重，已为未见恕者所怨，至欲见中伤者，虽瞿然自责，然性不可化，欲降心顺俗，则诡故不情，亦终不能获无咎无誉，如此五不堪也。不喜俗人，而当与之共事，或宾客盈坐，鸣声聒耳，嚣尘臭处，千变百伎，在人目前，六不堪也。心不耐烦，而官事鞅掌，机务缠其心，世故繁其虑，七不堪也。"

嵇康最终被司马氏杀害，弹一曲《广陵散》从容就义。徐夜以嵇康自比，可见其与清朝誓不两立的决心。

作为倾慕于散淡人生情趣的王士禛来说，是否真的要把仕途看得重于泰山呢？我们只能说，在当时，王士禛来自家族的压力是巨大的，他对未来的判断却是茫然的，这便导致他的心中也常戚戚然。一个人，在压力之下，自然要找到发泄的突破口。可怕的是有的人找到了，有的人没有找到，便只能沉湎酒色。对于王士禛来说，除了眼前的苟且，他还有诗和远方，他的诗名早已经远播四方了。对此，他是有自信的，在这种自信之中，他依然会适应一种苟且的生活，他的人生绝不是华山一条路。不成高官，必做名士。他把实现自己的政治抱负依然看得很重，他当然希望两者兼得，他更愿意过的生活就是：手握诗的美玉，像他的祖辈那样迈上更高的政治台阶。

而此时，王士禛找到的排遣心中压力的办法就是——诗酒唱和。

六、慈仁双松明月夜

北京有个慈仁寺（现叫报国寺），寺里有两棵松树。

慈仁寺位于北京城的外城（现西城区），清朝自紫禁城向外分别叫皇城、内城和外城。满人入驻北京后，只让八旗部队和满人驻在内城，而将汉人全部赶到外城居住。

王士禛来到北京，就先寓居在慈仁寺。

王士禛在慈仁寺的精舍中，除到兵部观政外，其余的时间，几乎要么与朋友一起诗酒唱和，要么逛书市、游胜景古迹。他虽未记下这段等待煎熬的过程，倒是与他同科的李念慈（李屺瞻），记下了这群新科进士的无聊而又有趣的生活："……晨入午出，略无事事。日惟奔迫于软尘中，营就屋赁仆之费而已。"这"软尘"大概就是街市、书市吧。

据清光绪年间朱一新记载："报国寺有矮松二株，干长不过数尺，而枝横数丈，人往往觞咏其旁，自内城城隍庙市移于此，每月三度，为系马之具，数年无复存矣。"①

一日，王士禛正在松树下纳凉，许珌来访。许珌是谁？王士禛的粉丝也！许珌（1614—1672），字天玉，一字星庭，号铁堂，别号天海山人，福建侯官（今闽侯）县人。当王士禛的《秋柳》诗传遍四方的时候，他也有和诗，被杨芳灿评为"风韵萧疏，不减原唱"②。许珌来京是参加顺天府乡试的。

顺天府是设于京城的府置，除管理京师之外，还辖宛平、大兴两县。清初科举，实行解额制，即给各地区一定的中榜名额。顺天府本地人口和各省相比肯定要少，但给的录取名额却不少，所以造成许多考生冒籍到顺天府考试，以争取更多的中式机会，这就是清代的高考移民。而许珌就是这样一个高考移民，他是提前到京参加第二年的顺天乡试的。他寓居的地方恰恰也是慈仁寺。

许珌大王士禛二十岁，但这并不影响许珌对王士禛的仰慕之情。两人落座，寒暄之后，自然是谈诗论词。

王士禛说："东坡先生用'尖、叉'的险韵作诗，成为古今美谈，可见胸中有书，险韵自然不难押。'尖'字属十四盐，'叉'字属六麻，唐代押'尖'字的不到二十首诗，押'叉'字的仅三家，可见难度很大。但我兄（指王士禄）就爱用险韵作词，他写的《满江红》同时用上、杖、状等字，如'雨渗一犁田犊喜，波添三尺河鱼上''自课织帘还有手，

---

① 朱一新，《京师坊巷志稿》，北京古籍出版社，1982年版。

② 《铁堂诗草二卷补逸二卷》，杨芳灿辑。

便从荷蓧非无杖'，以及'易得浊醪谋若下，难逢春水如天上'等都是险韵。但我兄作的这些都是词，实在是想欲省些思力，如古人题字时常说的'匆匆不暇草书'。但我觉得，词次险韵还好，诗不宜次险韵，诗次险韵则会因过虑思考而伤其飘逸之气，而词，用次险韵则会逼出妙思。"

许珌闻言，极言同感。但他马上又道："贻上先生的《秋柳》传遍大江南北，和者甚众，但都是有感而发，若不出乎性情，则也难有好诗。"

王士禛笑了，说道："诗言志，当然首先的不是韵，而是意，我特别佩服先生的第一首：'秋色行人易怆魂，垂杨垂柳暗江门。烟含骀荡宫中影，风弄灵和殿上痕。晓笛幕帘还出郭，青枫黄菊自成村。关情最是长干路，攀枝残条那可论。'其诗气力雄厚，在我之上。"

王士禛这一夸，许珌还真的不好意思起来。他马上说道："先生家学渊源，待人诚厚，我在游历贵州的时候，就听说过您先祖的一个故事。据传，那时您先祖夫妇耕种田亩，有了一些积蓄，一天夜里一个小偷破窗而入，听到有声音，先祖夫妇屏住呼吸，点亮蜡烛，对那小偷竟笑着说：'你本来是个儒生，是该做君子的事情，不应做这些偷鸡摸狗的事，真是太可惜了！若是真苦于生计，我就给你一些粮食，你拿走吧，我们夫妇决不告诉别人！'您先祖真是大德之人啊。"

王士禛大奇："我先祖的这故事我原来怎么没听说过，你怎得知？"许珌告诉他："我也是从任过上朝贵州巡抚、兵部尚书的郭子章的《圣门人物志》里得来的。"郭子章，泰和（今属江西）人，字相奎，号青螺，自号蠛衣生，明隆庆五年（1571）进士。曾任都御史、贵州巡抚、兵部尚书等职。

王士禛听罢，感慨良久。

见王士禛发愣，许珌赶紧岔开话题，闲扯起来。许珌道："我刚到京城的时候，听到直隶民间一个姓康的人家，一次生下了三胞胎，而这个妇人年纪已经不小了，朝廷给了他们三石米、十匹布，作为奖励。"

王士禛听了，不以为然，道："我也听说过这个事了，这其实是个非常祥瑞的事情，就看国家怎么看待了。在南唐时，有个金陵（南京）人姓康，娶了一个姓司马的妇人，这位司马氏就一下生了三个男婴。南唐皇帝认为这是个非常祥瑞的事，就封这三个男孩为将军，并赐号千秋康氏。柳宗元在《柳子厚集》中也有《为广南郑尚书奏百姓一产三男状》，里面说云南广南县一百姓家一胎产三男婴，请求朝廷免除这家的徭役和征收。所以说，现在生了三胞胎，只奖三石米、十匹布，未免太少了。"

许玭深深佩服王士禛的读书之广，两个志同道合又相互倾慕才华的读书人于是成了忘年交。他们坐在一起，谈天说地，引经据典，不觉天色已晚。王士禛一时兴起，说："在此松下，我们不妨同作双松诗，不比高下，只做留念。"许玭一听，原来这大名鼎鼎的王阮亭是这般有趣的人，好啊。

且看两人诗作：

> 我昔登泰山，举手攀秦松。
>
> 东南云海几千里，夜悬日气开鸿蒙。
>
> 山人出山已三载，复见金元双树在。
>
> 玃①髯石骨青铜姿，古貌荒唐阅人代。
>
> 长夏苍苍秋气深，风来绝涧蛟龙吟。
>
> 仙人五粒不可见，但有玄鹤飞阴森。
>
> 蚴蟉②诘屈宛相向，千曲盘拏气初放。
>
> 一任支离拔地生，邮须夭矫排云上。
>
> 我来高枕石坛边，耳畔往往闻惊泉。
>
> 白日沉沉不到地，飒然雷雨生空天。
>
> 烟色欲暝钟复起，雄谈岸帻波涛驶。
>
> 千秋万岁知者谁，闽海奇人许夫子。

（王士禛《慈仁寺双松歌赠许天玉》）

> 骑马横过五都市，独数中原问王子。

---

① 玃：猿猴。

② 蚴蟉：树木盘曲纠结貌。

才闻近自泰山来，置身却在双松里。

入门拔地摇穹苍，老树盘根浑四旁。

白日蔽亏郁萧莽，樛枝①拂拂栖凤凰。

世间灵物忌孤美，此松殊有相连理。

青铜降粒神仙家，黑铁修鳞帝王里。

银栏绣砌徒岩峣，六月高寒气弗骄。

科头其下吾与尔，摩崖索碣寻前朝。

长啸悠悠自千古，虚坛忽听生雷雨。

月石风泉迥绝尘，如入灵源不知处。

因之雅欲游山东，齐州九点摩秦封。

尔归岱侧吾闽海，明年野夫来看松。

（许玢《访王贻上于慈仁寺双松下同作》）

在慈仁寺，王士禛与刘体仁、梁熙、汪琬等结识并成为终身好友。与同榜进士李念慈、毛际可、邹祗谟、李天馥、郑重、吴国对、王曰高、萧惟豫、张一鹄等也多诗酒唱和。董文骥、彭孙、叶方蔼、施闰章等也多与王士禛相比为邻，宅寓相望。他们志趣相投、论诗作文、同声相应；并且"晨夕过从，摩掌掀眉"②，相似的境遇和人际需求使他们更容易产生共同的语言，培养出深厚的感情。王士禛与这些具有相似官方身份的诗人结下了密切、稳固的友谊。

慈仁寺的双松应记得，王士禛与朋友们日夜唱和，留下几多美妙华章。那一轮明月也记得，一群才子坐在双松之下，对酒当歌，彻夜推杯换盏，每每佳句迭出，那美好的诗句穿越时空，如琼浆玉酿，至今还滋润着历史，滋润着诗歌的丛林。

现谨录王士禛二首双松诗：

① 樛枝：向下弯曲的树枝。
② 《许铁堂诗钞》清刻本，中国国家图书馆藏。

今夜碧天月，何似山中时。

山中流泉动石壁，飞洒万古青松枝。

醉听泉声卧松杪，起当山月吹参差。

自游京洛忽徂夏，山人怪我归何迟？

玉壶有酒更嘉客，良夜为君斟酌之。

萤火流光出深殿，仰看星汉光离离。

眼前松月况如此，散发从君歌采芝。

（《十五夜与茗文周量天玉屺瞻远

侯家兄北山坐双松下待月作》）

旅病萧条绣佛前，云山浓淡欲寒天。

梦回却忆湖南寺，暮梵晨钟已十年。

（《慈仁寺秋夜怀旧》）

在兵部期间，王士禛和许珌相约赴保定的杨继盛祠参拜。

王士禛一生写了千余首诗作，其内容无外乎这样几个：范山模水、吊古怀今、记事抒怀、羁旅思情、祖钱伤别、友朋赠答、咏物题画。而其吊古怀今的诗作中又大部是崇慕忠烈、敬贤尚隐的内容。

从慈仁寺到保定府的容城县杨继盛祠有两百余里，约需车马三天的时间，但这并未阻挡住两个读书人对前贤追慕的脚步。

杨继盛（1516—1555），明代著名谏臣，字仲芳，号椒山。嘉靖二十六年（1547）进士，官兵部员外郎。疏劾严嵩，写下著名的《请诛贼臣疏》，历数严嵩"五奸十大罪"，那句著名的"铁肩担道义，辣手著文章"就是出自他的笔下。被严嵩迫害入狱后，遭严刑拷打。有人给他送蛇胆止痛，他坚辞不受，断喝道："椒山自有胆，何必蚺蛇哉？"他在狱中，自割腐肉，断两筋。最终，他被严嵩残杀，并弃尸于市。临刑前，写下"浩气还太虚，丹心照千古。生平未报恩，留作忠魂补"的诗句。

顺治帝曾说："朕观明有二百七十年，忠谏之臣往往而有，至于不为强御，披膈犯颜，则无如杨继盛。而被祸惨烈，杀身成仁者，亦无如杨继盛。"

看来，在兵部的这次观政，杨继盛是作为忠烈的典型树立的，杨继盛祠也应是这些新入仕的进士被要求参观拜谒的地方。在此，王士禛得诗二首。

武部拜椒山先生祠二首

祖德灵长日，孤臣报国年。

九原终不死，两疏到今传。

异代还祠庙，明神俨豆笾。

关西二夫子，家学仰前贤。

今皇崇气节，隔代复旌忠。

斧钺文章气，丹青社稷功。

君臣存世庙，礼乐续关中。

再拜生遥慨，松阴起暮风。

以后，王士禛游遍大江南北、岭南蜀道，而其对忠烈的称颂占了很大一部分。对此，我们是否可以这样理解，在积极入仕的同时，王士禛心中藏着一种深深的遗民情结。他深深地叹息先辈的忠烈，在对忠烈的祭奠中寻找明朝失去江山的原因。而遥遥的慨叹，又只能伴着松荫间凉飕飕的暮风而去。心中的怅然，对一个新朝仕子来说，是多么无助和凄凉。

而就在此时，南方郑成功统率水陆军十七万与浙东张煌言会师，大举北伐。顺利进入长江后，势如破竹，接连攻克镇江、瓜洲，包围南京，开始了江宁白土山之役。张煌言部亦收复芜湖一带十数府县，一时江南震动。

这时朝廷忙于战事，更无暇授官，得闲的这群进士，于是趁此游历四方。王士禛先回乡，再进京，与众好友诗酒相会，好不热闹。

夏日苦长，傍晚时分，王士禛刚刚在树下摇起蒲扇坐定，只见一人长背微驼，斜身耸肩，从寺门口疾步向他走来。走到近前，定睛细看，见此人长颈细脖，鼻尖如钩，脸颊瘦长，嘴小含丹，钱唇如刀。两只眼睛虽小却突出如珠，炯炯有神。

来的不是别人，正是汪琬。

汪琬（1624—1691），字苕文，号钝庵，初号玉遮山樵，晚号尧峰，小字液仙，长洲（今江苏苏州）人。这可不是一般人物，他与侯方域、魏禧并称文章三大家，尤以古文见长。汪琬比王士禛长十岁，在当时他已经名满天下了。

汪琬应该与王士禛是同年进士。当年王士禛没有参加殿试，而汪琬则位居二甲第四十六名。但那年职少人多，他不得不苦苦等待，三年后，他是继续到吏部来谒选的。

汪琬是个奇人，他的长相就奇，按他自己的记述："为诸生时，尝独行道上，遇一方外僧，顾视琬久之，指示路人曰：'异哉！此子之相，相书所谓鹤形者也。'既至京，或私于琬曰：'子神清气清骨清，可以出世。'……又始堕地时，……五行家言其人必主孤高、慈善、道艺之流。又自童稚以来，屏绝肉食，至今数十年矣，颇甘淡泊，能食粝衣粗。"

看来，汪琬是相有鹤形，并且是吃素的。

见到汪琬，王士禛先开起了玩笑："这北京城车马喧哗，有老兄这长相，又添了一道风景。"

汪琬也笑道："是啊，我添了风景，但车马喧阗，若没有你我这等好文孤寂之人点缀其间，也是一大缺陷啊。"两人同时大笑。

汪琬此次来是告诉王士禛，他已经得到消息，王士禛极有可能被外任推官。

听到这个消息，王士禛脸色由喜变暗，眉头一下皱了起来，竟好长时间沉默不语。汪琬道："老弟有什么不高兴的吗？在京城等了这么长时间，不就是要等授官吗？况且，不得馆选也不是什么大不了的事，这是朝廷的政策嘛，以你的才华，以后定能有出头之日。"

王士禛听了此话，戚戚之色更是形于脸上，他想起苏辙为苏东坡写的墓志铭中的一段话："公议上……（轼）乃曰：'臣窃意陛下求治太急，听言太广，进人太锐，愿陛下安静以待物之来，然后应之。'上竦然听受，曰：'卿三言，朕当详思之。'介甫之党皆不悦，命摄开封推官，意以多事困之。"

苏东坡被任命为开封府推官，就是因为他反对变科举、兴学校的意见曾引起神宗重视，但"介甫（王安石）之党皆不悦"，就命苏轼摄开封府推官，想"以多事困之"。

在王士禛的印象中，推官，往往和贬官联到一块，事杂，无序，类似官府中办案的杂役。

于是，他说道："不是因为外任推官，我是担心推官此职断案听讼，公务繁忙，将来哪还会有时间写诗作文，我这诗文的功夫岂不就废了！只可惜，以我满腹诗文，派不上用场，将来我如何再与同道把酒临风、诗文唱和呢？我一介儒生，去判冤决狱，真的是难为我了。况且，政绩不好，难免会受到处分，而诗文废弃，则是我一生的憾事啊。"

汪琬毕竟比王士禛大十岁，听着王士禛的一番话，他先开导起来："贻上不必太忧虑了，道家主张清静治国，无为而治，而清静的核心就是文道，你若以文治域，必先兴文，文盛则礼乐张，以文治不以武治，必定簿牒少，而盗贼衰，你何愁无暇攻读诗文，我就不信文不可治国！"

一席话，说得王士禛频频点头，脸上逐渐有了喜色，两人便继续谈诗。

王士禛道："明朝建国初，台阁之体盛行，文士以治经穷理为乐，诗词文章都成了寻章摘句的雕虫技艺，所以，作诗文之人不被人看得起。是李梦阳（字献吉）、何景明（字仲默）、徐祯卿（字昌谷）他们学习汉唐的复古运动才使文学重振。我最佩服的就是仲默、昌谷，'李气雄，何才逸，徐情深'，如果何、徐在场，我必把臂入林，与他们唱和。我受家兄士禄影响最深，八岁时，家兄就从《唐诗》里把王、孟、韦、柳以及常建、王昌龄的诗找出来让我手抄、吟诵。我喜其清微淡远、闲逸自在。我对李梦阳不敢恭维，梦阳宗杜诗，不是我推崇的一派。我自当避退三舍。"

这时，汪琬转转眼珠，略略一笑，突然插上一句："如果你的同乡李攀龙（字于鳞）在场，你会怎样呢？"

王士禛知道他是在调侃自己，因为同乡李攀龙是济南历城人，他的诗名并不好。李攀龙认为秦汉和盛唐的人都把诗文作尽了，只需要到里面找句子就可以了，不必创作。所以钱谦益对李攀龙有这样的评价："举其字，则三十余字尽之矣，举其句，则数十句尽之矣。"李攀龙著作等身，煮字一生，归属自己的，仅三十个字、数十个句子，也是悲凉啊。

但李攀龙毕竟是自己的山东老乡，王士禛知道汪琬的"毒舌"是出了名的，他说这话本来就"不怀好意"。这时，王士禛评论不是，不评论也不是。于是，干脆，默不作声。

见汪琬揶揄自己，王士禛也要将他一军："先生吃素是不是也是只吃'三韭'菜：腌韭菜、煮韭菜、生韭菜？"

汪琬知道王士禛用的是南朝庾杲的典故。庾杲甘于清贫，平时饭桌上只有腌韭菜、煮韭菜、生韭菜"三韭"，就自嘲说："三韭（九）二十七，我是有二十七道菜！"

但这汪琬不但是出了名的能言善辩，还是一个古文大家，他马上应道："除了三韭，我还有皛饭。"

"皛饭？"见王士禛正纳闷，汪琬笑道："这皛饭就是三白饭。是刘贡父请苏东坡吃的，就是白盐、白米饭和白萝卜。"

见王士禛正会心地笑，汪琬继续说道："不但有皛饭，还有毳饭呢！"

"何谓毳饭？"王士禛问。

汪琬继续卖起了关子，他说："这还得讲个故事。说的是刘贡父请苏轼吃了皛饭之后，苏东坡也要请刘贡父吃毳饭。到了苏东坡请客的这天，刘贡父如约前往。两人谈了很久，刘贡父肚子饿得咕咕叫，苏东坡却还不上饭，最后，刘贡父饿得受不了啦！苏轼才慢吞吞地说：'盐也毛（冇，"没有"的意思），萝卜也毛，饭也毛，岂不是"毳"饭？'"

王士禛不由捧腹大笑，说："先生不愧博学！这种典故竟信手拈来，我一个'三韭'，引出先生这么多话题，佩服！佩服！"

时间就在这种煎熬的痛和快乐之中流逝。在京城滞留期间，王士禛与高手对话，与才子交流，拓展了自己的视野，建立了自己的平台。然而，随着时间的推移，各位同榜进士都接到了吏部通知，或留京或赴地方，而王士禛的任命却迟迟不到。

一日，百无聊赖，王士禛独自走到前门关帝庙，他是来求签的。

这前门关帝庙，俗称"老爷庙"，位于正阳门南，紧靠正阳门城门洞西侧。据说这里的关帝像是嘉靖皇帝钦赐的，香火极盛，求福求寿者，求子嗣者，求功名者，络绎不绝。此处"关帝签"闻名遐迩，"灵签第一推关庙，更去前门庙里求"。每天，庙里庙外，坐满了道士，手抱签筒，口中念念有词，接待香客。

见进来一个玉树临风的年轻人，门前一小道士起身相迎，将他直接送到一老道座前："这是我们道长，客官自管求签，请道长详解。"

王士禛落座，心中也很忐忑。见道长慈眉善目，满脸祥和，也就心里稍稍安定。他凝神定气，摇起竹签，心中充满虔诚。竹签落下，老道一一拾起，沉吟片刻，说道："此签尚可，解签诗曰：'今君庚甲未亨通，且向江头作钓翁。玉兔重生应发迹，万人头上逞英雄。'"王士禛不解，正想让老道详解，老道说："此天机，不可解，日后自明。"

也许我们真的该佩服中国的这些神秘文化，王士禛以后的经历印证了这个签语，并且他自己也在《池北偶谈》中解答了此签，这容我们先留悬念，以后再说。

直到第二年十一月，王士禛才接到吏部通知，他被任命为扬州推官。

没能留京，王士禛心中是郁闷的，这种郁闷在他写给汪琬的信中得到最多的体现：

将出都与苕文

天涯兄弟，晨夕过从，谊同手足，一旦晨风零雨，天各一方，人孰无情，能不蕴结？况复梁生①出关，独念高恢，伯

---

① 梁生：指梁鸿。《思友诗》系东汉梁鸿创作。全诗为："鸟嘤嘤兮友之期，念高子兮仆怀思，想念恢兮爰集兹。"表达了对高恢这样高洁之士的敬仰之情。

牙辍弦，无忘钟子。禛虽不敏，愿附古人，南指广陵之潮，北
眺华阳之馆，瞭然惜别，怒焉增忧。惟冀音旨虽遥，而神明不
隔；山川虽阻，而鳞羽时通：则千里不异比邻，两地无殊揽袂。
比辱七言二章，音调缠绵，情文惋恻。苏李录别之什，元白
神交之篇，以昔准今，若合符节。从此竹西①明月，常同希逸
之思；东阁梅花②，独咏少陵之句。惠而好我，何日忘之？外
绫卷并当袭以绌尼，藏之梵夹，使天下后世，知吾两人交谊如
此，不独以文章相雅，谀闻相矜耳。

这真是一篇美文，文中将与汪琬的友谊比作梁鸿与高恢、俞伯牙与
钟子期，以竹西明月和东阁梅花喻扬州，在这种惋恻的友情话别中，又
隐隐透出几多无奈和悲伤。

而汪琬对王士禛的扬州赴任却充满了喜悦和期待。

汪琬《送王进士之任扬州序》：

诸曹失之，一郡得之，此十数州县之庆也。国家得之，交
游失之，此又二三士大夫之憾也。吾友王子贻上，年少而才。
既举进士，于甲第当任部主事，而用新令，出为推官扬州，将
与吾党别。吾见憾者方在燕市，而庆者已翘足企盼，相望江淮
之间矣。王子勉旃！事上宜敬，接下宜诚，莅事宜慎，用刑宜
宽。反足罪也，吾告王子止此矣。朔风初劲，雨雪载途，摇策
而行，努力自爱。

一个长兄对兄弟的殷殷期待之情跃然纸上。

---

① 竹西：指扬州。扬州禅智寺，又名上方寺、上方禅智寺、竹西寺等，本为隋炀帝
故宫。杜牧诗"谁知竹西路，歌吹是扬州"。
② 东阁梅花：唐杜甫诗："东阁官梅动诗兴，还如何逊在扬州。""东阁官梅"指扬州。

第五章

且向江头作钓翁

顺治十七年（1660）三月，王士禛将赴扬州推官任，一家人将他送于渑水之畔。母亲拉着他的手说道："你小小年纪去做法吏，我心里真是担心啊，你的祖父、外祖父都曾在江南做过官，你一定要恪尽职守，不辱先人啊！"

一、虽杀风景免造孽

《清史稿》官职志载：府初置推官及挂职推官，掌管一府刑狱司法。正七品。

顺治十七年（1660）三月，二十六岁的王士禛来到扬州，任扬州府推官，住在位于通泗桥西北的扬州府治署。

此时的扬州，百姓对十五年前清军屠城的记忆还没抹去，又刚刚从郑成功即将到来的惊恐和兴奋中解脱出来（一年前，郑成功已经攻下扬州南的镇江和扬州小镇瓜洲），然而，这并不影响这个地区的奢靡淫逸之风。《清稗类钞》里说，盐商中"有欲以万金一时费去者，门下客以金尽买金箔，载至金山塔上，向风扬之，顷刻而散，沿江草树之间，不可收复。又有三千金尽买苏州不倒翁，流于水中，波为之塞"。这些膏粱纨绔之徒，浆酒霍肉、鼎铛玉石，拿着钱去打水漂，其生活豪奢放逸，也可谓登峰造极。

当时的扬州府属江南省，江南省包括了现在江苏、安徽两省以及现在的上海市和江西、湖北的部分地区。实际上，早在清朝初年，原明朝的南直隶地区就被设成江南承宣布政使司。顺治十八年（1661），也就是王士禛到扬州后的第二年，原南直隶地区又被分为江南左和江南右两个布政使司。康熙初年，才改布政使司为省，直到乾隆二十五年（1760）江苏和安徽两省才独立设置。

扬州属江南省，扬州的盐商大部分来自安徽徽州地区。

据记载，清朝一个大盐商姓黄的，吃的蛋炒饭每粒米都要彼此分离，并且每粒米都是完全的，还要泡透蛋汁，炒出来外面金黄、内心雪白。下鸡蛋的鸡吃的饲料里要加人参、苍术等，配这一碗饭的要有百鱼汤，汤里包含鲫鱼舌、鲢鱼脑、鲤鱼白、斑鱼肝、黄鱼鳔、鲨鱼翅、鳖鱼裙、蟮鱼血、乌鱼片等等。这一顿饭要五十两银子，够厉害吧？如果折合成现在物价换算，就是三万多元呢。

有人这样形容扬州的盐商："衣服屋宇，穷极华靡；饮食器皿，备求工巧；俳优会乐，恒舞酣歌；宴会戏游，殆无虚日；金银珠玉，视为泥沙。"

王士禛是新朝新贵、新科进士，从新城这个山东的农耕小县、民风淳朴之地，来到扬州这样一个纸醉金迷的商业消费城市，王士禛确实感到不习惯。

对扬州盛行的娼妓之风，作为诗人的他，是早有耳闻的。

在扬州住得最久、风流韵事最多的诗人还是唐朝的杜牧。他的两首七绝"落魄江湖载酒行，楚腰纤细掌中轻。十年一觉扬州梦，赢得青楼薄幸名"（《遣怀》），"娉娉袅袅十三余，豆蔻梢头二月初。春风十里扬州路，卷上珠帘总不如"（《赠别》）已成为千古名篇。

宋朝的柳永也是长年累月寓居扬州，是妓院的常客。他一生写了许多"哀感顽艳""旖旎近情"的歌词，妓女们都很喜爱唱。"教坊每得新腔，必请永为之填词"，由此可见柳永在妓女中间"受捧"的程度。后来，柳永在扬州病殁，众多扬州妓女竟自发凑钱集资，为柳永办理丧事，送葬的人山人海，脂粉香透半城。

但王士禛却是朝廷派来的推官，他又来自山东偏僻小县，他所受的正统教育使他将这"风化雪月销金之地、烟柳歌舞温柔之乡"视为洪水猛兽。扬州的奢靡使他一开始就觉得不自在，尽管，他已经熟知那些文人墨客的风流韵事。

刚上任，他就遇到了琼花观庙会打春的一场盛事。

所谓的打春，就是在立春的前一天，由府、县的太守或县令带领，将一用桑木做骨架、用泥塑做成的"春牛"从神庙里"请"出来，然后放在衙门口，让百姓用红绿色的彩鞭抽打泥牛，表示"催耕"和祈求丰收之意。最后把泥牛打碎，由百姓把泥牛的碎片抢回家，作为吉祥之物，祈祷一年的丰收。还有无业游民，手持绿草芽，叫唱着到各家门前报春，讨个赏钱，家家自然也是兴高采烈。

这本是一个民俗，然而扬州的官儿会做生意，他们将此搞成了轰轰烈烈的奢靡的庆典，而原来的那个打泥牛仪式反而成了一个小插曲。

扬州的琼花观在江都城外，原为汉成帝所建，当时名为后土祠，唐代改名为唐昌观，宋代又改为蕃釐观。这个观之所以出名，是因为院内种有一株琼花树，传说是唐人所植，叶柔莹泽，花微黄而有异香。宋朝淳熙年间聚八仙花接木移植，成为珍稀植物。奇异的是，南宋末年，元人占领扬州后琼花突然凋谢，元兵走后，琼花又大放，人更以为神奇。明代高奇任扬州太守时写诗说"扬州琼花观，仙人黄鹤楼"，此后民间俗称为琼花观。每年琼花盛开时，扬州百姓和文人墨客、政府官僚，常来相聚观花庆贺。

这天一大早，琼花观门前就拥挤上了熙熙攘攘的人群，琼花观楼顶自上而下垂落一个大幅彩锦，楼前放着几十张条形大桌台，台面布置精美，宴会餐具器皿精致昂贵。舞伎们身披绚丽花衣，头戴真花假翠，她们从琼花观出发，游行于东郊的大街小巷。所到之处，四周都有供桌，香烟缭绕，沿街店铺叫卖"牛神"和时令水果、竹笋、青菜以及特制的新鲜薄饼等糕点。这时，太守和县令则率地方官身着紫缎，发插鲜花，由骑马随从和浓妆艳抹的舞伎簇拥而行。市上的各家各户都各制一彩亭，并须装点得花团锦簇。

吴兰茨《扬州鼓吹词》序中载："郡中城内里城妓馆每夕燃灯数万，粉黛绮罗甲天下。吾乡佳丽，在唐为然。国初官妓，谓之乐户。土风立春前一日，太守迎春于城东蕃釐观（琼花观）。令官妓扮火春梦婆一，春姐二，春吏一，皂隶二，春官一，次日打春官给身钱二十七文，另赏春官通书十本，是役观前里正司之。"

从这个记载看，那天的打春实际上就是一场灯会，而官妓们是明目张胆地走到街上，扮成各种人物进行一场歌会。高台、高跷、旱船、舞狮、舞龙、秧歌等等社火表演在官妓们大胆而露骨的演绎下，使整个扬州城沸腾起来。

而这个仪式要搞，就要用钱，钱从哪里来？官府没有，就让百姓认捐，认捐的肯定是大户。大户捐得不够，就让普通百姓凑份子，最终这自愿的捐助，竟成了摊派。

这天，太守雷应元带队，从城东琼花观将泥牛迎出，一路由官妓引路，载歌载舞锣鼓喧天，王士禛自然也在队列。

走出琼花观，沿路吹吹打打，锣鼓喧天，观者如潮，好不热闹。然而到了衙门口，却看见几个被绑在柱子上的人在寒风中正瑟瑟发抖。王士禛走过去一问，才知道是没有交上捐钱的百姓以抗交罪被"绳之以法"。王士禛看在眼里，又看到那些官妓正兴高采烈地用各种动作挑逗着围观的百姓。庙会刚过，官妓们又被官府召来，大摆宴席，席间浆酒霍肉，笙歌纵酒，揎拳舞袖，王士禛心中更不是滋味。

王士禛知道，动乱刚平，官府是没有财力办这个盛会的，于是便强加于民。摊派，更使民怨如沸。同时，他也感受到：如果娼妓成为庙会的主角，肯定有伤风化。如此看来，此会不办，更顺民心。

而当时各阶层的奢靡之风正在蔓延，不论是官家宴席，还是私人聚会，都以场面为乐，召妓歌舞，更是不足为奇。《扬州府志》就曾记载：

"官家公事张筵，陈列方丈，山海珍错之味，罗致远方。伶优杂剧，歌舞吹弹，各献伎于堂庑之下。事属偶然，犹嫌大盛。若士庶寻常聚会，亦必征歌演剧，卜夜烧灯，看尽珍馐，果皆异品，烹饪之法无乃暴殄天物乎？"

更让王士禛下定决心要改革弊政的原因是：他要效法先贤。当年苏东坡刚到扬州时，遇到了和他一样的情形。洛阳牡丹甲天下，而扬州的芍药也有名，于时在扬州做过太守的蔡京就模仿洛阳牡丹花会在扬州搞了一个万花会，以后岁岁循习，每次用花十万余枝。扬州的百姓不种粮食种芍药，而种了芍药还要被恶吏层层盘剥，以致怨声载道。苏东坡了解到这个情况，断然罢除了万花会，他说罢除花会"虽杀风景免造孽"！

王士禛于是找到太守雷应元，他将自己了解的情况，和苏东坡罢除万花会的做法给雷应元说出。他说："苏子'虽杀风景免造孽'，我们也应效仿。现在战乱刚平，百姓正是需要休养生息之时，这花会虽热闹，却给百姓添了许多疾苦，不如不搞。有些恶吏也在其中盘剥百姓，百姓敢怒不敢言，每年花会之时，许多百姓暗中抵触，叫苦连天，这样的热闹，不如不要！"

这雷应元也是苏轼的铁粉。明朝时他就曾受阉党迫害，在狱中，他自带一套苏轼文集，每日苦读。正巧，当时的大学者郑鄤与他同在狱中，郑鄤是苏轼的研究专家，于是雷应元向郑鄤执弟子礼，而郑鄤则借阅了雷应元的苏轼文集，在狱中写下了《考定苏文忠公年谱》，这部书后来成为研究苏轼不可多得的史料。崇拜苏轼共同的情结，使雷应元接受了王士禛的建议，仿效先贤，下令撤销迎春庙会！

就这样，每年都要举办的琼花会被取消了。每年打春，扬州的百姓沿袭了古老的旧俗，只设泥牛，这让贪官污吏也少了一条财路。

王士禛在《香祖笔记》卷七中记下了此事："予少时为扬州推官，旧例，府僚迎春琼花观，以妓骑而导舆。太守、节推各四人，同知已下二人，既竣事，归而宴饮，仍令歌以侑酒，府吏因缘为奸利。予深恶之，语太守，一切罢去，扬人一时颂美之。"

罢除琼花会是王士禛初到扬州的一个政绩，也是王士禛自己所言被扬州人颂美一时的作为。究其原因，一是这位来自孔孟之乡的新科进士，对江南物欲横流的浮华具有天生的抗拒。他天生基因中的正统使他保持着对浮华的免疫力，以鄙俗淫巧替代礼乐雅颂是王士禛所接受不了的。再者，对苏轼的崇敬和仿效也造就了这一次罢除琼花庙会。不可否认，王士禛来到扬州，他自然与欧阳修和苏轼这两位都曾经做过扬州太守的先贤做了想象中的联系，而与宋代这两位文豪之间政绩上的趋同，有助于在同时代的文人中间提升自己的形象。而这，不是他刻意而为，而是他在潜意识中对自己的定位。

当然，这里还有一个重要的因素，就是王士禛的政治考量。

顺治十七年（1660）、十八年（1661）是清朝的多事之秋，先是清军在厦门攻打郑成功部队时连连受挫。不谙水性的北方人，在海面上作战晕船，未上阵就因虚脱失去大半，被郑成功俘获的三百多清兵将领和披甲士兵，全部被砍断手掌后释放。而后几天，整个海面上竟漂起了一万余具清军尸体。后来，在台湾担任荷兰东印度公司翻译的何斌，带着亲手绘制的海潮图献给了郑成功，郑成功在击败清军后，开辟了厦门根据地。（两年后，郑成功避开暗礁，以最适合的时间抢滩登陆，一举占领了台湾。）

在云南，虽然南明永历帝已经退到缅甸，但李定国和刘文秀的残部还在西南地区抵抗，而清军的围剿也使云南地区"人无完衣、体无完肤、家无完口"。

更为要命的是，这时顺治宠爱的皇妃董鄂妃因刚产下的四皇子仅活了一百零六天便夭折，伤心过度，一命呜呼。顺治帝也因与董鄂妃感情深笃，竟要死要活，非出家当和尚不可。幸亏众人好说歹说，勉强留下。但他却在"丧妻"之痛中无法自拔，命令全国官吏为鄂妃服丧一个月，不但如此，那支本来服丧期间才用的批阅奏章的蓝笔（正常情况下用朱笔），规定只能用二十七天，他竟用了四个月。同时他因思虑过重，免疫力下降，身体一下子垮下来。虽然在大臣们和皇太后的劝导下，顺治打消了出家的念头，但他却安排宠信的太监吴良辅代自己出家，以示对佛祖的诚意。吴良辅在悯忠寺的出家仪式搞得轰轰烈烈，顺治亲自观礼。但观礼刚结束，顺治竟染上了天花，高烧不起。于是朝廷又下令京城大赦，并传谕全国，禁止民间炒豆、燃灯、泼水，以期皇帝病情转危为安。

炒豆与天花有啥关系呢？大概是因为天花有痘疹之名，别出心裁吧？呵呵。

而燃灯是在此禁忌之列的，琼花会是张灯结彩、锣鼓喧天的娱乐活动，自然是大忌。看来，王士禛罢除琼花会，不仅仅是因为他对娼妓闹春的深恶痛绝了。

王士禛的政治敏感与他的个人好恶，在罢除琼花庙会这件事上，得到了高度呼应。之所以说王士禛有政治敏感，是因为，在二十八年之后的康熙二十八年（1689），王士禛的弟子洪昇在孝懿皇后佟佳氏病逝不到一个月，全国官吏还在服丧期间，他就招伶人演出，被以"国恤张乐为大不敬"之罪名，上章弹劾。洪昇被下刑部大狱，参与的五十多人都被革职，"可怜一曲长生殿，断送功名到白头"。

由此看，洪昇真是没有政治敏感的典型。

二、忍辱的法门

顺治十七年（1660）深冬的一天傍晚，王士禛小舆便从，从府衙出发，直奔南郊塔庙而去。

南郊塔庙位于古运河与仪扬河交汇处的三汊河口。塔庙是一座天中塔和周围的三座庙宇的合称，是不久前刚由在扬州任过漕运总督的吴惟华购地建成。

这个塔庙其实就是后来著名的扬州高旻寺的前身，康熙六次南巡和乾隆六次南巡都曾驻跸高旻寺行宫。王士禛此去是要拜谒他仰慕已久的玉琳国师，即通琇禅师。

玉琳国师是当时名重朝野的禅门显要。为何？因为他是顺治的禅门老师，被钦赐大觉普济能仁国师封号。当顺治在董鄂妃死后要出家当和尚时，是通琇弟子茆溪行森来为他剃度。朝中大臣见阻止不住，便急召通琇来京，阻止茆溪行森和顺治此举。当通琇听说顺治要出家，是由自己的弟子怂恿时，也是心急如焚。他到京后，力劝顺治以国家为重，并让众人准备下干柴，欲将闯下大祸的弟子茆溪行森烧死赎罪。他劝顺治说："如果以尘世之法论的话，皇上应该守位，上可以安圣母皇太后之心，下可以使得民众安居乐业；如果以出世之法论，皇上也应该守位，对外可以保护操持佛法的人，对内可以修行菩萨心，以仁慈之心治国，则天下必大治。如果皇上不依，我定当动用佛门之法，烧死行森向天下谢罪。"见通琇如此坚决，顺治为救行森一命，便勉强答应了通琇，打消了出家的念头。

此次通琇入驻塔庙就是在劝阻顺治成功后，自北京返回南方途中落足此地。

从府衙到塔庙，坐轿也要两个小时的时间。此时已近戌时，扬州的冬天，寒风透骨，几粒星星远远望去仿佛在随风摇曳。灯光逐渐近了，王士禛知道，大师就在这里。

轻叩寺门，来迎的是轻手蹑脚的小和尚。他让王士禛报了家门，便请王士禛稍等，进去通报。

过了一会儿，小和尚走出来，通知王士禛进去。王士禛整整衣襟，随小和尚径直走过大堂，又走过一个窄窄走廊，绕出一个拱门，再经过一个小门，来到隔壁一个房间。

以王士禛小小的州府推官，见到通琇这样的大师，自然被他的气场镇到了。

通琇正襟危坐，并不说话，只是微笑着向王士禛示意，又做了个手势让身边的小和尚看茶。王士禛落座，按捺不住心中的激动，说道："夜来造访，心中惶恐，但久慕国师之名，又恐失之交臂。唐突之处，还望海涵。"

通琇继续微笑着，只是用眼睛的余光微微瞟了他一眼，便目视前方。继而那如锦丝般的声音仿佛从佛塔的顶上缓缓地飘来，柔如绮缟，温如春风，又珠圆玉润，顿挫铿锵："既来了，就是缘分。贻上先生诗名，我也早已耳闻。新城小县，地僻而风淳，扬州胜景，熙来攘往，贻上与扬州也算是有缘了。"

王士禛马上道："天下熙熙，皆为利来，天下攘攘，皆为利往。但我来拜访国师，并非为利，而是起于心中的仰慕。"

通琇听王士禛这样说，马上说道："名闻利养也是业障，先生闻名而来，实为破解心中之怨，不辞劳苦，夜深至此，是有目的的。目的既是心中之利，也是心中之贪，何谓无利？五蕴之中，色、想、受、行、识，人生八苦，除生、老、病、死、爱离别、怨憎会、求不得之后，还有一苦，这就是五蕴炽盛。"

王士禛不由心中一惊，心想，这通琇不愧为大师，句句直击人心，让人如醍醐灌顶。

通琇说："吾心眼颇平等，然因指见箕尾，甚喜观水中荇藻，亦喜纵目空碧，亦喜独对。清狂不慧人刀刁鱼鲁，殊不耐。"

通琇这句话意思是说：我也是一个平常的人，然而由于参透了世事，平常就是喜欢看水中荇藻，也喜欢放眼天际，还喜欢独自静坐。那些清狂不慧、刀刁鱼鲁不分的人，我是最忍受不了的。

通琇接着说："贻上先生生有慧根，才华惊人，早有文名，我很愿意和你谈一些学佛心得的。"

王士禛说："大师过奖了，生在俗世，常常身心俱疲，如何能不被俗世之苦所累，得到解脱呢？"

通琇缓缓而言，依然语如游丝，宛如天界来音：

"释祖早已经说了，波若蜜即是从烦恼此岸到觉悟彼岸的过程，也就是度。如何度，此中法门有六：谓布施、持戒、忍辱、精进、禅定（止观）、智慧。布施就是人要懂得施舍，要心中有众生，有爱。除此之外，还要有一定的形式，其中出家、清修、做居士都是持戒的形式。佛门中有五戒，不杀、不盗、不淫、不说谎、不饮酒，这是修身的约束，超脱的门径，不可能随心所欲就能修成正果。此后还要忍得世间之辱，保持定力，心无旁骛，不断参悟，才可达到彼岸。"

王士祯道："六度之中，唯有忍辱难以做到。大丈夫生于天地之间，当为天地立心，为生民立命，苟活忍辱，也是大丈夫所为吗？"

通琇继续说道："忍辱不是苟活，而是在不能有所作为的情况下，放下荣辱，以达观的心态对待世事，所谓忍辱，当是求得心中平衡的一个法门。"

通琇放下这个话题，略微一笑，对王士祯说道："贻上先生是二甲三十六名，未能参与馆选，以先生才华出众，应有更大作为。此番来到扬州，是不是感到心中不平啊？"

这句话恰恰问到了王士祯的痛处，他此次来见通琇也正是在心中极度苦闷之时，寻找解脱之门的。

通琇见王士祯听得认真，便诵起了佛经："小乘之慈，慈犹肌肤；大士之慈，彻于骨髓。何以明之？若人割截菩萨手足，变成为乳者，即是慈证也。羼提比丘便是其事也。"

通琇所引用的是《分别功德论经》中的一段话，是说羼提菩萨的一个故事：羼提在遭劫难之时，被印度波罗捺国迦梨王辱骂，并被割断手、足、耳、鼻，而羼提此时却看不出有巨大的伤痛和屈辱，而是泰然自若，不动声色。这时只见他身上流出的不是血，而是甘甜的乳汁，让打骂他累了的人吃下继续。羼提的举动，使迦梨王感动。

通琇这时站了起来，他走到王士祯的面前，指着窗外风影婆娑、飒飒作响的几棵大树，说道："世事如这树上之叶，遇风作响，风动叶摇，光移影随，也正如世界不可能平静，不可能没有变化，或遇阳光而变色，或遇风雨而落败。而风动，心不可动，心如树干，若心旌摇晃，当是一大忌。活在当下，当有根有基，而这根基也就是心中的定力。辱来，心不动，宠至，心不惊。宠辱不惊，自是上乘法门。"

通琇并不看王士祯，而是继续直视窗外，说道："既然贻上先生来了，我就送你忍辱波罗蜜的四种忍，你应认真回去体悟：

"第一忍为生忍。生忍就是要能忍得住生活和生命中所有外来的打击，包括生老病死、风火雨电、辱语恶咒。对强加于自身的外来恶行不要以恶报恶，应做到：恶来不报、观无常想、修于慈悲、心不放逸、断除瞋恚。"

这些话解释起来就是说：不要以怨报怨，因为人的恶念一来是很快的事情，要将恶念迅速斩断。要时刻想到，世事无常，或许今天的痛苦就是明天的快乐，今天的仇，或许就是明天的爱。要怀慈悲心，他来辱你，是他有可怜之处，要把他从苦海中救拔出来。还有就是要专心，心无旁骛地做事情，只有专心，才能宠辱不惊。要平息心头的怨恨之火，不使这种瞋恚到处生事。

"第二为法忍。世间万物皆有法，一切事物都有自己的特性，水有水性、火有火性、木有木性、土有土性。不同的人也有不同的人性。这就要正确看待一切事物，水之所以为水，火之所以为火，是由其特性所决定的，不可强求一律，不可因火不是水而怨怒、愤恨，或者喜悦、悲伤。

"其三为无生忍。也就是除一切具体的'生忍'之外的痛苦，比如五蕴中一切炽盛之苦。欲望是与生俱来的，要耐得住寂寞，忍得住诱惑。不以物喜，不以己悲。

"其四为无生法忍。即不为外界的刺激所动，不为内心的欲望所动，正确认识每个不同事物的本质和特性，顺应自然万物，在属于万物自己的不同的属性中自由自在，不强求、强迫别人，更不强求、强迫自己。没有体悟，没有心机，也没有智慧。没有得到，也没有失去。达到不生不灭、不垢不净、不增不减、无智亦无得、心中无挂碍的境界。"

通琇继续说："不如意是辱，而如意也未必不是辱，得不到是辱，而得到了也未必不是辱，屈辱是辱，而荣耀也未必不是辱。今天的得到，早晚会失去，得到此，可能失去彼，不要以得到或得不到而悲喜，只有不念、不想、不动、不求。只有忍，才会免辱。而这，是常人难以达到的，即佛之所云：涅槃。"

通琇接着说："俗语道，长寿长辱。就是说人生在世，就是一个受辱过程，人的一生都在忍辱中度过，这些辱有的是外界强加的，有的是自己求来的，也有与生俱来的，有时不幸会带来辱，荣耀也会带来辱。百姓有百姓的辱，君王有君王的辱。只有忍，才是天道！只有在忍中，才能体会快乐和幸福。"

通琇又道："贻上可知司空图名号？"

王士禛说："知道，司空表圣晚号耐辱居士。"

通琇说："是啊，他之所以号耐辱，其言诡激不常，和阮籍一样装疯卖傻，都是为了避当时灾祸啊。"

王士禛心领神会。

通琇接着说："忍辱的境界自可参悟，不可言说，你自可静心体悟。所谓'不悟即佛是众生，一念悟时，众生是佛'，这就是说，佛性人人都有，悟道了，你就是佛。如果你不悟，你就会看到佛和众生没有什么区别，甚至以众生俗世的想法去理解佛，认为佛也是凡夫，贪、嗔、痴、慢、疑俱有。而一旦你开悟，则你看众生都是佛，这就是佛印与东坡居士的故事，佛印悟，则看东坡为佛，东坡不悟，则看佛印为一摊牛粪。"

王士禛不由笑了。

听通琇说到司空图，王士禛便有了精神，他问道："司空表圣说'不着一字，尽得风流'，与扬雄所言'读千赋则能赋'二者哪个更能为作诗之法？"

通琇这次脸上有了一丝微笑，他说："作诗之法，贻上自当在我之上，以我理解，就是顿悟和渐悟的区别。不着一字，尽得风流，就如文殊问众菩萨什么是入菩萨界的不二法门，众人一言一语，各谈法门，唯有维摩诘沉默不语。文殊说，只有维摩诘得到了法门，没有文字语言，才是真正的不二法门，用言语说出了的，都不能尽数表达。这就是'不着一字，尽得风流'。

"而渐悟则讲面壁十年，读千赋才能赋，可是，读书破万卷，也未必能有'雨中山果落，灯下草虫鸣''明月松间照，清泉石上流'的诗句。但能有这样的诗中神韵，也应有读书万卷的功夫，二者是相辅而行的。

"渐悟如神秀的偈语：'身如菩提树，心如明镜台。时时勤拂拭，勿使惹尘埃。'顿悟则如六祖的偈语：'菩提本无树，明镜亦非台。本来无一物，何处惹尘埃。'六祖没有读过多少书，但他靠心悟。有时文字语言也能成为参悟的障碍，而离开文字之碍，必定要有极高的天性，才可开悟。"

王士禛道："我觉得，人人都可顿悟，就是瞬间领悟，这应该就是兴会神到吧。有时夜间醒来，偶然欲书。有时虽然书不达意，而悟已所到。有时读书，文字言语，不得其解，然而有时可以一字通神，如闪电过心，一通百通。"

通琇道："贻上说得极是，这就如游水，一开始，庖丁解牛式地学习动作还是会呛水的，只有到了不知所以然的时候，才是真正知道了水性，也会忘掉手足，进入化的境界。而进入化境的那一刻，就是顿悟。所谓笔忘手、手忘心也。"

俩人越谈越深，不觉已到深夜。在通琇的挽留下，王士禛在寺中借宿一夜。第二天一早，便匆匆赶回府衙。

回到扬州，王士禛为自己的书斋起名羼提轩。耐辱居士司空图的"不着一字，尽得风流"，和通琇所解读的四忍之法已使他如醉如迷了。

三、多事之秋

通琇阻止了顺治的出家，却并未能阻止顺治病情的恶化。顺治十八年（1661）正月初七，顺治在紫禁城养心殿驾崩。

顺治临终前，诏时年八岁的皇三子玄烨继皇位，国号康熙。同时任命正黄旗索尼，正白旗苏克萨哈、镶黄旗遏必隆、鳌拜四大臣辅政，中国开始了长达八年的四臣辅政时期，直至玄烨真正亲政的一六六九年。在这八年中，王士禛五年的时光在扬州推官任上，另外三年回京在礼部主客司和仪制清吏司主事和员外郎任上。

四臣为顾命大臣，对皇帝的忠诚自然不在话下。但是，四人当中，除索尼对汉族的典章制度、儒学道统、治国之道及中华千年文明一知半解外，其他三人都是目不识丁的武夫。对于顺治所倡导的汉化，以及满汉结盟的方针，他们是不理解甚至是反感的。所以，在他们主政期间，恢复关外旧制,对汉人实行强制政策是八年中政治的一大特色,对任何社会上的风吹草动,他们都是如临大敌的。

王士禛主政扬州司狱之时,也正是四辅臣主政之时,其政治气候的高压自不待言。而江南地区更是由于富庶之地,人才众多,思想活跃,这个时代,便一下子进入了多事之秋、艰屯之际。以王士禛身居推官之职,又刚刚从旧朝贵胄的残梦中脱胎而出,身处政治旋涡之中,其内心的万般考量和煎熬可想而知。

顺治驾崩,哀诏下达,全国各地府衙均设灵举哀痛哭三日。而就在离扬州不远的苏州,巡抚衙门口正在哀号一片的时候,旁边府学大成殿门前也是哭声震天。数千名身穿缟衣的书生聚集在文庙大成殿前的月台上,失声痛哭。哭的原因,竟是控诉吴县县令任维初监守自盗、横征暴敛、致人死命的事实。文庙前哭罢,还不算完事,一群人一商议,排成一队又到巡抚衙门口前哭。

这一哭,竟激怒了一个人,就是江苏巡抚朱国治。

这个朱国治是推行四辅臣政策的急先锋,清初江南地区的奏销案、哭庙案、通海案、明史案都与他有关。

这样哭,是哭祭大行(对去世皇帝的称谓)皇帝,还是控诉吴县县令呢?这不是明摆着利用皇帝出殡闹事吗?于是,朱国治毫不含糊,将带头闹事的十一人以触犯先皇灵位的大不敬之罪,绳之以法。后又奏请四辅臣同意,将幕后参与者、著名才子金圣叹等总共十八人在江宁府三山街处斩。

朱国治之所以敢毫不含糊,是因为有了四辅臣的撑腰。这种残暴地屠杀抗争的书生事件,之所以没有发生在顺治时期,而是发生在四辅臣时期,原因则是四辅臣对自己统治的不自信。他们的原则即是:以高压对付抗争!

早在顺治十七年(1660),郑成功入犯南京时,作为江宁巡抚的朱国治就将金坛、瓜洲、镇江等地官绅"通海"一事上奏朝廷,以期大兴狱案。但是顺治毕竟高明,朱笔亲批:"沿江所失封疆俱免屠戮。"而此时,朱国治逮住了顺治去世的机会,旧事重提,顺便将金坛"通海"的六十五人，与哭庙案的十八人一起处斩，杀个鸡犬不留。

朱国治大开杀戒，有四辅臣当政的政治背景，但也有其经济背景。清朝入关十多年，一直南征北战，财力亏空。江南自古经济富庶，历来都是王朝皇权的赋税重地，确实江南财赋半天下，而苏、松、常、镇与江宁五郡又居江南大半之赋。而此时，郑成功兵在福建，南明势力在广东、广西、云南等地还未彻底剿除。早自顺治十二年（1656）起，清政府就财政拮据，军饷告急。这一年，广东琼州就有官兵六千，"缺饷逾年，粮绝累年"，病死及自缢而死者甚多，高、雷、廉官兵或一年只领饷五个月，或缺粮已达六个月。广东巡按张熙请求从速拨济，以救燃眉。顺治十六年（1659），福建总督李率泰也因官兵缺饷告急：闽省经制之兵欠饷达七八个月，兵有成群逃亡者，有言杀妻出城抢掠百姓者，"所在缺粮，军心纷纷，不独嗷嗷待哺，而脱巾之变屡告"，"库币荡然，挪无可挪，借无可借"，情形万分危急。

而此时的江南地区欠税不交的大有人在，这是有历史原因的。朝廷缺钱，从明末就开始了。那时因为兵多，名目繁多的苛捐杂税也多，但有一条规定：今年的税要等到来年秋收后征，并且官员完成百分之八十就算完成任务，即为考成。民间完成百分之八十也算良民，完成到百分之六十至百分之七十也不算为过，官员也不算失职。到了顺治初年，为了笼络人心，顺治又出台了一系列免税的政策，如将漕银只征原来的一半。以后又裁不急之征、减可缓之税、节可缓之用，一时人心翕然向风。而四辅臣当政，兵兴缺饷。自这时起，对官员的考核，都以十分为考成，稍不及额，就可能被罚俸、降职乃至罢官。一时官员们人心惶惶，开始动用各种手段到民间横征暴敛，很多老百姓为此流离失所。民间的税征不上来，朱国治就认为，主要的原因不在普通老百姓，而在于绅衿和官府当差的衙役，这些人有办法抗税。他们各有各的招：有的交结官府，拉拢书吏，隐瞒亩产，拖欠钱粮；有的人以资金周转失灵，或是遭遇困难为由，不交钱税；有的干脆装糊涂，充耳不闻征税通知，故意到期不交。大家都在用软磨硬泡的方式抗粮抗税，跟朝廷对着干。

而真正的情况是这样的，当时，民欠是最多的，绅衿之欠也不足民欠的十分之一。只是，当时逼绅衿还能有办法，对老百姓的民欠，却不那么灵，许多老百姓采取的办法是：要钱没有，要命一条！于是，朱国治也耍了横！不交税，干脆，抓到牢里再说事吧。

抓了老百姓，还是交不上钱。钱，还得从乡绅那里挤出来，朱国治于是将向朝廷上报的奏销清册分为三类——"宦欠""衿欠""役欠"，分别造册，注明欠税数目、欠税人名，相当于编写了一本江苏绅衿欠税情况汇编。

"宦欠"就是在朝廷当了士大夫的绅衿之欠。衿，是指秀才，"衿欠"就是有了一定功名的儒生所欠。役，就是指在府衙当差的人。朱国治在此还提出了治理办法：宦欠者题参，就是弹劾下台，衿欠者褫革，役欠者逮治。

四大辅臣正愁没有办法，朱国治的办法正中下怀，于是马上吩咐朱国治按此办理。朱国治得了"圣谕"，就连夜按册派人通知，加在一起共将一万三千五百一十七名绅衿，包括二千一百七十一名乡绅，以及一万一千三百四十六名生员（秀才）叫到各府衙听训。朱国治要求他们两个月内必须将欠税赔补完毕，否则吓唬他们说要从重治罪，至少要剥夺功名和打板子，严重的话还会革职、充军、抄家。最后警告他们说：希望引起高度重视，这可不是闹着玩儿的，要动真格的了！

第一轮清查完毕，就有一千九百二十四名绅户和一万零五百四十八名生员（秀才）主动清理积欠，追回白银总计四点九万两。可是，这点银子相对于江苏省的征税缺额差得很远。朱国治相信，一定还有数量更多的绅衿在观望，甚至坚持抗税，光靠吓唬是不够的。于是，江苏省巡抚衙门启动了更猛烈的第二轮清查。

第二轮清查不光是催缴税银，而是直接抓人。苏州、松江、常州、镇江四府因欠税而被官府逮捕的绅衿、儒生和衙役多达一万余人，全部打入牢中。不久，朝廷对这一万多人做出了处理决定：不管欠税多少，不管职务高低，所有绅衿的功名全部革除，其中三千多人被戴上枷锁，送交刑部治罪关押。绅衿中的现任官员均降二级，调离要缺，衙役则要照价赔补，还清欠税。

这些倒霉的绅衿中，不乏当时的名士，包括吴伟业、徐乾学、徐元文、翁叔元。己亥科殿试探花叶方蔼，就因欠了一厘银子，也被削掉了功名，留下了一段"探花不值一厘钱"的典故。这就是清初著名的奏销案。

金圣叹等书生的哭庙，虽然针对的是吴县县令任维初的监守自盗、致人死命，但与这自上而下执行的税收政策不无关系。

王士禛面临的正是这样一个局面。当时牢中因为欠税的老百姓（民欠），已经人满为患，当然，里面也有抗税不交的士绅，也有被认为"通郑""通海"的人员，还有一大批趁火打劫、借机诬告的贼人与强盗。

如何处置这些人，成了摆在王士禛面前的难题。

按照以往的旧例，推官这一职位与追交税款是无关系的，但是，顺治一死，四辅臣就做了新的规定，推官追赃也列入了政绩考核。废除了原来对京官考核的"京察"制和对地方官员的"大计"考核，而一律改为"考满"考核。考核分为五等：一等为称职，二等为勤职，三等为平常，四等为不及，五等为不称职。由于财政形势严峻，能否"追赃"被列为政绩考核的重要内容。

扬州一地，自顺治二年（1645）起到顺治十七年（1660），已经拖欠达二万多两白银。其实，在顺治时期，朝廷就对欠税问题下了死手，只是那时还没有列入对官员的政绩考核当中。对于欠交的，即使本人已死，也要将其妻女囚禁，甚至株连亲族。于是，囹圄填溢、人满为患。王士禛例行视察监狱，看到的是这样一个场面：犯人们身披枷锁，人人鸠形鹄面，皮骨仅存。这些人大部分是被株连至此的。

王士禛知道，让这些已经被榨干血肉的人还清这些积欠多年的税费，实在是一个不现实的事情。如何解决？总不能看着这些人长期待在大牢中吧？王士禛三思之后，想了个办法：代输。

代输，恐怕是万不得已而为之的办法，就是让那些达官贵族、富商大贾为这些素不相识的草民代交税赋，这多少有些慈善的味道。慈善在现代的观念中是指在没有外在压力的情况下对贫弱者的付出，而那些富商本身对高额的税赋已经不堪其重，让他们再为这些大牢中的人代输，他们不甘不愿。

要想说动大家，就只能从自己做起。第二天，府衙开会商议，王士禛将自己的想法向全体幕僚说出。他道：目前国家财政吃紧，又因多年天灾，百姓生计也多有不堪。追赃之事已列入各级官员的政绩考核之中，不交税赋，当然要惩办，但目前大牢中已经人满为患，抓再多的人，税赋也难以保证如数征收。现在只有另想策略，让大牢中的人尽快出去，只有生产恢复，才能让税赋征收进入正常轨道。将他们关在大牢中，无济于事。如果能有办法，谁愿意选择坐牢这种方式呢？

强行让这些已经无力交纳的人交上税，无异于竭泽而渔、剜肉医疮，更何况无鱼之泽，竭泽也无济于事，现在的问题是要向泽中注水，让鱼更好地游起来，这才是让这个鱼塘充满生机的办法。能给鱼塘注入水的，只有商贾之人、官绅之家，尽管他们现在也有困难，但他们的困难与这些在大牢中无计可施的人相比，要简单得多。所以，王士禛提议，从我做起，先拿出两年的俸禄，为这些草民代输，还望各位响应，先解燃眉之急。

推官一职，是正七品。以清朝的俸禄，七品官一年为四十五两银子。专家计算，当时清朝的一两银子，合现在一百七十五元钱，王士禛两年的俸禄就是九十两，合现在一万五千七百五十元。

王士禛无疑说动了大家，更何况还有政绩考核这把剑高悬头顶。一时，州府和各县衙门纷纷响应，不到半个月，就募捐七千两银子，离实际欠交的还有万余两。

代输政策既然已经提出实施，就不能半途而废，王士禛决意将此举进行下去。还有万余两没有着落，怎么办？他亲自来到两淮盐运使胡文学的官邸，开门见山，请求胡文学发动盐商代输。

胡文学是顺治九年（1652）的进士，浙江宁波人，也是一个敢作敢当的人。在扬州，他刚刚创办了一个安定书院，并亲自讲学。胡文学对王士禛的政名和文名颇为赞赏，见王士禛到来，自然十分高兴，高接远迎。听到王士禛说出难处，胡文学沉吟片刻，说道：对于盐商来说，这并不是困难，关键是让他们从道义上认识到此举的价值。

胡文学当即决定，召开盐商大会。

盐运使开会，盐商们自然不敢怠慢，一个个如期赴会。胡文学先不说国家有难，而是从这些人当初涉及的通海案说起：

"诸位：郑成功来犯，扬州的一些刁民曾借机诬陷，在座的诸位，受到诬告的不少吧？当时形势紧张，是谁在此主持了公道？是谁让大家免于家破人亡？是我们的司理大人王士禛！没有他的公道断狱，在座的许多人，可能就不会安安稳稳地坐在这里开会了，可能就会因为你们一点儿小小的私情，就在通海通寇的罪名之下，牢狱终生。你们在狱中的时候，受过皮肉之苦吗？王大人也没有受过你们送的一粒米一匹布吧？他也没有拿你们的事兜售，向上级邀功取宠吧？没有，都没有！这就是王大人的厚道之处。王大人是个好人啊！大家心知肚明！如果没有王大人从中开脱，在座的也许有许多人已经是覆巢破卵，身家不全了。现在王大人遇到了困难，要完成十七年来的积欠亏款，为牢中草民代输募捐。这点银子，比起王大人对你们的恩情来说，恐怕还是不及万分之一吧？况且，此事涉及扬州安定，涉及牢中许多百姓的苦乐冷暖，更涉及王大人的个人前途和一家人的命运。现在官员们已经积极捐助了，你们都是扬州举足轻重的人，岂能无动于衷？"

胡文学的话，戳到了盐商们的痛处。当初王士禛初涉通海案时，扬州告讦成风，而首当其冲的就是这些盐商。因为他们有钱，与明遗民交集很多，因此，他们中为郑成功资助的不在少数。郑成功失败后，盐商们又多见风使舵，有的马上向清朝表示忠心，有的则噤若寒蝉。由于他们平时为富不仁，使一些百姓把他们当成了靶子，通海通寇的被告多成了这些人。王士禛断狱，针对这种状况，从大局着眼，多为他们开脱，对无真凭实据的诬告，对诬告者治以重罪，从而刹住了诬告之风，使许多盐商得到了保护。王士禛深知，通海，是个政治罪名，一旦定罪，轻则抄家，重则杀头，这是不容置疑的。而这些盐商，多谋商利，见机行事，只要有钱赚，是不太考虑国家大义的。所以，即便是有一些真凭实据的通海案，他也多为之开脱。这里面，有他悲天悯人的情怀，也有他作为明朝遗民故旧的情结，同时，更有他作为一个新朝臣子，对国家发展和安定的更深入思考。他知道，盐商，其实是两淮地区的经济元气，如果动了他们，其经济自然会颓废，如果真的如朱国治之流动辄以杀戮之刑处之，那么，于事何补、于国何益呢？

胡文学这番话，不是从对朝廷忠心的大道理说起，而是从王士禛的角度出发，对盐商们动之以情。这话其实就是撂在那里了，人家王士禛对你们有情有义，现在他遇到了难处，你们看着办吧。

盐商们其实是最聪明的一类人，更何况王士禛对他们有恩，而发出此话的又是盐运使大人，哪个还敢怠慢？于是他们纷纷表态：国家有难，匹夫有责！坚决响应朝廷号召，坚决拥护王大人倡议！解难民于水深火热之中，为国家出力，为官府解忧！不到半天，盐商们就慷慨解囊，凑了一万两白银。

此时离交欠的时限已经不多，但还是有三千两没有凑足，王士禛一不做二不休，亲自上疏巡抚大人要求减免。而此时，由于朱国治不得人心，民怨很大。为平息民愤，朝廷又派张尚贤到江苏任巡抚。张尚贤审时度势，同意了王士禛的建议，为扬州减免了三千两积欠。

至此，扬州的清欠问题得以成功解决。

王士禛决定亲自到狱中释放这些无助的犯人。他将这些犯人悉数召集到庭前，动情地对他们说："我知道你们中大多是受牵连至此的，我不忍心对你们鞭挞动刑，不得已想了一个代输的办法，没想到会得到官府和富绅的大力支持，也没想到会在这么短的时间内凑足了你们十多年的积欠，真是老天有眼。既然已经交足欠款，你们今天就可无罪释放，今天就快快回家，与亲人团聚。"

犯人们没想到会是这样的结果，先是鸦雀无声，后是悲从中来，一时间，哭声震天。

王士禛以代输的办法发动官员、士绅和商人一起还清了扬州积欠十七年的税赋，这其中无疑利用了他的政声和人缘。但，同时他也透支了自己的资源和声誉，因为，毕竟他是为了朝廷干事，尽管他也拿出了自己的官俸，但盐商不是慈善家，他们多半是给王士禛买单。至此，他在百姓之中的声誉日高，而他也不得不在将来的日子里与盐商虚与委蛇。因为，他担了盐商们不小的人情，没有他们的出手，他可能早就身败名裂。同时他自己的生活也因此而拮据，以至常常捉襟见肘。

四、世间意气非黄金

扬州为扬州府的府治所在，辖泰州、通州、高邮三州及江都、如皋、仪征、泰兴、宝应和兴化六县。在忙于案件审理的同时，因为扬州特殊的地理和文化地位，王士禛还要接待大量的云游学者和游宦，其中，还包括大量的明朝遗民。

当王士禛见到许玚时，竟被他的样子吓了一跳。只见他蓬头历齿，身体消瘦，衣衫褴褛，两只鞋子竟然破了两个大洞，只是双眼依然炯炯放光。原来，许玚上一次参加顺天乡试失利，本次再度赴京参加乡试，由福建到北京，路过扬州。

王士禛是在周亮工的寓所，见到许玚的。

周亮工是清建立后，第一任两淮盐运使，后赴福建，于顺治六年（1649）任福建右布政使，顺治十年（1653），又任福建左布政使（省长），顺治十一年（1654），周亮工入京，任都察院左副都御史；不久，又擢为吏部左侍郎。

当时正值清军与郑成功在福建周旋，由于周亮工在福建待过七年，对福建非常熟悉，于是朝廷便派他到福建协调浙江、广东、福建三省对郑成功的军事部署。但由于他与浙闽总督佟岱意见不合，便被佟岱弹劾入狱，本来定了"立斩没籍"，后又因案情不实，被无罪释放。这次，周亮工是从福建被释放回金陵时，来扬州他原来寓所逗留的。

与许玚同来的还有宗元鼎（诗人、画家）、汪楫（字次舟，诗人、书法家。康熙二十一年（1682）曾为康熙皇帝的使节，奉派为臣服中国的琉球群岛的统治者册封王号）。

宗元鼎和汪楫都是扬州江都人，周亮工到扬州后召集当地的官员和朋友到自己的寓所一聚。他们都是第一次与王士禛会面，只有许玚和王士禛是老朋友了。

见到许玭，王士禛又惊又喜，惊的是许玭竟然成了这寒酸的样子，喜的是他乡遇故知。

几人落座，寒暄之后，王士禛便与许玭先谈了起来。

许玭道："先生到扬州，兴利除弊，政声卓著，我刚到扬州，就听到百姓交口称赞，实在值得敬佩。"

王士禛道："先生谬赞，扬州此地富甲一方，官商交往已成风气，且在运河南北通行要道，人杂事巨甚于他处，所以谳狱众多，我自是战战兢兢，不敢怠慢。"

王士禛不明白为什么许玭会落拓到如此地步，正想问。许玭似乎看出王士禛的心思，就故意把话题岔开："贻上可还记得李应轸此人？"

李应轸？王士禛当然记得。顺治八年（1651），他参加山东乡试，本来是已经定为第一名（解元），但在河北丘县做县令的李应轸却托了当时的主考官、他的高邮同乡夏敬孚，将李应轸的门生滕和梅拔出，于是六十多岁的滕和梅成了解元，而王士禛则落为第六名。当时，滕和梅六十多岁了，而作为老师的李应轸也是古稀之年，如此算来，李应轸现在也应年近九十了。

王士禛觉得奇怪，"老兄怎么突然想起了他？"

许玭道："也是凑巧，我到扬州，刚住进客栈，和我同屋住的是一个老人，他告诉我他叫李应轸，已经是鲐背之年。我想起你对我说起过乡试时的往事，记得当时就是他的关系使老弟由解元成为第六名的。谈起这事，老人也有懊悔之意。闲谈之中，老人告诉我，他是兵部主事致仕，任过丘县县令，现在他已经告老回到家乡高邮，这次他到扬州是为儿子伸冤的。如果扬州官府不管，他要继续进京状告。"

王士禛道："如果真有冤情，扬州官府为何不管？"

许玭笑了："这正是我问这老人的。他知道先生司理扬州谳狱，可想到多年前的旧事，他是没脸到你这里来啊！看来当时没皮没脸给门生弄了个解元，现在这脸也找不回来了。"许玭说着不觉笑出了声音。

王士禛倒很冷静，他问："究竟有多大的冤屈让他以鲐背之年执意状告呢？"

许玭缓缓道来："李应轸从兵部主事位置上致仕，也是正六品的官员。回到高邮，就在自己的庄园里住下来，成了高邮的士绅，准备颐养天年。致仕官员朝廷是有明确免纳丁税的规定的，但他有两个儿子，没有入仕，虽都自立门户，但也都成了啃老族。"

还有一个故事说李应轸回到高邮，起初两个儿子也是怠于奉养，老人便在墙上写了一首诗："人生七十强支持，帘卷西风烛半支。传语儿孙好看待，眼前光景不多时。"两个儿子看后大惊，马上将老父墙上的诗洗掉，以后便奉养有加，可见，这儿子也并不是天良丧尽的人。但是，儿子孝顺了，这一家人生活并不宽裕。前一阵子为交朝廷官税，他的大儿子东挪西凑晚交了两天，又因为其父为朝廷致仕官员，没把衙役放到眼里，结果被官府的衙役在街上暴打。据说，衙役还往他大儿子的嘴里抹了狗屎，以致大儿子蒙辱，气得几乎死去。老人气不过，坚决要讨个说法。

从个人情感上来说，王士禛对这个李应轸是很不接受的，但是，从其他角度考虑，作为朝廷的致仕官员，家人受到这样被嘴上抹狗屎的污辱，是任谁也难以接受的。这不但是对人的污辱，也是对朝廷的污辱。同时，九十岁的年龄有了冤屈，一个老人，在无助的情况下前来投诉，即使他不是致仕官员，也岂有置若罔闻之理？

想到这里，王士禛拍案而起："铁堂兄，你可告诉李老，我马上过问此事，给他一个公道！"

王士禛当即传来随从，让他们通知府衙，马上调查李应轸的案子，抓紧升堂审问。

见王士禛如此雷厉风行，几个人都很感动。其实，许玭与李应轸也是萍水相逢，并且几个人都知道王士禛与李应轸有芥蒂，而王士禛能如此大仁大义，这不仅仅是在给他许玭面子，更是因为王士禛为官的正派气度。

说完此事，许玭眼里又露出了忧色，这次他确实遇到了经济的困境：他入京的盘缠已经耗尽，他需要王士禛他们的接济。作为文人，借钱这事，他是羞于启齿的，但到了此时，许玭只能鼓足勇气，说出原因，希望大家在力所能及的情况下给予他一些资助。

见许玭说出所遇困境，在座的便纷纷解囊，但每个人的境遇都不是很好，也拿不出更多的银两，就把目光一起投向了王士禛。

其实，当刚一见面时，王士禛就看出许玭的窘境，知道他需要帮助。但此时，他刚刚把两年的年俸为灾民代输，更何况，他还要维持一家人的生计。因为这时，他的妻儿以及父母都已随他来到了扬州，妻子张氏还在孕期，还有两个月就要临盆，一家人也是时常为生计而愁苦。

如果不是处在当下，朋友有难，王士禛是毫不含糊的。只是代输的银子刚刚交上，此时正是他窘迫之时，见大家目光都投向了他，他不由尴尬得不知所措。

略一沉思，王士禛道："今日恰囊无一钱，明早许兄起程时定当送来。"

回到家，王士禛闷闷不乐。妻子张氏一问，王士禛道出了详情，夫妻二人一下子都陷入沉默之中。

张氏踌躇了一会儿，走到王士禛面前："夫君，别发愁，我帮你办，你看这个够不够许先生赴京的行李费用？"说完，竟从双手上直接摘下了戴着的一对玉镯，交到王士禛手中。"这是我陪嫁之物，应该能值些银子，你快把它当掉，也算是我们的一点心意。"

王士禛怔怔地看着妻子，惊讶得不知所措。他知道，这是夫人的心爱之物，是出嫁时母亲给的馈礼，岂能就这样送了出去？但是，愣了片刻，他竟一下子笑起来："还是夫人有办法，解了许兄的燃眉之急，我先给夫人作揖了。"说完，躬身向张氏一揖。张夫人忙道："快不要这样，只要能帮上你的忙，我心里就踏实了。"

第二天一早，就在许玭即将赴京的时候，王士禛将手镯送到许玭的面前。许玭接过，竟泪流满面。

张氏夫人的这对玉镯许玭当了多少钱，我们还不知道，但是，许玭的一首长歌《广陵岁寒行酬贻上》却使张氏夫人的这一义举光照千秋了。在诗中，他写道：

……

何期闺阁有祖风，肯散香奁助交际。

感激悠悠歧路人，被佩岂是寻常惠。

岁晏聊为侧壁吟，世间意气非黄金。

衔恩自欲依杨宝，急义还看压华歆。

淮水弥弥北风发，使君与之同浅深。

要知刬子扬帆处，须识王孙一饭心。

十九年后，王士禛忆起此事，也赋诗表达了自己对夫人的愧疚之情：

千里穷金脱赠心，芜城春雨夜沉沉。一官长物无所有，却损闺中缠臂金。

送走许玭，王士禛走进旅舍，亲自拜会了李应轸。李应轸百感交集，见王士禛要为他主持公道，老人家更是喜出望外，不由老泪纵横。说到当年求情让弟子挤掉王士禛解元一事，更是羞愧难当。王士禛对他说："《礼记》说，'五十杖于家，六十杖于乡，七十杖于国，八十杖于朝，九十者，天子欲有问焉，则就其室，以珍从'，以你现在这把年纪，即使天子来见你，也要带上珍物到你家里去拜访。今天，你到了府上上告，本来就是我的失职了。放心吧，只要你有冤屈，我们会尽力的。"王士禛告诉他不必在意过去，让他好好调养身体。长寿，是个人之福、国家之宝。老人，是应该受到尊重的。

不久，王士禛亲自审理此案，将带头辱骂李应轸儿子的衙役罚俸一年，并杖责二十。

王士禛对众监司说："百姓为天，在本官司理扬州期间，所有执法人员都应视百姓为衣食父母，不得出现窘辱百姓的事件，一旦发现，严惩不贷。"

五、礼送清泉

奏销案涉及的官员越来越多，官员被罢官、降级几乎成为常态，而扬州作为南北水陆要道，王士禛自然要承担更多的接待事务。

被贬、失官、降级如果成为常态，人们也见怪不怪了，人们似乎也认识到，官员的尊严也无非是朝廷的一张任状，得到与失去全凭天意，而建功立业的斗志也会在这升升迁迁之间成为笑谈，甚至淡若云烟。

初夏的一日，王士禛的同年、於潜县令万锦雯因奏销案被罢官，来到扬州。王士禛知道万锦雯喜作香奁诗。他的《相见欢·春闺》也别有一番韵致："新来燕子呢喃。睡难酣。又被邻姑催起，着春衫。娇欲颤。行还倦。笑相搀。同上小楼，闲倚、望归帆。"

刚一见面，王士禛劈头就问："还有於潜绢事无？"

这一问，倒把万锦雯问愣了，一时茫然。待一落座，突然间悟出来了，不由大笑，差点把手中的茶杯弄翻。

王士禛其实说的是钱塘名妓苏小小的一个故事，大意是於潜县一个官人带着官绢到杭州办事，被苏小小的美色吸引，几经纠缠，苏小小始终不答应。后来这个人在杭州眠花宿柳，将官绢挥霍一空，被查办后，反污官绢都花在了苏小小身上，于是苏小小也被查入狱。这时，查案的一个襄阳籍小官也爱慕苏小小，便写了一首诗给苏小小："昔时名妓镇吴东，不爱黄金只爱书。试问钱塘苏小小，风流还似在苏无？"苏小小见此人可以为自己洗清冤情，便回诗一首："君住襄阳妾住吴，无情人寄有情书。当年若也来相访，还有於潜绢事无？"那意思是，如果当时你我能相识，怎么会有这於潜官绢的事发生呢？这诗意并不暧昧，无非就是说：相见恨晚啊！

绢和捐谐音，王士禛在此一语双关，也是用这种风流之事诙谐地暗示：罢官，也许就是一个笑谈，不必放在心上。在当时的高压之下，王士禛他们也许只能用这种方式宽解心中的压力，在自嘲之中求一点轻松之境，这种文字上的游戏使他们得到些许心理上的解脱。

转眼间，顺治十八年（1661）的秋天来到，汪琬的到来，使王士禛又惊又喜。

汪琬是因为受到老家两个弟弟在奏销案中的牵累，被降两级，从刑部山东司郎中的位置上被免官，携三个女儿回苏州老家的，与他同行的还有一个人——叶方蔼。叶方蔼（1629—1682），苏州昆山人，顺治十六年（1659）的探花，只因欠赋税折银一厘，就被革掉了功名，而因此，"探花不值一厘钱"这句话也广为流传。

汪琬来到扬州，遇到了大风，船不能行。王士禛听到老朋友到来，哪敢怠慢，顶着风雨，雇车马轿舆，出城迎接。而此时，汪琬正在孤篷船上轻声叹着："独卧孤篷底，长途此夜穷。殷勤解留客，惟有石与风。"

一见面，汪琬就大笑起来："我本想做豹雾之隐，不想又要登老弟的龙门了。"王士禛也抓住汪琬的手："一别二载，老兄还是那个样子，这次吴汉槎不来，你到扬州，自可独步江东了。"

听王士禛这一说，汪琬也不由大笑起来。

王士禛说的这个吴汉槎就是吴兆骞（1631—1684），江南奇人，九岁即能作《胆赋》，十岁写《京都赋》，与彭师度、陈维崧号称"江左三凤凰"。他生性狂傲，不拘礼法，在私塾里就向同学的帽子里撒尿。老师斥责他，他则说，这帽子戴在俗人头上，哪如盛尿？顺治十四年（1657），吴兆骞参加了江南乡试，一举高中举人。可不承想，祸从天降，整个考场被有"黑幕"为由举报，乡试作废，全部举子于第二年到北京参加由顺治亲自主考的复试，这就是那次著名的清初辛酉科考案。这次复试在众举子中，只找出十四个文理不通者，而吴兆骞则交了白卷。至于说吴兆骞为啥要交白卷，一说是他当时被那持刀的兵士吓坏了，一说他是故意抗争，反正他全家最后是被流放宁古塔。二十三年后的康熙二十年（1681），吴兆骞才在明珠的儿子纳兰性德的营救下得以返京。

吴兆骞不但是个奇人，还是狂人，他很敬佩汪琬的才学，但又不服气。他曾对汪琬说："江东无我，卿当独步。"那意思是说，江东如果没我，你就是老大，有了我，说不定谁是老大呢！

王士禛把吴兆骞的这话用到现在，自是与汪琬互相调侃一下。

于是，一连三天，王士禛大宴宾客，他请了冒襄、陈维崧一起，与汪琬把酒问盏。

在发明摄影术之前，古人聚会留念是请画师作画的。汪琬出京时，许多朋友为他送行，一个画师叫高岊园的，为他画了一幅《秋江送别图》，除了送行的人题诗外，一路上，许多朋友为他在画卷上题诗。

汪琬将画卷拿出请王士禛题诗，王士禛欣然题诗《喜苕文至》："芜城暮雨闻君到，急访扁舟出郭来。乍见鬓眉惊老大，却询歧路重悲哀。穷交珍重三年别，高会流连五夜杯。眼底两人俱落拓，拂衣真合共蒿莱。"

三天的时光显得那么短暂，老友情谊，怎么能在三天的时间里道尽？汪琬临行，王士禛突发奇想，他一定要送一个汪琬意想不到的礼物！想来想去，他想起了自己在寓所中豢养的十只鹤，他从中挑出两只，让人放在笼子里，抬到汪琬面前。当那两只全身洁白如雪的青田鹤放在汪琬面前时，汪琬哭笑不得："这鹤虽好，我怎么带啊，况且，这东西娇贵，我也养不起啊。"王士禛认真起来，他对汪琬说："这鹤是我去年所买，是有名的青田鹤。它全身精白，纤颈优雅，亭亭玉立，行止舒缓，倚松而舞，御风而行，唳声清远，超脱尘寰。飘飘有隐士之风，皓皓如寿者之相，此鹤不伴先生，何物可伴？况先生天生鹤形，道骨仙风，鹤之孤傲品性，与先生正是绝配。这鹤为神仙之形，寿者之相，此不配先生，何物可配？"

见汪琬正在犹豫，一旁的冒襄力劝："杜工部有诗'马来皆汗血，鹤唳必青田'，这青田鹤是与汗血宝马齐名的。人必清于鹤而后有鹤相，先生有鹤相伴自是天人合一。"

这时，一旁的叶方蔼却坐不住了，他插科道："贻上赠钝翁二鹤，岂不冷落了我等。子吉（叶方蔼字）也愿讨得双鹤，乘鹤而去，岂不快哉！"

王士禛听罢，不由大笑，"子吉有此雅兴，阮亭求之不得"，于是，王士禛再赠二鹤给叶方蔼。汪琬也不好坚辞，将双鹤留下。王士禛见此，高兴地拊掌而笑。为了留念，他将方文的女婿——画家王槩唤来，将此事画下，并题诗记之："去年买得青田鹤，饮啄萧然傍官阁。三叠琴中素雪飞，一声夜半清霜落。主人本自江海情，对尔襟期放寥廓。太湖隐者浮丘公，忽乞笼归伴寂寞。高致宁谋雁鹜餐，新知况有丘樊乐。寒雨横江晚唳时，相思应寄梁园作。"

直到第二年的春天，汪琬才被复官，被任命为北城兵马司指挥。他到扬州与王士禛辞行，正赶上王士禛有公务欲到淮阴，于是两人同乘一舟，同游邵伯湖。

沿运河北行，船渐渐驶入邵伯湖，一池碧波被绿树环绕，两岸商铺林立，旗幡飘扬，临湖远眺，烟波浩渺，鱼帆点点，一望无际。渐渐地，岸上的一处青瓦红墙的建筑映入眼帘，他们知道，露筋祠到了。弃舟登岸，两人在露筋祠前徘徊流连。这个露筋祠是有来历的，传说有一女子夜过此处，天热蚊盛，而这里恰有一个农舍，住着农夫一人。农夫邀女子进舍入住，而女子为保名节，坚决不肯，于是一夜之间被蚊叮虫咬而死，只剩下筋骨。人们为了纪念这个女子，在此立祠，名为露筋祠。汪琬突然忆起王士禛的七言绝句诗《再过露筋祠》：

翠羽明珰尚俨然，
湖云祠树碧于烟。
行人系缆月初堕，
门外野风开白莲。

汪琬道："贻上'门外野风开白莲'此句最妙，陆龟蒙咏莲有句'无情有恨何人见，月白风清欲堕时'，恰是咏白莲，而贻上的诗通篇不写女子品性之高，而以白莲拟之，又与陆诗浑然一体，实在是神来之笔。"

王士禛笑道："确实如此，还有人说陆诗是咏白牡丹、白芍药的，这真是盲人道黑白，不解陆诗真正的含义，还有人说怎可知道这女子'翠羽明珰'，万一是个丑女呢？哈哈，读诗读到这份儿上，也是腐儒

了。诗有神韵，可意会，不可言传，许多腐儒不解此道，也只好一笑了
之了。"

这倒勾起了汪琬的话题："这腐儒可是人间尤物啊，我认识这样一
个腐儒，忘了他叫啥名字了。一日到朋友宴席，朋友招了两个美艳妓女
来陪酒。本来就是助兴而已，可等两个美妓敬酒到了他这里，他却一脸
庄重，问人家：你俩干这行当多少年了？是不是不得已而为之啊？干这
行当难道说还有什么快乐吗？弄得两个妓女都不知道回答什么，在座的
诸位也面面相觑，一脸尴尬。而他却还是一脸凝重，继续谆谆教导。"

王士禛笑道："看来腐儒的问题就是不能开悟啊！"

两人边走边聊，王士禛忽道："苕文兄此去京城，又不知何年相见，
你赴京，正好我兄士禄也在京，我别无可送，烦请捎去清泉四罂，你两
罂，我兄两罂。这是惠山泉水，是天下第二泉啊！"

送礼送清泉，这又是个别出心裁的送礼法。前次送鹤，这次送水，
亏得王士禛能想得出来。汪琬真是犯了难，这路途遥远，又是四罂，搬
上搬下的，岂不累杀我也！他连连摇头："这泉水我不带！不带！"

而一旁的王士禛却"坏笑"起来："前次送鹤，是祝先生有仙气、
得长寿；这次送水，是祝先生为官为人清如泉水，有此寓意，何惧长途
跋涉？再说这天下第二泉水，也是奢侈品。想当年，贵妃喜荔枝，一骑
红尘，千里博来一笑；宰相李德裕嗜饮二泉水，州官通过驿站把泉水送
到三千里之外的长安，这是世间珍奇之物，不可谓礼轻！莫非先生只重
黄金，那岂不真成了俗吏？"

听了王士禛的这番高妙之论，汪琬不作声了，但他并不甘心，抬头
望天，长叹一声："怪不得我乡有个贤达不让子孙学诗啊！"

"哦？"王士禛不由一愣，问，"为什么？"

汪琬眨着狡黠的小眼睛对王士禛说："他说，诗写好了，反而心术
不正啊！"

王士禛不由问："何出此言？"

汪琬道："我那乡贤的理由是，沈约发明了写诗的四声，应该是个
真君子吧？可他对陶渊明的诗闭口不谈，他写的《宋书》只写陶渊明隐

逸的事,对他的诗文不曾道及只言片语,差点让陶老夫子在历史中淹没,这不是心术不正吗?"

王士祯不由哈哈大笑:"让你代送礼物,你倒说我写诗人心术不正,你心术倒是正,拿这话来揶揄我!好!好!老兄,待我发达,定不负此情,让你的诗文流芳百世!"

两人说笑着,汪琬也只好乖乖地把四罍泉水收下。

其实,汪琬还真的喜欢王士祯这礼物,只是觉得长途太麻烦。而与其说是喜欢这礼物,倒不如说他是越来越喜欢自己的这个品性高雅、出手不凡的小老弟了。

六、居烈妇

推官一职,有这样三项任务:一、百姓递交的案件的审理;二、上级各机构批发下来的案件的审理;三、州县案件的复核。具体的规定为,杖罪以下的案件可以自行处理、自行发落,杖罪及以上的案件,无论是初审还是复核,都需要转呈上级司法机关审核。上司的复核可能成为一种牵制。推官,处于司法体系的最下层,职位之难,可想而知。

居烈妇其实只有十六岁,她本姓向,是高邮向崇德的女儿。

话说扬州城内盐商聚集,其中一家姓居,名商。妻子姓张,生有二子,一个叫士骥,一个叫士骢。后来,居商不幸得了大病,是他的侄子居轩跑前跑后帮他治病,替他料理家政。居商临死,把妻儿和居轩叫到跟前,对他们说:"我自知不行了,我死之后,这家业就交给居轩料理,妻儿也请帮忙照顾。"

这实际上就是临终托孤。当时,这居轩信誓旦旦,但一旦他接手了居商的产业,就起了非分之心。以他商人的算计,他觉得,要得到叔叔的产业,就必须先得到婶母张氏,这样才能名正言顺。于是,在叔叔刚去世不久,他就向张氏发起了攻势,赶上这张氏也是一个贱人,一来二去,竟与这小侄子勾搭成奸。这时,大儿子士骥十四岁,已经与高邮向崇德的女儿向氏成婚，小两口举案齐眉，相敬如宾。后来二儿子士骢娶申氏为妻。但由于居轩与张氏有了苟且之事，两个儿子自然成了障碍，于是居轩与张氏一商议，把大儿子士骥支到武汉学做生意，把二儿子士骢支到九江学做生意。于是，这居轩就分头对居家的三个女人发起了进攻。在搞定婶母张氏之后，他又将士骢之妻——水性杨花的申氏夺为怀中之物。但向氏生性正派、刚烈，居轩做了好几次暗示，向氏都不为所动。

向氏的忠贞使居轩很头痛。三个女人当中，两个已成怀中之物，只有向氏一个，不为所动。他就先托张氏说合，结果被向氏骂了个狗血喷头，又托申氏去说，又被向氏奚落一番，无趣而返。居轩一想，也许应花点本钱，这样才能让向氏从了。于是便买了许多绫罗绸缎和珠宝首饰由申氏趁着夜色给向氏送去。没承想，申氏刚一开口，向氏就将居轩的东西一股脑扔了出去，并将珠宝一个个摔碎。

一次不成，来第二次。这次，居轩将更多的珠宝放在暗室中，自己先躲到里面，由张氏、申氏先去请向氏。一开始，还好言相劝，告诉她，只要从了，这些便都归她所有。向氏此次依然不为所动，并破口大骂居轩以及张氏、申氏无耻。这一骂，激怒了张氏、申氏，她们便将居轩叫出来，三人联手，揪住向氏一顿暴打，可怜的向氏就这样被三人活活打死。

向氏被打死后，其父向崇德便到官府告状。可是，这居轩因为有钱，上下打点，用了许多银子，官府上下几乎没有不被他行贿的。因为拿了他的钱，办案人员都说向崇德是诬告，向氏是暴病而死，案子就这样不了了之。而更据传言，这个案子是京城某王爷直接交代下来不让彻查的，原因是居轩送了大量钱财给这个王爷。向崇德就这样成了一个老上访户，每日在衙门口告诉，那些衙役也对他视而不见，见他来了，便当成个疯癫的人呵斥而去。而这时居轩也没闲着，继续大行贿赂，甚至为塞人耳目，亲自通过关系向朝廷派下来的监察官行贿。这些，在民间，几乎是公开的秘密。

王士禛是在到州府衙门上班的路上遇到衙役正在驱赶向崇德的。

　　问清案由之后，王士禛犯了思量，如果彻查此案，必定会牵出众多受贿者，甚至可能牵出上头更大的袒护者，弄不好，也自身难保。而此案已经拖了数月没有受理审判，其中原因，无非是采用拖的手段，不了了之，一些官员可能受到保护，但向崇德和女儿的冤屈可能就要石沉大海了。

　　在仕途与良心的抉择当中，王士禛选择了后者，尽管这时，他的耳边已经充斥了不让他蹚这浑水的劝告。

　　如果不查，大不了像前任一样，听之任之，触碰不了任何人，只有自己良心受谴责，别人无忧。而要查，极可能自己难以收场。这个度极难把握。

　　但王士禛最后是选择了查办！他的士子良心促使他要在乱世之中给自己一个清白的交代，而选择放弃则极有可能背负终生的谴责。让他要一查到底的直接动因是，一天晚上，向崇德被人暴打，弃之河边，奄奄一息。王士禛知道，如果不及时审理这个案子，向崇德随时会有生命危险，也会有更多的官员陷进此案，最终这个案子会随着向崇德的死去而成为死案、冤案。

　　一个月黑风高的晚上，居轩的说客来了，并且带来了五千两银票。王士禛将银票掷出，厉声说道："难道良心和王法也是可以用银票买得到的吗？我终于知道王法难以行通，而奸佞得以横行的道理了。"

　　没多久，王士禛升堂开庭，将居轩和两个淫妇定了斩刑，并游街示众，交上级定谳。

　　王士禛在多年之后的临终之际，才将这个向氏的事迹作为自己的绝笔写入《池北偶谈》，其中的道理颇为我们深思。在文章的最后，他大赞向氏：

　　……

　　论曰：昔孟某氏鄙仪、衍为妾妇，而所为大丈夫者，乃在于富贵不能淫，威武不能屈者。世之须眉男子，能蹈道者有几人哉？向氏一十四五弱女子耳，而所为若是。所谓浩然之气至大至刚，塞乎天地之间可矣！

从这一举动来看，王士禛在处理这个案子时，只是处理了居轩等三人，对更多的受贿者并未追究，并且对此案讳莫如深，直到晚年才将此事捅出，原因何在？在当时的环境下，极有可能牵一发而动全身。在一个法制并不健全的皇权社会里，仅靠良心是难以维护的，官员在案件当中的受贿，其实并非个例，而之所以如此，是因为制度赋予了他们可以口吐莲花，也可以装聋作哑的权力。王士禛实际上在触碰一个雷区，他如果不小心翼翼，那么，覆巢之下，岂有完卵？靠道德自觉也只能是险胜，环顾四周，只能是战战兢兢。

自顺治十七年（1660）到任，到康熙元年（1662），王士禛在扬州推官任上已届满三年。自这年的下半年开始，对外官的考核，四大辅臣把原来的"大计"考核（吏部考核）改为"考满"制度。所谓的"考满"，就是在官员任满三年时，三品以上京官（中央官员）及督抚，必须自己先陈述在任内的所有功过政绩，然后送吏部、都察院考评，而外官则由督抚分级考注，以政绩优劣来定等级。凡京官四品以下，外官布政使以下，考满可分为五等：一等为称职，加一级；二等为勤职，记录一次；三等为平常，可留任；四等为不及，处以降调之处分；五等为不称职，予以革职。

就在这次考核中，王士禛被处以降级处分，而就在前一年，他也得到了一个罚俸一年的处分。

对于这两次处分，现在找不到具体的史料来说明原因，而我们可以通过居烈妇案来大致推论，他是在与权贵的周旋中，不自觉地得罪了哪方"神仙"。同时，以王士禛意气风发的才子风范，是极易在官场中中枪的。被罚俸一年，据冒襄《同人集》记载是"极没要紧事"，而这"极没要紧事"究竟是什么，不得而知。是出口有误，还是下笔有误？这只有让我们去揣摸。而康熙元年的这次被降级，则是被明确说成"失出法严"，就是说重案轻判，钻法律的漏洞。而在当时通海案和奏销案谳狱累累的时候，王士禛能否在前朝遗旧的情绪和今朝仕宦的情怀中做出恰当的选择呢？也许，失出法严，是他最好的选择。

而这时，母亲的话让他稍稍有了宽慰。母亲对他说："人命至重，汝但存心公恕，升沉非所计也！"就是告诉他，人命至上，你只要心存公道，提拔降级不要计较这么多了吧！

多么伟大的母亲！

七、山水涤蚂蚁

但，毕竟是罚俸和降级，王士禛不能不陷入深深的苦恼之中。

王士禛想起自己初到扬州为推官时的担心，那时他的担心无非是因为事务繁巨而耽误了写诗，但他意想不到的是：事务之繁，他倒能担当，但这心头的纠结却耽误了他更大的精力。他突然想到他与吴国对前些天在仪真①的会面，两人谈诗，吴国对说："写诗当有境界，杜少陵所言'一洗万古凡马空'，苏东坡说'笔所未到气已吞'，诗人只有具有这样的胸襟，落笔才能不凡。而现今能有此境界的只有阮亭你了。"正在王士禛谦让之际，吴国对马上说："你虽有此境，但你看，你现在的衣领上正有一蚂蚁在爬来爬去啊，你须耐住性子去捉它。"

吴国对说得没错，王士禛现在这衣领上的蚂蚁确实是他的心头大患，使他烦躁，使他无奈，使他不得不花费精力与之周旋。这蚂蚁在他衣领之上，又聒噪于心头之间，忽而去，忽而又来，他不得不应付，又不得不认真地坐下来思考捉去的办法。他知道，这就是俗世，没有人可逃脱这俗世之蚁的困扰，一洗万古凡马空，也许只能是诗的意境。他现在要做的，只能是在与衣领之蚁的周旋中，放宽心境，在江南的山水之间，放飞精神。因为，他不但有苟且的俗世，还有诗和远方。

王士禛决意要到山水之间，让激荡的江风、山中的云雾、松间的明

---

① 仪真：明洪武二年（1369），改扬子县为仪真县。治今江苏仪征市。属扬州府。清雍正元年（1723），改仪征县。

月、深涧中的惊涛去涤荡这衣领上恼人的蚂蚁。他知道，这蚂蚁是任他去捉也捉不尽的，他嫌这蚁已经使他殚精竭虑，已使他诗思枯竭，他要到山水之间，他要到云雾之中，把这劳神的蚂蚁暂且忘掉。他是诗人，诗是他的生命，他不愿把生命耗在捉蚂蚁的游戏中，他要尽他一切所能，去拥抱他的诗歌。因为，诗歌，是他自认为此生的使命所在。

南京的燕子矶与岳阳的城陵矶、马鞍山的采石矶（牛渚矶）号称长江三大矶。燕子矶突兀江面，三面悬绝，远眺似石燕掠江，因此得名。

那是顺治十七年（1660）的八月，江南的夜晚，刚刚升起一弯新月。王士禛被任命为江南乡试同考官，刚刚到达南京，他突出奇想，要晚登燕子矶。天刚刚下了一场雨，新雨初霁，月光如泄，直照得江面银光粼粼。王士禛他们鼓帆夜航，到了燕子矶时已经是深夜。深夜至此，登还是不登，正在大家左顾右盼之时，王士禛却不管他人，也不多言，旁若无人地燃一束火把，毅然独自登矶。

火把照在王士禛的脸上，映出他脸上的凄苦和悲壮。这时，他不愿让随从跟随，他要让这火把烧掉胸中的块垒，驱散心头的郁闷。伴着喷涌的江涛之声，他疾步前行，他想拼命地大声喊出来，尽管他的声音刚刚发出就被江涛淹没。此情此景，王士禛脑子中浮现的不是月光美景，而是专诸刺王僚的故事。

专诸是中国古代"四大刺客"之一。春秋末期吴国的公子光（即后来的吴王阖闾）欲杀吴王僚而自立，伍子胥便把专诸推荐给公子光。公元前五一五年，公子光以宴请吴王僚为名，命专诸藏匕首于鱼腹之中进献（此即中国历史上著名的"鱼肠剑"的来历）。专诸当场刺杀了吴王僚，但也被其侍卫所杀，史称为"专诸刺王僚"。此后公子光自立为王，是为吴王阖闾，乃以专诸之子为卿。专诸被葬于苏州阊门内，名"专诸巷"以纪念。

燃烧的火把，在他心中不是温暖的火，而是犀角之火，是可以驱鬼降魔之火。

中国古代传犀角燃之可照妖，俗谓能明察事物、洞察奸邪叫"燃犀"或"犀照"。《晋书·温峤列传》中说温峤在牛渚矶叫人点燃犀角下水照水中怪物，怪物前来掩火，奇形怪状，还有乘马车穿红色衣服的。温峤因得罪这些牛怪而一病不起，中风而死。

王士禛此时，已经全然没有登名胜的快感，他要将心中的郁气抒发出来：

> 渡江访名山，层巅到曛黑。
> 大江森欲动，浩浩千里色。
> 把炬石燕飞，燃犀潜蛟匿。
> 北望灵岩塔，知是专诸邑。
> 悲慨下沾襟，此意谁当识。

（《夜登燕子矶》）

曛黑、燃犀、刺客构成了这首诗的主要意象，此意谁识？

我们再看渡江和借宿弘济寺后早晨再登燕子矶的两首：

> 饱挂轻帆趁暮晴，寒江依约落潮平。
> 吴山带雨参差没，楚火沿流次第生。
> 名士尚传麈扇渡，踏歌终怨石头城。
> 南朝无限伤心史，惆怅秦淮玉笛声。

（《雨后观音门渡江》）

> 岷涛万里望中收，振策危矶最上头。
> 吴楚青苍分极浦，江山平远入新秋。
> 永嘉南渡人皆尽，建业西风水自流。
> 洒洒重悲天堑险，浴凫飞鹭满汀洲。

（《晓雨复登燕子矶绝顶》）

这里有几个关于南京的典故。一是东晋名士顾荣，在起兵攻打陈敏的时候，依靠长江天堑，废桥敛舟于南岸，陈敏渡江不济，眼望着顾荣轻挥羽扇，便四散溃逃。

袁粲父子是南朝宋的忠臣，褚渊是宋的叛臣。袁粲欲反叛臣萧道成，被褚渊告密，于是萧道成派兵将袁粲父子诛杀于南京。百姓作歌谣云："可怜石头城，宁为袁粲死，不作褚渊生。"

长江，历来有天堑之险之说。然而，这天堑，并没有阻挡住永嘉南渡的滚滚人潮，也没有阻挡住清兵攻克南明的部队。王士禛在这里发出了感叹，这境遇，不正像人生，谁能在世事造化面前逞英豪？随波逐流，不正是人生的常态吗？任凭是无限伤心，惆怅秦淮，也是西风水自流，那浴凫、飞鹭依然落满汀洲。

这里面有多少伤心惆怅，有多少恩怨纠结，又有多少愤懑无奈！也许，只有王士禛自己才能解释得清。

再游燕子矶，是第二年王士禛谳狱完成后的四月初。这时，已是春风荡漾，他回扬州在燕子矶遇风不得回，作诗于此：

刁骚夜雨打吴榜，三日南风燕子矶。
安得沧波如匹练，便乘轻舸去翻飞。
长江巨石想飞动，渔灯戍鼓相因依。
栖霞咫尺不能到，白下古城春又归。

（《守风燕子矶》）

"守风"就是等候适合行船的风势，"吴榜"即指船桨。已经在燕子矶等候三日了，那雨也是刁骚弄人，而风势也依然不变。这时，王士禛刚刚谳狱完成，心情应该是不错的，他盼望着能沧波平静如匹练，乘轻舟江上翻飞。他想象着几天不去的白下古城（南京古称白下城），也已经春回大地了！

康熙二年（1663）的十一月，王士禛第三次奉命任金陵武举同考官。他被罚俸和降级后再游燕子矶时，写下了著名游记《登燕子矶记》，心境竟是如此：

金陵古都会，名山大川在封内者以数十，而燕子矶以拳石得名。

矶在观音门东北，三面临江，峭壁巉岩，石笋林立。观音山蜿蜒数十里，东与长山相属。至此忽突起一峰，单椒秀泽，旁无附丽，傲睨诸山，偃蹇不相下。大江从西来，吴头楚尾，波涛浩渺中砥柱怒流。西则大孤、小孤，东则润州之金、焦，而矶踞金陵上游，故得名尤著。

矶上有祠，祀汉寿亭侯。……祠南，亭三楹，壁间题字丛杂不可读。……折而东，拾级登绝顶，一亭翼然，旷览千里。江山、云物、楼堞、风帆、沙鸟，历历献奇，争媚于眉睫之前。西北烟雾迷离中，一塔挺出俯临江浒者，浦口之晋王山也。山以隋炀得名。东眺京江，西溯建业，自吴大帝以迄梁、陈，凭吊兴亡，不能一瞬。咏刘梦得"潮打空城"之语，惘然久之。

时落日横江，乌桕十余株，丹黄相错。北风飒然，万叶交坠，与晚潮相响答，凄栗惨骨，殆不可留。题两诗亭上而归。

时康熙二年十月二十一日也

而在这篇游记中，楼堞、风帆、沙鸟，俱是献奇争媚者的形象，面对落日横江、丹黄相错的美景，竟有"北风飒然，万叶交坠""凄栗惨骨，殆不可留"之叹！

王士禛在这种心境下游离了多长时间，我们不知道。在扬州期间，他甚至多次有归隐的想法，这种心境缘于他的"不得馆选"和被降级罚俸，缘于在朝内任官的渴望，和到地方上任官的落差。从他心中实现治国平天下的抱负到接连两次被罚俸降级的现实，使他不能不对自己的身份做一次冷静的梳理和思考。他越来越强烈地感受到，自己的官员身份与诗人的追求存在着明显的价值认可上的不同，同时，在效忠朝廷与百姓福祉之间是否也存在完全对等关系也使他焦虑不安，于是在诗人、官员和百姓三者之间，他反复寻找逻辑关系。

康熙元年（1662），与王士禛同科进士的曾王孙曾致书，规劝王士禛不要玩物丧志，应戒诗。王士禛反复思考，一度想弃绝笔墨。他对自己"酒间击钵、断纨零素"，顷刻至数十篇的作诗之法，十分懊悔。他认为自己年未三十，而每日叹息哀怨于文字当中，不能自拔。平生萧瑟竟至于此，想想未来，想想仕途，也不由心惊。

然而，王士禛是为诗而生的，他的诗人之心、他的天赋诗才是压抑不了的，即使这种压抑来自他本身，这种才华却横竖还是要流淌出来。诗，也许是他与生俱来的。

后来，他对自己的妹夫说出了那句著名的为官之道的见解，就是这次反复思考的结果："不负民即不负国，不负国即不负所学。"

在他看来，国是一个中间的平台，离开平台，就不能实现为民的愿望，民是第一的，"民为贵，社稷次之"，这是孟老夫子的教导。而在王士禛看来，学与国的落脚点在民上，而其所学绝非厚黑之学，是学识才华，自己满腹的学识才华当为国家所用，这样才能为民所用。选择逃避、归隐，则无用于国，失去平台，则于民无益，沦为空谈，而为国家所用的根本，在于不辜负民众。王士禛认为，其所学，即个人的价值、个人的才学，应为国、为民所用。

当然，无所学的人，也可能为国、为民所用，那些政治流氓、尸位素餐者大抵如是。有所学，也不见得为国家所用，那些不得志者、归隐拒不出仕者，不为国家所用，自己的才学也等同于废品。这正是王士禛重视"所学"与"所用"的独到之处，他将个人价值与国与民的关系做了深入思考，这就不同于选择归隐之路的遗民。在入仕与弃世之间，他只是在情感上与遗民达成一致，对于遗民的姿态，他更认同的是一种思想姿态，而不是归隐的行为姿态。

第六章

诗人的拥抱

顺治十八年（1661）二月，王士禛站在太湖邓尉山圣思寺还元阁上，远眺太湖，只见绵延伸向湖心一岛，形如巨鳌，细雨缥缈之中，这"巨鳌"竟如太湖之上一个烟雨之中的环佩，一抹太湖的粉黛——这就是太湖上的渔洋山。

一、魏阙与江海之间

痛苦，当然要去释放和寻求答案。这时，王士禛幸运地遇到了方文。

方文（1612—1669），字尔止，号嵞山，安徽桐城人，是大名鼎鼎的明朝忠臣左光斗（史可法老师）的女婿。据说，方文从小颖慧。他六岁的时候，左光斗刚被提拔为浙江道监察御史，与方文的父亲方大铉一起喝酒。左光斗见方文可爱，就问他平时读什么诗。方文说："常读杜诗。"左光斗问："会《秋兴八首》吗？如果能背诵出来，每背一句，就赏你一杯酒。"结果，方文手持酒杯，放声吟诵，音节激越，意态优雅，每吟一句，就喝一杯。左光斗惊喜有加，为他掀髯起舞，并当即订下婚约，将长女许配于方文。

明朝灭亡后，方文拒不仕清。顺治十三年（1656），方文一家连死四人，先是他的夫人中风去世，后来他已经怀孕五个月的妾也被人所害，堕胎而死，他的母亲不堪忍受，离开人世。这对他的精神打击很大。方文变卖家产，带着四个女儿，以行医占卜为生，先侨居金陵，后又颠沛流离，四海漂流。

方文另一位大名鼎鼎的亲戚叫方以智，他是方文的侄子，但比方文还大一岁。方以智与陈贞慧、冒襄、侯方域一起号称明末四公子，四人风流倜傥，冠绝一时。之所以叫公子，是因为四人都是官二代，又非常有才华。陈贞慧的父亲官至明朝左都御史，方以智的父亲官至湖广巡抚，侯方域的父亲是户部尚书，而冒襄的老爹也做过山东按察司副使。

四人中，方以智的学历最高，是四人中唯一中过进士的，曾任崇祯朝的翰林院检讨、南明永历的东阁大学士。清军南下，方以智誓不降清，剃发为僧，后来师从著名曹洞宗禅师觉浪道盛，法号药地愚者。

方文与方以智自小就一起读书、学习。虽是叔侄关系，也是同窗。

因为对方文气节的崇敬，王士禛愿意和方文交往，而也是因为方文与方以智叔侄关系和同窗十四年的情谊，方文的出现，为王士禛打开了另外一扇禅的窗口。

说起王士禛与禅的渊源，应该从顺治七年（1650）在济南的水月禅寺苦读时说起。当时，祖父王象晋将他送到济南备考春闱。在济南，他与水月禅师朝夕相处，耳濡目染，略沾法乳。在京城，他也一直住在慈安寺和保安寺中。对于禅学，他是不陌生的。在清初，许多遗民不仕清，采取"逃禅"的办法，到深山出家做了僧人。

中国的禅宗分为南宗禅和北宗禅。南宗禅为顿悟派，以慧能为宗师；北宗禅为渐悟派，以神秀为宗师。后来北宗逐渐衰落，而南宗分出了南岳怀让和青原行思两系，南岳怀让系又分出沩仰宗、临济宗两家，青原行思系又分出曹洞宗、云门宗和法眼宗三家。后来，五家当中，沩仰宗、云门宗和法眼宗逐渐没落，而只有临济和曹洞两家了。

临济宗讲究参话头，就是要不停追问，在疑心的追问中达到禅境。

那个著名的"狗子佛性"的话头就是出自临济宗的大师赵州之口：

> 有学僧问赵州："狗子还有佛性吗？"赵州："有。"学僧："狗子既有佛性，为什么却撞入这个皮袋？"赵州："因为他明知故犯。"
>
> 后来，又有学僧问："狗子还有佛性吗？"赵州："无。"学僧："上至诸佛，下至蝼蚁，皆有佛性，狗子为什么没有佛性？"赵州："因为他有业识在。"

狗有无佛性，赵州一会儿说有，一会说无。他就是在这种不停让人思考、疑惑之中达到让人不要太执着的禅境。

曹洞宗则讲究去除杂念后的"默照"，号称"久坐必有禅"。比如对"格物致知"的理解，临济宗将"格物"理解为推究、穷理，通过一点一滴的解剖、体悟达到理解。而曹洞宗则认为，"格物"就是要格除任何物欲杂念，心即是佛，一切穷理追源的执着只会徒生伤痛，只有在万物虚幻之中、只有在静默之中才能通达禅境。

在王士禛到达扬州的前一年，曹洞宗三十三世传人觉浪道盛就圆寂了，作为他的弟子的方以智，法号药地愚者，则在金陵高座寺的看竹轩"闭关"，潜心著书。

方文促成了王士禛与方以智的这次见面。

以方以智在当时的名望和地位，王士禛在方以智面前当然要执弟子礼，他将自己心中的苦恼和种种为官的不如意向方以智托出，以求得这位智者的宽解。

于是，两人的对话先从"怨"开始，由"火"起题。

方以智说："先师觉浪道盛特别尊'火'，他认为五行之中，金、木、水、土皆有形，独火无体。但火是附在物上的，是因一种机缘、一个事情才起，才能看到。"

方以智说："世间万象，皆因火起。孔子的诗教是'兴观群怨'，其落脚点是怨，怨即是火，是推动历史的原动力，世界因怨而行，因怨而开新运，因怨而拨乱反正。因此《周易》是怨府，《春秋》是怨史。"

"但'怨'不是一种烦恼的负能量，而是参禅者的一直心中警惕的法则。"方以智解释说。

方以智对《易》是有深入研究的，他对王士祯说："《易》中有句话，叫潜龙勿用。勿用什么？当然是火。火为阳，潜龙于深渊之中，当然不能用火，用火，即会被大水淹灭。但他必须保持着寂然不动之中的煌耀明闪的悟的火焰，因为这是能量的发动机，这就是火的精神，没有这种火的精神，则世界无可传承。心中猛烈的怨火，只有在有强烈的担当和使命意识的人的身上，在合适的时候才可爆发。而这种人是很少的，更多的人，在怨火中烧的时候，应采取'托孤'的办法，这个托孤就是庄子式的托孤。"

所谓"庄子托孤"说，是方以智的老师觉浪道盛的发明，是说庄子绝不是儒家六经的异端，而是儒宗的别传。老庄，是在战国乱世、儒教已经无力拯救颓废之时，才得以兴起。在当时，也只有用庄子式的荒唐自恣的非常手段才可让儒教得以传承、发展。

"所以说……"方以智接着说，"庄子所说的内圣外王与孔子说的内圣外王是一致的，格物、致知、诚意、正心、修身是内圣之业，而齐家、治国、平天下则是外王之业。只是庄子所表现的形态与孔子有差别罢了。"

王士祯向方以智表达了对所处境遇的不满，方以智这样对他说："世界坏到了极点，人心也坏到了极点，所以说用常人所理解的慈悲心是无论如何不能度众生的。当初的世界如一块纯银，因为有火的介入，纯银逐渐被加入了铜、铅、铁、锡等杂质。若想让世界重回纯净，则只有一个办法，就是要下毒手！重新让世界回炉，只有让那杂质销尽，世界才会还原原有的十成本色。不下毒手，则造物主就是不仁，就是对世界无功，其结果只能是让天地灭亡！所以，下毒手，也是慈悲心的另一种表达。"

"下毒手"这个概念使王士祯略有所悟。他想，也许正是在改变时局的过程中，自己被毒手稍稍碰了一下吧。对于在这改朝换代、山崩地裂之际，他也许要接受这个毒手的碰摸，哪怕，这是冤枉的。想到这，王士禛心下稍安。同时，他也明白了一个道理，佛与儒，出世和入世，其实是相通的，儒释相合，当不为怪。

与方以智这样的大师的会晤使王士禛心下有悟，而与在柯、灵辔、拙庵、铁帆、继起、见月、石濂等高僧的会晤使他找到了参禅的快乐。他才子的心性在参禅礼佛当中得到了更幽微的抚摸和阐发，使他安静，使他淡然，使他更洞悉世事，体悟不以物喜、不以己悲的快乐境界。

宝华山在南京的西北，距南京四十余公里（现镇江市句容境内），因黄花满山而得宝华之名。周围三十六座山峰似三十六片莲花瓣，隆昌寺如莲花一般端坐其中。

方文所促成的王士禛与宝华山住持读体见月①的会晤，使王士禛对禅与诗有了更深的体悟。

夜色清朗，见月坐在隆昌寺的方丈室内，等待着王士禛的到来。月光透过纱窗，见月的一衲麻衣和一脸凝重在袅袅佛烟中更多了几分神秘。

见月是清初的名德耆宿、佛门龙象。他俗姓许，云南人，明清之际，戒法沦丧，纲纪荡然。见月年轻的时候，看到当时的佛门十分混乱，许多僧侣贪图利养，不守戒律，败坏法门，僧不像僧，就下决心整饬法门，为僧界建立规矩。他做宝华山的住持后，宝华山被称为"中国律宗第一山"。

隆昌寺内有戒坛堂，戒坛堂内有戒坛，戒坛为汉白玉所制，原为木结构，见月做了隆昌寺方丈住持后，改木为石。据《宝华山志》载："见月造石戒坛时，开基的夜晚，突然光芒四射，五色光直冲云霄，众山群楼，亮如白昼。"

王士禛和方文落座，话题从王士禛的书斋号"羼提"开始。见月说："我在云南求法到江西时，很受赣人的欺凌。到庐山时，一天，行至万松庵，天色已晚，叩门借单，寺僧拒不开门。无奈，见路旁有一块大

---

① 释读体，法名读体，号见月。

石，有丈余宽，几人便挤到石下坐。这时，出来的寺僧开门出来驱赶。第二天黄昏到东林寺挂单。置蒲团于佛座两侧，打算念佛一夜。这时，寺院的当家僧出来对众人厉声斥骂，被驱至山门。当我们刚刚坐下，不想一僧人竟跟到山下，用水泼湿地面，让我们不能坐卧。无法，只得离开。当时我想：'也许我们前世与当家僧种下不如意因，今当还报。他这是在成就我们的忍辱行，应对他作善念想，切莫起怨恨心。'"

见月接着说："忍辱，当是出家人的修行，听说阮亭斋号为羼提，当深悟此法门。"

王士祯自从将斋号改为"羼提轩"后，也是常常悟道，对忍辱有了更深的见解。他说："原来，我觉得忍辱就是打不还手、骂不还口，是懦弱、退缩和压抑的负能量，但我现在认为忍辱其实是接受、担当、勇气和智慧的正能量，没有压抑。没有辱，世界就失去了动力。辱，生来俱有，佛家的忍辱法门是让我们主动地体会、认识，去化解辱，而不是被动地接受。"

见月不断点头称是。

王士祯谈兴正浓的时候，见月突然问了一句："阮亭可知徐巨源？"

王士祯当然知道，三年前徐巨源被杀的案子在遗民中间引起不小的议论。

见说到徐巨源，方文却戚戚然，因为他是徐巨源的好朋友。方文叹道："徐世溥之死实在可惜！"

徐世溥（1607—1658），字巨源，江西新建人，明末清初著名文人，方以智称赞他"天资过人，出以易直，下笔驰骤"。

徐世溥是死于非命的，这在明末清初遗民中是一个悬案。有人说他是死于盗贼之手，有人说他是死于明末遗民之间的争斗，被雇凶杀人（其中便有传闻是著名的龚鼎孳所杀）。

关于这徐巨源有一个故事，据说他与当时的熊文举（字雪堂）是江西同乡，熊雪堂曾做过明朝的吏部侍郎（少宰），后回家做了遗民。有一次邀徐巨源到家里喝酒，没喝几杯，两人便话不投机，熊雪堂就以自己肚子不舒服为由，起身送客！徐巨源感到自己受了污辱，临走时竟在熊雪堂家的墙上题了一首诗："千山鸟飞绝，万径人踪灭。孤舟蓑笠翁，独钓寒江雪。"这诗本来再平常不过，但，他写的时候是从第四句开始反着写，每句最后一个字连在一起就是"雪翁灭绝"。这一下，惹怒了熊雪堂！因为这个徐巨源怕火，在山里居住，熊雪堂就到处散布谣言，说徐的家里有金银财宝。盗贼听说了，就深夜到了他家，没发现什么宝贝，却把徐巨源用烙铁烫死了。

见月道："这徐世溥就是不懂忍法，诗文虽好，却惹杀身之祸，才气反而成了自取其辱的道具！"

王士禛说："但是，我对世溥先生的诗是很推崇的。记得先生有乐府诗'江陵去扬州，三千三百里。已行一千三，所有二千在'，这其中未道何情，也未说何景，但文字之外的古雅隽永、惆怅情怀却体味不尽，这言外之意正是神韵，而诗最美的地方正在于此。"

方文接过话题："《世说新语》里有个支道林和尚，他养了许多马，人们以为他养马卖钱，对他说和尚养马不雅，成为俗人。他却说，他养马是为了欣赏马的'神骏'，这个'神骏'，大约就是神韵！是言外之意。"

见月说："曹洞祖师良价有句话叫：'语中有语，名为死句；语中无语，名为活句。'徐巨源的这几句诗可谓活句。"

王士禛问道："如何参悟活句、死句？"

见月并不直接回答王士禛的问题，而是反问道："拖你死尸的是谁？"

王士禛明白，这句话是禅语，是一个著名的参话头的公案，意即：人活着可以跑、跳、说话，但是一旦死了，就是一具尸体，但这活着时候的色身，跟死了以后的死尸，是不是同一具色身呢？活着的时候是谁拖着色身，死了又是谁拖色身？如果穷究下去，就又回到一个哲学的命题：我是谁，谁是我？则没有一个固定的答案。

这便又回到原来的语中死句和活句的问题上了。当初曹洞的开门禅师良价正是听到师父读《心经》时，当读到"无眼、耳、鼻、舌、身、意"时，就问师父："我有眼、耳、鼻、舌、身、意，为什么佛说没有呢？"师父回答不上来，见无法教他，就把他送下山去了。为了寻找这话的真意，良价不惮艰辛，苦苦寻问，遍走名山大川。当走到江西省宜春的洞山时，在葛溪之畔，睹影悟道，看到水中的自己，他突然明白，这水中的人也有眼、耳、鼻、舌、身，而且也和自己一样有"意"，动则动，静则静。然而，这水中之影，是什么呢？他存在吗？他不存在吗？没有吗？这个影子给良价带来了无限的遐思……

见月见王士禛正在沉思，便接着说："良价禅师所谓死句活句之说，其妙悟正在于此，语中意思若能让人不断追问下去，能用语言解释出来，到最后能有一个答案的，就是死句。而让人不能用语言托出，只可意会，不可言传，在虚渺的想象中有无限的体悟，有时甚至不着一字，便风流尽出，这就是活句。这便如逢渠睹影，这影便是诗，有字有韵，但他映在水中，忽清晰、忽模糊；风吹过，忽摇曳、忽劲挺；云飘过，忽隐、忽现。这正是上乘的诗意，缥缈无定，神思超然。上乘的诗是水中月、镜中花，而不是岸上的实。这水中之影，正如一首好诗，当语中无语时，即言有尽而意无穷，此即为上乘之作。上乘之作，让人放弃执着，此所谓禅诗相通。"

王士禛对见月的解释颇为称意。

方文这时插言道："我看释道原禅师《景德传灯录》，有首偈诗'我若东道西道，汝则寻言逐句；我若羚羊挂角，你向什么处扪摸'，此与有语死句、无语活句是否可相通？"

见月道："此正如禅师所言'如好猎狗，只解寻得有踪迹底。忽遇羚羊挂角，莫道迹，气亦不识'。正是说的羚羊晚上睡觉时，为防虎狼侵犯，以角悬树，脚不着地，有歹心者难以觅其踪影。仅仅依言寻句，是难以领略其意的无限风光的。"

见月接着发表自己对诗的见解："人其实很难被说服的，所以诗不要执着于去说服人。诗的作用则在于去感人，而不是去胜人、去压倒人，所以诗教的根本在于温柔敦厚，在于用真情去感化人。前朝的一些士大夫如椒山先生，不顾身家安危去诤谏，使听者厌倦，所以取得的效果是很糟糕的，就是不懂诗教的结果！儒释其实是相合的，释家的这些道理，与诗法相合，也当为处世之法。"

三个人越谈越深，越谈越尽兴，不由已至深夜，但谈兴依然不减。

王士禛觉得遇到了知音，索性彻夜秉烛而谈。

王士禛说："东坡居士在儋耳作《十八大阿罗汉颂》，予最爱其中的两颂。其一为《第十九尊者》云'饭食已毕，扑钵而坐；童子茗供，发箪吹火。我作佛事，渊乎妙哉；空山无人，水流花开'，其二为《第十六尊者》云'盆花浮红，篆烟缭青；无问无答，如意自横。点瑟既希，昭琴不鼓；此间有曲，可歌可舞'，此颂真有拈花微笑之妙。"

见月道："东坡先生是颇得诗中三昧的，这两首诗没有一点个人的感受和观点在里面，这就是'不着一字'，只有记述。而'空山无人，水流花开'和'盆花浮红，篆烟缭青'的冲淡闲远，其风流自现，而其风流只有读诗的人自己去体悟。也许，每个人的体悟不同，但其缥缈无定的感受，也正是诗深入骨髓之处。正就是羚羊挂角、无迹可寻的真谛。"

王士禛道："不着一字，尽得风流，才是诗的上品。你看李太白的诗'牛渚西江月，青天无片云。登高望秋月，空传谢将军。余亦能高咏，斯人不可闻。明朝挂帆去，枫叶落纷纷'，孟襄阳（浩然）也有诗'挂席几千里，名山都未逢。泊舟浔阳郭，始见香炉峰。尝读远公传，永怀尘外踪。东林精舍近，日暮空闻钟'。诗至此，色相俱空，正如羚羊挂角，无迹可寻，画家所说的逸品，大概就是这样！"

方文又道："我看东坡有诗'我持此石归，袖中有东海'，黄山谷看惠崇和尚的画也作'惠崇烟雨归雁，坐我潇湘洞庭。欲唤扁舟归去，故人言是丹青'，诗中所表达的情感，大部分在文字之外，这大概就是诗之禅髓啊！"

这时，王士禛却与方文开起了玩笑："先生写林古度的'积雪初晴鸟晒毛，闲携幼女出林皋。家人莫怪儿衣薄，八十五翁犹缊袍^①'让人解颐，'乌衣巷口多芳草，明日重过是早春'更是佳句，而先生写的《南浔叹》'南浔一村当一县，财货云屯商贾便。中间巨富者谁子，拥赀百万人所羡。百万金钱是祸胎，片时飞灭如浮埃。匹夫无罪怀璧罪，尽室诛夷亦可哀'，虽有杜诗之风，但却少了禅意。"

---

① 缊袍：用乱麻为絮的袍子，贫者所服。

　　方文其实并不在乎王士禛对自己俚俗之语"布衣体"的不认同。方文自创嵞山体，好作浅俚之语，因为自己是壬子年出生的，属鼠，他便把壬子年出生的其他四位诗人陶渊明、杜子美、白居易连同自己，一起请人画了一幅《四壬子图》。图中的其他三人皆高坐，唯独他自己伛偻低眉，手捧其诗卷，呈三人之前。王士禛见到这画的时候，曾与他开玩笑："陶渊明诗文坦率，白乐天老妪能读，他们两人还能接受你，唯独这杜子美，诗词文峻网密，若让杜甫老爷子看了，你肯定要挨藤条的！"

　　但方文认为以禅入诗和俚俗语入诗，都是诗的一种体现，只是个人风格、性情、经历、喜好不同罢了。以他的诗才，略一沉思，没有反唇相讥，而是当即赋诗一首："有客慈仁古寺中，苍龙鳞畔泣春风。布衣自有布衣语，不与簪绅朝士同。"这慈仁古寺中的诗，当然是指王士禛在慈仁寺与许玐等文士的咏唱之作了。

　　谈诗不论人，王士禛也连呼方文诗才敏捷，两人不由得击掌而笑，一旁的见月也微微颔首。

　　见月见两人有了争执，就说："入禅和不入禅，都是个人喜好，人人心中有佛，心中的佛念如何表达出来，只是形式不一样罢了。但我认为'意在言外'应是上乘，元好问《赠嵩山隽侍者学诗》中云：'诗为禅客添花锦，禅是诗家切玉刀。'就是说禅与诗的关系。嵞山先生的诗，胸有激愤，痛快淋漓，也是好诗，只是可能因诗惹祸，不可做处世之法。"

　　见月接着说："诗道应先破我执，再破法执，'我执'即是将自我的意识和观点先加入诗中，'法执'则是将诗分门论派，形成自己的写诗成见。其实，法无定法，执着于一法则会伤诗作。王维画雪中芭蕉，在北国的冰天雪地中植入南国芭蕉，这是'造境'，只可意会神到，不可妄执。而李龙眠作《阳关图》，短亭之上是离筵歌舞，短亭之下是喧喧车马，而此中最显目之处则是一老叟在溪边独自垂钓。寂寂投竿如世外之人，此图不着一语，其意自现，诗与画，当为一理。"

　　王士禛说："我深有同感！"

　　与见月这次彻夜长谈，使王士禛深悟禅儒相合的道理，禅与诗、入世与出世都当求"羚羊挂角，无迹可寻"之道，不"我执"、不"法执"，这深深影响了他以后的价值观，对作诗和做人，他有了更深的感悟。

已是深夜，王士禛久久不能入睡，起身作诗：

> 门外婆娑树，湖边修竹阴。
> 讲堂宿云影，塔院寄空林。
> 碑记中兴迹，溪流常驻心。
> 名衣传法地，妙相此中寻。

（《汉月和尚塔院》）

临行，王士禛向见月法师乞墨宝，见月铺纸研墨，写下四字：心无挂碍。

二、渔洋山人

顺治因为是一六六一年的正月初七驾崩，八岁的康熙刚刚登基，所以定为第二年才是康熙元年，这一年依然被称为顺治十八年。

二月，王士禛到松江谒见朝廷派来的巡视大员，一路船行。此时，大雪初霁，王士禛自瓜洲渡出发，经镇江、毗陵（常州）、无锡、苏州，抵松江。

在苏州，王士禛游历了虎丘、阖闾墓，睹物伤情，写下《阖庐墓》：

> 剑池春日水清虚，石壁临风吊阖庐。
> 於越行成谁狡狯，夫椒往事重欷歔。
> 飘零王气传金虎，寂寞空山葬玉鱼。
> 太息恩仇竟何在，荒台青草认姑胥。

阖庐墓即吴王阖闾之墓，在苏州虎丘。阖闾生前爱宝剑，用三千把宝剑陪葬，所以墓又称剑池。阖闾为越国所杀，他的儿子吴王夫差继位后，为报父仇，在旧臣伍子胥、孙武的辅佐下，于次年就在夫椒（太湖中的岛屿）打败了越国，并生俘越国君王勾践，罚勾践一家与十万工匠一起为阖闾造墓。勾践一家在虎丘山下吃糠咽菜，穿的是破衣烂裳，但卧薪尝胆，直到阖闾墓竣工，前后历时三年。夫差见勾践一行个个安分守己、毫无怨言，以为他们丧失斗志，遂不顾伍子胥的多次苦谏，将勾践一行放回越国，以致后来酿成灭国杀身大祸。勾践以甲卒三千人，擒获夫差于姑胥台。而这个姑胥台，也是越王勾践为表忠心，派人上山得神木献于吴王夫差后，而建起来的。

这首诗中，"玉鱼"是随葬品的别称，而夫椒往事和姑胥之仇谁又能说得清其中情愫呢？在明亡清兴之际，其诗不能不让人产生联想。

轻舟已入太湖，湖光山色使王士禛心境大开，听说邓尉山的梅花开了，他不顾当时正在苏州浒墅关做主事的李继白之诚邀，决意一路行舟，直奔邓尉山而去。

提到李继白，倒有必要交代一下，他与王士禛是顺治十二年（1655）的同科进士，当时正在苏州浒墅关做主事。浒墅关其实是一个小镇，因濒临运河，"上接瓜埠，中通大江，下汇吴会巨浸，以入于海"，号称"十四省通衢之地"。北方的棉花、小麦、杂粮，南方闽广的海货，苏杭嘉湖的丝、棉织品和其他手工业品，都通过这里。因此镇内商贾骈集，贸易繁盛，于是明、清政府在浒墅设关征税，成为全国一个著名的钞关之一，每年商税收入十分可观。李继白当时就是朝廷派来管理关口的官员，但倒霉的是，李继白两年后就被杀了，原因是他在不经意间买了一本书，那本书就是庄廷鑨的《明史》。

浙江乌程（今吴兴）南浔镇富户庄廷鑨，因病眼盲，想效仿历史上同为盲人的左丘明，著写一部史书。但又匮于自己所知不多，便去买得前明天启朝大学士朱国祯的明史遗稿，延揽江南一带有志于纂修明史的才子吴炎、潘柽章等十六人加以编辑。书中仍奉尊明朝年号，不承认清朝的正统，还提到了明末建州女真的事，并增补明末崇祯一朝事，直呼努尔哈赤为"奴酋"、清兵为"建夷"，全都是清朝所忌讳的。该书定名为《明书辑略》，凡一百余卷。书成之后，被人告发，清廷大怒，严令彻查。一时，作序者、校阅者及刻书、卖书、买书、藏书者均被处死，此案涉及千余人，七十多人被处死。这就是清初著名的《明史》案，而李继白就是因买书而丢了性命。

顺治十八年（1661），正是《明史》案刚起并越闹越大的时候，作为推官的王士禛与李继白是同年，但扬州和苏州如此之近，王士禛在扬州期间，两人都是书信往来，不曾有一丝谋面的痕迹。也许，王士禛在其中还有其他的考虑。

邓尉山位于苏州城西南三十公里处，在光福镇的西南部，因东汉太尉邓禹曾隐居于此而得名。每年二月，光福邓尉山一带，梅花吐蕊，势若雪海，王士禛同时的好朋友宋荦，在几年后到江苏做巡抚时，给这一景观取了个千古叫绝的名字——"香雪海"。

看完梅花，王士禛住在邓尉山南峰的玄墓峰圣恩寺还元阁。入夜，大雨滂沱，湖水拍岸，风掠过树梢，带着哨音飞逝而过。还元阁，如漂荡在风雨中的孤帆。王士禛不能入睡，他的诗思也随风雨摇曳。他起身写道："梅树初花石涧流，满山香雪送行舟。三更萧瑟湖边雨，百尺高寒水上楼。师子窟中岚翠合，法华山外暝烟收。霜天欲晓鲸音起，万壑声从何处求。"

晓起自阁上往南遥望太湖，只见绵延伸向湖心一岛，形如巨鳌，海滨处与周围诸山相连。细雨之中，远远望去，雾霭蒙蒙，这"巨鳌"竟如太湖之上一个烟雨之中的环佩，一抹太湖的粉黛——这就是太湖上的渔洋山。王士禛突悟王维《山水论》所言："凡画山水，意在笔先。丈山尺树，寸马分人。远人无目，远树无枝。远山无石，隐隐如眉；远水无波，高与云齐。"这不也正是诗中三昧吗？最上乘的诗，不正如这远观中的渔洋山，越是在这朦胧淡远之中才显其美。远观渔洋山，在空灵缥缈之间，在远与近、在意会和言传之间，给人多少超越时空的想象，多少空灵的体悟。而这，不正是"神韵"的所在吗？

王士禛久久远眺渔洋山，他似乎在冥冥之中感到：自己与渔洋山有一种默契、有一种约定。渔洋山很近，近在空间的一水；渔洋山很远，远在时间的千古。它缥缈无定，它神接万仞，它就在眼前，但却道不出它是一座山，还是一幅画。它横亘湖水中，它又在一抹云雾间；它在日升月落、星汉闪烁的苍穹，它又在一石一木、风霜雪雨的大地；它款款飘逸而至，进入眼底，它又倏忽飞逝而去，远落天际。渔洋山给他的感觉不正是"实相无相"的微妙法门吗？

王士禛的弟子洪昇曾问施闰章诗法，施闰章说："子师言诗如华严楼阁，弹指即现，又如五城十二楼，缥缈俱在天际。余则譬作室者，瓴甓木石，一一俱就平地筑起。"在此，我们不妨将此理解为：王士禛是一个优秀的古典建筑师，其旨在造境，将人文（典）与天然之物融为一体，造出一个浑然和谐的意境。而施闰章则为一个室内的装饰师，在细节的打造中营造和谐的氛围。王士禛的诗是远观的海市蜃楼，以气的打造找出意境，而施闰章则是近观的雕塑，以神的传递触动微妙的情感。

在后来此行结集的《入吴集》序中，王士禛记下了自己在渔洋山的这段心路历程："渔洋山在邓尉之南，太湖之滨，与法华诸山相连缀。岩谷幽窅，筇履罕至。登万峰而眺之，阴晴雨雪，烟鬟镜黛，殊特妙好，不可名状。予入山探梅信，宿圣恩寺还元阁上，与是山朝夕相望，若有夙因，乃自号渔洋山人云。"

王士禛从此开始自号渔洋山人了。这，也许就是他对诗禅合一感悟的结果，是他的神韵诗学登堂入室的开始。在此之后，他持神韵之说游历山川、横扫京师，主盟诗坛、雄长坛坫五十年。渔洋山人，也成为一种文学的符号，飘扬在三百多年的华夏文坛的时空之中。

至此，人们对王士禛有了这样几个称呼：一、直呼其名为王士禛（小名豫孙）；二、因避雍正皇帝胤禛之讳，在典籍中改为王士正；三、乾隆三十九年（1774）十二月，朝廷诏改"王士正"为"王士禛"（但那已经是王士禛去世多年后的事了）；四、王贻上；五、王阮亭；六、王渔洋；七、王十一，因王士禛在众兄弟之间年龄排行第十一（祖父王象晋有兄弟三人，分别是王象乾、王象贲、王象晋。象乾有三子——王与籼、王与章、王与定，与籼有子二；王象贲无子，王象晋将次子王与胤过继给他，子一，名士和；王象晋四子，长子与龄，有子二；次子与胤（过继）；三子与朋，有子三；四子即渔洋父亲王与敕，子四，名士禄、士禧、士祜、士禛。以年龄排王士禛为第十一）；八、王文简，王士禛最后的称谓，当然，那是他死后的谥号了。

三、浓春烟景似残秋

自顺治十七年（1660）三月到扬州，直到康熙四年（1665）七月离开扬州，五年间，王士禛的行迹遍布江南地区。以扬州为中心，北达淮安，南至松江（上海），东到如皋，西抵南京。其间，由于工作的关系，他到金陵无数次，目前有史料可查的就达六次。到淮阴六次。往返于润州（镇江）、苏、锡、常之间更是无数。江南人文山水，使他陶醉，使他忘怀。

在镇江，在通判程康庄的引领下，他登金山，游焦山，披草搜寻中国书法的大字之祖《瘗鹤铭》，相视叫绝。他登北固山、甘露寺；游鹤林寺、招隐寺、竹林寺、海岳庵，怀孙刘之雄风，忆梁帝之胜游，吊米芾之故迹。骚首四顾，慷慨不能已。他游常州、苏州、无锡，渡长江、泛太湖，多至形胜之地、人文之景，咏前贤志士，叹物是人非。

在焦山，他写下了名篇《焦山题名记》：

> 来焦山有四快事：观返照吸江亭，青山落日，烟水苍茫中，居然米家父子①笔意；晚望月孝然祠外，太虚②一碧，长江万里，无复微云点缀，听晚梵声出松杪③，悠然有遗世之想；晓起观海门日出，始从远林微露红晕，倏然跃起数千丈，映射江水，悉成明霞，演漾④不定；《瘗鹤铭》⑤在雷轰石下，惊涛骇

---

① 米家父子：指宋代米芾、米友仁父子。
② 太虚：指天空。
③ 松杪：松树梢。
④ 演漾：荡漾。
⑤ 《瘗鹤铭》：瘗，埋葬。鹤死了，埋了并写了铭文。黄庭坚认其为"大字之祖"。

浪，朝夕喷激，予来游于冬月，江水方落，乃得踏危石于潮汐
汩没之中，披剔尽致，实天幸也。

在扬州、淮安、金陵、如皋，王士禛遍访遗民故老、高僧大德，广交文士豪杰。实际上，在扬州的五年间，诗歌、读书、交友、禅悦、山水是王士禛生活不可分割的五大部分。山水愉悦、参禅修佛以及诗文唱和构成了他五年扬州生活的一幅幅美妙的画卷。

在此期间，随着诗歌创作进入鼎盛时期，他对诗也有了自己独特的思考。这也是他神韵诗学的初创之时，标志就是，他为两个儿子启涑、启浑学诗所选的唐人五七言律绝若干卷，并将此命名为《神韵集》。

所谓"神韵"，根据王士禛所论，就是指诗的神采韵致，就是作诗达到情景交融、朦胧淡远、空灵含蓄的意境。语句自然、直率，言有尽而意无穷，具有味外之味。王士禛曾举例解释什么是具有"不着一字，尽得风流"的神韵之美：就是李白的"牛渚西江月，青天无片云"（《夜泊牛渚怀古》），是孟浩然的"挂席几千里，名山都未逢"（《晚泊浔阳望庐山》）。王士禛在诗话中一再赞赏王维、孟浩然、韦应物、柳宗元等人的山水田园诗，认为这些诗清远、冲淡、自然、清奇。其意境，正是他心目中的神韵之作。

"神韵说"在本书中将会有更加详细的解释。王士禛在此期间身体力行实践自己的诗学主张，这些，在他大量山水田园之作中得到了最佳体现，尤其是他的七言绝句，更是神韵之妙品。

康熙元年（1662）夏秋之交，他寓居真州闵园，写下了著名的《真州绝句五首》：

其一

扬州西去是真州，
河水清清江水流。
斜日孤帆相次泊，
笛声遥起暮江楼。

其二

白沙江头春日时，
江花江草望参差。
行人记得曾游地，
长板桥南旧酒旗。

其三

晓上江楼最上层，
去帆婀娜意难胜。
白沙亭下潮千尺，
直送离心到秣陵。

其四

江干多是钓人居，
柳陌菱塘一带疏。
好是日斜风定后，
半江红树卖鲈鱼。

其五

江乡春事最堪怜，
寒食清明欲禁烟。
残月晓风仙掌路，
何人为吊柳屯田？

这几首诗在语言上清淡无华，但却在白描中描绘出了江南的绮丽美景。

真州即今江苏仪征，清代隶属扬州府，在长江北岸。第一首写真州江边晚景；第二首写白沙江春日景色；第三首写清晨登临目送友人乘舟赴南京；第四首写渔村黄昏卖鱼小景；第五首写江乡清明时节晓行于"残月晓风仙掌路"，深情凭吊词人柳永。

这五首诗都是伫兴而就。诗人捕捉到了江乡景色的美妙瞬间，融情于景中，形成情景水乳交融、清远淡逸的意境，诗有丰神远韵，又含蓄不露。尤其是第四首，景致宁静优美，诗中有画，而又远胜于画，有一种任何丹青妙手也难以画出的韵味，最脍炙人口。王士禛曾在《渔洋诗话》中说这首诗："江淮人多写为画图。"你看，以图画观之，此画全取远景，且由点状构成。"钓人居"——渔民的房子，是点状的，柳荫路和菱塘又都是片状的。再看色彩，同样是变幻多彩，但由三个色彩主基调，一为红色、一为青色、一为绿色。柳之绿、鱼之青、夕阳之红以及在夕阳之光中树、水、鱼所呈现的色彩变化更是美不胜收。清人伊应鼎评赞道："试看此四句，色色俱精，却一气呵成，直如天造地设，所谓大匠'运斤成风'，欲求斧凿之痕，了无可得。"宗元鼎《读阮亭先生真州绝句漫作》："板桥山色晚秋初，楚泽真州画不如。我爱新城诗句好，半江红树卖鲈鱼。"

秦淮河流贯南京城中，由东向西注入长江。作为前朝故都，这里留下了昔日的繁华，而现在物是人非，城市地位也一去不返，生活在这里的人们更多地流连在对往昔人事繁华的追忆之中。而繁华如梦，整个城市在熙攘之中，更多的是幽叹之声和迷离之色。

十里秦淮是南京最繁华所在，一水相隔河两岸，一畔是江南会试的总考场江南贡院，另一畔则是南部教坊名妓聚集之地。

柳敬亭本来是个有名的说书艺人，连当时大文人黄宗羲、张岱和吴伟业都给他写过传记。但他后来投靠了左良玉。这左良玉也本是明朝的功臣，南明让他率八十万大军镇守长江上游防线，但他却来了个窝中斗，以清君侧为名攻打弘光政权。结果，自己死于途中，儿子也降了清。柳敬亭本来作威作福，左良玉一倒台，他就继续沦落街头，卖艺为生。

王士禛到金陵时，恰在秦淮河畔见到了柳敬亭。

秦淮河畔有个邀笛步水阁，这邀笛步本是桓伊为王徽之吹笛之处

（王士禛《秋柳》诗中有"莫听临风三弄笛"之句。典故见第三章第一节详解）。水阁在淮清桥旁，而这里早已经成了一个歌妓的教习坊。王士禛初到南京，其时，正是晚饭刚过，秦淮河畔繁星点点，桨声灯影交织如画。只见画船箫鼓，珠帘翠幄，倾城仕女，个个惊艳。

大家慢慢围拢过来，有人事先已在桥下置上一茶几，茶几上先焚香，又放一紫砂壶，一个杯子，壶里已沏好香茗。待大家围定，已悄无声息的时候，只见一脸色黢黑、满脸麻子、脸上突起一个个肉瘤的人走来。看年纪，已近七十，身体消瘦，头戴方巾。他一到，也不和人打招呼，就径直在主位上落座了。这个老者就是柳敬亭。

柳敬亭正襟危坐，将手中纸扇往案上一拍，轻抖衣袖，然后亮嗓说书。然而刚一起头，却戛然而止。何故？哦，老爷子今天身体不舒服。而听书的人也不怪他，由他而去，因为这就是大腕，凡人能见到他已经是幸运了，并不是来听他的说书艺术的。而王士禛仅几句却听出了门道，他觉得这柳敬亭所说的水平已与市井之辈无异。他不解的是，人们为啥还要这么追捧他，这无非缘于他原来的名气罢了。就在王士禛沉思的时候，柳敬亭下场的同时，旁边一个看上去已经有七八十岁的老者站了起来，他说道："老朽不才，愿给大家献上一段南曲，聊博一笑。"

老者似乎是为柳敬亭解围，他看上去须发皆白，但目光炯炯，精气十足。这时，旁边一中年男子，早已经落座，这男子手握一箫，尽管看上去年轻，但却是长髯飘飘。

箫声起，老人南曲悠扬——

吴苑春如绣。笑野老、花颠酒恼，百无不有。沦落半生知己少，除却吹箫屠狗。算此外、谁欤吾友？忽听一声河满子，也非关，泪湿青衫透。是鹃血，凝罗袖。

武昌万叠戈船吼。记当日、征帆一片，乱遮樊口。隐隐柁楼歌吹响，月下六军搔首。正乌鹊、南飞时候。今日华清风景换，剩凄凉、鹤发开元叟。我亦是，中年后。

这曲儿唱的正是一阕《贺新郎》，所唱正是号称南曲第一的苏昆生和刚刚下场的柳敬亭。吹箫屠狗，是指沦落市井的奇人。词中吹箫者，是指春秋时伍子胥，其父兄为楚平王所杀，遂出逃，吹箫乞食于吴市，后助吴王阖闾伐楚。屠狗谓与荆轲交游纵酒者常是屠狗的屠户，也指西汉初大将樊哙亦尝屠狗为业。这里暗指苏昆生和柳敬亭原来都在左良玉帐下，红极一时，现在已经成了被世俗所蔑视的卖艺人了。

老人收腔，喝了一杯茶，手指长髯男子说道："诸位，这正是我小友陈其年，迦陵先生！他刚刚写成的词，今天，他正巧在此，特为我吹箫共度此曲，老翁甚感荣幸。"

一旁的陈其年马上站起，连连说道："诸位见笑，见笑！"

人群中马上出现一片唏嘘之声。啊！陈其年！

坐在前排的王士禛一听到陈其年的名字，也不由大惊，没想到在这里竟遇到了这风流才子陈维崧。

陈维崧（1625—1682），字其年，号迦陵，江苏宜兴人。号称明末清初词坛第一人，阳羡词派领袖。明末四公子之一陈贞慧之子。

陈维崧出生于明天启五年（1625），比王士禛大九岁，幼时便有文名。十七岁应童子试，拔童子试第一，与吴兆骞、彭师度同被誉为"江左三凤凰"，与吴绮、章藻功称"骈体三家"。

王士禛此时也顾不上自己的身份，起身向前走到陈维崧的面前："在下新城王阮亭，久慕先生大名，不承想在此相遇，幸会！幸会！"

陈维崧一听王士禛的名字，更是大吃一惊，他怔了半天，简直不敢相信自己的耳朵："是写出《秋柳》诗的王阮亭吗？"

王士禛含笑应是。

王士禛紧握陈其年的手，吟道：

暮霭荒原镇断魂，枝枝瘦影锁横门。

依然和月多眉妩，何处临风少泪痕。

千尺苹花流水岸，几家枫树夕阳村。

江南子弟头都白，青眼窥人忍再论。

"这是先生与我《秋柳》诗的和诗，我早已拜读，我对先生也是慕名已久了。"

一旁唱南曲的老者，见两人这激动的情景，连忙过来，说道："二位都是青年才俊，海内名士，这里人杂，还是到我水阁上一叙吧。"

这老者名叫丁胤，名继之，今年已经七十八岁了。他少习声技，就在邀笛步开了教坊，培训这些少年歌伎，秦淮八艳中，大都是他的学生。

水阁是沿清溪水岸修建的一座台榭，三面悬窗临水。王士禛与陈维崧刚落座，先谈起了身世遭遇。原来，陈维崧的父亲陈贞慧与侯方域是最好的朋友，陈贞慧有二子，陈维崧是老大，其弟名宗石。侯方域将女儿许配给了陈宗石，陈宗石就入赘到了侯家。陈贞慧与侯方域因反对"阉党"，同罹阮大铖之祸。陈维崧为避父之难，随弟弟一同来到河南商丘侯方域的家中，随弟一同居住。陈贞慧仅活了五十二岁，临终，嘱咐陈维崧到江苏如皋投奔冒襄。

顺治十五年（1658），陈维崧在父亲去世后两年，到如皋投奔父亲的好朋友冒襄，并在冒襄的水绘园就住。这次他到南京，就是自如皋经扬州拜会冒襄的好友丁胤的。

王士禛最早听到陈维崧的名字是通过汪琬，汪琬说陈维崧善古文，犹长于排比对偶，同时词作恢弘高妙，是七百年来第一。所谓七百年，是指自宋朝（960—1279）以来的词人之作，他是最丰富的。

陈维崧犹工于词，善吹箫，他所创立的阳羡（宜兴古称）词派，风格尤近于辛弃疾，高语豪歌，雄浑苍凉。陈维崧学识才气纵横，长调小令，都颇擅长。他使用过的词调，计四百六十种，创作的词达一千六百二十九首，外加补遗两百多首，总数超过一千八百首。无论采用词调之多，还是词作之丰富，历代没有一个人能够赶得上他。

两位知己谈着，不觉已过半个时辰。王士禛抬头望时，恰好见正面墙上挂着用竹边框子镶嵌的两首诗。

一首是：

刻露巉岩山骨愁，两株风柳曳残秋。

分明一段荒寒景，今日钟山古石头。

另一首是：

小阑花外市朝新，梦里华胥自好春。

夹岸曲尘三月柳，疏窗金粉六朝人。

小姑溪水为邻并，邀笛风流是后身。

白首吴钩仍借客，看囊一笑岂长贫。

一看落款：钱牧斋。第一首题为《题沈朗倩石崖秋柳小景》，第二首题为《题丁家河房亭子》。

对于钱谦益（字牧斋），这位时为文坛领袖的大名，王士禛是心仪已久的，但见到这两首钱牧斋亲自落款书写的诗，也不由纳闷，便问道："牧斋先生曾来此否？"

丁胤看出王士禛的惊奇，便解释道："我与牧斋是好友，十多年前，他常来这里。"

名士名妓惺惺相惜是晚明的一大时尚。名妓因名士而扬名，名士引名妓为知己，名士名妓联手上演了一场又一场缠绵悱恻、婉转动人的爱情戏：如为人所津津乐道的钱谦益与柳如是，龚鼎孳与顾媚，吴伟业与卞玉京，侯方域与李香君，冒襄与董小宛，余怀与陈蕙如。其爱或凄婉美丽，或有花无果，或惊天动地，但却是一段又一段人间爱情的风流佳话。

以上这几位名士几乎都是明朝遗老，又几乎都有一个艳情的故事，而且又都与秦淮八艳有关。

丁胤从小时候就在这秦淮河边长大，又任教习坊主，自然与各位名士、名妓相知相熟。

王士禛看了钱牧斋的两首诗，不由诗兴大发，他对丁胤说："牧斋先生是文坛祭酒，在下在前辈面前也想卖弄一下词藻，想劳驾丁老先生方便时献与牧斋先生。"

丁胤哈哈大笑，说道："这正是老朽求之不得的，先生少年才俊海内闻名，钱先生也多提携后学，若能和牧斋此诗，自是千古佳话。"

丁胤赶快让小童拿来笔墨纸砚，王士禛略一沉思，挥笔而就：

> 宫柳烟含六代愁，丝丝畏见冶城秋。
>
> 无情画里逢摇落，一夜西风满石头。
>
> （《和牧斋题沈朗倩石崖秋柳小景》）

丁胤与陈维崧在一旁不由含笑称好。

看到牧斋的另一首，王士禛旋即又落笔如神：

> 迟日秦淮花气新，莺飞草长媚残春。
>
> 流觞往事经寒食，邀笛风流忆晋人。
>
> 白社百年余故老，青溪几曲隐闲身。
>
> 南朝第宅销沉尽，草阁萧萧未厌贫。
>
> （《题丁翁秦淮水阁和牧翁先生韵》）

这倒真有调侃钱老仕清，不甘寂寞的味道了。

写完两首，王士禛依然不甘罢休，他望望丁胤和陈维崧，说道："今日与继之前辈和其年兄相会，荣幸之至，再赋一首，请二位指教。"

> 风日秦淮好，淹留及暮春。
>
> 楼中花的的，槛外水粼粼。
>
> 柳色浓阴合，檀痕密坐亲。
>
> 江山几兴废，白发见遗民。
>
> （《再题丁翁水阁》）

读完此诗，丁胤不觉已泪眼模糊。"江山几兴废，白发见遗民"，想想物是人非，近八十年的岁月，多少生离死别？多少往事云烟？他不由哽咽："二位少年天才，名不虚传。如不嫌弃，老朽年迈之人，愿与二位结为忘年交。天色已晚，二位请便，改日望能在水阁内久驻，我当为你们细说秦淮旧事。"

三人约好，王士禛下次来就住在丁胤家里，并择机与冒襄会面。

四、业余遗民

顺治十八年（1661）二月底，王士禛第二次到金陵，这次他就住在丁胤的邀笛步水阁旁边的家里，并且一待就是一个多月。本次到南京，他主要是作为州府推官，会同户部侍郎叶成格及刑部侍郎尼满定谳宣城、金坛、义真通郑成功案，这就是著名的"通海案"。这个案件涉及达七百余人，其中有一百二十个犯人要在江宁（南京）被处决，而王士禛就是这个案件重要的审判者和参与者。有必要提出的是，这次王士禛在金陵会同清廷大臣共同商讨定罪，他对每位免死的"人犯"都是做出重大贡献的。每一件经他所定的案子，他都从人命为上的理念出发，从各个方面为这些人犯开脱，其中不乏士绅、盐商之家。对于没有明确实证的，一律释放，而对于无实证而告讦者，则严加惩处。

每当审理一个案子，他都会想起滍水之畔，母亲拉着他的手说的话："你小小年纪去做法吏，我心里真是担忧啊。你的祖父、外祖父都曾在江南做过官，你一定要恪尽职守，不辱先人啊！"

而两个朝中大臣也非常信任王士禛，他们并不介意王士禛这种做法，从而保全了许多人的性命。这也为他后来处理奏销案，用"代输"办法保全性命奠定了人脉基础。

每个案子翻来覆去地推敲是非常枯燥的。当案牍之余，他要么乘小轿出游，探幽访古，流连诗咏；要么与丁胤泛舟秦淮，细听丁胤讲述秦淮旧事。在这里，他写下了他著名的《秦淮杂诗》，共二十首，后《渔洋精华录》选十四首：

《秦淮杂诗》自序：

青溪佳丽，白下冶游，空存小姑之祠，无复圣郎之曲。渡名桃叶，怀王令之风流；湖近莫愁，忆卢家之旧事。高卧邀笛之步，偶成击钵之吟。调类清商，语多杂兴。以所居在秦淮之侧，故所咏皆秦淮之事，而以秦淮名篇。

一

年来肠断秣陵舟，梦绕秦淮水上楼。
十日雨丝风片里，浓春烟景似残秋。

二

结绮临春尽已墟，琼枝璧月怨何如？
惟余一片青溪水，犹傍南朝江令居。

三

桃叶桃根最有情，瑯琊风调旧知名。
即看渡口花空发，更有何人打桨迎？

四

三月秦淮新涨迟，千株杨柳尽垂丝。
可怜一样西川种，不似灵和殿里时。

五

潮落秦淮春复秋，莫愁好作石城游。
年来愁与春潮满，不信湖名尚莫愁。

六

青溪水木最清华，王谢乌衣六代夸。
不奈更寻江总宅，寒烟已失段侯家。

七

当年赐第有辉光，开国中山异姓王。
莫问万春园旧事，朱门草没大功坊。

八

新歌细字写冰纨，小部君王带笑看。

千载秦淮呜咽水，不应仍恨孔都官。

九

旧院风流数顿杨，梨园往事泪沾裳。

樽前白发谈天宝，零落人间脱十娘。

十

傅寿清歌沙嫩箫，红牙紫玉夜相邀。

而今明月空如水，不见青溪长板桥。

十一

新月高高夜漏分，枣花帘子水沉薰。

石桥巷口诸年少，解唱当年白练裙。

十二

玉窗清晓拂多罗，处处凭栏更踏歌。

尽日凝妆明镜里，水晶帘影映横波。

十三

北里新词那易闻，欲乘秋水问湘君。

传来好句《红鹦鹉》，今日青溪有范云。

十四

十里清淮水蔚蓝，板桥斜日柳毵毵。

栖鸦流水空萧瑟，不见题诗纪阿男。

也许，丁胤述说的秦淮旧事勾起了王士禛的故国情思，为此作沧海桑田、繁华短暂之叹。春意正浓，但水雾蒙蒙，竟如残秋。黍离之悲，在这秦淮河意象中正是最好的寄托。

如果说与方文、孙枝蔚、彭孙遹、宗元鼎、陈维崧这些尚能衣食无忧的遗民交往，王士禛所享受的是他们的才华和精神，而与丁胤、杜濬、林古度、吴嘉纪、纪映钟、邵潜夫这些布衣诗人的主动接触，则使他能回望一个王朝逝去之后所留下的巨大背影。在这个背影中，他咀嚼着前朝的光荣与梦想、悲伤与无奈，当然，也有骄傲与想象。

王士禛在金陵时，适值孙枝蔚到金陵。在孙枝蔚的带领下，王士禛见到了他钦慕已久的老诗人杜濬。

杜濬（1611—1687），字于皇，号茶村，又号西止，晚号半翁，黄冈（今属湖北）人，明崇祯时太学生。明亡后，不出仕，避乱流转于南京、扬州，居南京达四十年，刻意为诗，著有《变雅堂集》。他曾有《古树》一首："松知秦历短，柏感汉恩深。用尽风霜力，难移草木心。"可见其情怀。

南京现在的北极阁公园原名鸡鸣山，位于鼓楼东面，北依台城、玄武湖，西连鼓楼岗，东连覆舟山，南朝时为皇家苑囿之一。刘宋时，在山顶上建立了第一个观日台。清晨，站在东顶的观日台上，看万道曙光从地平线上向四外辐射，如万把金剑脱鞘而出。火红的太阳戴着金冠慢慢露出头来，脸盘越来越大，冉冉升起，灿烂的阳光把山川田野照耀得绚丽多彩，大地呈现一片生机。好一幅鸡鸣山日出图。

杜濬就住在鸡鸣山东侧一个破旧的茅屋里，他是以"正""狂"而闻名于世的，前来拜访他的人很多，但他大多闭门不见，钱谦益就曾吃了他的闭门羹。孙枝蔚是杜濬的好朋友，杜濬也知王士禛的文名，因已事先约好，王士禛与孙枝蔚便径直来访。

走进屋门，见门内还有一道竹关，竹关上锁。孙枝蔚知道，杜濬就在里面等着他们。一般情况下，这竹门是不准叩的。他自己不开这个竹门，别人是见不上他的。任凭你是知府大人，还是海内名流，他如果不想见，你便休想进这竹门内，这就是名士的"范儿"。

这时，竹门开了，杜濬一走出，便握着王士禛的手："久仰阮亭先生大名，先生在淮安氅社湖，舟中所作《岁暮怀人绝句》六十首，诗中所及，大半布衣，且一气呵成，使君才藻如许，当是天人。"

以杜濬的年龄和他名士的风范，这样的过誉之词王士禛还真的有点受不了，他马上本能地说："先生美誉，实在是过奖！过奖！"

没想到，王士禛此言一出，杜濬却不高兴了："我偌大年纪，好像没必要夸奖你吧，我历来只说真话。"

王士禛一下子领略到了名士的风范，在杜濬眼里，是没过奖的，他是实事求是的。他不会怀着功利心为一个年轻的后生作献媚求宠之语！

该高兴就高兴，该不高兴就不高兴，该笑时笑，该骂时骂，决不作违心之说！他对王士禛的赞誉是由衷的。

在"真人"面前，王士禛也不由肃然起敬。

王士禛环顾四周，见屋中已是家徒四壁，唯有一煮茶的小炉还升起火焰，小火炉上的一把铁壶正沸腾着冒出热气，那是小屋内唯一让人感到温暖的地方。王士禛知道，杜濬是酷爱茶的，他视茶为生命，而且总是久泡不忍弃。以前他只喝龙井茶，并且泡一道就重新换掉，后来他听说了一个故事：出关的壮士，走到险恶之途时，道渴欲死，这时寻马尿喝都很困难。他于是悔悟，不能暴殄天物，以后他喝起再烹之茶也津津有味了。他还对废茶寄予真情，每每将茶喝完，就晾干并捡拾出来，每到年终岁尾，就将这些晾干的废茶封起来，他自称茶丘，家里堆积的到处是这种茶丘。并且，他还为这些茶丘写了墓志铭："石可泐^①，交不绝。"那意思就是石头可以开裂，我与茶的交情不可绝。他谓茶有四妙："曰湛，曰幽，曰灵，曰远。用以澡吾根器，美吾智意，改吾闻见，导吾杳冥。"

与杜濬相见，话题自然从茶谈起。王士禛道："先生的'用尽风霜力，难移草木心'之句甚妙，茶为草木，先生在草木之中体会人心，寻常事物，烛幽发微，晚生钦佩！"

杜濬说："世道人心，各有偏好，前行逆施，各得其道，唯茶中之道，于我恒定不变。在茶中，体验人生沉浮，体味人情冷暖，只有恒定于我道，才能在万变中求不变，独守自己的一份清静。其他，于我，则如浮云流水。"

王士禛知道，杜濬在这里说的是在乱世之中，许多士子选择了不同的道路，或仕清，或归隐，或削发入空门，或继续抗争。对于这一切，杜濬是抱着宽容理解的态度的，但，他不会宽容的是一些人变来变去的做法，开始仕明，然后仕清，列入贰臣；或开始归隐、抗争，后来则见风使舵，选择顺服。而他则坚持如一，既然一开始选择了贫困，就会永

① 泐：石头裂开。

远安于苦顿，这是他的志向所在、信仰所在。他不会因为诱惑而改变初衷。

坚守信仰貌似是痛苦的，但这种坚守因内心的强大而有安然、祥和之美。而改变初衷，看起来是快乐的，但内心的不安和躁动却愈加暴露，所暴露的则是市侩的丑陋。

王士禛在杜濬身份和茶的坚守中，其实也在体会一个真正有风骨的人内心的强大。

杜濬的清贫是出名的，他曾说："往日之穷，以不举火为奇。近日之穷，以举火为奇。"那意思是说，过去我穷，家里不生火做饭，现在穷，家里只生火烹茶。王士禛佩服的是杜濬在清贫中的坚守，更佩服的是他在坚守中的自得其乐。

杜濬接着说茶："茶离不开泉，唐人刘伯刍把镇江的中泠泉说成第一，苏州的惠山泉、虎丘泉列为第二、第三；陆羽则把庐山的康王谷谷帘泉列为第一，而以惠山泉第二、楚中蕲水兰溪泉第三。许多人认为是不二之论，但他们不知道先生的家乡济南也有七十二泉，著名的就有济南趵突泉、益都孝妇泉、青州范公泉、章丘百脉泉。"

王士禛马上笑道："我对先生此论甚有同感，正是'翻怜陆鸿渐，跬步限江东'，是他们没有跑遍大江南北啊！"

如果说在杜濬身上王士禛体会到的是清贫带给老杜的优雅，那么在林古度身上，他看到的则是清贫带给老林的骄傲了。

在王士禛那个时代，林古度是最老的遗民了，人们看他，几乎把他当成了一个古董来对待，那种沧桑，则是他最大的尊严了。

丁胤是个热情的老头。从丁胤的邀笛步水阁到林古度所居住的珍珠桥约有六里的路程，这天，王士禛正与丁胤在水阁上闲聊，突然，见一老者推门而入。老人看上去形容枯槁，一头鹤发，浓眉已经黑白杂乱，鹑衣百结，掣襟露肘，与丁胤的锦衣丝履、华服鹤氅正形成鲜明对比。老人的两只眼睛似乎是看不太清楚了，他手拄拐杖，头却晃着四处探看，边探看，边大声问着："老丁，是何方神尊到来，还让你派轿把我接来？"

看来，丁胤是在王士禛不知道的情况下，把林古度老人接来的。

林古度（1580—1666），字茂之，号那子，别号乳山道士，福建福清人。当时的文坛盟主钱谦益是他的好友，黄宗羲是他的学生。林古度是前朝为数不多的遗老，且辈分极高。海内士大夫慕其名而幸其不死，过南京，都要停车造访。

王士禛没想到丁胤会把林古度请来，本来，他应该去登门拜访的。他慌忙起身，疾步过去，一手帮老人拿着拐杖，一手挽扶着老人的肩膀，轻轻地将他安顿在坐榻上。

林古度久居金陵，他原来住在华林园侧，有亭台楼阁，明亡后那里变成了车库马厩，就只好搬家到珍珠桥南。陋巷窟门，但自得其乐。为了表示自己的遗民志向，他二十余年在左臂上缠了一枚万历年间的铜钱，如今这钱币已是晶莹温润。在遗民中间，这枚铜钱很有名，汪楫曾为它赋《一钱行赠林茂之》诗，其中有"一片青铜何地置，廿载殷勤系左臂。陆离仿佛五铢光，笔划分明万历字"。林古度家徒四壁，但书架上放着的都是南宋两个爱国诗人谢翱和郑思肖的诗集，这两人都是他福建的老乡。每日翻看，常常鼻涕眼泪一把，把书都弄湿了。他贫困潦倒，却诙谐有趣。冬天，床上有的只是一团破絮，他自嘲："老来贫困实堪嗟，寒气偏归我一家。无被夜眠牵破絮，浑如孤鹤入芦花。"

一个穷老头钻入破棉絮，好似孤鹤入芦花，是滑稽，还是一个不失尊严的黑色幽默？

夏天，有做官的朋友给他送了蚊帐，他却拿去换米。好友施闰章让人制了一幅苎麻蚊帐寄给他，生怕他再典当掉，就请了不少文人在蚊帐上题诗，指望着他不会再变卖了，其中有个叫梅耦长的安徽诗人这样写道："隆万诗人林茂之，江关垂老益支离。从今睡稳芦花被，孤鹤宁教白鸟欺。"（白鸟指蚊子）

孤鹤怎么能让白鸟欺负呢？哈哈。

林古度善刻书，闲暇之时，就帮朋友刻书出版。这些年，他先后刻了钟惺的《隐秀轩集》三十三卷，曹学佺的《蜀中名胜记》三十卷，郑思肖的遗著《心史》，还有他喜欢的莆田诗人陈昂的《白云集》七卷。

林古度落座，听到眼前的这位年轻人就是写出《秋柳四章》的王士禛，也不由心中大悦。他对王士禛说："先生妙年高第，履官从政，如宝剑之出新硎，琼花之吐鲜萼，其一片精锐之力、森秀之才。"

王士禛见这德高望重的前辈如此推崇自己，心中激动，不由叹道："林老是'神光人物晨星在'，小辈能见到前辈已属万幸，能如此褒奖，诚惶诚恐。"

林古度说："当年我客游京都时，就与你的从祖季木先生（指王士禛从祖父王象春）订下金石之交，那是万历三十八年（1610），我三十岁，季木先生比我大两岁。那一年，季木中了进士，并且是榜眼，牧斋（钱谦益）是探花。季木先生刚肠疾恶，为阉党不容，但其诗却才气奔逸，没想到五十多年过去了，其后辈有阮亭这样的佼佼者，真是家学门风渊源有本。如果季木先生在天有灵，也可欣慰了。"

林古度接着问道："季木之后可有人？"

王士禛知道，林古度是问他王象春的后人中有没有出类拔萃的人物。他介绍道："堂叔祖父原来无嗣，他的堂兄王象艮就将儿子与文过继给了他（与文就是那个在吴桥兵变中惹祸的人）。后来，他中年得子，就把与文还给了象艮。但他有一女，嫁给了新城徐熙如，生子徐元善，字长公，后来徐熙如早亡，母亲就带着徐元善在王象春家长大。"

"哦，你说的是徐夜，徐元善吗？"

王士禛道："正是。从辈分上讲，徐夜是我的表兄，我家族崇祯壬午之难时，徐氏家族也有十多人遇害，与元善相依为命的母亲，也就是我的姑姑，也投井殉难。当时我才十岁，目睹这一惨景，至今不能释怀。前一段时间，元善还到过扬州，与我谋面。"

"怪不得徐夜这样有骨气，原来是季木之后！"林古度叹道。

徐夜是王象春外孙，拒不仕清，隐居山中，改名徐夜。与顾炎武交情深厚，在当时的遗民中名气很大。

林古度此时已老泪纵横，他稍稍稳定一下，问道："阮亭到扬州，政声卓著，可有新作问世？"

王士禛知道老人是想嘱咐他不要因忙于公务而耽误了自己的才华，

于是，他不失时机地将自己在江南地区游历的诗集《入吴集》献于林古度的面前："这是晚生在公务之余，初到江南，感吴中山水人文之秀而写的诗作，想请林老空闲为晚辈作序，有老人家的序，当是晚辈一生的荣耀。"

林古度欣然应允。

几天后，王士禛又作一长歌献给林古度，表示与林茂之老人的相见之欢："一月淹留邀笛步，泥滑天阴春欲暮。山人忽自乳山来，芒鞋访我青溪路。爱君坐君朝爽阁，叙述同游慨今昨。……"（《长歌赠林茂之先生》）

在以后的日子里，王士禛和林古度成了忘年之交，他们同登雨花台，泛秦淮、青溪，游灵谷、吉祥诸寺。林古度为王士禛指点陈迹，忆往昔与诸名士赋诗高会之处，老先生常常潸然泪下。

不久，王士禛将在南京游历期间所见所闻，请一画手绘制《青溪遗事》一册，画册以片段式的记叙，展现前朝的风情，或饮食风俗，或衣着印象，或靓丽名媛，或山水建筑，等等。也许这一幅幅的片段，成为前朝的象征，它一下子触动了那一个个追忆凭吊的心灵。王士禛又不失时机地发起了一场诗词唱和活动，正像《秋柳四章》一样，他这次又获得了极大成功。不一样的是，《秋柳》唱和是诗，《青溪遗事》的唱和却是词。

王士禛先在画册题词，作为首唱，《菩萨蛮·咏青溪遗事画册》其中第四首《迷藏》曰：

> 玉兰花发清明近。花间小蝶黏香鬓。邀伴捉迷藏。露微花气凉。　　花深防暗逻。潜向花阴躲。蝉翼惹花枝。背人扶鬓丝。

这次唱和，除了首唱者外，有十人参加，留七十六首，加入王士禛原唱共八十四首。王士禛领咏的有"迷藏""乍遇""弈棋""私语""弹琴""读书""潜窥""秘戏"共八图八题。步韵这八图八题的有邹祗谟、彭孙遹、陈维崧、程康庄、彭桂、吴绮、陈祥裔七人，孙在中和韵三题，而彭孙遹与罗文颽则是一气十二幅全部有和词。

王士禛一不小心，又制造了一个文坛盛事。

梅尔清（美国学者）将王士禛称为"业余遗民"（《清初扬州文化》）。之所以为业余，在梅尔清看来，王士禛职业上的"仕清"与他精神、文化上的"侍明"是相辅相成的。实际上，王士禛不是绝对意义上的遗民，但由于他特殊的家族经历，以及清初对遗民并非赶尽杀绝，而是作为一处忠义的道德资源而保留，使他在思想上更倾向、在行动上更愿意与遗民交往。

赵园[①]在《想象与叙述》一书中曾对此有一番深刻见解："其实王士禛的做法在当时并没有外国学者所设想的难度与风险……他们所为与'兴朝'（即新朝）官员的身份并无不合。其时士大夫的意识中，尚没有'政治'与'文化'明确的分野，不同的角色、身份不妨兼于一身。兴朝官员可以是前朝遗民的保护人，分享被其保护的某种文化感情。这也因他所服务的王朝，将'胜国'（亡国）节义作为了道德资源，试图将遗民的文化能量用于新朝的伦理修复。王士禛的做法不全出自个人选择。经历了漫长的积累之后，几乎任何一种姿态都难以出诸'纯粹'个人。"

何谓"道德资源"？清朝的叶梦珠在《阅世编》中曾这样说："人有忠孝节义之名，也许是一时一国一家的不幸，然而正人心，维风俗，使人类不致沦亡者，实维赖此。"

在扬州，王士禛与遗民的广泛交往就是在这种背景下展开的。

首先，对于忠义这种"道德资源"的赞颂，以及对故国的怀思，形成了王士禛这个时期和将来很长时间的诗歌的主题，而国已非，怀思当然离不开对故国的批判。

如在路过淮安新城时，他见到这昔日南明建立的雄踞江淮咽喉的江南四镇之一，竟在清军攻势下土崩瓦解，不由感叹：

泽国阴多暑气微，一城烟霭昼霏霏。

---

① 赵园：中国社会科学院文学研究所研究员，致力于明清之际士人的研究。

春风远岸江蓠长，暮雨空堤燕子飞。

四镇虫沙成底事，五王龙种竟无归。

行人泪堕官桥柳，披拂长条已十围。

（《淮安新城有感二首其一》）

四镇是指南明政权建立后，南京的弘光朝廷封高杰、黄得功、刘良佐、刘泽清四人为伯，统军淮河一线，防备大顺军和清军南下。四镇中，高杰驻徐州，刘良佐驻寿州，刘泽清驻淮安，黄得功驻庐州，共拥兵三十余万，是除武昌左良玉部外，南明军队仅剩的一支有生力量。而在清兵进攻时，四部却无力抵抗，尤其刘泽清部，不执行史可法军令，望风而逃，最终投降。五王，是指南明先后嗣立的几个皇亲：福王、唐王、永明王，以及鲁王、益王。

接着，他又穿越时空，将东晋和南明做了对比，历史何其相似：

开府当年据上游，建牙赐爵冠通侯。

即看别院连云起，更引长淮作带流。

荒径人稀鼪鼬啸，野塘风急荻芦秋。

永嘉南渡须臾事，忍向新亭①问楚囚。

（《淮安新城有感二首其二》）

这是说当年刘泽清设藩淮安，尾大不掉，作威作福，建峻楼雕墙，祸国殃民，使得南明只有了须臾平安。而与之相似的东晋永嘉南渡后能支撑一百二十年，可南明小朝廷无非只喘息了两年的时间。

南明与东晋，历史在这里似乎在重复同样的情景。

其实，王士禛对前朝的印象是建立在祖父辈口述影像的倒影之中

---

① "新亭对泣"，是《世说新语》里的一个著名的典故，《世说新语·言语第二》："过江人士，每至暇日，相邀出新亭饮宴。周顗中坐而叹曰：'风景不殊，举目有山河之异。'皆相视流涕。惟导愀然变色曰：'当共勠力王室，克复神州，何至作楚囚相对泣邪！'众收泪而谢之。"

的，而其真实的印象又是在十岁之前连年不断的战乱和家庭的颠沛流离之中。对故明的记忆更多是在祖辈的叹息中。现在，他来到江南，那一声声的叹息继续响在耳旁，他想探究这声声叹息的缘由。

明朝，对王士禛来说，无所谓故国，他是在自己特殊的环境中，在对岁月的遥望和与现实的对视之间，做历史的反思。他基因中的悲天悯人的文人情怀，使他触景生情。江南的景色与现实的处境，使他在此时此地的诸多诗篇中充满了"恨人"的情绪。

明朝的遗民，明末四公子是颇有代表性的。方以智遁入空门。陈贞慧受南明异党排挤，入清后，十年隐居山野，流连痛饮，在顺治十三年（1656）就死去了。其子陈维崧也是科举不第，游食四方，最后才通过博学鸿词科得一官职。而侯方域前期积极反清，后期则参加了清朝辛卯乡试应举，尽管他对此痛悔不已，内心抑郁，但也阻挡不住人们对他的讥讽。四人中，唯有冒襄坚决不入仕。毛泽东对此就说："所谓明末四公子中，真正具有民族气节的要算冒辟疆，冒辟疆是比较注重实际的，清兵入关后，他就隐居山林，不事清朝，全节而终。"

除了明末四公子，在当时文坛上有影响力的江左三大家钱谦益、吴梅村、龚鼎孳，也是人们对士人风骨长期诟病的对象。钱谦益在南明是礼部尚书，降清后也被封为礼部侍郎，被列为贰臣之列。而吴梅村，在明朝会试第一、殿试第二，以榜眼的身份，历任翰林院编修、东宫讲读官、南京国子监司业等职。入清后，任国子监祭酒。后他为自己降清出仕深感悔恨，在诗中写道："忍死偷生廿余载，而今罪孽怎消除？"绝意仕途，辞官归里。而龚鼎孳则先仕明，后仕李自成，最后仕清，尽管气节丧尽，但因为他敢爱敢恨的性格以及出色的文章中对不得已而出仕所表现的"失路"悔恨，也为人们同情和怀念。

王士禛对明朝是有一丝怀旧的，这与他的家族和个人经历有关，但是这种怀旧无非是有限的痛苦回忆，这并不影响他对新朝的效忠。从这个角度上讲，王士禛不是遗民。但王士禛之所以被称为业余遗民，正是因为他长期生活在遗民中间，并利用自己特殊的爱好和官方背景感悟他们、融入他们，并热爱着他们、帮助着他们。

五、诗人的拥抱

王士禛对孙枝蔚的崇慕是从他的故事开始的。

孙枝蔚（1620—1687），字豹人，号溉堂，陕西三原人。因其家乡关中有焦获泽，时人又以焦获称之。孙枝蔚家族本是商贾大家，他十二岁就随父亲到扬州经商，后来又回到故里三原读书。崇祯甲申年间，正值李自成之乱，孙枝蔚散尽家财，结交乡中几个壮士起事，杀贼寇无数，结果被李自成所败，于是四处逃命。最后他又举家来到他熟悉的扬州，生活在他父亲留下的园林中，跟人学做生意。但他的生意并不走运，不久，被朋友坑骗，赔了本钱。这时，他幡然悔悟，认识到自己的豪迈性格也许不是一个经商的料儿。他说："大丈夫要么沙场建功，封万户侯，要么胸藏诗书十万卷，决不再学龊龊的富家子弟！"于是，他变卖了园林，僦居于扬州董子祠的隔壁。实际上，他自此就改变了经商志趣，潜心读书，每日闭关，不与人见。他将自己的居室命名为溉堂，溉，取自《诗经·桧风》"谁能亨鱼? 溉之釜鬵。谁将西归? 怀之好音"，表达其不忘西归的浓浓思乡之情。

孙枝蔚身高八尺，声如洪钟，眉毛浓密，且黑白杂色，额头大而宽阔。他生性豪侠，不畏生死，豁达不求。有一次，他渡江去镇江游焦山，时风浪大作，舟人皆失色。这时孙枝蔚却挺立船头，放声长啸，咏诗云："风起中流浪打船，秦人失色海云边。也知赋命元穷薄，尚欲西归太华眠。"

后来，孙枝蔚也曾应过康熙的博学鸿词科，但也是在当地官员的再三请求下，不得已而为之。他先是坚辞，后来干脆托病，但当地官员却要完成朝廷要求举荐的任务，还给他派了轿子入京，强求之下，他还是赶到了京城，但试卷没答完他就交卷了。当然是不中式啊，但爱才的康熙皇帝还是明智，把几位年纪大的特别给授予了内阁中书的衔。

授官时，吏部的人见到这个须发皆白的老头（当时五十八岁），不由惊讶道："哎呀，这么老啊！"而这时孙枝蔚却开起了玩笑："我四十岁就是这德行了，当初我说老了，免试，你们还以为我是壮年，非要我参加考试，我现在真不想因为我老才可怜我，给我个官当，这让我可咋办呢？"说得人们不由大笑。而即使是授了官，他也不入职。最后，朝廷无奈，便把他放归故里。

王士禛知道他的脾气，唯恐孙枝蔚不见，便想了一招，他先写了一首诗，托人送至。诗是这样写的："焦获奇人孙豹人，新诗雅健出风尘。王宏^①不见陶潜迹，端木宁知原宪贫^②。"

见到王士禛的这首诗，孙豹人知道这位年轻的官员是真心想见自己的，而且也是同道，干吗要难为他呢？但出于礼貌，他不愿让王士禛屈尊上门，又不想登门去王士禛的府邸，就也想了一招，两人书信约好，邀上一直想见王士禛而不得相会的宗元鼎，到邹祗谟客寓的东城精舍喝茶会面。

宗元鼎（1620—1698），号梅岑，又号香斋，是扬州的土著，更是王士禛的超级粉丝，从顺治十四年（1657）他就对王士禛的诗才羡慕不已。但他比王士禛大十四岁，而他当时仅仅是个画家，对诗刚刚入门，且家贫，终日与自家童仆为伍，力耕而食。因地位悬殊及年龄的差异，踌躇不敢自进。他自己曾说："鼎潦倒于诸生者，生平不善于言辞，不娴于礼节，草野之夫，何敢造次。故自庚子、辛丑逾两年，日闻道路之声，叹先生之操守，诚有如古之留犊^③瘗鹿^④者。鼎愈向往其为人，

---

① 王宏：江州刺史，陶潜的朋友，沈约《宋书·隐逸传》记载："陶潜尝九月九日无酒，出宅边菊丛中坐久，值宏送酒至，即便就酌，醉而后归。"这就是江州刺史王宏送酒的典故。

② 原宪贫："原宪甘贫"来自《庄子》的一个故事：孔子卒，原宪遂亡在草泽中。子贡相卫，而结驷连骑，排藜藿，入穷阎，过谢原宪。宪摄敝衣冠见子贡。子贡耻之，曰："夫子岂病乎？"原宪曰："吾闻之，无财者谓之贫，学道而不能行者谓之病。若宪，贫也，非病也。"子贡惭，不怿而去；终身耻其言之过也。

③ 留犊："时苗留犊"。东汉的时苗从河北到安徽省寿县当县令，上任时乘一母牛驾的车，到寿春后牛生一犊，时苗离任时将牛犊留下，不肯带走。其为官清廉，不贪财利，为人称颂。

④ 瘗鹿：唐朝人裴宽，在润州任官时，别人送了他鹿肉，那人送完后就走了。裴宽清廉，不肯接受别人礼物，就直接把鹿肉弄到后花园掘地埋了。

而愈不敢自轻也。"

留犊瘗鹿，是宗元鼎对王士禛清廉的赞美。

看来，孙豹人是给宗元鼎一个见王士禛的机会。

而邹祗谟本是王士禛的同年，顺治十五年（1658）的进士，江苏武进人，他与董以宁、龚百药、陈玉璂在清初提倡古文之学，被称为"毗陵四家"。

邹祗谟也是个奇人，据王晫的《今世说》记载，邹祗谟有过目不忘的本事，上自经史子籍，下至艺文杂著，旁及天文、宗教、百家之书，再到古今人名、爵位、世次年谱，只要他看过了，没有记不住的。

但邹祗谟考上了进士，却未被授官。王士禛他们这一科的进士，大部分被放到了地方各地做了推官和知县，例如张一鹄授云南推官、许虬授思州府推官、赵钥授南昌府推官、毛绮授吴江知县……但这个邹祗谟却没有被授官，具体什么情况，也不知道。据王晫的记载，邹祗谟是与一位女词人叫吴永汝的有过婚约，但后来这个婚约因为一场官司就没有了结果。什么官司呢？也不知道，只是记载邹祗谟当时富甲一方，因为流言蜚语的中伤，使他迫不得已日散万金才平息事态，家道因此而败落。而邹祗谟却毫不在乎，他举酒自慰："田园没有了，我不是还有这么多朋友吗？"这一年，邹祗谟也是因为奏销案的牵连而客居扬州东城精舍。他在这里所做的工作，是敏锐地看到自元代"曲兴而词亡"的现实，而在明代，文人学者又专攻时文讲学，所以在当时的中国，自宋代兴起的词乐已致失坠，真正填词的大家几乎没有了。于是，为了理振词学，他正在加紧编一个集明代天启至崇祯二十多年来的词人词作专辑——《倚声集》，并邀王士禛一起删定所选词人词家。

与王士禛一同到东城精舍的还有一人，他就是彭孙遹。彭孙遹（1631—1700），字骏孙，号羡门，又号金粟山人，浙江海盐人。他是晚王士禛一年的进士（顺治十六年）。顺治十五年时，他与王士禛同应会试，虽然落第，但与王士禛却结为知己，多有诗词唱和。他的词被人称为当世第一。

彭孙遹此次到扬州也是因为奏销案所累被削职还乡的。

邹祗谟选词入集，当然知道彭孙遹，但他并不认识彭孙遹，见两人落座，互不作声，王士禛不由出口说道："哎呀，邹大彭十①，你们往日千里相思，今天居然见了，怎么能没有一句话呢？"

邹祗谟恍然大悟，连连向彭孙遹作揖："不知大家到来，失敬！失敬！"彭孙遹也慌忙站起，与邹祗谟寒暄问候。

那边厢邹祗谟与彭孙遹说词，这边厢王士禛与宗元鼎谈起了家乡祖辈。宗元鼎的祖辈其实是宋朝抗金名将宗泽，而宗元鼎的从祖，则是明朝著名的文人宗臣，就是写出《报刘一丈书》的宗臣。

宗臣（1525—1560），字子相，号方城，江苏兴化县人。他幼年时就很聪明，嘉靖二十九年（1550）中进士，任过刑部主事、吏部考官、福建提学等官职，为人耿介，不依附权贵。其时，正是严嵩父子当国，严嵩权倾朝野，陷害忠良。杨继盛因弹劾严嵩十大奸罪，下狱受酷刑而死。宗臣不避斧钺，挺身而出，亲率王世贞等人，脱下自己衣袍，盖在杨继盛的身上，并撰文哭祭杨继盛。当时在严嵩父子的淫威下，许多士大夫丧失气节，纷纷投入严氏的卵翼之下，而宗臣不向权贵摧眉折腰，《报刘一丈书》正是宗臣为人的真实写照。

王士禛在京兵部观政的时候，就与许珌一同拜谒过杨继盛祠，他知道宗臣与杨继盛的故事，而宗臣与当时李攀龙、王世贞、谢榛、梁有誉、徐中行、吴国伦合称"明后七子"。宗臣的散文很少模拟堆砌，他的《报刘一丈书》更是千古名作。

王士禛对宗元鼎道："先生祖上的气节，是古之名唱，我最喜欢他文中的一句话'人生有命，吾惟有命，吾惟守分而已'。"

宗臣的这句话出自《报刘一丈书》，这也是他孤傲人格的写照。宗臣在文中写道：除了过年过节到权贵家投个名帖，整年我不会去一趟。平时，经过权贵的门前时，也是捂着耳朵，闭着眼睛，就像后面有人追着，策马扬鞭飞驰而过。他自慰道："人命天定，我只是守我自己的本分罢了！"

---

① 这是古人的一种称呼，按出生行第排名，如同辈排行老大，就称大，排十就是称十，王士禛在同辈兄弟中排十一，所以也叫王十一。

其实，王士禛在这里说这些，是告诉宗元鼎他对宗家祖上的崇敬之情，也就是告诉宗元鼎他们之间的交往没有谁对谁的高攀。他接着说："我最喜欢先生的诗《题郊居》，'茶灶声清响竹廊，小亭新构面横塘。渔翁晚唱烟生浦，桑妇迟归月满筐。一岭山花烧杜宇，满池春雨浴鸳鸯。篱边犬吠何人过，不是诗僧是酒狂'。又如《冬日过甘泉驿》云'记得当年来古驿，马鞭带雪系楼前。双柑香溅佳人手，半臂寒添酒客肩。忽见荒堤摧暮草，空伤哀榭没寒烟。风尘满目深惆怅，却望谁家寄醉眠'，尤其是'双柑香溅佳人手，半臂寒添酒客肩'更是传神。缘情绮靡，不减西昆①、丁卯②。"

以王士禛当时的地位和名气，无疑给了学诗初成、尚不自信的宗元鼎以极大的鼓励。后来，王士禛在自己的笔记和诗话当中对宗元鼎多次称道，以为他是弟子中最传衣钵者。晚年的宗元鼎则隐居清苦，依然保持着他的名士风范。康熙二十三年（1684），康熙南巡，派人传召已六十四岁的宗元鼎。他却垂钓江上，不受召见，大有"天子呼来不上船"的风范。他以兄长之岁拜入王士禛门下，对王士禛顶礼膜拜。在王士禛这里，他实际上推开的是一个诗歌王国之门。这个王国，不认权势，只认境界，只认那些超越时空的句子。

孙枝蔚促成的这次文学之旅的成果即是：比王士禛大十四岁的宗元鼎在王士禛面前执弟子礼，成了王士禛的门生。而邹祗谟则敦促彭孙遹将词作编辑出版。后来，彭孙遹将词作辑成《延露词》，并收入《倚声集》当中。

六、胜国情怀　昭代风流

与冒襄一会，是王士禛心仪已久的了。冒襄在如皋，属扬州府。顺

---

① 西昆：取西方昆仑之意，指仙境。宋朝杨亿创西昆派，宗法李商隐，所以李商隐也称西昆。

② 丁卯：许浑晚年归润州丁卯桥村舍闲居，并有《丁卯集》，所以称丁卯。

治十八年（1661）四月，王士禛巡察如皋，特意到水绘园拜访冒襄。

冒襄（1611—1693），字辟疆，号巢民，一号朴庵，又号朴巢。冒襄与方以智、陈贞慧、侯方域号称明末四大公子。他与名妓董小宛缠绵悱恻的恋情广为世人所知，他写了一部洋洋四千字的《影梅庵忆语》记述与董小宛之情之爱，令人神伤唏嘘。

冒襄在明朝时，六次参加南京乡试，六次落第，连个举人也没捞上，于是心灰意冷，参加复社，与方以智、陈贞慧、侯方域一起诗酒唱和，游历四方。清朝定鼎后，他拒不仕清，在如皋建水绘园，收养东林、复社和江南抗清志士的遗孤。

冒襄与杜濬同龄，他显然比杜濬更富有。冒襄为人豪爽，在朋友当中有仗义疏财、慷慨豪迈的侠士之风。

如皋人许元博不屈于清。朝廷剃发令颁布，他刺臂誓死，不承想却累及妻子朱氏，被判流放。当值的一个县隶王熊同情朱氏，就让自己的妻子顶替她承受流放之刑，以成全她的节义。冒襄闻听大为感动，以重金赎王熊之妻，并接他们回到家乡，迎养他们直到终老。

甲申之乱以后，江南社会经济、文化衰残凋敝，众多抗清志士的遗孤流离失所，致使学业荒废。冒襄有感于此，慷慨接纳东林、几社、复社的故人子弟前来游学，并为他们讲诵诗书，希望凭借一己之力为他们提供一处生活、学习、交流的家园。他还邀请如皋本地的贫寒学子与自己的家族子弟等近二十人在水绘庵中读书，他们的生活和交游费用都由冒襄供给。其中就有方以智之子方中德、方中通，陈贞慧之子陈维崧，戴重之子戴本孝、戴移孝，吴应箕之子吴子班，姜采的子侄姜安节、姜实节，谭元春之侄谭篆，魏大中之孙魏允楠，等等。

水绘园，在如皋县城东北，园有逸园、梅塘、湘中阁、洗钵池、玉带桥、寒碧堂、小三吾、小浯溪诸胜。其实，这个水绘园，早在明万历年间，就由冒襄的先祖冒一贯修建，历四世后至冒辟疆时始臻完善。王士禛在陈维崧的引领下来到水绘园，冒襄及他同父异母的弟弟冒褒早已为他在园中小亭上摆好接风宴席。

此时，冒襄的爱妾董小宛已经去世十年，而冒襄已经年过半百了。

岁月已在冒襄的头上染上了银丝，此时，王士禛刚是一个二十七岁的风华正茂的青年。

两人一见如故，二十三岁的年龄差距似乎并没有阻碍这一官一民的交流。王士禛青春年少，苔发颖竖，才露头脚，而冒襄却已誉满诗坛。但不要忘了，冒襄是六次乡试不第，连个"本科"都没弄上。而王士禛却是进士出身，不但是本科，还是个"博士"，并且这个博士的专业是搞诗歌创作和研究的，冒襄岂敢小觑？这次，以年长二十三岁之龄，冒襄称王士禛为兄弟。

其实，冒襄的父亲冒起宗与王士禛的伯父王与胤都是崇祯元年（1628）的进士，同年的还有著名的抗清志士史可法。王与胤在甲申之变时，与妻儿共同自尽殉明。而冒起宗则归隐水绘园，于顺治十一年（1654）病逝。冒襄与王士禛谈起父辈的往事，仍是唏嘘不已。

谈起家事，话题自然就展开了，冒襄对王士禛说："我父在世时，常与通州的名士邵潜交往，老先生已经八十岁了，但精气很旺，兄弟若有兴，改日我携你一起去拜访。"

王士禛问："是那个大骂谭元春、大闹钱谦益之门的人吗？前几天他还托人捎给我一封信，说八十岁了，还有赋税徭役之苦，请求免除，我正与如皋魏知县商量此事！如果有机会，我真的想见识一下这位老者的风采！"

邵潜是当时文坛中出名的怪人。邵潜（1581—1665），字潜夫，自号五岳外臣，江苏通州布衣。邵潜小时候整天跟一些小混混玩，无非是踢球、弹弓等，后来觉得这样不行了，就发愤读书，可屡试不第，就弃而为诗，提一剑囊，囊其诗走燕齐吴越间。做过李维桢、曹学佺的门客，曹学佺有一句名言"仗义每从屠狗辈，负心多是读书人"，所以对邵潜很是器重。邵潜孤傲自负，曾因与谭元春有误会，就跑到钟惺的船上当面大骂谭元春。他去拜访钱谦益，看门的人让他多等了一会儿，他就不高兴了，便大闹："不见老子，老子还不喜见呢！"骂完就走。后来，他在外面实在混不下去了，就回到家乡通州（现南通）。他性情暴烈，好骂人，结婚三年妻子就被他骂死了，也没有子嗣。到五十五岁的时候，又娶了一房，结果因贫，妇人在他的骂声中又弃他而去。他还有一妾，也被富家抢走了。不得已，就辗转来到如皋，在城西门的一个小巷里，找了个没有窗户、大户人家弃下的三间破茅屋住下了，和一个老妇整日厮混在一起。而此时，他已经八十岁了。

说起邵潜，陈维崧也来了精神，他说："我见过穷文人，但没见过像邵老这样的穷文人。叫他虽穷，却长寿，精神不减，真是奇人。他一生作诗、治史，写有《循吏传》《友谊录》《眉如草》《州乘资》等等。我与老人家很谈得来，他的气节是我最佩服的。"

冒襄的书画在当时也称一绝，临行，王士禛请求冒襄为自己画一屏风，并代为与他同来的三哥王士祜（东亭）求扇面小楷一幅，冒襄慨然应允。不久，王士禛就接到冒襄的馈赠，屏风上为王士禛大笔画水苔数幅，又将自己和王士禛《秋柳》的诗作，小楷题于赠王东亭的扇面上。王士禛喜不自胜，后来回信不好意思地称自己"一接兰芬，尘土尽涤"，只是求得太奢侈了。

第二天一大早，王士禛睡意全无，他没有让冒襄他们引路，也没叫一个随从，而是踏着草丛露珠，只身按冒襄所说，出了西城门，在一个肮脏的小巷子里找到了邵潜的住处。

这哪里是人能住的地方啊！王士禛见了这样的住处，也不由感叹！

这应该是原来大户人家废弃的放车具、杂物的仓库，没有窗户，门也没门闩，一推就开。

屋内黝黑如漆。床上躺着一个老人，眼微微睁着，白发披散，已至衣领，铺有半截席，被褥残破，露出发黑的棉絮。唯有身后土墙一角，是用整齐的木板搭起的书架，上面放着书和一堆石头。老人精篆籀，善八分书（即汉隶），他的制印为当时一绝，并著有《明皇印史》一书。

王士禛自报名号，说："老爷子，我是王阮亭，来看您了，前几天您托人捎给我的书信我看了，今天特意来拜访！"

听到是王士禛来，老人不由慌忙起身："不知司理大人到来，老夫失敬，失敬！"

王士禛忙说："先生名高，海内皆知，小生晚辈，岂敢称大人，老先生就叫我阮亭吧。"

见王士禛如此谦逊，邵潜不由激动起来，他说："我到如皋，受尽豪绅欺侮，他们说我爱骂娘，你看我这样子，如何能让我不骂？我孤身一人，除了骂，我还有什么本事跟那些豪强去争雄？骂，我还能解一时心痛；不骂，让我低眉顺眼，我如何能做到？我已一无所有，如今只有抖擞精神去骂了。你是第一个到我这里来的衙门里的人，听我怨，解我骂，如果都像你一样，我还去骂谁呢？"

听了邵潜的这番话，王士禛不由笑了，他深深佩服这老爷子的骨气，穷困之中不失文人的精神。

邵潜说："我还有一壶老酒，今天贵客到来，能共饮一杯无？"

王士禛欣然答应："能与老人家共饮，当是晚辈荣幸。"

于是，邵潜弯腰从床下取出一个布满灰尘的陶瓶，将封在瓶口的蜡封轻轻揭去，立刻，一股扑鼻的酒香便迎面而来。他走到外屋，在土灶下坐下来，那老妇也马上颤巍巍地过来烧柴热锅。一会儿，锅里冒出了热气，两人将酒倒入两个破碗中，然后温酒，把碗而饮。

一番畅饮，邵潜将自己身世悉数道来，说到动情之处，更是老泪纵横。王士禛骨子里头的才气轻狂，在与邵潜的交谈中有了契合，两人互相倾慕。邵潜似乎更像一面镜子，在他身上，王士禛看到了自己，他得以欣赏自己，并检讨着自己。

临别，王士禛漫成一律，便借着土炕挥笔题诗《如皋访邵潜夫寄庐有赠》：

> 万历年中古逸民，沧桑阅尽白头新。
> 张苍已老口无齿，杜甫还惊笔有神。
> 偕隐鹿门空往事，五男栗显只单身。
> 行歌带囊吟三乐，好与荣期共卜邻。

消息很快传到知县耳中，知县即日下令免去邵潜夫徭役。

实际上，在内心深处，王士禛在与遗民的交往中，也是在认真地寻找自己内心深处的文化认同。江南的景物和人物给了他对晚明世界更具体和鲜活的认识。他知道，自己就是从那个世界中来的。而那个世界与现今相比，不同的文化认同、价值认同，更使他充满了强烈的刺激感。他要探明真相，他要找出那个世界与自己联系的蛛丝马迹。他要找出自己与生俱来的、说不清道不明的哀怨的根源。

美国心理学家弗洛姆曾指出，对人来说，"有一些很珍贵的东西：如理想、荣誉、父亲、母亲，在某些文化中他的祖先、国家、旗帜、政府、宗教。所有这些价值、组织和理想对他来说都可能与自己肉体的生存一样重要"。文化是一种"根"，通过民族特性的遗传，以"集体无意识"的形式给个体的精神型构了某种"原型"。个体在社会化后，这种原型，很自然地表现出一种文化上的连续性。即使这种连续性出现断裂，人也可以通过"集体无意识"的支配和已化为行为举止的符号加以认同。

究其根本，王士禛是在寻找自己的文化之根，寻找自己基因血脉之源。在遗民这个沃土当中，他更能找到认同感，通过遗民这一面面镜子，他遇见别人，遇见自己。既然这样，他就能做到"礼贤下士"、撰杖结袜，甚至不惜碰个头破血流、颜面全无。

并不是所有的遗民都买他这个新贵的面子，李沂和阎尔梅就把他弄得灰头土面，尴尬沮丧。

李沂，字子化，号艾山，晚号壶庵，昭阳（今江苏从化）人，明朝宰相李春芳为其从祖。李沂这个家族自李春芳开始，颇受明朝恩荫，号称一门五尚书，四代九进士，名震江南。正因如此，李氏家族在清立明亡的过程中，要么是血洒沙场的烈士，要么是卧身草泽的遗民。李沂著有《鸾啸堂集》《秋星阁诗话》《唐诗授》，他倡导学古，其诗以"力厚"著称。有人将李沂与他从化的同乡、后七子之一的宗臣相提并论，可见他当时的名望。

崇祯自缢于紫禁城北面的煤山，后葬在昌平的鹿马山。他写道："鹿马山头妖鸟啼，鹿马山下草离离，鹿马山人空涕洟。"寥寥数语，悲情无限，寄予对明朝的无比忠贞之情。明亡后，他坚誓不仕，久居乡邑，闭门不出。他自己曾说："自申酉以还，伏处蓬室，以名节自期。于今四十年，凡水旱饥馑，险阻患难，忧悲窘穷，尝靡不备，而艾山不悔。"一个"不悔"，道出了李沂对忠贞的苛求。

当时的昭阳属扬州府，王士禛公务来到昭阳，他久慕李沂的气节，便驱驾前往。但是到了李府，投进名帖，门人进去通报，却久久不出来。王士禛苦等半个时辰，门人出来通报："我家老爷今日不见客！"

王士禛知道，这是真正的气节。他读过李沂的诗："鄙夫麋鹿性，畏与时流亲。"王士禛自己毕竟是清廷新贵，对于李沂这样的人来说，对名节忠义的坚守比他的命还重要，如果给了王士禛这个机会，也许就给了自己一个放弃名节的理由。

李沂的侄子李骥曾这样评价李沂，"先生固和而介者也"。"和"正是一种儒者风范，而"介"，则是一种风骨和精神。

王士禛只好打道回府。他知道，对李沂这样的遗民，尊重，比什么都重要。只有尊重，才会为自己赢回面子。

他知道，这时，"两便"，也许是最好的选择。

阎尔梅（1603—1679），字用卿，号古古，又号白耷山人、蹈东和尚，江苏沛县人。他面有异相，耳长过面。明崇祯三年（1630）举人，为复社巨子，有《白耷山人集》。

阎尔梅是个执着的抗清斗士，清军入关后，他到南方参加弘光政权，曾做史可法的幕僚。明亡后，他继续坚持抗清，手刃爱妾，平毁先人坟墓，散尽万贯家财，结交豪杰之士，立志复明。他曾两次被清军抓获，意志不屈，寻机逃脱后流亡各地，晚年才回到了故乡。

阎尔梅是个坚定的遗民，他的好友、沛县县令胡谦光曾致书阎尔梅，劝他在清朝入仕为官。阎尔梅不但坚决地拒绝，还与胡谦光割袍断义，并作绝交诗一首，痛斥胡谦光为贼臣。这首《绝贼臣胡谦光》这样写道："贼臣不自量，称予是故人。敢以书招予，冀予与同尘。一笑置弗答，萧然湖水滨。湖水经霜碧，树光翠初匀。妻子甘作苦，昏晓役春薪。国家有兴废，吾道有诎申。委蛇听大命，柔气待时新。生死非我虞，但虞辱此身。"

把清朝的官员称为"贼臣"，把背弃明朝、出仕清廷看作随应时俗、同流合污，这在当时也是惊人之语。他临死的时候还写道："死将为厉鬼，生且做顽民。"对前朝眷恋之深，不肯与清朝合作的决心之大，实在让人刮目。

这阎古古越是这样气节绝傲，他在江湖上的名气越大，一时间，许多遗民敬他如神，以他为榜样。

在阎尔梅的眼中，王士禛当然也是"贼臣"了。但是王士禛这个"贼臣"和别的清朝官宦还有不一样的地方，那就是王士禛是个诗人，而且有《秋柳》这样的明显寄托对明朝故国之思的名作，所以，阎尔梅对王士禛并没有恶意。当时王士禛在扬州时，阎尔梅也正巧流亡到扬州。

两人是在游扬州北湖时偶遇的。阎尔梅长期流亡于海内各地，在四川、河南、山东、江苏、北京等地都留下过足迹。尽管他性情乖戾，"饮酒必醉，醉必达晨，歌呼怒骂，座上人人厌避"（张贲语），但是王士禛对他执礼甚恭，而他，对王士禛也比较客气。两人谈话还算融洽，王士禛忆起他在济南时的旧事，也令阎尔梅感怀。同时，王士禛还记得他写的诗作，并开口诵读出来，这更让阎尔梅高兴。后来，阎尔梅还特意作诗《游扬州北湖有感》七首，其中第三首"二十余年听子规，琼箫不向广陵吹。怀君犹记山东夜，颂我扬州险韵诗"，小注云："王贻上作扬州司理，作此示之。"

然而写诗归写诗，以后王士禛几次想与阎尔梅见面，都被他拒绝。在比王士禛长三十一岁的阎尔梅看来，王士禛还是个小字辈，不足以与他这样的名流交往。同时，已仕新朝的王士禛与他这个坚定的老遗民之间，也许没有什么共同的语言。与"贼臣"交往，会坏了我阎古古一世的英名！

由此，阎尔梅与王士禛之间弄出了许多是非，两个人后来的不愉快，也许从根本上讲是政治志向的不一致。当然，这是后话。

康熙二年（1663）春天，周亮工又被朝廷起用，任命为青州海防道道台。临行前，周亮工将海陵（今盐城）一位叫吴嘉纪的诗人的诗集《陋轩诗》交予王士禛，并告诉他，这是汪楫的好朋友，为布衣，但诗奇绝，嘱咐他若方便，为之作序为盼。

吴嘉纪（1618—1684），字宾贤，号野人。吴嘉纪天资聪颖，曾参加府试，中秀才第一名。但是他出身清贫，是个盐民，家无余粮，常常断炊。可他不以为苦，读书作诗，好学不倦。明朝覆灭，清兵南下，居民惨遭屠杀，他便绝意仕途，隐居家乡。他衣食不周，朝不谋夕，住所仅草屋一楹，名其为"陋轩"。由于住所四周杂草丛生，蓬蒿遍地，而他却终日把卷苦吟，不与外人往还，人们便把他称为"野人"，而他也乐以"野人"为号。

吴嘉纪的夫人王睿，字智长，也是个甘守贫困、志趣高洁的女词人。她是明代著名的"泰州学派"创始人王艮的后裔，勤于作词。与吴嘉纪结为夫妇后，常常夫妻共吟，吴嘉纪的诗集题名为《陋轩诗》，王睿也将自己的词集题名为《陋轩词》，一诗一词，珠联璧合。

在吴嘉纪的诗文历程中，有一个至关重要的朋友，他就是汪楫。汪楫与他惺惺相惜，共同学诗，相互砥砺。曾做过两淮盐运使的周亮工与江楫是好友，当周亮工这次路过扬州时，汪楫不失时机地把吴嘉纪的诗稿送给了周亮工，请他过目。

周亮工在读吴诗时，拊掌称叹。又得知嘉纪多病，恐死不及见，于是急寄诗订交，并表示愿意为吴嘉纪刊刻出版诗集。他为诗集写下一序，同时又嘱王士禛再写一序。

已是深夜，扬州城正下着鹅毛大雪。王士禛独自在羼提轩内，趁着酒兴，秉烛夜读，边读边叹。他没有想到，海陵还有这样一位出色的诗人：

> 白头灶户低草房，六月煎盐烈火旁。
> 走出门前炎日里，偷闲一刻是乘凉。

（《绝句》）

这首绝句，以白描手法，平淡无奇，而最后一句，又是如此落笔，意境韵味全出。

侬是船中生，郎是船中长。

同心苦亦甘，弄篙复荡桨。

（《船中曲》）

潦倒丘园二十秋，亲炊葵藿慰余愁。

绝无暇日临青镜，频过凶年到白头。

海气荒凉门有燕，溪光摇荡屋如舟。

不能沽酒持相祝，依旧归来向尔谋。

（《内人生日》）

"海气荒凉门有燕，溪光摇荡屋如舟"，这是何等意境！王士禛边读边扼腕，他深深愧疚在扬州三年，竟不知海陵有吴嘉纪此人！

王士禛再也按捺不住激动，他连夜为吴嘉纪的诗集写序，对吴嘉纪的诗赞誉有嘉："披读一过，古淡高寒，有声出金石之乐，殆郊、岛者流。"将其比作孟郊、贾岛，可见王士禛对吴诗的喜爱。

第二天，王士禛"走急足驰二百里寄之"，这"走急足"大概类似于现在的特快专递吧。

吴嘉纪在得到王士禛的序之后，非常高兴，他自己租了一只小舟，划舟来到扬州，答谢王士禛。两人相见，遂成至交。吴嘉纪赋诗《王阮亭先生远寄陋轩诗序及纪年诗集赋谢》："阮亭先生，莅治扬州。东海野人，与麋鹿游。玉石同坚，贵贱则别。光气在望，不敢私谒。先生鸣琴，野人放歌。春晖浩荡，忽及渔蓑。六一荒台，东山别墅。阮亭新编，颉颃今古。花树盈堤，风轻乌啼。愧非郊岛，陪从昌黎。"

这首诗不卑不亢，既有对自己志向的坚定追求，也有对王士禛的感谢之意，真有布衣遗民文人的风骨，更与吴嘉纪"性严冷不易合"（汪楫语）、"醇厚而狷介"（孙枝蔚语）的个性相符。

应该说，因为王士禛的褒奖，吴嘉纪得以走出小小的海陵，在当时交通和信息闭塞的环境下，幸运地被人们熟知并使诗作得以流传。王士禛曾如此记述：

予居扬州三年，而后知海陵吴嘉纪。嘉纪贫士，所居濒海斥卤之地，老屋败瓦，苦竹数亩蔽亏之。蛇虎蒙翳，鼪鼯啼啸，人迹昼绝，四方宾客之所不至。嘉纪苦吟其中，不求知于人，而名亦不出百里之外。广陵去海陵百里，嘉纪所居，去海陵又百里，虽见其诗，而无由见其人。

像吴嘉纪这样的中国民间的优秀诗人可能星辰满天，但是有几人能被历史所记？是金子总会发光吗？这可能是善良的人的一厢情愿吧！失去了慧眼，失去了伯乐，历史也许只能用满身的尘埃去告诉未来，没有多少光亮是可以透过尘埃去显示自己的荣耀的。除非，它是幸运的。

实际上，有三个王士禛：一个是诗人王士禛，他才华横溢，风流飘逸；一个是官员王士禛，他殚智竭力，责有攸归；一个是遗民王士禛，他感物伤怀，雨愁烟恨。在遗民中间，在胜国情怀的笼罩之下，他在找寻和挥洒着自己的昭代风流。

对于诗人王士禛来说，他初出茅庐，对于那些当时的文坛星宿，他敬若神明，心向往之。与这些人的交往，使他不但获得了友谊，还获得了自信。原来，那些他过去可望而不可即的文坛之星离他那么近，又是那么认可他，那是王士禛向诗坛高峰进发不可缺少的阶梯啊！于是，他利用自己官员的身份，尽可能多地与他们交往，拉近与他们之间的距离，在他们身上，汲取更多的营养和认可。同时，那些遗民诗人，因为生活和境遇上的诸多不便，也乐得与这个有官方背景的文学官员交往，以获得他的些许政治上的帮助和优待。在这种互相的交际中，王士禛逐渐成了一个中心，并且，因为出众的诗才，他一步步向诗坛的盟主地位进发。

七、与大师比肩

扬州的运河在扬州城东面，自北向南贯穿全境，并连接扬州北部的淮河和南部的长江。扬州的西北，则是由在隋、唐、五代、宋、元、明、清等不同时代的城濠连缀而成的带状水域。这块占地面积近两千亩、水面面积七百亩的地域，原来叫作保障湖，并始终与大运河水源相通。到了乾隆元年（1736），钱塘（杭州）诗人汪沆慕名来到扬州，在饱览了这里的美景后，与家乡的西湖做了比较，赋诗道："垂杨不断接残芜，雁齿虹桥俨画图。也是销金一锅子，故应唤作瘦西湖。"于是，这个地方就被称为瘦西湖了。王士禛的那个年代，这里还是叫保障湖。

保障湖北面突起一高地，号称十里蜀冈，蜀冈其实是江淮丘陵的余脉。据清朝李斗《扬州画舫录》记载，蜀冈之上，三峰凸起，西峰有五烈墓、司徒庙、胡（胡瑗，北宋教育家）范（范仲淹）二祠；中峰有万松岭、平山堂、大明寺诸胜；东峰有观音山、功德山等景。

蜀冈其实就是扬州文化的龙脉，是扬州文化的发祥地。李白、白居易、刘禹锡都曾到此，并留下诗作。欧阳修曾在扬州做过十一个月的太守，并在蜀冈中峰留下名胜平山堂。苏东坡也曾在扬州做过半年太守，并先后十次路过扬州。在如今瘦西湖畔熙春台北面，有三贤祠，供奉着扬州史上三位著名人物——除欧阳修、苏轼之外，还有一个就是王士禛。

王士禛之所以被列为三贤之一，被扬州人供奉于祠堂之上，除了他的政绩，更多地得益于他对扬州的文化贡献。

不得不承认，扬州在王士禛时代就是一个旅游城市。王士禛自己也承认，在扬州期间，他更多的时间是用在了接待来来往往的客人上。与这些客人的诗酒唱和，成了他在扬州的美好记忆。吴伟业说："贻上在广陵，昼了公事，夜接词人。"冒襄则说："渔洋文章结纳遍天下，客之访平山堂、唐昌观者，日以接踵。渔洋诗酒流连，曲尽款洽，客相对永日……"宋荦曰："阮亭谒选得扬州推官，游刃行之。与诸士游宴无虚日，如白（居易）、苏（轼）之官杭，风流欲绝。"这些朋友和诗友的到来，给了他游览扬州美景的机会，也给了他诗酒唱和的氛围。

平山堂被称为扬州的"文心"，往来文士，莫不怀着朝圣之心前往，因为，这里是欧阳修亲手所建。

北宋仁宗庆历八年（1048），欧阳修任扬州知府。在位期间，于蜀冈大明寺（建于南朝）西侧，修建了一座"平山堂"，据说壮丽为淮南第一。堂建于高冈上，远眺，江南数百里隐隐在目。由于堂的地势高，坐在堂中，南望江南远山，正与堂的栏杆相平，故名"平山堂"。

平山堂确实是一个幽静之处。当年，欧阳修曾与众宾客吟诗作赋，通宵达旦。欧阳修曾在平山堂前亲手植下杨柳，人称"欧公柳"。当年，欧阳修还与众宾客玩击鼓传花的游戏，他让人采来荷花，插到盆中，叫歌伎取荷花相传，传到谁，谁就摘掉一片花瓣，摘到最后一片时，就饮酒一杯，或赋诗一首。陶醉其中，乐得自在。

王士禛刚到扬州，即携几位文友相约同登平山堂。然而，到了这里，王士禛几近绝望。

几经战火，眼前的平山堂遗迹全无，只有残亭冷石和几株残柳在春风的抚慰中诉说着寂寞。昔日推杯换盏的热闹场面已化为天际云烟，那文章太守的热情也被眼前的冷落替代。四野茫茫，乍暖还寒时分，一阵清风吹过，竟有瑟瑟寒意。王士禛伫立平山堂前，感怀良久。他想与远去的大师做时空的对话，然而眼前的场景又让他感受不到一代文圣的心跳。他分明感到天际的云朵里传来欧阳大人的一声叹息，那声叹息划过春日的时空，虽是轻叹，却压得他喘不过气来。

于是，他写道：

广陵城北早春时，寂寂东风柳未垂。
不见欧公幽赏地，荒亭片石使人愁。

（《平山堂作》其一）

偶来折柳向平山，和树柔条未忍攀。
一种轻黄江水上，依依曾照昔人颜。

（《平山堂作》其二）

平山堂在扬州城的西北，而禅智寺则在城东北，沿蜀冈继续东行十五里，就是禅智寺。这里本是隋炀帝故宫，后改为寺，也叫上方寺、竹西寺。当年苏东坡曾在此留下《次韵苏伯固游蜀冈送李孝博奉使岭表》，并刻于石上。诗曰：

> 新苗未没鹤，老叶方翳蝉。
> 绿渠浸麻水，白板烧松烟。
> 笑窥有红颊，醉卧皆华颠。
> 家家机杼鸣，树树梨枣悬。
> 野无佩犊子，府有骑鹤仙。
> 观风峤南使，出相山东贤。
> 渡江吊狠石，过岭酌贪泉。
> 与君步徙倚，望彼修连娟。
> 愿及南枝谢，早随北雁翩。
> 归来春酒熟，共看山樱然。

应该说，扬州广为人知的是隋朝的残迹，而平山堂是因欧阳修成为扬州人的骄傲。苏东坡在扬州所写的这首诗是与友人的唱和之作，在苏轼浩如烟海的诗作当中，也不是名作。如果不是刻意追寻，一般人会忽略不计的。更何况，这首诗作虽刻于石碑，但已过六百余年，石碑早已经成为残碑。

而王士禛和朋友们一起，不去观瘦西湖的美景，不去在声色春酒中寻找快乐，而独独要去寻访一块残碑。冥冥之中，王士禛似乎受到了一种指引，他好像觉得自己与这块残碑有些许的关系……

石刻早已断为两截，风蚀雨剥，字迹模糊，并且碑上结满蜘蛛网。王士禛刚刚站在碑前，扑棱棱地从碑上飞起几只野鸽，野鸽带起一片尘土，直向他涌来。他顾不上这些，用手轻轻将碑上的蜘蛛网拂去，一遍遍用手把石碑擦拭摩挲，当看到那一个个显示出的字迹，他一次次发出轻声的叹息。一旁的寺院住持硕揆也匆忙过来，帮王士禛一起擦拭石碑，那情景，仿佛他们看到了一个巨大的宝贝。

六百年，多少文人先贤曾到过此处，而唯独王士禛对这块碑表现出这种情愫。一旁的硕揆看在眼里,他似乎也觉灵异,相信因果的硕揆后来写了这样一段话:"阮亭初李扬时,即舣舟步往,寻公遗迹。微阮亭至,则苏碑已与寺俱毁。苟非精神相通,微显一致,何以若此?曾谓阮亭非髯后身乎?"

答案也许需要我们细细品味,王士禛对自我心理的暗示也许让他更刻意地寻找与苏轼的相同之处:他做推官,而苏轼也曾为推官;他到扬州,苏轼也曾为官至扬州;他与哥哥王士禄被称为二王,诗文名冠天下,而当时人们就拿苏轼、苏辙与他们兄弟相比。王士禄曾说了王氏兄弟与苏轼兄弟的几点相同:"念予兄弟即才具名位不逮两苏公,然其友爱同,其离索同,其不合时宜同,其辗轲困踬为流俗所指弃又无不同。"苏轼一到扬州,即罢除了万花会,而王士禛一到扬州,也罢除了琼花庙会,这一连串的相同,使他与苏轼之间找到了某种谱系上的一致。他每每进入苏轼的世界里,总会有一种亲切和激动。他曾记述自己读苏轼文集时的感受:"尝读东坡先生集,云少与子由寓居怀远驿,一日,秋风起,雨作,中夜凄然,始有感慨离合之意。嗣是宦游四方,不相见者十八九。每秋风起,木落草衰,辄凄然有所感,盖三十年矣。故其《述旧诗》曰:西风忽凄厉,落叶穿户牖。子起寻夹衣,感叹执我手。……予每循览,怆然不能终卷。"

何以读诗无数,独于苏公之作"不能终卷"?

而硕揆则又说了王士禛与苏轼的几个相同:"自坡公迄今六百余年,何以独至阮亭而始和之?阮亭文章诗词,为当代所宗尚,与东坡同。其任扬州也,廉爱精敏,百姓食其德,与东坡同。见一善如己有,而奖训士类,有古贤公卿下士之风,复与东坡同。虽古今时代不一,然究不以时代分古今也。"

硕揆的说法即是,时代虽不同,但是,古今道理相同:王士禛与苏东坡,诗文都为当代崇尚,爱民情怀一致,礼贤下士之风相同。

也许我们可以这样认为:王士禛与苏东坡可能在历史上的名望与成就有所差别,但其声气相投、性情相近,硕揆所言王士禛是苏东坡转世,也许有夸大美誉之嫌,但是,这并不妨碍我们在精神上将王士禛与苏东坡做一对比。同时,王士禛在心理上与苏轼的趋同,也为我们提供了一个极好的研究王士禛的精神模本，那就是苏轼。

在王士禛的心中，苏轼就是他心灵的导师。苏轼的文章词赋，苏轼的胸襟气度，苏轼的旷达豪迈，使王士禛在低谷时心中总有一盏灯在亮。他庆幸自己能这样近距离地与自己的心中之圣站在一起，抚摸着碑文，他似乎也感到自己就置身于苏东坡的酬唱聚会当中，他愿意让自己永远和苏轼在一起。回来的路上，他次韵苏诗作《上方寺访东坡先生石刻诗次韵》。诗云：

> 昔出蜀冈道，黄叶鸣秋蝉。
> 今来上方寺，绿萼破春烟。
> 坦步宝带侧，延眺隋城巅。
> 古刹龙象寂，残碣蛛丝悬。
> 缅思峨嵋人，文采真神仙。
> 赠诗日南使，宾佐皆豪贤。
> 邈然竟终古，漱墨留春泉。
> 老笔欲飞动，妙态殊便娟。
> 空堂响人语，怖鸽飞联翩。
> 后游慨今昔，凭吊当同然。

四年之后，当王士禛就要离开扬州，赴任京城时，他也没有忘记这块残碑。他让自己的学生宗元鼎将苏东坡诗重新刻在禅智寺的墙壁上，并将原来的残碑修补整理，保护起来。而硕揆则将王士禛的咏怀之作刻成石碑，立于残碑之侧。

王士禛与自己崇敬的大师终于站在了一起。

八、红桥飞跨水当中

袁于令的到来，使王士禛有机会组织了一次盛大的接待，这次接待后来成为一次诗会，广为人知。

袁于令是吴梅村介绍给王士禛的，康熙元年（1662）的春天，他如约来到扬州。

袁于令（1592—1674），原名韫玉，又名晋，字令昭，一字凫公，号箨庵，又号幔亭、白宾、吉衣主人，吴县人。康熙元年，他已经七十岁了。

袁于令在当时就是一个传奇。他在十九岁时就写出了一部蜚声大江南北的传奇《西楼记》，陈继儒就曾这样说，《西楼记》问世之后，"凡上衮名流，冶儿游女，以至京都戚里，旗亭邮驿之间，往往抄写传诵，演唱多遍"。可见《西楼记》在当时流传之广。

他的长篇历史小说《隋史遗文》，后来成了褚人获写《隋唐演义》的"模本"。《隋唐演义》前六十六回中，共有四十二回源自《隋史遗文》，约占这六十六回的百分之六十四。而《隋史遗文》全书六十回中，共有五十四回的回目被《隋唐演义》所采用，占总回目的百分之九十。比例之高，殊为惊人。

袁于令倒更像一个另类。他年轻的时候，就与同乡沈同和同时看中了一个妓女周绮生。沈同和是当地的大户，霸占了周绮生，但是周绮生对沈同和并无感情，对袁于令倒是痴心相依。于是袁于令的一个侠客朋友颇为他抱不平，决定替他分忧。一天，沈同和以小舟载周绮生去虎丘游玩，这位侠客朋友就趁沈同和下船的空隙，跳下船把周绮生背走，送到袁于令的家里。后来，沈同和便告了官，官府把袁于令抓进去，还开除了他的学籍。袁氏家族上下打点一番，才把他弄出来。

袁于令的代表作《西楼记》，传说就是在狱中写成的。

然而，袁于令终被这次"争妓"事件连累了一生。他在明朝被褫夺衣衿，失去了乡试、会试的资格，被断绝了读书人仕途的路径。所以，袁于令对明朝也没有什么好印象！倒是清朝来了，他的机会却有了。他先是替苏州的一个士绅写了一份降清表，表达了对清朝的耿耿忠心。结果朝廷没相中那士绅，反而相中了这个写文章的人，把他安排在工部营缮司任职，后来又出任临清关提督，值守清源。直到顺治五年（1648），他才被调到湖广任荆州知府,由正五品升为四品。而这老兄当时已年近花甲。

　　袁于令为官一任,也没做出什么政绩,他每天沉迷于花天酒地和诗酒唱和之中。一天,朝廷派来的督察官听到了"群众"反映,就找他谈话:"听说你的府衙里每天只有三种声音,棋子声、牌九声和唱曲声,是不是这样?"要是一般官员听了上司这么问,肯定会先承认错误,起码不说话或打打哈哈,因为这是对上司的尊重。可袁于令偏不,他的才子的脾气上来了:"妈的,说老子不干活儿,你也不见得干什么活儿!我堂堂名士,难道还受你这腐吏的气不成?"他于是梗起脖子,反唇相讥:"我听说大人的屋里也常有三种声音:算盘声、天平声和板子声!"

　　哈哈,这三个"声",可是一个活脱脱贪官的形象!督察官被他气得几乎要晕,好吧,看看是你嘴硬还是我的手腕硬!于是,就找了个借口奏请朝廷罢了他的官!

　　顺治十三年(1656),袁于令吃了这一时逞强的苦头,怏怏地回到了江南。但是他也许是没面子回老家苏州,就在南京寓居下来。碰巧,这时,他的朋友吴梅村也跟清廷玩腻了,在国子监祭酒、《明史》编修的位置上,以奉嗣母之丧为由,乞假南归,不再复出,在苏州隐居下来。两人惺惺相惜,在南京见了一面,吴梅村还为袁于令写下了《赠荆州守袁大韫玉》四首七律。

　　袁于令是个老牌的风流才子,在文坛江湖上很是有些名气,他到老还有女人追求他。他面相年轻,七十多岁还是少年态,而且思维敏捷,常谈论闺门淫词秽语。据说,他到八十二岁的时候,突然得了一种怪病,口中奇痒无比,经常咬嚼自己的舌头。渐渐地,舌头就被自己咬得一片片掉下来了,就这样,不能吃喝,舌头被咬光了,才死去。

　　王士禛在接到吴梅村的信后,知道袁于令要到扬州来访,对此,他高度重视。一是,对于袁于令这样的奇人,他当然要一睹他的风采;二是,吴梅村是他崇拜的大家,他的推荐,自然不能小看。于是,他广下请帖,请来他能请到的名士一起到扬州参加宴会,同游扬州。这其中有南京的杜濬,流寓南京的江西诗人陈允衡(1636—1672,字伯玑,号玉渊，江西建昌人，明末避乱，流寓金陵），淮安诗人丘象随（1631—1701，字季贞，号西轩）、张养重（1620—1680，字子瞻，号虞山，别号椰冠道人），宝应诗人朱克生（1631—1679，字国桢，一字念莪，号秋崖，贡生），扬州诗人刘梁嵩（字玉少，1660 年举人，1664 年进士，知江西崇义县），华亭（现上海，当时属江苏）诗人蒋平阶（初名雯阶，字驭闳，字大鸿、斧山，别号杜陵生，明诸生，曾入几社），同时也邀请到了寓居如皋冒襄处、自己的好朋友陈维崧。

大家也乐得与袁于令这风流才子一聚。在当时，袁于令更像是一个娱乐人物，更何况还有王士禛这位新朝权贵报销吃喝呢！于是一呼百应，众名士相约，一起来到扬州。

有必要交代的人物是陈允衡，住在金陵期间，他把明末四个殉节而死的大臣孙傅庭、袁继咸、黄端伯、王与胤的诗作合集为《诗慰国雅集》，而王与胤正是王士禛的伯父。陈允衡于是往来于南京与扬州之间，他到扬州很大的原因是向王士禛搜集王与胤的资料。在扬州期间，陈允衡得到了王士禛生活上的极大照料，由王士禛安排，住在扬州的文选楼。王士禛出于对伯父死节的崇敬，将王与胤的《陇首集》与陈允衡一起逐字编校，并赞助陈允衡刻印出版。

袁于令受到了王士禛高规格的接待，宴会之后，大家仍然余兴不减，王士禛提议，泛舟红桥。

红桥在扬州城的北门外，横跨保障湖，初建于崇祯年间。原是一木板桥，围以红色栏杆，故名"红桥"。实际上，自平山堂的高处下来，登舟游保障湖，红桥是必经之地。关于红桥的地理环境和周围景致，王士禛为这次聚会专门写了《红桥游记》，此文与《焦山题名记》都是王士禛的散文名篇，全文如下：

> 出镇淮门，循小秦淮折而北，陂岸起伏多态，竹木蓊郁，清流映带。人家多因水为园，亭榭溪塘，幽窈而明瑟，颇尽四时之美。拿小艇，循河西北行，林木尽处，有桥宛然，如垂虹下饮于涧，又如丽人靓妆袨服，流照明镜中，所谓红桥也。

游人登平山堂，率至法海寺，舍舟而陆，径必出红桥下。桥四面皆人家荷塘。六七月间，菡萏①作花，香闻数里，青帘白舫，络绎如织，良谓胜游矣。予数往来北郭，必过红桥，顾而乐之。

登桥四望，忽复徘徊感叹。当哀乐之交乘于中，往往不能自喻其故。王谢冶城②之语，景晏牛山③之悲，今之视昔，亦有怨耶？壬寅季夏之望，与籜庵、茶村、伯玑诸子，偶然漾舟，酒阑兴极，援笔成小词二章，诸子倚而和之。籜庵继成一章，予以属和。

嗟乎！丝竹陶写，何必中年？山水清音，自成佳话。予与诸子聚散不恒，良会未易遘，而红桥之名，或反因诸子而得传于后世，增怀古凭吊者之徘徊感叹，如予今日，未可知也。

（《红桥游记》）

登上红桥，作怀古凭吊之叹！王士禛在三月江南的美景中，似乎心中有永远的淡淡哀愁。

王士禛他们租了一条大船，在如织的小游船中这只大舟格外醒目。这个场景十分有趣：王士禛当年二十八岁，袁于令已是七十一岁，而杜濬五十一岁，张养重四十二岁，陈维崧三十七岁，陈允衡只有二十六岁。

袁于令七十高龄，头不白，眼不花，耳不聋，脸上几乎看不出皱纹，谈笑自如。张养重则头戴一个椰子壳（张养重自海南归来，就头戴椰壳，自称椰冠道人），滑稽可笑。杜濬五十岁的年纪，已经是满头白发，一脸凝重。而清瘦的陈允衡，眼瞳还是碧色，颇有点外国血统。伴在陈允衡身旁的则是他的爱姬——美女马嫩，马嫩是杨龙友爱妾马骄的妹妹（杨龙友为明朝大臣，《桃花扇》中将他描写成为侯方域置办迎娶李香君彩礼的人），而马嫩是由一盐商购得，又转赠给陈允衡，陈允衡

---

① 菡萏：荷花。
② 王谢冶城：指王羲之与谢安同登南京城作的一段著名的讨论。语见《世说新语》。
③ 景晏牛山：指齐景公和晏子游于牛山，对人生有不同的见解。典出《韩诗外传》。

视她为掌上明珠，常常随身携从。王士禛就曾为这美人写下五首诗，极为称赏。

还没登船，袁于令就先开起了玩笑："如此美景，没有几个美人做伴，岂不是憾事？伯玑自带美人，我等岂不无趣？"

王士禛会意，就命手下到岸上招几位歌伎登舟。一路上，袁于令与歌伎们不停地调笑，荤言艳语不断，一路丝竹歌舞，笑声喧天。

王士禛见大家都来了兴致，就道："今天，阮亭先赋一首《浣溪沙》，与诸位唱和。"王士禛吟道：

> 北郭清溪一带流，红桥风物眼中秋。绿杨城郭是扬州。
> 西望雷塘何处是？香魂零落使人愁。淡烟芳草旧迷楼。

在王士禛那个年代，词的吟咏是按一定腔调的，是用音乐的旋律唱诵出的。实际上，每一首词都有一个谱调遵循，而节奏也要把握得恰到好处，掌握好抑、扬、顿、挫。古汉语语调讲究平、上、去、入，有口诀这样说：平声平道莫低昂，上声高呼猛烈强，去声分明哀远道，入声短促急收藏。词的吟咏，除了依据古人制定的韵律，也可自创，当然，那须有深厚的音乐功底。

王士禛吟罢一阕，众人正在鼓掌，他兴致未减，马上再赋一阕《浣溪沙》：

> 白鸟朱荷引画桡，垂杨影里见红桥。欲寻往事已魂销。
> 遥指平山山外路，断红无数水迢迢。新愁分付广陵潮。

这时一旁的袁于令站起来，他道："老夫自作一曲，和阮亭词。"说完，他竟径直来到歌伎们的古琴旁，独制套曲，边弹边吟唱：

> 绿树横塘第几家，曲栏杆外卓金车。渠侬独浣越溪纱。
> 浦口雨来虹断续，桥边人醉月横斜。棹歌声里采菱花。

尽管也是《浣溪沙》，但是与王士禛的吟唱截然不同，众人不由大声叫好。

接下来，丘象随再和：

> 清浅雷塘水不流，几声寒笛画城秋。红桥犹自倚扬州。
> 五夜香昏残月梦，六宫钗落晓风愁。多情烟树恋迷楼。

杜濬起身，吟道：

> 六月红桥涨欲流，荷花荷叶几时秋？谁翻水调唱凉州。
> 更欲放船何处去，平山堂上古今愁。不如歌笑十三楼。

陈维崧最后出手，赋两阕：

其一

> 凤舸龙船泛画桡，江都天子过红桥。而今追忆也魂销。
> 绣瓦无声春脉脉，罗裙有梦夜迢迢。漫天丝雨咽归潮。

其二

> 历历寒田江水流，寥寥废辇野花秋。广陵城郭似西州。
> 天识红桥何处是，可怜头白不胜愁。且拼沉醉牧之楼。

应该说，这是一次欢乐的聚会，可不知为什么，在王士禛的带领下，这些词作竟都有了怀古之恨。烟水迷离的扬州风光，带来的竟是香魂零落、时间流逝、生命凋谢的感伤。在昔盛今衰的迷惘追忆中，在"无声""有梦"的绵邈情思中，在"漫天丝雨咽归潮"的凄迷意境中，几多凄婉寒切，几多穷愁落拓，几多失意浑茫……

这次秋日的红桥泛舟，得词作多首，后来，诸多名家也相继参与。

王士禛将此编成《红桥唱和集》，他的"绿杨城郭是扬州"成了人人争诵的名句。

袁于令的偶然来访所促成的这次词会，让王士禛这位新朝官员有了新的感想。这种感想首先来自他发现名士之于一个地方景点的作用的思考：因为袁于令，大家来到了扬州，因为这次聚会，大家都知道了红桥，于是有更多的人来到了红桥，使红桥成为当时人们到扬州非来不可的景点。欧阳修在扬州留下了平山堂，苏东坡在大明寺旁也留下了谷林堂，因为名人和名句，一个地方繁荣和活跃起来，这也许正是文人和诗文的力量！

王士禛决意效仿先贤，为扬州再造一个像平山堂那样的人文圣地，并让它千古流芳。他要趁自己在诗坛日益显赫的地位，让遗民诗人们出众的才华为扬州所用。他知道，遗民诗人是不愿为时局所用的，但他们应该为国家所用，为历史做出贡献。他们稍纵即逝，但是，他们的才华不应湮没在历史的红尘当中。

王士禛所要打造的这个人文圣地就是红桥。

三年之后，康熙三年（1664）的三月初九，绿柳吐翠，百鸟欢唱。那次秋天的红桥泛舟，伤感成了主调。而就在前一年，康熙下了一道圣谕："八股文章，实于政事无涉，自今之后，将浮饰八股文章永行停止，惟于国计民生之策论中出题考试。"礼部遵旨复议后，决定从康熙三年科开始"所有乡会考试，停止八股文，改用策、论、表、判"，不再用八股文取仕。于是，众学子一片欢呼，终于从经书中解脱出来了，他们有更多时间学古文、诗词了。

也就是在这个春天，王士禛再次招林古度、杜濬、张纲孙、孙枝蔚、程邃、孙默、许承宣、许承家诸名士来到红桥。当然，这次不是临时的招集，而是作为一个修禊活动，以正式的请帖下发。他要举办一次诗歌的盛宴！

"修禊"是古代的一种民俗，是指在农历的三月，大家到水边嬉游，以祓除不祥，祈求平安，历史上最有名的修禊活动是王羲之组织的兰亭修禊。公元三五三年的三月初三，四十多位全国军政高官应东道主会稽内史王羲之的邀请，亮相于会稽郡山阴城的兰亭，饮酒、写诗、观山、赏水，魏晋以来显赫的家族差不多都到齐了：王家、谢家、袁家、羊家、郗家、庾家、桓家等。魏晋旷达、玄远的时代气质使得这次聚会完全没有了政治色彩，群贤毕至，曲水流觞，饮酒赋诗。后来王羲之汇集每个人的诗文编成集子，并乘兴作《兰亭集序》，文采灿烂，隽妙雅迪，书法更是遒媚劲健，气势飘逸，被后世推为"天下第一行书"。王羲之将修禊变成了一种文人雅集的活动，并为"修禊"一词赋予了新的文化内涵。而王士禛正是出于对先贤的敬仰，借用"修禊"一词，使自己所组织的这次红桥修禊既有了历史的传承，又有了形式上的承载。

在修禊之前，王士禛又重新将红桥涂刷一新，并在桥旁建了亭子，供大家泛舟之后歇息。

在这次红桥修禊中，王士禛竟一口气作了《冶春绝句》二十首，成为红桥的名唱，直到现在，红桥还与王士禛连在一起。再后来，孔尚任等诸名士与王士禛衣钵相传，将红桥修禊继续复制，使扬州红桥名闻天下。王士禛不负扬州之行，为扬州创造了红桥这一经典景点。

王士禛的《冶春绝句》二十首如下：

一

今年东风太狡狯，弄晴作雨遣春来。
江海一夜落红雪，便有夭桃无数开。

二

野外桃花红近人，秾华簇簇照青春。
一枝低亚隋皇墓，且可当杯酒入唇。

三

红桥飞跨水当中，一字阑干九曲红。
日午画船桥下过，衣香人影太匆匆。

四

东家蝴蝶作团飞，西家流莺声不稀。
白苎新裁如雪色，潜来花下试春衣。

五

扬州少年臂支红，桃花马上柘枝弓。

风前雉锥雕翎响，走马春郊类卷蓬。

六

锦帆何日到天涯，宫监来时事可嗟。

几处凄凉作寒食，酒痕狼藉玉勾斜。

七

三月韶光画不成，寻春步徕可怜生。

青芜不见隋宫殿，一种垂杨万古情。

八

髯公三过平山下，白发门生感故知。

欲觅醉翁呼不起，碧虚楼阁草离离。

九

东风花事到江城，早有人家唤卖饧。

他日相思忘不得，平山堂下五清明。

十

坐上同矜作达名，留犁风动酒鳞生。

江南无限青山好，便与诸君荷锸行。

十一

海棠一树淡胭脂，开时不让锦城姿。

花前痛饮情难尽，归卧屏山看折枝。

十二

筇杖方袍老谪仙，威仪犹复见前贤。

蓬莱三度扬尘后，坐阅春光九十年。

十三

当年铁炮压城开，折戟沉沙长野苔。

梅花岭畔青青草，闲送游人骑马回。

十四

钱塘张髯诗绝伦，雍州孙郎笔有神。

云间洛下齐名士，白岳黄山两逸民。

十五

杜陵老叟穷可怜，犹能斗酒诗百篇。

今朝何处垆头卧，知有人家送酒钱。

十六

彭泽豪华久黄土，梁溪歌舞散寒烟。

生前行乐犹如此，何处看春不可怜。

十七

华林马射事成尘，遗老漂零折角巾。

被褉洛滨名士尽，却来江左看余春。

十八

寂寞园林花覆苔，停桡休遣棹歌催。

桃苏髻子新梳掠，三五池亭斗草来。

十九

故国风流在眼前，鹊山寒食泰和年。

邗沟未似明湖好，名士轩头碧涨天。

二十

永和之岁暮春月，王谢风流见典型。

好记甲辰布衣饮，竹西亭子是兰亭。

王士禛的这冶春诗有了意想不到的效果，唱和者竟数以百计。这次修褉，他似乎已经用友谊与诗歌的力量去克服了被降级和不得行取的萧瑟、怅惘。在冶春诗中，我们看到的是一片明丽的春光，宗元鼎记其盛："休从白傅歌《杨柳》，莫向刘郎演《竹枝》。五日东风十日雨，江楼齐唱《冶春词》。"

王士禛的哥哥王士禄这样记述："贻上早负夙慧，神姿清澈，如琼林玉树，朗然照人。为扬州法曹，日集诸名士于蜀冈、红桥间，击钵赋诗，香清茶熟，绢素横飞……至今过广陵者道其遗事，仿佛欧、苏，不徒忆樊川之梦也。"刘公勇也如此评价："冶春诗独步一代。"王士禛自己也不无得意："红桥即席赓唱，兴到成篇，各采其一，以志一时盛事，当使红桥与兰亭并传耳。"

让红桥与兰亭并传，这正是王士禛的初衷。

清初文人们的娱乐活动，除了诗酒，大概就是结社、修禊等等，而将诗人们聚集到一起，不但需要召集人个人的影响力，还需要一定的经济实力。现今，这种诗会一般由政府或机构出面组织，要想搞得高大上，还必须有财政拨款，组成一个班子，难以想象王士禛在当时搞这样的修禊活动，费了多大的心思。估计盐商们的赞助也不在少数，王士禛凭借他在政坛的影响力，呼风唤雨，做了一般人可望而不可即的事情。

二十四年后，康熙二十七年（1688），孔尚任在扬州期间，步王士禛后尘，发起第二次红桥修禊。这次规模更大，参与者达二十四人，分属八省，孔尚任自称八省之会。此后的红桥又于乾隆元年（1736），由盐商黄履昂出资，将红桥的木板桥改建为石拱桥，形似一弯彩虹卧于水波之上，故而改称"红桥"为"虹桥"。乾隆二十二年（1757），时任两淮盐运使的山东德州人卢见曾，第三次举行红桥修禊，郑板桥、金农、袁枚、罗聘、厉鹗等名士均曾参与，唱和者达七千人之多。一八六四年，一位叫臧谷的诗人，欣羡当年王士禛红桥修禊的盛举，再次在王士禛红桥修禊的原址结冶春诗社，与众文士诗酒唱和，此冶春诗社存续达六十七年之久。

王士禛的一次创意，竟时空遥传，绵延三百余年为人乐道。如今，扬州市正在围绕虹桥修禊这一文化品牌规划建设虹桥修禊景区，并申报虹桥修禊文化遗产项目，开辟诗歌旅游线项目，开发以虹桥修禊为核心的诗文化产品。也许，这正是王士禛的"不负民即不负国，不负国即不负所学"为官理念的最好注脚。

九、风流水绘园

康熙三年（1664）末，在经历了两年前的被考满降级的处分后，也许是王士禛心境上的放松，也许是他逐渐适应了官场的规则，这一次，他迎来了仕途上的翻身。在这一年的考满中，他得到了督、抚皆注一等称职的结果，这个结果经吏部、都察院的复核，被呈报朝廷。在河道总督朱之锡的大力举荐之下，王士禛被提拔为礼部主事，从地方官升任为京官，由正七品成为正六品。这里的依据就是顺治十五年（1658），顺治给吏部的诏谕："二甲三甲俱着除授外官，遇京官有缺，择其称职者升补。"王士禛是作为称职者，在经过五年的扬州仕宦生涯后得以升迁，开启了他新的仕宦之旅。

到京赴任，须接到吏部的正式通知，王士禛是在十月底得知升迁的消息，而直到第二年的七月初，他才赴京。这期间，王士禛在扬州推官任上，又足足待了八个月。

据资料显示，康熙四年（1665）三月二日，京城发生了强烈地震，整个皇室也都搬到帐篷里去住。同时，沙尘暴肆虐京城，彗星也两次闪现，京城正忙着修复灾害带来的破坏，皇室也在反思究竟何处触动了天威。而王士禛这时真的庆幸自己还留在江南。

当然，这时的扬州，在王士禛的眼里已经不是那个凄苦惆怅的样子了，他是以京官的姿态在扬州，心情上更加轻松，所受到的追捧也越来越多，甚至知府、巡抚也要高看他一眼。

明亡之后，士大夫面临了严苛的考验。他们要在生死之间做根本的抉择，而如冒襄一样，气节与逸乐二者兼得者，则凤毛麟角。冒襄不只有遗民身份，更是文人、儒生、士绅兼而有之。作为明末清初文学大家、书法家和社会活动家，他交四方名士，唱和诗文，切磋书画，极一时之盛。他甚至比王士禛这样的新贵更多地受到人们的崇拜和尊敬。

如皋县城东北，水绘园楼台映水，小溪湍湍，水面清清。水绘园南邻中禅寺，西倚碧霞山，冒辟疆营造的园林不设围墙，环以碧水，水烟弥漫，亭台楼阁点缀其间。明亡之后，他心灰意冷，把水绘园改名为水绘庵，决心隐居不仕。当时，水绘园以其高雅为人瞩目，名士大家纷纷前来与冒襄诗文唱和，游舫啸咏。刘体仁曾说："时，士之渡江而北，渡河而南者，无不以如皋为归。"水绘园盛极一时。水绘园历冒家四世，至冒襄时始臻完善。它以水布局，倒影最佳，廊回折曲，秀雅婉妙，不输拙政园、沈园、瞻园、豫园的文采、风骚和自然。冒襄数十年遗民生活，所忆在园，言志在园，并融琴、棋、书、画、博古、曲艺于一园。

水绘园成为清初江北遗民交流思想、切磋书艺的桃源胜地。

就在王士禛组织红桥修禊的第二年，康熙四年（1665）的三月初三，冒襄在如皋家乡水绘园组织了一次有更多名士参与的水绘园修禊。冒襄在经过三个月的筹备后，邀请了八位江南名士前来。当然，这一次，王士禛作为京官，同时又是在职官员受到了更为热诚的邀请，当王士禛前来时，冒襄竟"出郊迎接"。

当天参加修禊的共七人。除王士禛、冒襄之外，还有陈维崧、冒禾书、冒丹书，三人均乃遗民之后。还有毛师柱，已弃举业，全力为诗。许嗣隆当时尚未中进士，为后进学子。

三月初三日，"天色明霁，桃花未落，春泥已干，风日满美，微云若绡，舒卷天际"①。前几日的春雨使得水绘园生意盎然，葱翠可人。园中晴丝飘荡，繁英偶落，台榭掩映于笼翠之间，一池碧波荡漾，令人心旷神怡。

王士禛、冒襄等人先于寒碧堂中品茗，茗罢折入枕烟亭观赏冒襄收藏的明代大家文徵明的《兰亭修禊图记》。文徵明的这幅画，是细笔小青绿的画法，他以近似工笔又兼带写意的笔法，将王羲之与四十一位名士兰亭相会的意境在画面上表现得韵味十足。树木、竹子工细但不刻板；山峦、水川写意而又简练。这是冒襄收藏的珍品，轻易不肯示人。今天，他之所以拿出来，就是想让大家尽快进入兰亭相会的意境当中。

几人刚欣赏完画作，准备登舟畅游洗钵池，这时，王士禛突然问道："水园雅集，怎可少了邵老夫子？"冒襄解释道："邵潜老先生已八十有五，前几个月身体生了病，还在卧床，请帖也发了他，可是身体不便，不能前来。"王士禛则说，邵老先生是难得的大家，他不来，我们的雅集总感到少了些分量和档次。见王士禛对邵潜如此敬重，冒襄立即

---

① 冒襄《水绘庵修禊记》。

指示下人："马上备轿，将邵老接来，不要扫了王大人的雅兴。"

听到是王士禛的召唤，邵潜尽管还在病中，也欣然前来。当他颤巍巍地从轿上出来，王士禛疾步上前，将邵潜扶下。

于是，参加聚会的人成了八个，大家一起簇拥着邵潜，泛舟洗钵池。

池上蝶舞蛉绕，水云一色，春风习习，众人登临小浯溪畔的小浯亭，后在月鱼基上，共解春衫，开怀畅饮，然后复归枕烟亭。枕烟亭上，胜景美醇引人诗情，王士禛道："相见时难别亦难，朋友聚散往往是苦乐交集。孔子说，有朋自远方来，不亦乐乎？相聚就是缘分，我们要让后世记住我们今天的聚会，记下我们的喜悦和哀伤。大家看，今天风和日丽，禽鸟欢歌，老天作美，我们现在何不开心游乐？我提议：宾主各据一景，即兴作诗，诗不限韵，人不一体。"

于是众人挥毫泼墨，每人一体，其中包括五言古、七言古、五言律、七言律、五言绝、七言绝六种诗体。王士禛此次分得七言古。

王士禛一气呵成，竟成七言古诗十首。夜色已晚，冒襄又在寒碧堂内设堂会，演出《紫玉钗》和《牡丹亭》。

此次修禊共得诗作三十八首。冒襄将这些诗作集为《水绘庵乙巳上巳修禊诗》，并请杜濬作序。一日，陈维崧问杜濬："阮亭诗如何？"杜濬答："酒酣落笔摇五岳，诗成啸傲凌沧州。"（李白诗）陈维崧又问："你的诗如何？"杜濬答："但觉高歌有鬼神，谁知饿死填沟壑。"（杜甫诗）杜濬引用诗仙、诗圣的两句诗将王士禛当时的意气风发、春风得意和自己的落魄、困顿和无奈描绘得淋漓尽致。

王士禛在水绘园流连四日，每日几乎通宵达旦，白天忙于公务，晚上彻夜清谈。这时，他已经明显感到体力不支，终于头脑混沌，在接到冒襄第五天的邀请后，只好以书柬向冒襄告假："连日夜坐几于达旦，又以公事迫促，几不成寐者四夕矣。今日佳招，本拟趋命，并践鉴赏书画之凤约，乃头目岑岑，殊不可耐。辞则非情，赴又不能勉强，奈何！奈何！"

在稍事休整后，第六天，王士禛离开如皋，起身返回扬州，众人一直将他送到河边。

十、魂去不须招

谢去吏事，心境的改变，使王士禛可以纵情娱乐和山水。这期间，他更多地出席盐商和达官显贵组织的堂会，也刻意去游览在扬州四年间未曾到过的江南名胜。正巧，此时大哥王士禄因事获罪后澄清，刚刚出狱。王士禛于是把大哥及家眷请到扬州家中，让同在扬州的父亲王与敕与大哥在江南一带旅游。他自己则干脆客寓南京，与方文、丁胤同游，恶补自己未曾到过的牛首山、祖堂寺、摄山、栖霞寺、花山等地。因为有了秦淮老人丁胤做向导，王士禛能很快了解名胜的历史、典故，每到一处，他写下游记、诗作。又因为有了方文同行，两人登名山、涉大川，访高僧大德，睹遗迹碑石，一路上互相唱和，竟增添了不少的乐趣。

方文现在还是以行医卖卜为生，而他的遗民志向却从未改变。

初夏的一天，王士禛受邀去参加一个盐商的堂会，他携方文同行。盐商对王士禛带来的朋友自然也不敢怠慢，两人同时在贵宾席落座。这时，盐商先请首座之人（应该是太守吧）点曲目，首座不假思索，说道：就点单子上的第一出《万年欢》吧！这《万年欢》是什么含义，今天已经很难考证，但是通过剧目名，也大约可以推测是清朝定鼎、四海一统、江山永固的意思。

首座话音未落，却激怒了方文，他也不顾首座是什么身份，站起来，大声说道："不可！祖先尸骨未寒，怎么可能看他们血流堂上，而我辈却在堂下优哉观赏！"

方文此言一出，举座皆惊。众人面面相觑，一时，整个大堂死一般沉寂！

王士禛想起了方文与陈名夏的故事。

方文有个朋友，叫陈名夏，李自成入京，他就投靠李自成；清朝入主，他就投靠清朝，官至一品大学士。这个陈名夏慕方文之文名，他将方文招到府邸，拿出重金，低三下四地请求方文为自己写的诗集作序。方文头也不抬地对他说："你的诗很好，就是得改三个字！"陈名夏连忙问："哪三个字？"方文这时突然站起来，厉声说道："就是改你陈名夏这三个字，这三个字不配让我方文作序！"此言一出，举座皆惊，陈名夏气急败坏，对方文说道："你以为我杀不了你吗？"方文也针锋相对："我今天就是带着脑袋来的！"说完，拂袖而去。

王士禛欣赏方文的气节，他起身，大声喝道："壮哉！遗民！"

四周的人听到王士禛振聋发聩的断喝，先是无声，继而，叫好声此起彼伏。

毕竟，王士禛是即将赴任的京官，他的这一声吼，就为方文的做法定了调子，即使别人有意见，也奈何不了。于是主人识趣，趁此将剧目改为《牡丹亭》。

方文日后将此事以诗记下：

黍离麦秀尚消魂，何况威仪俨至尊。

莫道人心尽澌灭，也留一线在乾坤。

方文之"壮"不只是这一次的怒吼，而是贯穿一生的。据说，四年后，五十八岁的方文临死时，请来占卜术士，为他扶乩冥府之事。扶乩者在乩盘上写下一诗："平生诗酒是生涯，老死江干不忆家。自入黄泉无所见，冥官犹戴旧乌纱。"这诗一时传遍大江南北，这"旧乌纱"成为方文铮铮遗民风骨的最强印证。

其实，这次的一声断喝，王士禛是有风险的。他是真性情的诗人，也许这正是王士禛赢得众多遗民尊崇和喜爱的原因。

在与方文游历十多天后，王士禛深情地作《望江南》数阕：

其一

江南好，风日近秦邮。银甲暂停朱阁午，玉笙才度碧云秋。扶醉且淹留。

其二

江南好，春暮雨帘纤。鱼子天晴初出水，鼠姑[①]风细不钩帘。底事恼江淹。

其三

江南好，最好是盂湖。何处情人名碧玉，谁家亭子号真珠。聊为结相于。

其四

江南好，画舫听吴歌。万树垂杨青似黛，一湾春水碧于罗。懊恼是横波。

其五

江南好，又过落华朝。玉茗歌残情历历，金堂人散水迢迢。魂去不须招。

这时，送行的诗篇纷至沓来，郑为光的这篇《扬州司理王公政绩碑记》因叙其政绩、刻于碑上，使他铭记终身。

文中，对王士禛的诗文及政绩给予高度评价：

阮亭王公，李维扬五年，报政称最，天子特擢礼部。……公髫年成进士，文名推当代第一。……公之初莅任也，执笔为誓词告天，然后受事，今犹有传之者。性慈仁善断，据案听辞，一无枉狱。……又江南所辖诸郡县，地称广纵，讼亦如此。顾督抚司道，往往委其谳于公，公亦直受不让。……以故十年中相传疑狱不可决者，不下什佰事，皆自公讯决之。……公酷

---

① 鼠姑：牡丹。

嗜读书，欲以实学导诸士。常典衣买书，葺抱琴堂、屬提轩，及竹亭鹤柴，贮书数万卷。……公著骚赋诗歌，驰骋宇内，无抗衡者。其游历之作，多不起草，吏人从旁缮录以传。四方乞诗字者错趾，退食凭几肆应无稍暇。断纨零素，人争宝之。五年中，有《渔洋山人集》十八卷，《扬州集》八卷。此欧、苏六百年来所未有也。昔司马迁读功令至广厉学官之路，未尝不废书而叹，诚以风厉之艰也。

……

康熙四年（1665）的七月初七夜，在禅智寺，由寺院住持硕揆召集了一次盛大的欢送宴会，群贤毕至，为王士禛送行。这其中有宗元鼎、吴嘉纪、孙枝蔚、陈维崧、汪楫、汪懋麟、许承宣、夏九叙、徐衡等人。王士禛写下《别广陵》：

> 禅智秋来波淼淼，红桥春去柳迢迢。
> 平生水调停杯处，不信魂从此日销。

七夕当晚，半弯月亮已上天际，趁着月光，王士禛与哥哥王士禄携双亲和家人，以及他在扬州的"数卷图书万首诗"，登舟弃岸，赴京上任。此时"……月出星河浅，山空人迹稀。清江去淼淼，徒御情依依……"王士禛在扬州留下几多豪情，也留下了几多惆怅。在这里，他留下了政声和官名，也留下了无数诗友，更收获了《过江集》《入吴集》《白门集》《秦淮杂诗》《倚声初集》《銮江唱和集》《冶春绝句》《红桥唱和集》《禅智唱和诗》等诗卷，以及他为两个儿子启涑、启浑学诗所编选的唐五七言律若干卷，名之《神韵集》。更为重要的收获是：他的门生崔符升，将他自顺治十三年（1656）以来至康熙元年（1662）的一千二百一十七首诗，刊刻出版，名为《渔洋山人诗集》，又名《阮亭诗选》，并有诸多大家作序，这是王士禛的诗首次结集刊刻发行。当然，在这五年里，王士禛也收获了他的第三个儿子——启汸（后官至唐山知县，候补知州）。

这时，王士禛突然想起自己刚出京时在前门关帝庙抽签所得的签语："今君庚甲未亨通，且向江头作钓翁。玉兔重生应发迹，万人头上逞英雄。"顺治十七年（1660），自己以二甲三十六名的名次，未得馆选，只身来到扬州江头做了推官，今天是七月初七，正是玉兔重生之时，此次赴京，莫非也是应了天意？

第七章

京师烟云

康熙十七年（1678）正月二十二，一个寒风料峭的日子，户部郎中王士禛和翰林院掌院学士陈廷敬同时接到了圣谕，到紫禁城懋勤殿接受皇帝考试。

一、名士为官休亦好

一洗路上风尘，康熙四年（1665）的九月，王士禛来到了京城，到礼部主客司任主事。提督会同、四译二馆。为正六品。

主客司，顾名思义就是接待藩属蛮夷贡使的地方。在明代，会同馆和四夷馆属兵部，而到了清代，这两个馆则归礼部所属。

藩属到京城朝贡，一路上要有传递文书和人吃马喂的机构，这个机构在外地就叫水马驿，到了京城就叫会同馆。四方文书到了京城，还需要译成汉文，于是就有了一个附属机构——四译馆。王士禛就主管（提督）这两个馆。

会同馆按现在的定位，大约相当于国宾馆，王士禛的角色也无非是现在的政府中负责接待的接待处长。提督，就是提醒和督察，接待时，制定方案和规格，同时将双方文书翻译。

然而，这差事王士禛九月刚干上，十月就被罢了官，原因是什么？工作失误？小人中伤？王士禛在自撰年谱中也对此罢官事件不载，看来确实有难言之隐。

这时大哥王士禄被免官后一直住在扬州，而那个浪漫的陈维崧则寄诗开脱："才子为官休亦好，弟须荷篠兄携杖。"

孙豹人闻此，更是别有激愤，他寄词一首："磨蝎宫①中，槐安郡②里，才名官爵浑如此。归来休问洛阳田③，秋风又报鲈鱼美。阳羡诗人，芜阴画史④，他时相见应狂喜。古来林下少人行，急流勇退先生耳。"这倒真有一点"去他妈！且去自在潇洒"的感觉了。

也许有了上次被降级的先例，也许有了大哥被免官的先河，也许受到了更多朋友的安慰，王士禛这次被罢官，心态倒是很平和的。他似乎认识到官场的陷阱无处不在，要想在仕途上混下去，内心的强大才是最重要的，心态决定命运，听天由命吧！

与陈维崧的浪漫情怀和孙豹人的激切不一样，王士禛更是怀着一种正统的思想来对待一切不公平，这个思想就是他后来在《居易录》中所说的"居易俟命"。

"君子居易以俟命，小人行险以徼幸"，《礼记·中庸》里的这句话可以说影响了王士禛的一生。任何时候都能平易安然，不怨天，不尤人，以平易的心态等待命运的安排，这应该就是君子修身正己的德行吧！

听到弟弟被免官的消息，王士禄急匆匆从扬州赶到京城，两人见面，相拥而泣。王士禛似乎有很多冤屈要对哥哥诉说，而当他见到哥哥

---

① 磨蝎宫：星宿名。旧时星象家言，身、命居此宫者，常多磨难。
② 槐安郡：《南柯太守传》：一个叫淳于棼的人，醉卧槐树下，梦入大槐安国，娶公主，出任南柯太守，荣贵无比。后来公主死，他被遣归，梦醒后才知，所游其实是大槐树下的蚁穴。释义为富贵权势变幻无常，不值得迷恋。
③ 洛阳田：事见《北史·许洛阳传》。后用以指良田。
④ 阳羡：宜兴，时词盛，代表人物为陈维崧。芜阴画史：指萧云从，画家。两句指诗画朋友。

时，却怎么也说不出，只有热泪在流淌。士禄见此，说道："我们兄弟到对面小馆一坐。"

借酒消愁，王士禛把自己踏入仕途后所遇到的种种磨难对自己的亲人说出，哥哥，是现在他唯一能倾吐衷肠的人了。倾诉，让他心里稍稍轻松下来。

正在王士禛向哥哥诉说的时候，酒馆的门开了，一阵冷风飘来，一个鹤发老者走了进来。兄弟俩几乎同时回望，又同时站了起来，啊？怎么会是他！

进来的老者不是别人，是大名鼎鼎的丁耀亢——丁野鹤。

丁耀亢（1599—1671），字西生，号野鹤，自称紫阳道人，后又称木鸡道人，山东诸城人。他写出了著名的《续金瓶梅》，以及著名的戏曲《西湖扇》《化人游》《蚺蛇胆》《赤松游》。然而，他却因《续金瓶梅》中的反满、排满措辞受到追究，获罪入狱。

王士禄和王士禛对丁耀亢都不陌生。听表哥徐夜说，当年徐夜还很年轻，一次在章丘的一个旅店里，见到一人，穿紧身急装，裤脚褶起，坐在案边旁若无人地大快朵颐。见到徐夜，还没寒暄，就直接对他说："我是东武丁野鹤，有数百篇诗，苦于天下无人知晓，你为我定定稿吧。"说完，便直接把一筐诗稿扔在了徐夜面前！丁耀亢的快人快语作风，由此可见一斑。

王士禛对丁野鹤更不陌生。丁耀亢曾被任命为福建惠安知县，赴任路上，经过扬州，看到南方山水，便不想去赴任的事，于是以老母多病为由，写了辞职信，隐居到江南。王士禛任推官时，就在扬州宴请过丁耀亢。

丁耀亢也没想到，竟在这个小酒馆里与这兄弟俩相见。其实，这次他是在狱中待了七个月。

三个落难之人相见，自是悲喜交集。得到丁耀亢出狱的消息，王士禄、王士禛更是拱手相贺。听到这兄弟两人相继被罢官，丁耀亢也不免唏嘘，当即赋诗，为两兄弟打气：

海内才人羡季昆，文章家世冠齐门。

于今月旦①人多故，自古风流道尚存。

江阁梅花余彩笔，天垣星宿照黄昏。

相怜欲觅垆头②醉，浊酒同浇楚客③魂。

（《逢扬州司理王贻上铨部王西樵》）

三人落座，继续吃酒。丁耀亢说：“听说阎古古也在京城，多得龚大司寇照顾，这个月二十七日，阎古古要回乡沛县，龚大司寇要为他送行，不知道你们接到邀请了吗？”

王士禛道：“我也是刚接到邀请。我在扬州时，屡次想见阎古古，他都不给我面子，没想到却在这里能见到他，也算缘分。”

二十七日，王士禛兄弟如约来到龚鼎孳家中，在龚家西堂，参加龚鼎孳为阎尔梅组织的饯行宴会。作为当时与顾炎武齐名的明朝遗老、抗清志士，阎尔梅是以他的风骨受到大家尊崇的。

而龚鼎孳作为时任刑部尚书，却能为阎尔梅设宴饯行，是完全符合他敢做敢当的个性的。

想当年，秦淮八艳之一的顾媚与龚鼎孳定下终身，正是因为龚鼎孳的敢爱敢恨，才使顾媚得以有了一品诰命夫人的头衔。相比之下，侯方域与李香君、吴伟业与卞玉京，正是因为侯方域与吴伟业怕烟花女子耽误了前程，才落得个遗憾终身。

阎尔梅位居上座，尽管大家对他都是恭恭敬敬，他却还是一脸的清高，并不把大家放在眼里。在他眼里，也许在座的都曾为清朝当过差，就是他眼里的逆臣，而唯有他是“出淤泥而不染”，尽管他也是来白吃白喝的。但是，他的这一身风骨就是吃的资本！

---

① 月旦：指品评人物。最初指东汉汝南地区品评人物的风气，其产生与当时的辟举制度有关，士人如要获得辟举，出任地方行政机构，必须得到人们的好评。在当时的汝南地区，名士许劭和许靖都喜欢品评人物，每月一换品题，故称为“月旦评”。后来，“月旦评”泛指品评人物，或省称“月旦”。

② 垆头：酒坊，酒家。

③ 楚客：流落他乡，或被贬谪，不得意之人的代名词。

此时的王士禛已是被免官之人，如果说原来对阎尔梅的执礼甚恭还有"待罪"他乡、自己年轻、小心谨慎的想法，那么，他现在还有何惧呢？

于是，王士禛对阎尔梅起身敬酒："弟待罪贵乡时，望先生如景星庆云，一见不可得。不意长安风尘中，先生亦到此！"王士禛这话说得不卑不亢，全无谦虚的后生的言辞。阎尔梅听罢，喝下一杯酒，自叹一声，竟默不作声了。

见情形有些尴尬，王士禄则马上岔开话头："先生可有近作？"

一提起诗，阎尔梅来了精神。他说："我刚刚从沧州来，沿途睹景，刚成一诗，向诸位请教。"他马上吟道：

沧州道中

潞河数百里，家家悬柳枝。
言自春至夏，雨泽全未施。
燥土既伤禾，短苗不掩陂。
辘轳干以破，井涸园莱萎。
旧米日增价，卖者尚犹夷。
贫者止垄头，怅望安所之？
还视釜无烟，束腰相对饥。
欲贷东西邻，邻家先我悲。
且勿计终年，胡以延此时？
树未尽蒙灾，争走餐其皮。
门外兼催租，官府严呼追。
大哭无可卖，指此抱中儿。
儿女况无多，卖尽将何为？
下民抑何辜，天怒乃相罹？
下民即有辜，天恕何至斯？
视天非梦梦，召之者为谁？
呜乎！雨乎！

安得及今一滂沱，救此未死之遗黎。

这真有杜甫《三吏》《三别》和《茅屋为秋风所破歌》的味道。说实话，对这首诗，王士禛还是很赞赏的，他起身向阎尔梅敬酒道贺。而这时，旁边却有一个诗人叫顾万祺的，也是一个遗民诗人，对阎尔梅更是敬仰。顾万祺起身，对阎尔梅说道："先生的诗真的不减当年杜甫杜少陵啊！"

没想到一句话却激怒了阎尔梅，他刚喝了几杯酒，竟把酒杯往桌上一推，指着顾万祺大声说道："你小子知道什么！什么杜甫，动不动拿我和他相比！"一旁的顾万祺不由面如土色，手足无措。

其实，阎尔梅是一直学杜诗的，他认为诗歌不能光抒发情怀，仅是"比""兴"的性情之作，而更要重"赋"，即"诗史"，这就与杜甫的创作相符合。他曾说："圣人以史尊王，学者以诗代史，其义未尝不可窃取也。"（《阎古古全集》卷二《帝统乐章序》）

阎尔梅之所以指斥顾万祺，无非是表达："杜甫是杜甫，我阎尔梅是阎尔梅，别动不动拿我和杜甫比，我的诗不愿长在杜甫诗的影子之下。不输杜少陵算什么，我还比杜甫高呢！同时，一个无名诗人，凭什么对我的诗指手画脚，他还不够资格说我的诗。况且，我也有抒怀的精品。"

但是，在酒宴上对一个晚辈诗人无礼，也确实令在座的人有些看不下去，最起码，这是修养问题！王士禛更有些看不下去了，他心下想着如何给这阎老头一点颜色看看。

这边的恭维之声还此起彼伏，阎尔梅还沉浸在炫耀的自得中，他继续谈自己的诗："我不光写那些诗史，我也有抒怀的诗，我的《云中东城怀古》其中就有这样几句：'当年战场成遇礼，于今兵气满寒空。地高天近星辰大，春少秋多草木深。'"

这几句其实深得王士禛神韵理论，有比有兴，不是仅仅以赋来铺陈，且极有温柔敦厚之风。其意境在比兴之中，不着一句哀伤，却哀伤韵致风流尽出。

王士禛突然想起明朝李梦阳的《秋望》：

黄河水绕汉宫墙，河上秋风雁几行。

客子过壕追野马，将军韬箭射天狼。

黄尘古渡迷飞挽，白月横空冷战场。

闻道朔方多勇略，只今谁是郭汾阳①。

于是，王士禛说道："先生的那几句诗真的不输李梦阳'黄河水绕汉宫墙'的句子。"

没成想，阎尔梅听到此话，却马上眉开眼笑："哈哈，真是知音啊，怪不得龚司寇说有诗要向西樵（王士禄号）、阮亭兄弟请教呢！信哉此言，真是有见地，知音啊！"

也许是因为王士禛的诗名，阎尔梅才做出这样的反应，这与刚才他对顾万祺的态度形成鲜明对比。其实，他根本没有把顾万祺放在眼里。王士禛见阎尔梅也是如此势利，决定不能再给他面子了！

"有见识不敢当，不过我倒有一言问先生，难道你认为李梦阳在杜甫之上吗？"王士禛问道。

"何出此言！"阎尔梅竖起醉眼，吃惊地问道。

"刚才顾先生把您的诗与杜甫诗相比美，您竟勃然大怒，我现在以李梦阳的诗和先生的诗比美，您竟喜笑颜开，这不就是说李梦阳的诗在杜少陵之上吗？而以我所见，宋明以来，诗人学杜子美者多矣。予谓退之得杜神，子瞻得杜气，鲁直得杜意，献吉②得杜体，郑继之③得杜骨。他如李义山、陈无己④、陆务观、袁海叟⑤辈，又其次也；陈简斋⑥最下。梦阳先生无非有形无神罢了！"

没想到王士禛在这里下了个套儿，如果说李梦阳的诗在杜甫之上，

---

① 郭汾阳：唐朝大将郭子仪。

② 献吉：李梦阳字献吉。

③ 郑继之：明朝吏部尚书，字伯孝，襄阳人。

④ 陈师道：北宋诗人。字履常，一字无己。为苏门六君子之一。

⑤ 袁海叟：袁凯，字海叟，明初诗人。

⑥ 陈简斋：陈与义，南宋诗人，字简斋。

那纯是胡扯。如果不承认，自己刚才的那些举动就真的说不过去了。阎尔梅想到此，竟一时无语，他一阵脸红之后，打起了哈哈："不说了，不说了，喝酒，喝酒！"

阎尔梅这次是真正领教了王士禛外圆内方的性格了。

王士禛从内心里对阎尔梅是充满敬意的，如果不是这样，他就不会在扬州时三番五次想去拜访阎尔梅。但王士禛认为：人们尊崇的是他对清朝的风骨，可是，对朝廷的傲慢，不可以成为对朋友的傲慢，前者是政治态度，后者则是人格问题了。阎尔梅动辄喝酒骂人的作风，着实让他反感！起码，这不符合温柔敦厚的君子风范。而阎尔梅"触物而含凄，怀清而激响，怨而怒，哀而伤"与他的"居易俟命"的处世风格也大相径庭。同时，才子王士禛的才华也时常会压抑不住，所以，王士禛与阎尔梅之间的冲突也是难免的。

在这次被免官之后，王士禛其实得到了心灵的成长，他的心里反而更加踏实和强大。在京城，他逛书肆、交画友，在朋友酒宴上嬉笑怒骂，挥洒才华。

一日，他来到在工部任职的新城老乡荣开的府邸，荣开是与王士禛同科贡士的新城老乡。王士禛见壁上有"泉绕汉神祠，雪明秦树根""浓云湿西岭，春泥沾条桑"的句子，署名为吴雯，他不由大惊。这样的句子、这样的境界，只有古人才有，忙问荣开："这吴雯是谁？"

荣开告诉他，吴雯是山西蒲州（今永济县）人，吴雯所居永乐镇为中条山之胜，柳宗元、司空图、王维、李商隐都曾在此地居住，人文极盛，遗迹多存。吴雯自幼明慧，博览群籍，在蒲州，吴雯徜徉于名胜间，虽绳床土锉，破屋漏日，依然啸咏自得。

吴雯的父亲原来做过官，吴雯贫寒，无以为养，到处流浪，二十多年来，四海为家。有时，也跑到京城他父亲昔日的朋友那里，以诗乞食。

王士禛驻足壁前良久，他边惊叹吴雯为"仙才"，边感慨世事弄人。

在京城待了一个月，他决定和哥哥一起回家。经过德州董仲舒墓的时候，他想起自己的境遇，感怀当年董仲舒的奏章被主父偃嫉妒所偷的故事，发出"太息此才逢主父，天人三策欲何如"的叹息。

而仅仅过了八个月，王士禛又接到了复官的消息。这时，他倒是一身的轻松，一路上在旅店中处处题诗。在德州一个叫曲律店（百姓俗叫曲律店子）的小馆里，他满怀轻松和诙谐地写道："曲律店子黄河涯，朝来一雨清风飙。青松短壑不能住，骑驴又踏长安街。"

而这一踏长安街，竟足足三十八年。

二、八股与裹足

自康熙五年（1666）的九月，王士禛复任以后，他的仕途进入平顺期。在礼部主客司主事任上两年后，康熙七年（1668）他升为礼部仪制司员外郎（相当于现在的副司长），为从五品；康熙八年（1669），他又以礼部仪制司员外郎的身份掌管淮南榷清江浦；康熙十年（1671）春，被任命为户部福建清吏司郎中，成为正五品官员；直到康熙十七年（1678），王士禛被康熙看中，选为词臣，成为翰林院侍读。王士禛从一个三十二岁的小伙儿成为四十五岁的中年，他走过了十二年平顺的仕宦之旅。

这段时间当中，王士禛于康熙十一年（1672）五月奉命为四川乡试主考官。而在这期间，王士禛遇母亲病逝，他在故里新城丁忧三年，直到康熙十五年（1676）才回京。也就是说，在这十二年中，他只有七年留在京师。

尽管仕途平顺，王士禛却经历了诸多人间的生离死别：康熙十年，不到三岁的小儿子（第四子）启沂（小名狮儿）夭折；不久，大儿子启涑的夫人梁氏死于难产；继而，康熙十一年，二儿子启浑十六岁病死；几个月后，慈母见背；康熙十二年（1673），大哥士禄命归西天；康熙十五年，妻子张氏又与世长辞。五年之内，痛失六名亲人，王士禛又是经历了怎样的伤悲！

也就是这段时间，是康熙亲政、三藩之乱的国势风雨飘摇期，而寓居慈仁寺的王士禛，以他的才子风范读书写诗、指点江山、广交天下文士，逐步向诗坛祭酒的位置上攀登。

然而，传统的浸淫、天性的柔和、山东人的忠厚、循吏的天职，使他对传统的维护更加坚定。他在传统中寻找自己，矫正自己，离开了传统，他会认为是离经叛道！对于这个崭新时代来说，他从骨子里认为，维护传统就是维护未来。

以现代人的观点：八股和裹足是与现代文明格格不入甚至是荒唐和耻辱的事情，然而王士禛却不这样认为，因为这两件事都是中国人发明的，代表了汉文化。

其实，认为八股束缚思想的不只是现代人，康熙就这么认为。

一个外族的领袖统治中原，还真得有大智大勇才能给传统动刀。可是，在三藩、郑成功和噶尔丹面前，康熙赢了；而在王士禛这些传统的维护者面前，他却输了。

八股始于北宋，科举时不考诗赋，只考经义。而经义中只在《四书》中出题，考试无非是通过对经义的阐述训练应试者写文章时的起承转合能力，其八股为破题、承题、起讲、入手、起股、中股、后股、束股。八股以兴，尤其明朝以来，就受到有识之士的诟病，甚至有人认为，大明江山的灭亡就是因为这八股取士的制度。它让人穷经皓首，模仿古人，扼杀创新和才智，毁灭了一代又一代的有识之士。顾炎武甚至认为，八股取士无异于焚书坑儒，秦始皇无非活埋了四百多儒生，而八股取士不知坑害了多少天下英才。

于是，在四大辅臣大力推动下，康熙二年（1663），康熙下了一道圣谕："八股文章，实于政事无涉，自今之后，将浮饰八股文章永行停止，惟于国计民生之策论中出题考试。"于是，科举改三场为二场，首场策五道，二场《四书》《五经》各论一首，表一道，判语五条，另外的一场八股考试就这样被废止了。

但是，考了三百多年的八股能够存在，自然也有它的益处。王士禛很赞同八股文，他本人就是在八股文中摸爬滚打出来的，谙熟其理。他在《池北偶谈》里还记述了这样一个故事：一个作诗多年又不入格的老先生问汪琬，为什么自己的诗总是格格不入。汪琬说，你是因为没有受过八股文的训练，理路不分明。他还记下元朝王鹿庵说过的一句话："作文字当从科举中来。不然，而汗漫披猖，是出入不由户也。"

其实，支持八股文的不只是王士禛，还有著名的张廷玉。雍正时，也有人提议废除八股考试，张廷玉则说："若废制义，恐无人读《四子书》讲求义理者矣。"遂罢其议！

近代进士出身的大师蔡元培就认为：八股文的作法"由简而繁，确是一种学文的方法"。经过写八股文的严格训练之后，再去作其他文体，就显得较容易了。

能够写出好八股文的都是一些聪明人，他们思维纤细、逻辑缜密，若再加上飞扬文采，则真的是人才。"骚坛之卓卓者"确实都是"台阁之铮铮者"，王士禛、吴梅村、再到后来的袁枚、吴锡麒等无一不是八股出身，这一点，连那些终身困于科举的人也不得不服气。王士禛的朋友、那位同样是八股出身的吴国对，他有一个孙子，叫吴敬梓，写出了《儒林外史》。吴敬梓一生考场不得意，可以说一生受制于八股，但是他却说："八股文章若做得好，随你做什么东西，要诗就诗，要赋就赋，都是一鞭一条痕，一掴一掌血，若是八股文章欠讲究，任你做出什么来，都是野狐禅妖，邪魔外道。"

八股之所以受到人们的抵制，还有一个重要原因就是只涉及经义，"代圣人立言"就不免晦涩难懂、佶屈聱牙。而如果用八股文的方法写一件有趣的事，那自是另一种滋味。尤侗就因一篇有趣的八股不但声名远扬，还因为顺治夸他为"真才子"后，在六次科场落第后被授以永平推官。且看尤侗的这篇被称为千古奇文的八股文：

惊艳怎当他临去秋波那一转

（破题）想双文①之目成，情以转而通焉。

（承题）盖秋波非能转，情转之也。然则双文虽去，其犹有未去者存哉？

---

① 双文：指崔莺莺；借指美女。

（起讲）张生若曰：世之好色者，吾知之矣。来相怜，去相捐也。此无他，情动而来，情尽而去耳。

（入手）钟情者正于将尽之时，露其微动之色，故足致人思焉。有如双文者乎？

（起股）最可念者，啭莺声于花外，半晌方言，而今余音歇矣。乃口不能传者，目若传之。更可恋者，衬玉趾于残红，一步渐远，而今香尘灭矣。乃足不能停者，目若停之。

（过渡）惟见盈盈者波也，脉脉者秋波也，乍离乍合者，秋波之一转也。吾向未之见也，不意于临去时遇之。

（中股）吾不知未去之前，秋波何属。或者垂眺于庭轩，纵观于花柳，不过良辰美景，偶尔相遭耳。犹是庭轩已隔，花柳方移，而婉兮清扬，忽徘徊其如送者奚为乎？所云含睇宜笑，转正有转于笑之中者。虽使靓修瞱于觌面，不若此际之销魂矣。

吾不知既去之后，秋波何往。意者凝眸于深院，掩泪于珠帘，不过怨粉愁香，凄其独对耳。惟是深院将归，珠帘半闭，而嫣然美盼，似恍惚其欲接者奚为乎？所云渺渺愁余，转正有转于愁之中者。虽使观羞目于灯前，不若此时之心荡矣。

（后股）此一转也，以为无情耶？转之不能忘情可知也。以为有情耶？转之不为情滞又可知也。人见为秋波转，而不见彼之心思有与为之转者。吾即欲流睐相迎，其如一转之不易受何！

此一转也，以为情多耶？吾惜其止此一转也。以为情少耶？吾又恨其余此一转也。彼知为秋波一转，而不知吾之魂梦有与为千万转者。吾即欲闭目不窥，其如一转之不可却何！

（束股）噫嘻！

招楚客于三年，似曾相识；

倾汉宫于一顾，无可奈何。

有双文之秋波一转，宜小生之眼花缭乱也哉！抑老僧四壁

画西厢，而悟禅恰在个中。盖一转者，情禅也，参学人试于此
下一转语！

这真是一篇绝妙美文，难怪康熙见了，也不由喜欢得哈哈大笑。

所以，王士禛在礼部仪制员外郎任上时，就上条八事，其中之一就
是恢复八股，并被允旨。于是康熙七年（1668）康熙亲政后，立即又使
八股考试复兴。

如果说兴八股还有王士禛想恢复传统的一些"义举"的意义，那么，
他的"宽裹足"倡仪，则有短视和卫道士的感觉了。

对女子裹足，反对者古已有之，清朝的钱泳在《履园丛话》就曾说：
女人之德，自以性情柔和为第一义，容貌端庄为第二义，至足之大小，
无足轻重。

其实，早在康熙三年（1664）朝廷就有诏令禁止妇女裹足，并规定，
康熙元年（1662）以后所生之女，如果再有裹足者，其父有官者交吏、
兵二部议处，兵民则交付刑部责四十板，流徙。家长不行稽察，枷一个
月，责四十板，督抚以下文职官员有疏忽失于觉察者，听吏、兵二部议
处在案。

这样严厉的处罚，应该说朝廷是下了决心的。但是，由于积俗难
改，一些百姓便上有政策，下有对策，有的人家为了裹足，便将女孩的
生日改了，康熙元年后生的，也成了之前生的。

也许是怜民疾苦，也许是为民请命，反正王士禛便主动上疏，要求
朝廷在此事宽限民苦，弛禁裹足。

现在看来，对于王士禛的这个做法，确实不敢恭维。而有意思的
是，王士禛的这个"上条"之事，居然又被朝廷通过了，实行了四年的
裹足禁令在康熙七年又开禁了，这不能不说是一个遗憾，也不能不说是
王士禛的一个败笔。

然而，离开了特定的历史背景且人物，似乎又是不客观的。

对于风俗习惯，王士禛始终抱以尊重，而这个尊重，是站在他认为
对世道人心有裨益的角度上的。即：有益的风俗，他提倡；无益的，他

则排斥。世道人心，是他的立足点。

早在扬州推官任上时，他对吴中三俗——斗马吊牌、吃河豚鱼、敬畏五通邪神深恶痛绝，看到许多缙绅子弟混迹其中，甚至为此卖掉祖上的宅地而无怨无悔。他就恨不得有一尚方斩马剑，把这始作俑者诛尽杀绝，以正人心。①

后来，他举荐汤斌入朝，做了江宁巡抚。汤斌临行时，到他的府邸拜访。他对汤斌说，吴中祠庙滥建，妇女在滥建的祠庙里到处烧香磕头，而人们拜的既非佛寺也非道观，而是像五通神怪这样的邪神，应当禁止。

汤斌上任，命令各州县建立社学，讲解《孝经》、小学，禁止妇女四处游荡。官府小吏、市井倡优不准穿皮衣和丝织品，焚毁不健康的书籍。五通神装神弄鬼，常致人死命，汤斌就没收五通神的塑像，将木雕烧掉，泥塑沉到水里，并下令各州县凡有类似的祠堂全部毁掉，卸下原来的材料修建学校。一时，教化推行，风气大正。

王士禛之所以更看重世道人心，大概就是要使气正风清，使社会更有秩序。他似乎认为，像裹足这样的风俗，有利于社会的稳定，而马吊牌、祭淫祠之类，则有伤风化，不利社会稳定。从内心里说，他是一个保守派，对改革人物他是十分痛恶的，他认为王安石"改祖宗格法"，就是大奸，是秦始皇附体，必乱天下。②而王安石的"三不足"（天变不足畏、人言不足恤、祖宗不足法）更是毫无敬畏之心的大奸之为。

他对明朝思想家李贽排斥孔孟传统儒学，以"异端"自居，主张"革故鼎新"的思想非常反感，对他所主张的个性解放、思想自由、男女平等、婚姻自由之说也认为是醉梦中的呓语。他说"余最不喜李贽之说"③。

他对唐朝诗人李群玉过黄陵庙的诗中对红裙少女的遐想视为在神庙前的大不敬，为无忌之小人，是诋毁圣贤、侮辱道法！甚至激愤地说：如果有地狱，就是为这种人设的！

对于传统的礼节，他积极维护，并终身实践。比如，对葬礼的哀哭

---

① 见《分甘余话》。

② 见《古夫于亭杂记》。

③ 见《古夫于亭杂记》。

之事，他就很重视，他认为哭必尽哀。据福格在《听雨丛谈》中的记载，"今京师吊丧者，直以哭为吊礼，并不计涕之有无，人多笑之"。也就是说，人们参加葬礼，哭，只是发出声音，并非情动于衷，鼻涕眼泪一把的人很少见，所以，葬礼成为看笑话的地方！而王士禛却不这样，他说："我交友绝不用虚华之礼。"在京师时，遇到施愚山、沈荃、李容斋、叶方蔼诸公的葬礼时，都是满怀真诚地哀哭。他瞧不起一些人，自谓至友，指天盟誓，一旦声名地位有了差别，就忘记夙好，不相往来。

当我们脑海里浮现出一个在朋友葬礼上哭得一把鼻涕一把泪的老先生时，我们会有怎样的想法？啊！这是一个多么可爱的老夫子啊！

三、清江榷署

康熙八年（1669）三月，王士禛在礼部仪制清吏司员外郎任上，接到赴清江浦榷署的任命。

所谓的榷署，其实就是朝廷设立的税收机构。榷署一般设在水陆衢会、舟车辐辏、商旅聚集之地，掌管口岸商贸及税赋征收。

自明代以来，造船业实行官造官修制度，即不允许民间私自造船和修船。于是，在明朝大运河重新通航之后，在淮安清江浦形成了一个全国最大的内河漕船制造基地。明朝在全国设立了两个造船厂，一个是临清的卫河造船厂，一个就是淮安的清江造船厂。南京、直隶、江西、湖广、浙江各省的内河漕运船均产自清江；卫河造船厂则负责海船和山东、北直隶的内河漕运船的制造。实际上，全国的内河漕运船有百分之七十来自清江造船厂，其盛况可见一斑。嘉靖三年（1524），卫河厂归并清江厂并搬迁至清江浦，成为其属下的四总厂之一。由此，淮安也成为与苏州、杭州、扬州并称的运河沿线的"四大都市"之一。

淮安，是运河南北通行必经之地。但是，明中叶黄河全流夺淮后，淮安以北的京杭运河不仅迂缓难行，而且危险很大。清朝规定清江浦以北的运河只允许漕运船只通过，因此大量旅客都必须在此进行"南船北马"交通方式的变更。除运粮漕船、贡品船与巡河官舫外，一般旅客由南而北，均在此舍舟登陆，再渡黄河后换乘车马，踏上通京大道。由北而南，则弃车马，至清江闸下登舟扬帆。因此，淮安不但是水路，而且是陆路的交通要道。

淮安的造船业及其交通地位，使清江榷署的地位举足轻重。对于一些重要的关榷，管理的官员原来都由户部和工部派遣，康熙四年（1665）至七年（1668），则由地方直接管理。在康熙八年（1669），向榷署派管理官员则改为由六部官员按资历长短轮流抽调，是谓"论俸掣差"，王士禛是在这次"掣差"中，被掣中的，从礼部被抽调到淮南清江浦榷署，来清江浦的任务即专管造船。

清江造船业之盛况，在一组数字中就可以体现。当时，清江船厂下辖四个厂，沿运河由东到西为江宁厂、山东厂、凤阳厂、直隶厂（顺治二年改称江南厂），船厂总长二十三里，有八十二个分厂（生产车间），有六千多工匠供职。其间，每年生产四百至六百只船只，连郑和下西洋的海船也是出自清江船厂。

然而，清初，由于制度逐渐弛坏，漕船不仅质量差，交付使用不及时，而且造价高。产生这一后果的主要原因是：主持船政的大小官吏贪赃枉法，管运官员蔑弃礼法、奢侈成风，他们同采购料物的商人相勾结，营私舞弊、中饱私囊，逾制打造官船。这些官船，可以附带许多土特产供送权贵，也可以击鼓鸣金、养马坐轿。这些船只纵横于各洪闸之间，在民船面前耀武扬威，极尽排场。而打造这些官船的银两，则多半来自官拨军饷。当时正是清廷造船，施琅大举攻取台湾的时候，由于料物价格的上涨，财政的吃紧，加之官员贪污成风，当这些因素转移到了工匠身上，他们就拿不到相应的工钱。于是，船只不但质量低劣，还不能按时交付，而且造价奇高。

王士禛刚到清江浦就了解到，清江当地的造船，名义上由官府主管，而实际则控制在一个叫汤甲的木商之手。汤甲操控木价，控制原材料，总漕以下的官员从船政同知到船厂主事、总管都要看他的脸色行事。

王士禛雷厉风行，他征得总漕帅颜保的同意，将整个供货体系转变，木材原料由市场多方采购，把汤甲的垄断经营变成多家经营，同时，足秤足色发放银两。不久，造船价格降下来了，工人工资足额发放了，船只的质量也大大提高。

从这段时间王士禛鲜有诗作就可以看出，他一心扑在了工作上。整个《渔洋精华录》中，康熙九年（1670）没有收入一首，他的诗情似乎已被那些繁杂的造船经济事务消磨了。因为清廉和勤敏，他也受到了上司的嘉奖：康熙九年五月，蒙恩特授奉直大夫，从五品，张氏夫人被封为宜人。

好消息接踵而至。先是康熙八年（1669）二月，三哥王士祜进士及第，与徐乾学、李光地、叶燮同榜；继而，九月，大哥王士禄冤案平反，复官为吏部考功司员外郎。而此时，淮安到扬州一段运河正在疏通，清江浦几乎无过往船只。王士禛的下任还未来到，这样，本来四月就到了一年的任期，他又等了五个月，直到十月，他才得令回京师。

回京路上，他回到家乡新城，与三兄弟一起，为双亲祝寿。

这个场面是很荣耀的，一门三进士，荣归故里。王与敕不失时机地把亲朋请来，宴席足足摆了十桌。他认为，为他祝寿并不重要，重要的是，一门三兄弟都成了进士，这是王氏家族的荣耀。他要趁此时机，举行仪式，以激励后辈，不忘祖训，奋发图强。他将王象晋的牌位摆放在中堂中央，他要把王家的荣耀告诉在天之灵。

诸亲朋落座，王与敕举起酒杯，他说："自明季以来，王家磨难辈出，家族历尽涂炭，所幸祖宗有灵，让子孙克勤克俭，存道义之心，行道义之事，友读书之人，言读书之言，如今，我新城王氏，仅我一门，喜中三进士，积善之家，必有余庆。我祖德庇后世，让王氏门庭振于烟硝火烬之余。王氏子孙，当以此为荣，励精图治，光大祖业，以慰上天之灵。"

王士禄率众后辈子孙站起，举酒齐眉，齐声说："当记祖训，不负先辈，振兴门庭！"

站立起的王家后辈此时无不神情庄重，有的还热泪盈眶。这种家族的仪式所起的作用，有时比圣人之言更刻骨附髓。

四、宋诗也妙

从新城出发，王士禛携家眷再赴京师，这次与他同行的是哥哥王士禄。王士禄时赴吏部考功司员外郎任。

农历十一月的华北平原，尘土飞扬，枯枝相向。想起十八年前兄弟俩一同赴北京参加会试的情景，那时，又是多么意气风发，多少激扬文字在旅店的墙上，已化为遥远的记忆。毕竟，时间已经过去十八年了，王士禛已由一个十九岁的少年，成为三十七岁的中年。而哥哥士禄已四十六岁，双鬓已经冒出了白发。

路途歇息，王士禛继续与哥哥谈诗。他对士禄说："我一生写诗得益于哥哥，我小的时候，兄见我爱诗，将刘颖阳先生编的《唐诗宿》中王维、孟浩然、常建、王昌龄、刘眘虚、韦应物、柳宗元的诗，手抄下来，给我编成集子，让我朝夕诵读，使我在十五岁时就有了一部自己的诗集《落笺堂初稿》，兄还为我作了序。有了兄的教诲，才有了我的今天。"

王士禄说："当时我选的诗都是唐诗，其实，我是很喜欢宋元人诗的。后来，我又推荐了许多苏轼、黄庭坚、陆游以及金元元好问、虞道园的诗，没想到，你对宋元诗也很有好感。"

王士禛见哥哥说起了宋元诗，自是来了兴趣，他马上发表了自己对宋诗的见解，他说："明朝开国以后，奉酬应答、歌功颂德的台阁体盛行，加之八股文章和道学风气，使文坛乱象丛生，并且僵化颓靡。李献吉等以'性情'为旗，一时豪杰四应。他说'诗自中唐而下，一切吐弃'，我乡李攀龙倡导复古，'文必秦汉，诗必盛唐'，然而，学汉唐诗文，又必不离其文辞，琢句成辞，几近剽窃，以至被称为李攀虫。"

王士禄接着说："这些人只学也罢，却陷入泥淖，认为世上诗文只有汉唐，对宋诗不做研究就大加诋毁。和李攀龙一起的汪道坤喝醉了酒，就大骂苏东坡，说苏的文章'一字不通，当以劣等处之'。真是坐井观天，无稽之谈。其实，他们不知道，苏轼是文章圣手，文字皆自心声，不知比他们的一味模仿汉唐人强多少倍。"

王士禛接过哥哥的话，说道："我近几年也是专看宋元诗。去年冬天，我在淮安时，就写了几首读唐宋金元诸家诗的感言，其中写苏轼我是这样写的：'庆历文章宰相①才，晚为孟博②亦堪哀。淋漓大笔千秋在，字字华严法界来。'这最后一句，就是针对李攀龙胡说苏老文章'一字不通'而说的。"

王士禄说："我一开始也是学唐诗，后来出于新奇才涉猎了宋元诗。我感到唐宋人诗各有千秋，唐诗严谨，而宋诗酣畅；唐诗含蓄，而宋诗直露；唐诗丰腴，而宋诗瘦硬；唐人寓情于景，而宋人寓理于物，无不可写之景，无不可畅之情，所以宋诗妙在灵动警秀，而病在粗浮轻率。"

王士禛接着说："唐人写诗有其精神在，而明人学唐，却只学其形，竟如神骏之马披上绸缎让其伏辕。写西施漂亮极尽美辞，但是毫无女人的情性，感觉起来还不如一个乡下女人。宋人虽有粗浮之嫌，但对当下却是一剂良药，所以学诗不必汉唐，而学宋也应取之有道。学问是天地道心，性情是人之趣味，失之学问就无根底，失之性情则会粗浮。两者兼得才是好诗。

"兼得的诗就是要有神韵，如王维的'明月松间照，清泉石上流'，孟浩然的'野旷天低树，江清月近人'，此中无激荡之语，无直白之音，合温柔敦厚之理，状物摹景，神韵自来。这就不是宋诗'梅子留酸软齿牙，芭蕉分绿与窗纱。日长睡起无情思，闲看儿童捉柳花'（杨万里）的日常平淡，也不是'生当作人杰，死亦为鬼雄'（李清照）的激越，更不是'不识庐山真面目，只缘身在此山中'（苏轼）的说理。"

王士禄说："四弟刚才说得极好，只是现在这学唐实不像唐的风气确实需要改变。"

王士禛道："兄说得极是，目前风气必须改变，不能让神骏穿上绸

---

① 宋仁宗曾说苏轼兄弟为宰相之才。

② 后汉范滂，字孟博。

缎去驾辕，不能让西施花枝招展像妖妇，就要给诗坛注入真性情，就要从学宋诗开始，哪怕会矫枉过正。"

王士禛对宋诗的这些看法，直接影响到了清初自明以来的学唐诗风。之后，在王士禛的大力倡导下，诗坛上形成了强大的宋诗风潮，而且这种风潮延续了二十余年之久。直到康熙三十二年（1693），王士禛看到宋诗的流弊，又举起了返唐大旗，出版了《唐贤三昧集》《十种唐诗选》，"力挽尊宋祧唐之习"，诗坛风气又为之一振。而王士禛在这个过程中完成了由唐至宋、又由宋至唐的超越，由此才完成了他对古典诗歌的美学畅想，即宋荦所言"原本司空表圣"，严沧浪绪论所谓"言有尽而意无穷""妙在酸咸之外"——也即他的神韵之说。

回到京师，王士禛继续住在慈仁寺，而与他比邻而居的是施闰章、叶方蔼、刘体仁、董文骥、李天馥、陈廷敬、汪琬等。

王士禛与这些朋友结成文社，日夜唱和，而众多的文士之所以愿意来到京师，无非是想在这里得到更广阔的舞台，更多的认可。龚鼎孳时已迁任礼部尚书，他与吴伟业、钱谦益并称为"江左三大家"。而当时钱谦益已死，吴伟业不仕，文坛的领袖实际上非龚鼎孳莫属。文社荟萃了当时京师文坛精英，一时为京城文化盛事。这时，由于王士禛在扬州时的风骚表现，在诗坛上已得到了公认，声名远播域内。当时的诗坛新人带着自己的作品到京师求名家指点，往往是先拜谒龚鼎孳，第二人就是王士禛，得其一言褒奖，即可扬名诗坛。

施闰章实际上是王士禛的前辈，字尚白，号愚山，安徽宣城人。他尤工五言诗，其诗集中有五古、五律各九百余首。与当时宋琬（山东莱阳人）齐名，号"南施北宋"。

康熙六年（1667）七月，清廷下令裁撤全国一百零八个道，全国仅剩四十个道。而当时施闰章正在江西湖西道任道员，此道在裁撤范围，于是施闰章被罢官，闲居十多年。这次施闰章是到京城来看望老朋友的，也住在了慈仁寺。

正赶上龚鼎孳的文社聚会，王士禛见到施闰章，格外高兴。他对施闰章说："多年来，我以先生为师，最爱读先生的五言诗，爱其温柔敦厚，一唱三叹，有风人之旨，其章法之妙，如天衣无缝，至于清词丽句，更是迭见层出。闲暇之余，我辑录了您诗集中的诸多名句，编成《摘句图》，供经常赏读，滋其营养。"王士禛说着，竟拿出随身带来的一个长卷，展开，让诸诗朋共赏。只见展开的长卷上竟有八十二联施闰章的诗：

1.尽日孤云在，青松满院寒。2.山月长清夜，江云无尽时。

3.花亚岩中树，烟横溪上村。4.到门闻午磬，绕屋过寒泉。

5.人烟梅市白，山色剡溪深。6.片雨前峰过，高松独鹤还。

7.江路多春雨，山村易夕阳。8.野桥沙际滑，山坞雪中深。

9.泉闻深树里，山响乱流间。10.共看溪上月，正照城头山。

11.松火围寒坐，溪窗闻夜渔。12.夕阳沉积霭，空翠辨前山。

13.明月来天柱，长江入县楼。14.莺声花屿暖，龙气雨潭腥。

15.水绿澄湘浦，天青入洞庭。16.山厨连马枥，官舍夺僧居。

17.清泉逢谷口，老树识山家。18.不辨翠微色，秋山红叶重。

19.江城连夜雨，山馆独吟身。20.柳叶藏洲寺，梅花杂吏人。

21.明月非霜雪，满城生夜凉。22.春光门外水，夕梵雨中灯。

23.黄叶连江下，孤帆冒雨归。24.野戍风中角，江梅雪后花。

25.雨色江城暮，滩声野寺秋。26.谷云团小阁，松露响寒宵。

27.乱山成野戍，黄叶自江村。28.波平岳麓寺，天入洞庭船。

29.云树分曦早，江村出雾迟。30.云气凉依水，鹤声清满林。

31.湖影涵官阁，泉声满郡楼。32.县门流水对，城堞半山衔。

33.孤城春水岸，归鸟夕阳村。34.树叶春藏寺，溪声夜满楼。

35.台迥收山郭，江清送酒杯。36.浦绝乂鱼艇，人荒种蛤田。

37.城郭千樯外，汀洲片雨中。38.芦渚起寒烧，枫林明翠微。

39.风起帆争郭，渔归浦挂罾。40.看云孤阁暮，听雨万峰秋。

41.孤村流水在，尽日白云闲。42.江帆连雉堞，烟树暖渔村。

43.江桥红树外，山郭夕岚边。44.板桥三渡水，枫柏一林霜。

45.溪藤翻翡翠，渔艇唤鸬鹚。46.云来见沧海，雪净闻清钟。

47. 树暗江城雨，天青吴楚山。 48. 野水合诸涧，桃花成一村。

49. 渌水通村港，黄鱼出板桥。 50. 高柳不藏阁，流莺解就人。

51. 片石此天地，荒祠自古今。 52. 欲问垂纶意，桐江秋水深。

53. 飞瀑林中雨，斜阳山半晴。 54. 翠屏横少室，明月正中峰。

55. 清磬昼长寂，片云晴自深。 56. 烟寺初低柳，江城半落花。

57. 野蔓没丹灶，天风来岳云。 58. 竹色翠连屋，林香清满山。

59. 寒云终日住，秋色一山归。 60. 潭烟依槛集，山色度溪来。

61. 露将松影白，泉与磬声寒。 62. 槛花经雨尽，沙鸟过江飞。

63. 果落松鼠跳，萍开过水禽。 64. 家传殉国剑，身老钓鱼矶。

65. 风流满江汉，只觉似君稀。 66. 村径半牛迹，山田多水声。

67. 亭空木叶下，风缓浦云留。 68. 暮烟随野阔，山翠入江明。

69. 松雨连山响，江云入寺来。 70. 暮雀依寒竹，仙猿下雪松。

71. 翠合江天色，愁连今古情。 72. 疏磬夕阳外，平田春水西。

73. 水气垂天阔，涛声裂地穿。 74. 月照竹林早，露从衣袂生。

75. 影孤彭蠡雁，路绕洞庭波。 76. 生瑶安鼠穴，猛虎杂人群。

77. 人老三秋后，舟临十八滩。 78. 风笛荷花外，渔灯苇叶间。

79. 山势龟蛇斗，江流沔汉分。 80. 惊涛自风雨，树杪复重泉。

81. 鹫岭横天碧，龙湫到海深。 82. 微雨洗山月，白云生客衣。

　　王士禛这八十二句《摘句图》，绝大多数是描绘山水风光之作，色彩鲜明，自然工致，韵味盎然。王士禛特别喜爱这一类诗句，同他一贯倡导的"神韵"之说正相一致，由此从一个侧面反映出他的审美取向。而王士禛论诗所仿效的是晚唐诗人张为的《主客图》，只是张为摘录了中晚唐八十九位诗人的句子（六人为主，八十三人为客）且体裁不限，而王士禛《摘句图》，句子全出施闰章一人，且都为五言律诗。施闰章自然激动。王士禛这种论诗之法后世也多仿效。

　　施闰章是宗唐派的首领，从王士禛所摘施闰章诗句中，我们可以看出，王士禛是宗唐的。但是，在这期间，他又有明显的学宋迹象，尽管他后来又终归于唐。但学宋诗，也是他欲振兴诗坛不能不走的路径。我们也可以看出，王士禛并没有在倡宋风的同时而诋毁唐，毕竟，王士禛是大家，在取舍上绝不会偏执。

这期间，在诗酒唱和中，他写下了大量有趣而平易的诗。如《送朱锡畅之广陵》："当记黄公旧酒垆，玉山倾倒索人扶。不须惆怅思吴咏，还有当时酒态无？"《题周雪客小像》："齐梁弟子矜人地，胡粉搔首只弄姿。何似周郎好年少，六朝松下独吟时？"《题吴历画》："清秋野雁无人态，多在黄芦红蓼间。惊起数行沙际去，寒潮漠漠一舟还。"康熙十一年（1672），他赴蜀主四川乡试，一路上写下许多慷慨悲凉、直抒胸臆的诗作，更有宋诗意味。在他的带动之下，学宋之风逐渐形成。

也许是因为王士禛在清江浦的卓越表现，回到京师不久，他官升一级，被任命为户部福建清吏司郎中。

五、江山之助

人到中年，人生湍急的河流突然间变得混浊起来，腥风夹杂着泥沙扑面而来。

先是康熙十年（1671），不到三岁的四子狮儿（启沂）夭折。这个打击使王士禛意志沮丧，无复人生之乐。考虑到父母失去孙儿的悲伤，他决定休假回归故里，照顾父母。若不是大哥士禄苦苦相劝，他真的乞假回家了。同时，方文、邹祗谟、陈允衡、董以宁等友人的死讯传来，更使诗人王士禛有了"所遇无故物，安能不速老"之叹！千秋万岁名与当前一杯酒，到此都觉一场虚无，徒唤奈何耳！

悲剧的剧情并未到此终止。康熙八年（1669），十三岁的二子启浑被庸医施刀针，落下跛疾，而在康熙十一年（1672）六月初四，启浑竟又得伤寒、痈日溃，一命归天。就在此时，母亲又患痰症日剧，夫人张氏接连痛失两个爱子，又刚刚在四月生下五子启沐，病骨支床。

就在这时，命运好像跟他开了一个玩笑，他接到了一个让他又喜又忧的差事。五月的一天，圣旨到：着户部郎中王士禛为四川乡试正考官，工部员外郎郑日奎副之，择日起程！

天哪！到四川，蜀道，那确是一个让他神往的地方。可是，那时没有高速公路，也没有汽车火车，要用步丈量，翻山越岭，四千多里的路啊！即使日行百里，也要一个多月，更何况，山高水多，一天行程能有五十里就不错了，那要两个多月啊。王士禛蒙了，看看上有老下有小的惨景，他不知道该如何是好。

乡试，即是秋试，按定例，在子、卯、午、酉年的八月举行。王士禛接到命令是在六月十五，而八月初九是乡试的时间，赶到成都，时间非常紧张。

这时，一个难题摆在了王士禛面前：自己离开后，夫人如何照顾？而同样的难题也摆在了张夫人面前：王士禛千里之行，谁来照顾自己的丈夫？

张氏夫人想到自己刚刚生产不久，身体羸弱，形神日瘠，随丈夫进蜀，徒增负担。于是，她想了一个两全其美的办法：为王士禛纳妾。

这个人是谁？张氏夫人在扬州时收的一个丫头，她本姓周，是江苏淮安山阳县人，后便随了张夫人姓，今年刚刚十六岁，出落得妩媚多姿。依王士禛的描述是："修眉曼睩，双瞳如剪秋水，明慧婉娈。"并且，她长年伺候多病的张氏夫人，既忠诚又伶俐。更何况，在王家，纳妾是被允许的，不破坏祖规。张氏夫人想到此，横下一条心，为了丈夫能安心赴蜀，为了他生活起居一路有人照顾，她必须让这张妹妹随身跟从。

张妹妹的事搞定了，路上还要有个男人照顾，想来想去，她想到了姐夫刘大田。大田是王士禛大姐的丈夫，博兴人，屡试不第，对科举之路也是意兴阑珊。由他去一路照顾，王士禛身边有自己的家人，岂不放心！

张夫人主意已定，把张妹妹和刘大田叫来，如此这般地交代一番。张妹妹羞得涨红了脸，刘大田高兴得作揖连连，感谢妹妹把这样一个大开眼界的美差交给了他。

　　康熙十一年（1672）七月初一，王士禛与郑日奎带领一队人马启程出京，张夫人强起相送，泪流如注。王士禛强压泪水，一步三回头。看到夫人那样弱不禁风，他心如刀绞。他知道，也许这一去会成为生离死别。可是，朝廷有命，舍家为国，不也是自己所遵循的古训吗？

　　过涿州、渡涿水、过定兴，晚抵安肃县，王士禛再也按捺不住内心的郁闷，他提笔给夫人写诗：

　　　　何必言愁始欲愁，离骚端只是离忧。
　　　　两年再堕童乌①泪，万里虚为谕蜀游。
　　　　落日深山闻杜宇，秋风古驿下金牛。
　　　　伤心欲写蛮笺②寄，十样空传出益州③。

　　过保定，南渡滹沱河，冒雨过井陉关。井陉关又名土门关，在海螺、抱犊两山之间，是河北进入山西的必经之地，为太行山的重要关隘，与军都陉、蒲阴陉、飞狐陉、滏口陉、白陉、太行陉、轵关陉号称太行八陉，历史上著名的"背水一战"就发生在这里。王士禛在雨中，睹景生情，写下了一首后来收入中学课本的诗《雨中度故关》：

　　　　危栈飞流万仞山，戍楼遥指暮云间。
　　　　西风忽送潇潇雨，满路槐花出故关。

　　晚宿胡桃园，雨继续不停，阵阵冷风袭来，王士禛独自一人，坐在客栈的厅堂内，此物此景，断肠人在天涯。他想起宋朝寇准的那首《虚堂》："虚堂④寂寂草虫鸣，欹枕难忘是旧情。斜月半轩疏树影，夜深风

----

① 童乌：汉扬雄子。九岁时助父著《太玄》，早夭。事见汉扬雄《法言·问神》。后因以指早慧而夭折者。
② 蛮笺：谓蜀笺，唐时指四川地区所造彩色花纸，有十色。
③ 益州：成都别称。
④ 取《庄子》"虚室生白"之意，指堂屋空荡荡。

露更凄清。"诵读着这首宋诗，他悲从心起，写道：

> 日暮炊烟起驿楼，虚堂楚簟怯新秋。
> 溪声一夜兼寒雨，纵使啼乌亦白头。

那在空无一人的虚堂之中的凄楚，复与谁说？

尽管有小张氏的悉心照顾，王士禛并不能从悲苦中解脱出来。九天之后，一行人马来到平定，正是二儿子启浑死后的五七日。在官驿，王士禛夜不能寐，儿子的身影宛在眼前，他写道：

> 一从死别泪潺湲，梦时牵衣未解颜。
> 千里太行溪谷黑，汝魂何路识榆关①？
>
> （《七月初九夜宿平定梦儿浑忍涕成诗》）

也许是同行人觉察了王士禛的低落情绪，尽量找些活动让他开心。这天，一行人赶到了山西榆次什贴镇，榆次县令为王士禛组织了一场盛大的射箭比武。

什贴镇是榆次历史上的八镇之一，也是原榆次县京陕官道三大驿站之一（另二为永康镇、王湖镇）。什贴在丘陵之上，驿馆也建在断崖之侧，出驿馆，有小桥流水，两旁商铺林立，炊烟人家，狗吠鸡鸣，也很热闹。

县令姓张，他很想让王士禛为什贴留下诗章，因为大文人的诗，会对当地的现在和将来的声望有不可估量的作用。

射箭比武就在一条深数丈、宽约十丈的断崖之旁。各乡组织来的武士，头戴虎皮帽，脚穿马皮靴，手持黄闲弓，腰中锦囊插满羽箭。只听一声令下，武士们搭箭上弓，整个崖中立即回响起嗖嗖的鸣响，加之谷底野兽狼奔豕突的哀嚎，那声音被山谷放大，如大海的轰鸣，又如云

---

① 榆关：犹"榆塞"，泛指北方边塞。

际的闪电和雷声，让人惊悚、兴奋和开阔。王士禛心胸被涤荡，兴奋异
常，他令人铺下几案，当即赋诗《观射》：

……
　　并州①健儿头虎毛，仰天大笑开弓弢②。
　　黄闲③一发鸟兽号，草间狐兔纷腾逃。
　　书生手无大食刀④，凌烟空羡鄂与褒⑤。
　　君不见越石⑥清啸⑦不复作，眼中故垒今蓬蒿。

　　也许有了这次射箭比武的振奋，加之张妾的安抚，王士禛略微从悲
伤中救拔出来。一路上，他寻故迹、拜先贤，遍访诗朋，才情挥洒，在
清风明月、古道西风、巉岩乱峰、山水花茶中纵情放怀。

　　在洪洞县，他感怀义士之举，在豫让漆身吞炭立志为旧主报仇，刺
杀赵襄子的国士桥旁，他写下："国士桥边水，千年恨未穷。如闻柱厉
叔，死报莒敖公⑧。"

　　在闻喜县，他在伯祖王象乾的祠前驻足流连。知县沈光玙知道王
士禛到来，特意将王象乾的专祠修葺一新。父老乡亲一起参拜，让王士
禛感受到了一个爱民的好官是如何受到百姓的尊崇。这是王氏家族的荣
耀，这是自己为官的榜样！

　　在潼关杨震墓前，他感念汉朝杨震（字伯起）忠谏而死，葬杨震

---

① 并州：榆次古称。
② 弓弢：盛弓的袋子。
③ 黄闲：又称黄肩、黄间。弩名。
④ 大食刀：阿拉伯所造之刀，唐代传入中国，被视为宝刀。
⑤ 鄂与褒：唐朝名将鄂国公尉迟敬德与褒国公段志玄。
⑥ 越石：晋名将刘琨字越石。
⑦ 清啸：《晋书·刘琨传》："琨尝为胡骑所围，城中窘迫无计，琨乃乘月登楼清啸，
贼闻之，皆凄然长叹。中夜奏胡笳，贼又流涕歔欷，有怀土之切。向晓复吹之，
贼并弃围而走。"
⑧ 《吕氏春秋》载：柱厉叔在莒国做官，他认为莒敖公不知自己的才能，于是辞官隐
居。后来莒敖公被乱臣害死，柱厉叔为求忠臣之名，自杀于莒敖公墓前。

时，天地同悲。高丈余的大鸟成群而至，俯仰悲鸣，泪下地湿，以使后人在杨震墓前立下石鸟巨像。在《拜杨伯起墓道》中他写道：

> 悠悠关内路，驱马桃林塞①。
> 归鸟岳祠边，长河远天外。
> 大鸟下潼亭，落羽今犹在。
> 夕日荐蘋蘩②，愁心逐征旆③。

在介休县东汉郭泰墓前，他缅怀名士风范；在马嵬坡前，他叹"无情清渭日东流"；在定军山下诸葛墓前，他为忠烈而歌，"礼乐可兴身未死，中原人识老臣心"。

就在他沉浸风景、缅怀先贤之时，那些隐隐的伤痛也时常涌上心头，故去的朋友、死去的儿子，常常在他脑际浮现。这期间，王士禛写下大量怀念故友和儿子的诗。

王士禛星夜兼程，出发一个月后，他们来到了陕西宁羌州（现宁强县），过百牢关，在晚上二更时分一行人在黄坝驿驻足。这时他突然有一种想家的念头，他想起了哥哥士禄、士禧、士祜，人在他乡，兄弟们，你们还好吗？他有了写诗的冲动，写诗前，用什么韵，他想听天由命。于是他写下几个字，想随便挑一个，这次他得了一个"庐"字。刚刚提笔要写，突然心动："庐"，庐居也，在古代，在墓旁结简易棚子守灵谓之"庐居"。王士禛脑中一片空白：难道是不祥之兆？但他还是依韵作了《百牢关怀家兄子底礼吉子侧》：

> 行尽山南路，前峰入宕渠。
> 残秋杜陵雁，斜日锦江鱼。
> 一别四千里，何因频寄书。

---

① 桃林塞：自灵宝县以西至潼关，谓之桃林塞。
② 蘋蘩：祭品。
③ 征旆：官吏远行所持旗帜。

只思风雪里，灯火共吾庐。

也许是应了这个"庐"字，半个月后，王士禛的母亲去世，而他，却在遥远的蜀地。同时，哥哥王士禄因他故被连降三级，调离员外郎职位。而这些，远在千里之外的王士禛竟浑然不知。

经过几十天的长途跋涉，舟船劳顿，王士禛他们于八月初三来到成都，于初九、十二、十五连试三场，放榜得杨兆龙、林坚本共四十二名举人。此时，他无意中拿出了陆游的《剑南诗稿》，其中有陆游在蜀州主持乡试时的一首著名的诗《五月五日蜀州放解榜第一人杨鉴具庆下^①孤生怆然有感》：

> 甲午五月之庚寅，渊鱼跃起三江津。
> 震雷霆雨夜达晨，我知决定非凡鳞。
> 人生富贵不逮亲，万钟五鼎空酸辛。
> 少年得禄羞常珍，调节滋味躬爨薪^②。
> 彻食奉盥授帨巾，此乐岂复论贱贫。
> 嗟我不孝负鬼神，俯仰^③二纪^④悲如新。
> 仕宦空饱息与媳^⑤，左右供养无复辰。
> 子行射策对枫宸^⑥，彩衣楚楚映华绅。
> 沂江亟归娱老人，切勿著意长安春！

这是五十岁时的陆游在任蜀州通判时，做乡试主考官，看到第一名杨鉴的履历上写有"具庆下"三个字，想到自己远在蜀地，父母早逝，子欲孝而亲不待，而发出的孝亲尊老的警示。他恨不得回到年轻岁月，

---

① 具庆下：在履历中指父母健在。
② 爨薪：烧柴做饭。
③ 俯仰：指时间一晃而过。
④ 二纪：日和月为二纪。
⑤ 息与媳：儿女和媳妇。
⑥ 枫宸：宫殿。

在父母健在的时候，溯江而上，回家欢娱老人，不再贪恋仕途的荣华富贵。

当年，陆游得第一名姓杨，我王士禛这次的第一名也姓杨，莫非……王士禛心中愈加不安。

现在，王士禛终于可以复命朝廷。这次蜀中之行，他收获了杨兆龙等弟子，也历尽路途艰辛。

王士禛在《四川乡试录序》中以一篇美文记下了这个过程：

> 顾臣以弇①鄙小儒，膺兹钜任，拜命惊惕，中夜彷徨，畏或陨越②。于是戒车③星驰，陟④云栈，逾巴阆，羊肠鸟道，十步九折。蒙宿雾，凌迅湍，深菁窈冥，虎豹叫噪，叱驭而前，凡七十余日，始抵成都。既至云云，相与誓神受事，探策决题，进提学佥事臣张某所遴士一千二百有奇，三试之，稽⑤旬有五日，得士四十二人，副贡成均者八人，录文二十首。

王士禛这次完成了公差，似乎长出一口气，他在丧子之痛中已经拔出。他决定回程不必赶路，自成都上重庆，下三峡，进荆州，取河南道返程，他要认真领略蜀地、三峡风光。就这样，他拜昭烈陵、祭武侯祠，绕道眉州，谒三苏祠。在长寿县，他诗吊高僧雪庵；在忠州，他拜大禹神庙。寇准祠前、屈原庙里、黄叔度的墓碑都留下了诗人的身影。不但这样，见到古迹遇损，他都叮嘱修补。在彝陵（今宜昌），他访欧阳修绛雪堂，见黄庭坚所书《至喜堂记》尚存，只是断碑已在老百姓家做了砌墙的石头，他嘱太守马上把石换出；在襄阳羊公祠（西晋羊祜祠）的宋人题名石幢，见石幢污痕已满，他嘱主祠道士给石幢加上护栏。一

---

① 弇：狭小。
② 陨越：失职。
③ 戒车：备车。
④ 陟：登。
⑤ 稽：停留。

路走，一路诗，这一个回程，王士禛竟用了近三个月的时间。

蜀道山水，给了王士禛无穷的灵感，有了这江山之助，王士禛如鱼得水，他得以重拾往日的诗情。没有山水，他的才思几乎就是枯竭的。唐朝的张彦远在《历代名画记·董伯仁》中说了这样一句话："动笔形似，画外有情，足使先辈名流，动容变色。但地处平原，阙江山之助。"那意思是说，处在平原地区，没有好山好水，画不出那些有形有情让人动容变色的好作品。王士禛深悟此理，在潼关，他写下：

> 潼津直上势嵯峨，天险初从百二过。
> 两戒中分蟠太华，孤城北折走黄河。
> 复隍几见熊罴守，弃甲空传犀兕多。
> 汉阙唐陵尽禾黍，雁门司马恨如何？
>
> （《潼关》）

在西陵峡秭归新滩古镇，他写下：

> 兵书峡口石横流，怒敌江心万斛舟。
> 蜀舸吴船齐著力，西陵前去赛黄牛。
>
> （《新滩》）

格调之雄健，气势之奔放，一扫他昔日柔丽秀婉、悠闲淡远之诗风。

而王士禛毕竟是有了自己诗歌主张的大家，他说，尚雄浑则鲜风调，擅神韵则乏豪健。于是，他在诗歌中，尽量做到了雄浑与神韵兼得，像《嘉阳登舟》：

> 青衣江水碧鳞鳞，夹岸山容索笑新。
> 怅望三峨九秋色，飘零万里一归人。
> 亭台处处余金粉，城郭家家绕绿苹。
> 信宿嘉州如旧识，荔支楼好对江津。

既"风华典丽",又"波澜宏阔"。

可以说,王士禛的蜀道诗,"用刚笔见魄力,用柔笔见神韵"。

然而,当一路山水景色装在心间,三百五十余首长篇短章装满行囊的时候,康熙十一年(1672)十一月,在一个寒风刺骨的夜晚,王士禛走到内丘县(今河北邢台境内),他接到噩耗,母亲去世已经三个月了。

王士禛悲痛欲绝,想到自己还沉湎在山水之间,母亲去世竟毫不知晓,他自责!自恨!他不顾一切地弃掉公车,慌不择路,徒跣奔丧。

在后来写给颜光敏的信中,王士禛这样说:"不孝弟罪通于天,间关万里,慈母见背三月,毫不闻知。及匍匐奔丧,已逾卒哭①之期。悲哉!为人子三十九年,生不能养,病不能侍,临危不能视含殓,闻永诀一语。纵复偷生人世,何以为子,何以为人?言念及此,肝肠迸裂!"

这似乎就是忠孝不能两全,这似乎就是王家在仕途进取路上必须付出的代价。

而蜀道之行,王士禛也收获巨大,后来他在蜀道上的所有诗被编成《蜀道集》,又有《蜀道驿程记》二卷。时人赞曰:"无论大篇短章,每首具有二十分力量。所谓狮子搏象,皆用全力也。"(叶方蔼语)又称:"先生蜀道诸诗,高古雄放,观者惊叹,比于韩苏海外诸诗篇。"(盛符语)

这次蜀道之行,他用豪情、神韵,一步步奠定了他的诗坛地位。而更让王士禛意想不到的是,他的才华引起了皇帝的注意。

六、皇帝的眷顾

丁忧守制要三年的时间。而大哥士禄是一个坚定的古礼捍卫者,他对三弟士祜说:"古礼之废也久,吾与子当力行之。"他严格地按照《礼

---

① 卒哭:古代,孝子自父母始死至殡,哭不绝声;哭,不择时间,称"无时之哭"。卒即终止,卒哭祭为终止"无时之哭"的祭礼,一般距死时百日左右。

记·檀弓》中的记载，带领众兄弟在墓旁结庐服丧。由于士禄寝食不离毡席，中夜哀号，枕席血渍，从此体力不支。见此，父亲王与敕命令士禄搬到原母亲居住之厅的西屋，而士禄竟在母亲的几筵旁又搭起了一个白色的棚子，住在里面，除非有吊唁者，其他客人一概不见，彻夜读书。

这期间，王士禄编成了自己的作品集《燃脂集》，计二百三十余卷。

然而，屋漏偏遭连夜雨，哀哭过度的王士禄又得到了刚刚嫁到长山的三女因难产而死的消息，终于病情加剧，康熙十二年（1673）七月二十二日酉时，一命归天，时年四十八岁。临终时，口鼻竟有香气，三日不散。

母亲刚仙逝，哥哥又撒手人寰，王士禛陷入巨大的悲痛之中。况且，与哥哥的感情如父亲王与敕对他说的那样："尔与尔兄实有牙生辍弦①之痛，岂但鸰原之悲②也。"王士禄不但是他的兄长，还是他的知音、诗友。

痛失两位亲人，王士禛一病不起。父亲见他过于哀伤，就在这一年的冬天，让王士禛到长白山摩诃峰北大谷深处、杏林村之南山峪中柳庵养病。王士禛在这时，便与青州法庆寺的元中和尚谈心谈佛，成为至交。这期间，他缅怀故人，将多年与诗朋的往来之作集为《感旧集》。

三年之后，王士禛丁忧守制结束，回到京城。康熙十五年（1676）五月，他被任命为户部清吏司郎中。

康熙八年（1669），年轻的皇帝康熙扳倒了鳌拜，十六岁的他开始励精图治，整治朝纲。他首先将四大辅臣对汉人、汉官的歧视彻底纠正，把满汉官员的品级划一。又重新组建内阁和翰林院，使汉籍官员看到了公平。同时大力整饬吏治，将贪、酷、懒、庸、老、疾、浮、不谨（不检点）者一律革职、降级和勒令退休。一时，有九百零八名官员受到惩处，朝野一片叫好声，康熙的执政满意度得到大大提升。

---

① 牙生辍弦：钟子期死后，伯牙悲痛万分，不复操弦。

② 鸰原之悲：《诗经·小雅·常棣》："脊令在原，兄弟急难。"后以"鸰原"谓兄弟之爱。

然而，康熙十二年（1673），这位年轻气盛的皇帝却做出了常人难以理解的决定：撤藩！于是，吴三桂、耿精忠、尚之信相继造反，南方大乱。加之郑成功的反清势力一直没有清剿，此时，蒙古布尼尔起兵，陕西提督（军团司令）王辅臣谋反，真假朱三太子又在京师和闽南制造事端。一时，国家大乱。

但是，年轻的皇帝毕竟有雄才大略。也许是上天助清，康熙运筹帷幄，指挥若定，用了十年的时间，就摆平了天下大事。到康熙二十二年（1683），三藩平定，台湾收复，国家一统，天下升平。

康熙十五年（1676）春天的一天，年轻浪漫、很有才情的康熙皇帝，突然百无聊赖起来，他想写些什么，来寄托一下自己的情绪。康熙丝毫也不怀疑自己的诗文才华，但他更想和一个顶尖高手切磋一下，可这个人是谁呢？他想了解一下，当朝的文坛，谁是能和他切磋的"顶尖高手"。

康熙一回头，看到了保和殿大学士兼户部尚书李霨。李霨原是弘文院的人，设立内阁后，他资历最深，成为首揆。

史书上记载李霨"老成持重，风度端凝，出言谨慎，内介外和"，所以他成为清朝历史上最年轻的一品高官。

而这个李霨恰恰是顺治十五年王士禛中戊戌科进士时的总裁官，从这层关系上讲，李霨与王士禛当然是师徒。

李霨见康熙问他，思考片刻，马上说道："以臣所知，户部郎中王士禛是这样一个人。"康熙听罢，不由颔首："朕也闻听过此人！"

康熙是如何知道王士禛的呢？这里面还有冯溥的功劳。

冯溥也是内阁成员，文华殿大学士，是康熙倚重的辅弼重臣，称其为"冯阁老"，而他和王士禛还有一层关系——老乡，山东青州人。

是老乡也未必能见上面，京城的山东人多着呢！关键这冯阁老与王士禛的姑父高珩（高念东）是好朋友，对，就是那个在做刑部侍郎的高珩，王象乾的女婿。冯溥与高珩每天诗酒唱和不断，两人的朋友关系可以用一事来证明：康熙十九年（1680），高珩致仕，当时高珩无非是个刑部的左侍郎（副部长），而冯溥则是内阁成员（国务委员），却冒着大雪赶来送他。高珩当即口占一绝："户倚双藤禅宇开，无人知是相公来。从容一笑忘朝市，风味依然两秀才。"由此可见，这"两秀才"的情谊非同一般。

一天，高珩拿出王士禛蜀道上的诗让冯溥看，冯溥大为惊叹。其实，这冯溥也是当时的著名诗人，和众诗人多次在京城的万柳堂赓咏唱和。他是宗唐的，认为唐诗温柔敦厚，有关诗教风化。虽然他并不赞同宋诗风，认为宋诗"非盛世清明广大之音"，从"声音之道与政通"的角度，认为宋诗可能导致不良的影响，但是，他对王士禛在蜀道上明显宋诗风格的诗篇却大加赞扬。也许，冯溥更多的是被王士禛的才情所折服。

对于王士禛当时的名声和诗作成就，李霨和冯溥两个内阁大臣的意见是统一的，而康熙在文学上所倚重的正是这两个人。

但是，康熙毕竟不是一般的皇帝，他做事的谨慎在选拔王士禛问题上可见一斑。他并没有立即起用王士禛，而是整整过了一年。在康熙十六年（1677）的大暑日，康熙再问侍读学士张英："现在各衙门的官员中，谁的诗文最好？"

上次康熙问的是李霨，是个年长的人。这次，他问的是四十岁的张英。而这次，对王士禛来说，康熙又问对了人。这张英只比王士禛小三岁，他是李霨的学生，与和他同时为侍读学士的吴国对也是好友，而王士禛和吴国对又是同年进士。即使不看这些关系，张英也久慕王士禛大名，对他的诗文和人品非常认可。就在王士禛刚刚丁忧回到京城的时候，他还拿着自己的诗向王士禛讨教。当时王士禛见到张英咏梅花的诗中有"嘉名他日传调鼎，记取蟠根在草茅"的句子十分欣赏，评这两句为"宰相语也"。于是张英就回答康熙："现在社会上比较一致推崇的是户部郎中王士禛，我们臣下也这样认为，他的诗文在当朝官员中当推第一。"张英是个谨慎的人，为了证明自己的观点，他将王士禛的《秋柳四章》和几首蜀道诗，推荐给康熙看。康熙边看边问："你认为王士禛的诗可以传世吗？"张英回答："以时下的议论，他的诗可以传世！"

康熙这时又点了点头，若有所思。

十天之后的七月初一，康熙再问当今善诗文者。而这次，李霨、冯溥都在场，于是两人异口同声推荐了王士禛。

康熙又点点头，他心里好像有了主意。

其实，康熙有一个更宏伟的想法。他知道，自清定鼎中国之后，许多明朝的士子不愿仕清，有的隐居，有的入山成僧，有的浪迹天涯，成为坚定的遗民，这些人都是国家的才人，只是不愿为新朝服务。而给他们官位，让他们有荣耀和地位，得天下英才而用之，难道不可以进一步笼络人心，开创太平盛世吗？同时，社会上还有许多科举不第的才子，他们的智慧和才能如果为新朝所用，该是多么大的财富！科举，选取的人才大多死板，没有才情，可以成为循吏和谏官，而清朝现在所需要的不正是歌功颂德、振奋精神、弘扬国威、凝聚人心的瑰丽诗文和奇才硕彦吗？而这个选仕的通道又是什么呢？

于是，康熙想到了一个选取文人名士入朝的通道，就是开设博学鸿词科。

博学鸿词科在宋朝就曾被朝廷用于选人，因科举考试重经义、策论，考生语文水平并不能真正体现出来，反而在长期对经义的沉浸中，文字水平有所降低。朝廷甚感起草诏、诰、章、表等应用文书乏人，遂于宋高宗绍兴三年（1133）置此科。所试为诗、赋、论、经、史、制策等，并不限制秀才、举人资格，不论当过官或没当过官，凡是当朝官员推荐，都可以参加考试。考试后便可以任官。

清朝是否也可以开设这个博学鸿词科呢？

康熙十七年（1678）正月二十二，这是个寒风料峭的日子，户部郎中王士禛和翰林院掌院学士陈廷敬同时接到了圣谕，到紫禁城懋勤殿接受皇帝考试。

这是王士禛第一次亲眼目睹天颜，而且是这么近距离。尽管康熙和颜悦色，而王士禛还是紧张得头顶冒汗，手心冰凉。而康熙之所以让陈廷敬来，是因为将来要选拔王士禛入翰林，陈廷敬是翰林院的最高长官（掌院学士）。

陈廷敬经常在皇帝身边，所以并不紧张。而王士禛与陈廷敬是同科进士，又经常在一起诗文唱和，是同学加诗友，所以，有了陈廷敬在场，王士禛慢慢在紧张中稳定了一下。

康熙先与王士禛聊了几句诗，又将陈廷敬写的《赐石榴子》诗大加赞赏，然后竟与陈廷敬一起背诵了这首诗："仙禁云深簇仗低，午朝帘下报班齐。侍臣密例名王右，使者曾过大夏西。安石种栽红豆蔻，火珠光迸赤玻璃。风霜历后含苞实，只有丹心老不迷。"康熙说："我最喜欢最后两句：风霜历后含苞实，只有丹心老不迷。只要有了一颗丹心，什么时候都不会迷失方向，就像石榴的花苞，历经风霜反而更实诚了。"

康熙见王士禛还紧张，就问了问他的籍贯和年龄，并看了看他带来的诗，然后对王士禛和陈廷敬说："听说两位诗才高妙，就请现场作上两首诗，容朕仔细欣赏。"说完就吩咐赐宴，起身走出了大殿。

据昭梿的《啸亭杂录》说，王士禛"以部曹小臣，乍睹天颜，战栗操觚，竟不能成一字。文端公①代为诗草，撮为墨丸，私置案侧，渔洋得以完卷。"②

第二天，康熙打定了主意，谕吏部：

自古一代之兴，必有博学鸿儒振起文运，阐发经史，润色词章，以备顾问著作之选。朕万几余暇，游心文翰，思得博洽之士，用资典学。我朝定鼎以来，崇儒重道，培养人材。四海之广，岂无奇才硕彦、学问渊通、文藻瑰丽、可以追踪前哲者？凡有学行兼优、文词卓越之人，无论已未出仕，著在京三品以上及科道官员，在外督、抚、布、按，各举所知，朕将亲试录用。其余内外各官，果有真知灼见，在内开送吏部，在外开报于该督抚，代为题荐。务令虚公延访，期得真才，以副朕求贤右文③之意。

---

① 张英，谥号文端。
② 蒋寅《王渔洋事迹征略》记此事，评曰："此事不见他书，或得之传闻，究其代作诗草，私置案侧一节终属离奇，姑录于此备考。"
③ 右文：崇尚文治。

　　同日，谕旨："王士禛诗文兼优，著以翰林官用。"王士禛被任命为翰林院侍讲。

　　看来，王士禛是被康熙作为博学鸿词开科的前奏，由他亲自考试的现任官员，也是他亲自虚公延访得来的成果。王士禛与博学鸿词所取的文士们不同的是，他是单独考试。

　　由部曹成为词臣，这在清朝是首例，对王士禛的提拔一时轰动朝野。

　　而此间，他的家庭也出现变故，先是妻子张夫人于康熙十五年（1676）七月在家乡新城病逝，侧室张氏一直在京与他一起生活并生一女阿端。父亲王与敕又为他续娶，次年十月，他与十六岁的济宁陈氏完婚。陈氏，成为王士禛的继室。而就在陈氏归王士禛之后，王士禛得以成为皇帝身边侍讲。老爷子王与敕不无得意地给儿子来信说："我给你选的继室老婆，很吉利，是吧?！"

第八章

风雅伦颂 钱王代兴

康熙二十二年（1683）七月，王士禛与徐乾学、陈廷敬、王又旦、汪懋麟在北京城南祝氏园亭聚会。席间，王士禛弟子汪懋麟大谈唐宋诗。徐乾学教训他说："小汪啊，你登堂还未入室啊！今天给你上堂课，你就不用交学费了！"

一、逃名却被山英笑

按照康熙的旨意，在京三品以上及各科、道官，在外的总督、巡抚、布政使、按察使是分配有推荐名额的，博学大儒多着呢，就看你招得来招不来。他们能来，是朝廷的面子，也是他们依顺朝廷的象征。

实际上，康熙十八年（1679），清朝定鼎已经三十六年，遗民们处在一种无奈而又不得不对清朝认可的境况下。他们自知无力回天，原来在明朝当过官的，为新朝所用就有贰臣之虞，而为天地立心、为生民立命的抱负则难以实现。在这种纠结中，意志不坚定的，禁不住督抚的动员和死磨硬缠，有的借杆上爬，给官员们一点面子；有的犹抱琵琶，推托一下也欣然上路。而意志坚定者，如顾炎武、黄宗羲、傅山、徐夜等则誓死不仕清，任你怎么做工作，他们只是哈哈一笑，老了，不中用了，不能去了。或者将劝告者大骂一顿，甚至如李颙，不惜拔刀自刺以明志。

但响应康熙号召的毕竟还是多数。你想，不为自己，为了后代，也应出来做点事情啊。况且，衣不蔽体、食不果腹的日子他们已经过够了。现在生活为他们敞开了一扇门，他们应该抓住机遇，更何况，督抚登门，家人相劝，这扇门是因为自己的才华而敞开的，不是自己恬不知耻地要来的。朝廷求你，有面子；朝廷用你，还有票子房子。世易时移，民以食为天，我得吃饱饭啊，过去说的誓不仕清，就让它脑后去吧。

当然，有人还托关系走后门，一些所谓隐士争趋辇毂，唯恐不与。一时，奔走竞托之风盛行京城。

那些已经在新朝当官被罢免的，也想借此机会另谋发展；外地有官职的，嫌官小也愿到京师一试。所以，康熙根本不愁没人响应。

康熙下诏是在十七年（1678）正月，经过近一年的推荐，各路人才纷纷于这年冬天赶到京城。次年三月才考试，来的人多了，京城人满为患，康熙却高兴得了不得，这是我朝人心所向啊！于是下诏，所有来京师应试者，由官府安排馆驿，每日发放餐饮补助，休息至阳春三月。这段时间，京城成了文人才子们的狂欢节。

王士禛这一阵子忙得不亦乐乎。尤侗来了，朱彝尊来了，汪楫来了，王弘撰来了，阎若璩来了，李因笃来了，潘耒来了，施闰章来了，孙枝蔚来了，自己日思夜想的陈维崧也来了，就连那个可爱的老头汪琬也来了。哈哈，真可以搞一场扬州故人再聚会了。

王士禛对大家的纷纷到来，表面上是热烈欢迎，但在骨子里，他对这种趋之若鹜是有想法的。这次，他倒真的有些佩服起阎尔梅的骨气了。

文人的骨子里本应是重义轻利的，对自幼受到孔孟教育的王士禛来说，道义，就是天理。这个道义在某种程度上可理解为气节，气节变了，不管是什么原因，就是人的骨气和节操没有了。孟子所谓"我善养吾浩然之气"，好不容易经天地教化得到的浩然之气突然改变走向，人就会一下气折节断，信念崩塌，成为一摊肉泥，沦为市侩。而社会正义的延续，是要有气节的人去支撑的，否则不复为人，不复为健康的社会。气节存于世上，正像天地精气神，它给世人的是榜样的力量、人格的楷模、俗世的警示、道德的引领，为"稻粱谋"得到的可能是一个人和一个家庭的一时安乐，而最终却是一个社会的茫然，让更多的人成为无耻之徒！更何况，那些世上的遗民，本身早已经有了名声，气节也为世人敬仰。而清朝并未在政治上对他们加以迫害，无非是作为持不同政见者对他们另眼相待。他们入仕，带给世人的只能是见利忘义的价值取向，让更多的人可以不择手段向仕途上攀爬，视为唯一成功的途径，而不管气节的得失！如果饱读诗书的文人们失去了气节，那么，这个社会由谁去引领？

所以，他敬仰傅山的气节！傅山开始称病，坚决不从，但是架不住知县戴梦熊的苦苦哀求，并且这老戴还亲自备上驴车，送傅山到京。到了京，他依然不入城，在一个崇文门外的荒寺里住下了，他写了一首诗，叫《病极待死》，其中写道："生既须笃挚，死亦要精神。……誓以此愿力，而不坏此身。"傅山以佛教的"愿力"作喻，表示他愿意把曾发下的誓言一以贯之，不惜以身体之死为代价，普度众生。这种境界真让人感到这是一个多么值得敬仰的老头。

王士禛崇尚竹的节操，所以他最喜欢竹："予生平喜竹，所居辄种之。顺治庚子、辛丑间任扬州推官，于谳事厅前后皆种竹。"（《居易录》卷二十一）于是，傅山利用到北京的机会，送他一幅《荷竹图》。王士禛见后，当即赋诗一首以为答谢。诗云：

> 眼中突见筼筜谷①，露压烟啼万竿竹。
> 下有亭亭菡萏花，大似凌波倦膏沐。

---

① 筼筜谷：在陕西洋县西北十里，谷中多竹。苏轼表兄、好友、大画家文同任洋州知州时，筑亭于其中。文同画筼筜谷偃竹赠苏轼，苏轼作《筼筜谷偃竹记》。傅山，字青主。

烟墨淋漓元气足，老笔纵横破边幅。

……

（《傅青主征君写荷竹见寄奉答兼怀戴枫仲①》）

这是对画的赞美，也是对傅山浩然之气的赞颂。

王士禛在博学鸿词这件事上，极力推崇关中四君子，四君子者，王弘撰②、李颙③、李因笃④、孙枝蔚。王弘撰也是屡辞不就，拗不过时，来到京师，也是寓居荒寺中，闭门不见友人。作为博学鸿词的主考官冯溥，见王弘撰来，托人找他给自己写篇寿文，王弘撰就对冯溥说："在保证不被录取、布衣还乡的情况下，才写。这样，我给了清廷面子，我王弘撰也保留了名节。"李因笃因难违母命，"涕泣就道"，应征授官后，也以母亲为由坚辞而去。而孙枝蔚，也是勉强应征，到了考场上故意不写完，相当于交了白卷，内心抵制之情甚明。

王士禛在后来给王弘撰的信中这样写道："顷征聘之举，四方名流，云会辇下，蒲车⑤玄纁⑥之盛，古所未有。然自有心者观之，士风之卑，惟今日为甚。如孙樵所云，走健仆，曩大轴，肥马四驰，门门求知者，盖什有七八。其自重以重吾道、重朝廷者，仅有之矣。独关中四君子，卓然自挺于颓俗之表。二曲⑦贞观丘壑，云卧不起。先生褐⑧衣入都，屏居破寺，闭门注易，公卿罕识其面。焦获（孙枝蔚）迹在周行⑨，情

---

① 戴廷栻（1618—1691），字枫仲，号符公。
② 王弘撰（1622—1702），华阴人，字文修。著《易象图述》《山志》《砥斋集》等。顾炎武称其为"关中声气之领袖"。
③ 李颙（1627—1705），周至人，哲学家。
④ 李因笃（1632—1692），字子德，一字孔德，号天生，陕西富平东乡人。经学家、诗人。
⑤ 蒲车：用蒲草裹着车轮的车子。用于古代封禅或征聘隐士。
⑥ 玄纁：黑中扬赤即为"玄"。赤与黄（合），即是纁色。并称指帝王用作延聘贤士的礼品。
⑦ 二曲：指李颙，周至县人，山曲、水曲，又称二曲县。
⑧ 褐：粗布。
⑨ 周行：大道。

耽林野。频阳（李因笃）独为至尊所知，受官之后，抗疏归养，平津阁中独不挂门生之籍。四君子者，出处虽不同，而其超然尘埃之表，能自重以重吾道、重朝廷者，则一也。此论藏之胸中，惟一向蔚州魏环溪①、睢阳汤荆岘②两先生言之，不敢为流俗道也。"

他认为，"富且贵，于我如浮云"就是知识分子应坚守之道。如果仅仅是为了富贵而应征，就是不自重，也是对朝廷的不尊重，也就失去了朝廷选名士的意义。选上来的，也极有可能是重利之徒，于国无利，于世风有害。只是当时不敢明说罢了，就只对两个好朋友魏象枢和汤斌及王弘撰说了。

他还作诗感叹当日士风之凋敝、遗民处士之倾巢而出："由来苦节本难贞，莫向东篱问落英。征士今年满京洛，不知何处著渊明。"

恒定的价值观是王士祯所推崇的，对变来变去的人和观念，他持否定的态度。只有这样，才能贫贱不能移，威武不能屈，富贵不能淫。只有这样也才能是人之所以为人，否则，于世无补。

在选士问题上，王士祯自有自己的做法。按照朝廷的命令，在京三品官员以上，都有推荐人选的任务。王士祯当时是从五品，没有资格。当时的户部尚书魏象枢也许知道王士祯人缘广泛，又在文坛上有影响力，于是就亲自登门，向王士祯征求推荐人选。王士祯对魏象枢说了自己的观点："诸公荐人，文词足矣，而公荐人，即非文行瘦削者不可！"那意思就是说，别人推荐人才，只是文辞好就行，但是我举荐人，必是文章和品行都好的人。于是他向魏象枢推荐了汤斌，他说："我宁愿推荐一个我素不相识的人，以不辜负你下问之谊。我听说河南睢州的汤斌，是个人才。他是顺治九年（1652）的进士，选为弘文院庶吉士，授国史院检讨。后来外迁到了陕西潼关做了道员。他上任的时候，据说为了不扰民，买了三头骡子，主仆各坐一头，另一头驮着两副破旧被褥，一个竹书箱，就去了。到了那里，面对穷山恶水，毫无怨言，并且政声

① 魏象枢，字环溪。
② 汤斌，号荆岘。

很好。离官的时候，除了被褥之外，还是那三头骡子，一个旧竹箱，没增加任何东西。自岭北回来，他拜大儒孙奇逢为师，并躬行实践，一路收了许多门徒，我推荐的就是这种学问好、人品又好的人。"魏象枢还没等王士禛说完，就马上说："好！好！我也知道此人，是圣贤之徒，明天我就上疏推荐！"

其实，王士禛在扬州时认识了不少的明遗民，这里面文辞好的大有人在，他为何不荐孙枝蔚、宗元鼎等朋友，反而推荐了自己素不相识的汤斌？其中原因当是：在他的心里，对明遗民入仕他是不支持的，起码，改变气节不是士人所为。他也知道，他们生活的艰辛，但仅仅为了生活就改变气节的人，于朝廷无益，于世风不利。

也许由于自己的温柔敦厚，所以他喜欢那些性情恬淡、不慕名利、无急功近利之心、无愤懑叫号之气的人。如归允肃是江苏常熟人，康熙十五年（1676）他参加会试，未中榜，便留在京师继续学习。他常常徒步到王士禛的寓舍，拿着自己的诗向王士禛请教，王士禛见他的书法工整，而且诗中全无一句怨尤憔悴之语，便对他说，你的气度必定能成状元。过了三年，归允肃参加会试，果然胪传第一声——状元及第！

汪琬的到来，使王士禛又喜又无奈。喜的是，又见到了老朋友；无奈的是，他在想，这哥们怎么也热衷起此道来了？接待汪琬的酒席宴上，王士禛决定戏弄这老爷子一下，开个不大不小的玩笑，让他也难堪一下。好在，这两人是经常开玩笑的主儿。

酒过三巡，王士禛先给他来了下马威，赋诗一首，先将一军："名山书未就，副已满通都。天子询年齿，群公爱腐儒。抛残青箬笠①，染却白髭须。冻煞常彝甫，来倾酒百壶。"那意思是：司马迁写《史记》"藏之名山，副在京师"，可如今，你老爷子躲在名山里写的书还没完，怎么那副本全京师都知道了？天子王公问寒问暖，多荣耀啊！就把那破草帽抛到九霄云外，把白胡子也染黑，他还以宋代常秩为比，讥讽汪琬耐不住寂寞，出仕换取酒食。

---

① 箬笠：草帽。

　　汪琬当时已经五十六岁，实际上他在清朝是入过仕的，只是在康熙五年（1666）被贬，厌倦了仕途，后辞官不做，归隐尧峰八年，他并不存在变节问题。他也知道王士禛借他喻彼，加之王士禛已是皇帝身边的人，地位有些悬殊，所以，他并未恼怒，而是温和作答：

　　　　悔吝真难释，倚愁渐不支。
　　　　交情穷始验，学力病方知。
　　　　事业输先辈，文章负圣时。
　　　　尧山好山色，只合老茅茨。

　　　　索米良非愿，如何滞帝乡？
　　　　贫多赊酒券，老乏染髭方。
　　　　半朽怜枯树，微暄喜夕阳。
　　　　人情异鸥鸟，叹息未相忘。

（《病中二首》）

　　其悔恨、无奈之情溢于言表。除了对王士禛事业有成、诗名显赫的羡慕外，还道出自己生活潦倒是进京的主要原因，而非真心所愿。你看，不是我不要这老脸，没米没粮，喝酒要赊，哪有染胡子的钱？还是到了京城，老弟赏我一壶酒喝，还没忘了我啊！
　　但王士禛却不依不饶，继续调侃起了汪琬。且看《戏简汪钝翁四绝句》：

其一
　　颍水箕山傲昔贤，金庭玉室隔人烟。
　　逃名却被山英笑，两字尧峰世已传。

其二
　　谈经人比郑公乡，丝竹门生列后堂。
　　为奉侏儒一囊粟，山中闲煞束修羊。

其三

阳山山外好烟波，可惜柴门掩薜萝。

莫怪山人高价卖，此中佳处本来多。

其四

关中高士谢山灵，共指文星傍帝廷。

今夜尧峰高处望，不知何处少微星。

你看，从那好山好水的地方逃出来，连山花也耻笑，耐不住贫寒，不愿和那些穷学生在一起了，隐居的生活实在太苦了，所以不惜以身相售。那山上烟波之中真是好隐处，难怪值那么高的价钱，可惜啊，现在再往那尧峰高处一望，不知那文星在哪里闪烁啊！

见王士禛这样，汪琬却有点恼了，你王士禛不也是好渔洋山水，当年想当隐士吗？不也是跑到这京城做了大官，还有什么理由讥讽我汪琬？于是他写道：

江外重山接五湖，十年何幸住潜夫。

诗翁但恋金门①值，曾见渔洋树色无？

芭谭相忆不胜情，竟彻皋比②奉檄③行。

车服倘缘稽古力，便须飞札报诸生。

暂因移疾守柴扃，曾是含香侍汉廷。

太史错占天上象，岁星无异少微星。

明年春水引归帆，的合移家占一岩。

---

① 金门：指富贵人家。

② 皋比：原指虎皮座席，借指讲堂。

③ 檄：征召文书。

从此不称前进士，故人亲授隐君衔。

（《敬答王侍读四首》）

告诉你们吧，我汪琬不是贪恋富贵，等明年我就回家，从此不再称我是过去的进士，索性接受你王渔洋赠送的隐君美名，做一个真正的隐士！

而汪琬说到做到，入史馆六十日后，遂杜门称疾。尽管汤斌欲荐汪琬为史馆副总裁，但是汪琬力谢。康熙二十年（1681）二月，请告南归。

后来，王士禛感到对汪琬有些错怪、失礼，常常自责，并把这几首诗从自己的诗集中删掉。但是，这玩笑也许开大了，直接影响到了后来两人的关系。后来，他见汪琬把与他的答诗收在了自己的诗集中，就干脆也收入诗集《蚕尾集》中，并说明"以识予过，且示子孙以戏谑为戒"。

康熙十八年（1679）的三月初一，康熙在体仁阁御试博学鸿词科众人，当时由各地官员推荐的人才共计一百八十六人，而实际参加考试的为一百四十三人，李霨、杜立德、冯溥三宰相为主考官。三十日，发榜：考取五十人。其中一等二十名、二等三十名，合约占应试人数的三分之一，授以侍读、侍讲、编修、检讨等职，并入明史馆纂修《明史》。朱彝尊、汪琬、潘耒、毛奇龄、李因笃、施闰章、汤斌、尤侗、陈维崧均在此列。

二、一序一诗，千古知己

龚鼎孳于康熙十二年（1673）九月十二日去世。在钱谦益之后，他实际上成为了文坛旗帜，而他与钱谦益都被后人列为贰臣。康熙文坛，一时失去坛坫主盟，人们寻觅的眼光，自然瞥向了王士禛。

康熙将王士禛由部曹改为词臣，并且让他来到自己的身边，是否也有考虑选择文坛盟主的意思呢？毕竟，王士禛温柔敦厚的正宗诗风、蕴藉而又涵泳的诗作，不偏执、不夸张的性情，是当朝少有的！而他范水模山、批风抹月，沉迷于山水之间，不也正是帝国太平的最好装饰吗？

当然，文坛的领袖并不是任命得来的，康熙深知这一点。康熙也听说过，钱谦益早就对王士禛说过"钱王代兴"的话，文坛上对王士禛的认可由来已久。广泛的文坛交游，使他能振臂一呼，应者云集，大旗舞处，群起响应。而文统，比武统更是求之不得啊！康熙的良苦用心也即如此吧！

行文至此，我们就不能不提钱谦益了！

钱谦益（1582—1664），字受之，号牧斋，晚号蒙叟、东涧老人，人称虞山先生，苏州常熟人。钱先生学问好、文章好，并且桃李满天下。学生中，文的有顾炎武，武的有郑成功，牛吧？！钱先生还有更牛的，五十九岁时娶了二十三岁的名妓柳如是，于是非议四起。老先生却全然不顾，老夫自在花下眠，俗议有何惧哉？迎娶那天，岸上的百姓向他船上扔石头，他自是大义凛然，谈笑风生。

钱先生在南明做了弘光朝的礼部尚书，清军兵临城下，怎么办？柳夫人拉着他，要跟他一起投湖殉明。走到湖边，老先生望着满湖波涛，对柳夫人说，这水太冷了。可是，柳如是却不管那个，纵身就跳。老先生哪里舍得这美娇娘弃他而去，一个箭步上前，抱住了柳如是，两人就这样一起回到府邸，静待命运的安排。

下面的结局就很清楚了，投降吧！钱老先生领着满朝大臣在滂沱大雨中迎降，但投降的第一个标志就是要剃发。看到左右大臣一个个面面相觑，谁也不好意思，钱老先生摸摸头皮："哎呀，这头皮好痒啊！我要去篦篦头发。"转身就去了后院，须臾一出，则去发留辫。时人有诗"钱公出处好胸襟，山斗才名天下闻。国破从新朝北阙，官高依旧老东林"。仕清后，清朝给了他一个礼部右侍郎的官，管秘书院事，并任明史馆副总裁。

老爷子归了清朝，可谓受尽嘲弄。他游苏州虎丘，穿着一个小领大袖衣服，很是怪异，熟人见了问："这衣服咋回事啊？"钱谦益答："小领者，尊时王之制，大袖者，不忘先朝耳。"他这一解释，又得了个"两朝领袖"的绰号。

他回老家，舟过蠡口，十几个苏常青年士子听说他来，便装作不知。上船问："老先生哪里人啊？"钱谦益正襟危坐，曰："我乃明朝太子太保、礼部尚书，现今礼部侍郎、翰林学士钱牧斋也！"没想到，话音刚落，几个书生竟一齐惊讶地说道："哦，太保还没死啊？可喜可贺！"

也许钱老先生真的受不了这种被嘲讽的生活，顺治三年（1646），他便托病回乡。顺治四年（1647）至顺治五年（1648），因黄毓祺反清案被捕入狱，在大牢里待了一年，后在柳如是营救下出狱。一直到康熙三年（1664）的十七年里，都住在老家常熟，以八十二岁病卒。

顺治十七年（1660）到康熙四年（1665），王士禛在扬州任上，在这五年中，与钱谦益有书信往来，却不曾谋面。以王士禛广交天下诗友的脾气，不见钱谦益这位久负盛名的文坛领袖，也真是奇怪了。

说奇怪，其实也不奇怪，你想，那些青年士子敢在那种场合调笑这老先生，可见他当时已威信扫地，为士林不齿。然而，钱谦益前明文坛舵手的地位却不是几句嘲讽所能撼动的。

抛开气节，王士禛作为一名清朝的官员，拜访一个降清的前辈，无可厚非。可是，钱谦益又是因反清案下狱的，不明不白，这是一个矛盾；作为一个知识分子，去拜访一个学问大家，也无可厚非，但是，去拜访的却是一个备受诟病的士林奇葩，这又是一个矛盾。学问与人格，王士禛是都看重的，他敬仰钱先生的学问，甚至见到他的一纸信笺就激动得彻夜难眠，但他也看重对人格的评价。他知道，钱先生不是圣人，但是，他认同钱先生文坛的圣主地位。这就造成了他在拜访钱谦益问题上的左右为难，以至在长达五年的扬州为官生涯中，都没有登过这个文坛耆宿的家门。由此，我们也看到，王士禛对声名的注重，对自己几乎是圣人的苛求。管中窥豹，略见一斑。

王士禛与钱谦益相知，应得益于他的叔祖王象春。万历三十八年（1610），钱谦益与王象春是同榜进士，王象春是榜眼，钱谦益名列其后，是探花。两人是好朋友，以这种关系，王士禛刚到扬州，就致书钱谦益，叙旧执礼。

后来，王士禛又在金陵丁胤的邀笛步见到了钱谦益的诗，主动相和，引起丁胤欲牵线让钱谦益、王士禛认识的话题。此后，在扬州与钱谦益外甥的相识使王士禛有了更直接的关系与钱老爷子书信相传。当时，他的《秋柳》诗已蜚声海内，许多海内大家都与他有了唱和，如果能得到钱老的唱和自然是锦上添花。他将自己的部分诗和《秋柳四章》也一起呈给钱谦益，企求钱谦益和柳如是能有唱和。但是，这个想法被钱谦益婉言相拒了。

> ……乱后撰述，不复编次，缘手散去，存者什一。荆妇近作当家老姥，米盐琐细，枕籍烟熏，掌簿十指如锥，不复料理研削矣。却拜尊命，惭惶无地。……

你看，和《秋柳》诗，这种投以木桃报琼瑶之事，我是做不了啦！况且现在已经穷困潦倒，家妇也是每日柴米油盐，十指黑黑如棒槌，哪还能写什么诗啊！

但王士禛还是不死心，之后又写信，且看钱先生的这一封回信，简直就是一篇美文：

> 余生暮年，销声息影，风波瞥起，突如焚如。介恃天慈，得免腰领，噩梦已阑，惊魂未憩。远承慰问，深荷记存，惟有向长明灯下炷香遥祝而已。伏读佳集，泱泱大风，青丘、东海吞吐于尺幅之间，良非笔舌所能赞叹！词坛有人，余子皆可以敛手矣。……伏生已老，岂能分兔园一席，分韵忘忧？白家老媪，刺促爨下，吟红咏絮，邈若隔生，无以仰副高情，思之殊惘惘也。

这次他说，你寄给我的《秋柳》篇被传诵者拿走了，我见不到了。和诗这事，我年纪大了，没精力了，我那老婆子也是神神叨叨，整天吟红咏絮的，恍若隔世，写不出了，对不起啊！

但在这封信中，钱谦益居然能说出"词坛有人，余子皆可以敛手"

的话，可见对王士禛他是激赏的。可是，激赏归激赏，和诗却不作！

但王士禛还是发扬穷追猛打的精神，不和诗就罢了，这次，他想出一部自己自二十岁至二十八岁的诗集，于是想到求钱谦益作序，没想到，钱谦益再次婉拒！

王士禛没辙了，只好求助于丁胤老先生。

还是丁老先生有面子，趁钱谦益八十寿辰的时候，丁胤去祝贺，在钱老爷子面前说了王士禛的许多好话。钱老于是很激动，又看到王士禛确为可造之才，便允诺为王士禛的《渔洋诗集》作序，同时，让他的外甥捎给王士禛一封信：

　　……舍甥北还，复示大集，如观武库，如游玉府，未敢遽赘一言于简端。丁老继之枉过，言门下驻节水亭，讨论风雅，风前烛下，睠念衰朽，以为孤竹老马犹能识道，不惜过而问焉。禅力未固，猎心复萌，翻阅再过，放笔为糠粃之导。良以古学日远，流宿波靡，如门下应半千之运，茗竖颖发，回浣狂澜，鼓吹大雅，故敢倾吐朴学，申写狂言，直道其所厚望于门下者。此时稂莠一区，鸟鼠同穴，闻仆之言，必将群喙争鸣，众口交诅。区区之意，但得以片言自效于高明，斯世有一人知己，岂复舆轊才小生争蓰薮于鼠穴哉。序言草略，有怀未尽，扇头古诗一章，聊当百一。邗沟京江，盈盈一水，贫病屏迹，投老荒村，东风解冻，尚期裹粮幞被，奉扣铃阁，庶几樵苏不爨，明镫永夕，上下扬扢，成千古佳话耳。君家群从，比复何如？季木儿郎得免负薪否？牍末附问，不尽驰念。牧斋。

序是这样写的：

　　万历庚戌之岁，偕余举南宫者，关西文太青、新城王季木、竟陵钟伯敬，皆雄骏君子，掉鞅词坛。太青博而奥，季木赡而肆，踔厉风发，大放厥词。太青赠季木曰："元美吾兼爱，空同尔独师。"盖其宗法如此。而伯敬以幽闲隐秀之致，标致《诗归》，窜易时人之耳目。迄于今，轻才风说，簸弄研削，莫不援引钟、谭与王、李、徐、袁分茅设蕝，而关西、新城之集孤行秦齐间。江表之士，莫有过而问者。三子之才力，伯仲之间耳，而身后之名飞沈迥绝，殆亦有幸不幸焉。千秋万岁，古人所以深叹于寂寞也。季木殁三十余年，从孙贻上复以诗名鹊起。闽人林古度论次其集，推季木为先河，谓家学门风，渊源有自，新城之坛墠，大振于声销灰烬之余，而竟陵之光焰熸矣。余盖为之抚卷太息，知文苑之乘除，有劫运参错其间，殆亦可以观天咫也。嗟乎！诗道沦胥，浮伪并作，其大端有二：学古而赝者，影掠沧溟、弇山之剩语，尺寸比拟，此屈步之虫，寻条失枝者也；师心而妄者，惩创《品汇》《诗归》之流弊，眩运掉举，此牛羊之眼，但见方隅者也。之二人者，其持论区以别矣，不知古学之繇来，而勇于自是，轻于侮昔，则亦同归于狂易而已。贻上之诗，文繁理富，衔华佩实，感时之作，恻怆于杜陵；缘情之什，缠绵于义山。其谈艺四言，曰典，曰远，曰谐，曰则。沿波讨源，平原之遗则也。截断众流，杼山之微言也。别裁伪体，转益多师，草堂之金丹大药也。平心易气，耽思旁讯，深知古学之繇来，而于前二人者之为，皆能洮汰其症结，袚除其嘈囋，思深哉，小雅之复作也。微斯人，其谁与归？贻上以余为孤竹之老马，过而问道于余，余遂趣举其质言以为叙。往余尝与太青、季木论文东阙下，劝其追溯古学，毋沿洄于今学而不知返。太青喟然谓季木曰："虞山之言是也，顾我老不能用耳。"今二子墓木已拱，声尘蔑如。余八十昏忘，值贻上代兴之日，处之镞砺知己①、用古学劝勉者，今得于身亲见之，岂不有厚幸哉。书之以庆余之遭也。虞山蒙叟钱谦益序。

---

① 砺，磨炼。镞砺知己，谓相互鼓励的朋友。

看到这些声韵抑扬、款款深深的文字，我真的有点痛恨起白话文了。不但如此，还有长诗赠王士禛。

《古诗赠新城王贻上》：

> 风轮持大地，击扬为风谣。吹万肇邃古，赓歌畅唐姚。朱弦泛汉魏，丽藻沿六朝。有唐盛词赋，贞符汇元包。百灵听驱使，万象穷锼雕。千灯咸一光，异曲皆同调。彼哉诐谀者，穿穴纷科条。初唐别中晚，画地成狴牢。妙悟掠影响，指注窥厘毫。瓮天醢鸡覆，井月痴猿号。化为劣诗魔，飞精入府焦。穷老蔽蓬屋，不得瞻沆寥。正始日以远，词苑杂莠苗。献吉才雄骛，学杜铺醨糟。仲默俊逸人，放言訾谢陶。考辞竞嘈杂，怀响归浮漂。江河久壅决，屡澥亦腾嚣。幺弦取偏张，苦调搜喠嗷。鸟空而鼠即，厥咎为诗訞。丧乱亦云臊，诗病不可瘳。譬彼膏肓疾，传染非一朝。呜呼杜与韩，万古垂斗杓。北征南山诗，泰华争岧峣。流传到于今，不得免傲嘲。况乃唐后人，嗤点谁能跳。穷子抵尺璧，冻人裂复陶。熠耀点须弥，可为渠略标。昌黎笑群儿，少陵诃汝曹。嗟我老无力，掩耳任叫呶。王君起东海，七叶光汉貂。骐骥奋蹴踏，万马喑不骄。识字函雅故，审乐辨箫韶。落纸为歌诗，绛云卷青霄。自顾骨骼马，创残卧东郊。敢云老识路，昏忘惭招邀。河源出星海，东流日滔滔。谁蹴巨灵掌，一手埋崩涛。古学丧根干，流俗沸蟪蛸。伪体不别裁，何以亲风骚？珠林既深深，玉河复迢迢。方当剪榛楛，未可荣兰苕。瓦釜正雷鸣，君其信所操。勿以独角麟，媲彼万牛毛。伊余久归佛，翻经守僧寮。怅触为此诗，狂言放调刁。无乃禅病发，放笔自逸骚。起挑长明灯，忏除坐寒宵。

莫怪我将这样一个在现在看来是佶屈聱牙的古诗录于此，并不一一注释。这是一个古诗文大家之作，在这篇古诗中，你也许能读出一个大家的深厚学力，也能体会出中国古诗文大家沉浸在中国文字中的陶醉与风流，以及汉字与诗韵给予我们的享受与自信。

要知道，在明末清初，钱牧斋先生的学问是举世仰止，王士禛喜出望外地见到了钱谦益的序，并得到了"贻上代兴"这样的褒奖，和"小雅之复作也。微斯人，其谁与归？"的赞叹。而这个代兴之言，随着时间的推移，越来越显现出其文坛托孤之意。钱谦益对王士禛所说的代兴，给予王士禛的是通向文坛领袖的一个特别护照。这无异于一次付法传衣，这一序一诗，正为他披上了莲服袈裟，使他一路能光环闪耀，步步莲花。

他能不视老先生为"平生第一知己"吗？

此事件发生在顺治十八年（1661）。当时，王士禛无非是年仅二十八岁、初出茅庐的文学青年，能得到一个八十岁的文坛耆宿发自内心的称道，从另一个角度我们也能看出，王士禛是有着怎样的绝代才华。

三、唐宋之争

在皇帝的身边，其实真的就是一个驴粪蛋儿，外表光鲜，内心恐慌。皇帝高兴，就写几首诗，让大家一起和对。皇帝心情好，谦虚的时候，就拿出诗来说："朕万机之暇，偶有吟咏，未能深造古人。因尔等在内编纂，屡次请观，故出示尔等。中有宜改定处，明言之毋隐。"看，多谦虚啊，那意思是请爱卿们批评指正吧！

皇帝自负的时候，就说："朕的诗你们拿下去应和吧，要认真体会朕的寓意，写出我朝的太平之象来！"这时，你就得极力应付，搜肠刮肚，苦思冥想，写几首阿谀逢迎之作应付皇上。赶上有四方贡品，皇帝也会分给大家点，比如五台山贡来的天花蘑菇啊、盆植的人参啊等等。

皇帝闲暇，就写几幅字赐给大家。这天皇帝高兴，给诸臣赐书，陈廷敬得了一幅"龙飞凤舞"，王士禛得了一幅大字"存诚"和唐朝张继的《枫桥夜泊》书法。这时康熙忽然想起前几天赐给诸臣的少了王士禛的，就又补上两幅——"清慎勤"和"格物"，让他回去刻石，以做纪念。

皇帝赐了字，就要答谢，回家还要写几首纪恩诗，以谢皇帝恩赐。

王士禛在此的收获就是，应康熙的要求，他把三百多篇诗作编成一集，名曰《御览集》呈送给皇帝。这个版本他未敢私自刊印，只是在后来将这些诗收在了《渔洋续集》中。

时间就在这种惊惶和无聊中度过了，没有了"江山之助"，没有了真情咏叹，他的诗思明显停滞，可以说，在皇帝身边的生活遏制了他的诗兴。他的诗笔还是明显放慢了。身居内廷，他每年作诗都不过几十首，而且基本是些歌功颂德的应制、亲朋迎送的应酬、日常琐事的闲吟，所透露的多是官场生活的庸俗无聊。他也偶有郊游之作，但其气度也远不如在蜀道上的豪迈和扬州时的潇洒飘逸了。

这时，他唯一的乐趣就是与朋友之间的诗酒唱和，在这些诗酒唱和中，他似乎能找到作为诗人的核心价值。在宫廷，他仿佛是鱼在热水中，浑身不自在，而在诗人们中间，他却徜徉其中，自得其乐。

越来越多的人拜在他的名下，越来越多的人愿意与他相识，他几乎应接不暇。而他厚道的天性，又使他不愿放过一个求见者，并与他们切磋、为他们引荐。

一日，正在府中休息，看门的苍头进来禀报，说有一吴姓人求见。递上名刺，见上书二字——吴雯。王士禛竟一下跃起，这不是康熙五年（1666）自己在荣开府邸见到写壁上诗的人吗？这真是一个仙人、才子，早就想认识他了！他忙不迭穿上鞋子，趿着鞋，就跑出去迎接吴雯。

吴雯这次也是来应博学鸿词科的，他住在京城的一个驿站里。吴雯的诗才，人多羡慕。那日，正赶上叶方霭当值（宫廷值班），听说吴雯来了，叶方霭竟顾不上值班，拉上吴雯的朋友赵执信就去看望，见到他写的"门前九曲昆仑水，千点桃花尺半鱼"之句也是惊叹了好大一会儿。后来，叶方霭对王士禛说起这事，王士禛还后悔得不得了，后悔没能一起去看望吴雯，一睹吴雯真容。

见到吴雯时，王士禛吃了一惊：只见他身体羸弱，一副弱不禁风的样子，一张瘦脸，又脏又丑，衣帽上满是污垢。也许是长年不洗澡的原因，身上还有一股臭味。

但是，王士禛全然不顾这些，他拉着吴雯的手，谈诗谈艺。最后，问起他的家世，知道他的父亲原来是做过蒲州学正的，死在任上，母亲朱氏将他和一个弟弟抚养成人。他科举不第，长期游历于晋中山水之间，其诗自成一家。王士禛对他说："我看先生的诗，真是仙才，汉魏以来二千年间诗家，堪称'仙才'者，唯曹植、李白、苏轼三人，而本朝作者如林，然可称仙才者莲洋（吴雯号莲洋）一人而已！"当说到吴雯的漂泊境遇，王士禛不知触动了哪根神经，竟"涕泗纵横，反袂①久之"。

王士禛的落泪，无非是在吴雯的诗中找到了一个自己，这是一种在精神和志趣上高度共鸣后的流泪。有后人推测，王士禛心中所念自己诗学的接班人就是吴雯，②这种推测虽未见过王士禛对此有任何文字上的记录，但是，我们可以想象，他与吴雯之间，有一种内心深处的契合。

吴雯在这次博学鸿词的应试中铩羽而归，个中原因，很难细断：是他不驰逐豪门，还是守拙孤僻？反正，王士禛对吴雯的未入选是不解和充满遗憾的。吴雯临行，王士禛设宴相送，席上，陈廷敬有诗，其中有"狗监人难遇，蛾眉老易猜"。"狗监"，是汉代内官名，主管皇帝的猎犬。《史记·司马相如列传》："蜀人杨得意为狗监，侍上。上读《子虚赋》而善之曰：'朕独不得与此人同时哉？'得意曰：'臣邑人司马相如自言为此赋。'"司马相如于是因狗监荐引而名显，故后常用以为典。看来，陈廷敬也是叹息：吴雯未遇到像狗监杨得意这样的人，所以未得举荐。

而王士禛则充满惋惜和期许，写下了《送吴天章归中条二首》：

……

中条多水竹，此去掩荆扉。

---

① 反袂：用衣袖擦泪。
② 李豫、王秋红、李雪梅、张仲伟点校《吴雯先生莲洋集·代前言》第3页，三晋出版社，2010年版。

> 爱汝王官谷，他年拟借居。
>
> 三峰当户牖，五姓足樵渔。
>
> 田舍堪怀古，茅茨宜读书。
>
> 独怜好身手，归去注虫鱼。

这些诗作，使吴雯泪咽，泣不成声。他答道："人物难评骘，文章最讨论。从来姜桂性，未易附寒暄。""功名身总误，贫贱语无凭。""大小名何据，成亏计总非。"

而以后吴雯多次到京，都要拜会王士禛，两人成为至交。

除了参与众多文士的酒会，与他们写诗唱和之外，他还担当起文学舵手的角色。他将认为优秀的新人诗作，编辑、出版，以带动整个文坛的气象。康熙十六年（1677），他就将宋荦、王又旦、曹贞吉、颜广敏、叶封、田雯、谢重辉、林尧英、曹禾、汪懋麟等十人诗作辑为《十人诗略》，一时长安十子，成为美谈。

同时，他还不断接受朋友的请托，为朋友的诗作评论，为朋友和朋友的家人写墓志铭、传记。这期间，他还与康熙十二年（1673）的状元韩菼，一起主持了康熙十八年（1679）的顺天武乡试，得武举人一百八十六名。

好运也接连而至，康熙十九年（1680），在任侍读两年后，王士禛被任命为国子监祭酒，品升一级，从四品。

清代国子监总管全国各类官学（宗学、觉罗学等除外），相当于现在的中央所设大学，设祭酒（校长）满汉各一人，司业（副校长）满汉各一人。

康熙十年（1671）左右，由吴之振、吕留良、吴自牧合编的《宋诗钞》，已经风靡京师。此本收录宋诗八十四家，凡九十四卷，共收宋诗一万二千余首。吴之振在序中写道："自嘉隆以还，言诗家尊唐而黜宋，宋诗集覆瓿糊壁，弃之若不克尽，故今日搜购最难。黜宋诗者，曰'腐'，此未见宋诗也。宋人之诗变化于唐，而出其所自得，皮毛落尽，精神独存……"他感叹当时尊唐之风，希望有人能举起宋诗的大旗，向宋诗学习。

与此同时的曾灿也说:"近世诗贵菁华,不无伤于浮滥,有识者恒欲反之以质,于是尊尚宋诗以救弊……"

这时,又由吴之振发起,选定施闰章、汪琬、王士禛、王士禄、陈廷敬、沈荃、程可则、曹尔堪等八人诗为《八家诗》,刊刻行世。王士禛被收录此集,俨然成为宋诗派的代表。

蒋寅[①]先生遍翻古籍,找到了一则证明当时人认为王士禛是宋诗代表的笔记,笔记的作者是邓汉仪,他说:

> 今诗专为宋派,自钱虞山倡之,王贻上和之,从而泛滥其教者有孙豹人枝蔚、汪季用懋麟、曹颂嘉禾、汪苕文琬、吴孟举之振。而与余商略不苟同其说者,则有施尚白闰章、李屺瞻念慈、申凫孟涵光、朱锡鬯彝尊、徐原一乾学、曾青藜灿、李子德因笃、屈翁山大均等人。
>
> (邓汉仪《慎墨堂诗拾》)

其实,王士禛在诗歌宗尚上,从不刻意去分门派,他被拉入宋诗派,也是迫不得已。他批评诗分唐、宋而各树立门户的宗派作风,说:"近人论诗,好立门户,某者为唐,某者为宋,李杜苏黄,强分畛域。如蛮触氏之斗蜗角,而不自知其陋也。"但是,他不立门派,有人却立。这不,尊唐的宰相冯溥就在康熙二十一年(1682)三月,在万柳堂,搞了一场盛大的修禊,邀请了三十二个名士,而这里面,唯独没有王士禛。在这次修禊中,大家口诛笔伐,大谈宋诗浮躁粗鄙,没有盛世之象。

还有一个叫王嗣槐的,以诗风与世风相关,致书王士禛,呼吁立即整顿诗风。他在给王士禛的诗中说:"尚赖英绝领袖人,直指大道扫旁辙。"他还写信:

---

① 蒋寅:中国社会科学院古代文学研究所副主任,王士禛研究专家。

　　某少习八股，年四十始弃去。古今书多未读，间为诗歌，不得古人研练精切之意。时瞻望先生眉宇，五年于兹，不敢以覆瓿之业仰尘清鉴者，知枯木朽株无足以当大匠之斤削久矣。窃见今之论诗者，心惑之，愿先生之有以发吾覆也。

　　当时，冯溥从当时的诗风没有盛世之音，皆是"蝉吟蛙噪，聒人欲死"之作，将门人所作的无聊、韵僻之作在一个大雪天，一把火烧了。

　　不但冯溥认为王士禛是宋诗代表，连他的学生、门人也这么认为。康熙二十二年（1683）七月，王士禛与徐乾学、陈廷敬、王又旦、汪懋麟在北京城南祝氏园亭搞了一次聚会。

　　席间，大家都夸王士禛的诗是盛世之音，胜过唐人之作。这时，他的弟子汪懋麟站起来敬酒，对大家说："为什么大家都要把我老师的诗和盛唐诗相比呢？好像唐诗是唯一的标准。我认为，学诗未必只有盛唐，我老师的诗就很多是来自宋元的，唐诗好比是大肉，而你也吃海鲜啊！要尝山珍海味，就要在苏轼、黄庭坚、陆游的诗中找，在他们的诗篇中才有快意。我老师的弟子很多，经过老师的指点，都能不拘一格，斐然成章。老师的风格是多样的，为什么非要拿唐人和老师的诗作比呢？"

　　其实，对于汪懋麟的这个大肉与海鲜之比，王士禛是不认同的，他觉得汪懋麟只是看到了表象，而没有理清本末，倒是徐乾学当场对汪懋麟的教训，让王士禛认同。

　　徐乾学是这样教训汪懋麟的："小汪啊，你登堂还未入室啊！你只看到了你老师的诗中有宋元气，却不知道它是从哪里来的。评诗最重要的是要看是否合乎国风雅颂的遗意，仅吐一时之快，语不惊人死不休，你还是不成熟啊。你老师的诗，唯七言诗像韩愈、苏东坡，其余的哪个也没废唐人绳尺格律。诗文发展，有正有变，何谓正？正者兴寄深厚、词义古质、从容讽谕、委婉含蓄。何谓变？变者刻露峭厉，狂放豪宕。你光看到了流，没看到源；只看到了大江滔滔，没看到昆仑岷山的源头；只看到了锦衣华服，不知道那是蚕虫吐丝织就。今天给你上堂课，你就不用交学费了！"

徐乾学教训汪懋麟的这段话虽然刻薄，却让王士禛频频点头。他对吴之振等辑宋元诗以振诗风，同样也是认同。但他不同意的是将唐宋诗割裂开来，非唐即宋，非宋即唐，搞宗派主义，是他非常厌恶的。

从冯溥的付之一炬，到王槐嗣的谏诗，王士禛感到了空前的压力。倒是一个不起眼的诗人刘廷玑的到来，使他有了一个说出来的机会。

刘廷玑，字玉衡，号在园，又号葛庄，《葛庄编年诗》是刘廷玑晚年整理旧作而成的一部诗集，收入诗歌一千九百七十四首，记录了他写诗以来长达三十六年的生活。刘廷玑是宗宋的，他曾有诗："颇觉新来得句迟，案头几卷宋人诗。最真切处谁能道，极现成中世共知。山水之间生妙景，性情以内有佳思。诸公有意开生面，不向唐人后补遗。"

对刘廷玑的诗，王士禛大加赞扬。他说："诗本乎志，志存乎出处。往往抒臆为声，结绪成韵，本乎性情不能不抑，以达其才……近之谈诗者，藉口高岑王孟①，形摹而吻肖之，以斯沿袭既久。遂失其真，而于出处之际，茫然不知感慨激励之所因，发为啸咏，徒具面目。嘻，诗之本于性情者，果如是耶？则盍取在园集而读之？"

王士禛说，现在的诗人动不动就借口学习高、岑、王、孟，形模口拟，失真！而胸中真意真情，却不知道该怎么抒发了。诗，成了无聊的号叫啸咏，徒具诗的样子。如果诗中有真情，那就在刘廷玑的这个集子里看！

王士禛对刘廷玑的赞扬是很高的，但对刘廷玑的宗宋他也是很辩证地对待。例如刘廷玑的集子中有一首诗："旷怀真足古今师，七十人当致仕时。更为子孙谋远大，不将养老赐金遗。"意思是想想古今高人，七十岁致仕回乡时，都为子孙谋划远大前程，而不是给子孙留下什么金银财产。这首诗写得平易无华，在入选集子里，刘廷玑本想删掉，在诗旁注一"删"字。而王士禛见到此诗，却非常喜欢，认为是本集中不可多得的好诗。他说，此诗"真唐音也，何以删为？七绝易于尖新，最难

---

① 指高适、岑参、王维、孟郊。

浑成，如此作句调和雅，意味深长，恐全集中未易多得，宜存之"。

由此看，王士禛对唐音是十分推崇的，只是他认为，失去真性情的所谓唐风，还不如率直的宋诗。

在此，我们不妨从诗史的角度分析王士禛时代宗唐与宗宋的纷争根源：

唐代初期，诗歌创作仍受南朝诗风的影响，题材较为狭窄，追求华丽辞藻。唐代之前的古体诗，分四、五、七言和杂言，平仄没有限制，也不求对偶。自高宗起规定以诗赋作为进士考试的内容，玄宗时以诗赋取士也蔚然成风。于是，在诗的体式上，也完成了五、七言律体的定型。加之，唐经济繁荣，文化交流频繁，风气非常开放，则造成了唐诗既有严格的格律，又有开放的胸襟。

"安史之乱"后，中国社会进入一个衰落期，宋朝的建立虽然结束了五代十国的分裂局面，但也无法从根本上扭转衰落的趋势。宋代的疆域远不及唐代辽阔，土地耕种面积大幅减少，财政也比较紧张。两宋三百年间积贫积弱，忧患不已，时时面临国破家亡的威胁。这使得士子们更关心国运，如何强固统治成为当时政治家和思想家的中心议题。人们的思想也更加理性，于是，理学兴起。诗歌作为表达政治主张的工具，寄托人们对现实的理性思考。适应这种理性化时代的要求，言理成分的强化自然成为宋代诗坛风尚。

另一方面，宋代的政治文化政策也较为宽松，士大夫们学术修养提高，加之禅宗和理学兴盛，人们更多地向内心深处寻求真理的答案，以及寻觅平淡琐碎的生活所带来的乐趣和体验。

其实，作为一种文学的样式，诗歌到南宋已经发展到了极致，再往后的发展，无非就是现实与古典、浪漫与功利、抒情与理性、境界与趣味之争了。

元朝的大一统，使文士们更加向往唐朝诗人的境界，在世变急遽、血火遍布的年代，诗人们情感激荡，宋代形成的偏重知性审美意趣的诗风显然不能适应时代的需要。因此，强调诗歌的抒情功能成为普遍的意见。然而由于其历史短暂，加之各种社会矛盾复杂，诗歌创作并未形成大的流派和影响。

而在明代，农民出身的朱元璋做了皇帝，统治更加严密，于是歌功颂德和台阁体盛行，整个明朝所关注的是八股时文。八股文是进军政坛的通行证，而对大字不识的当政的宦官，诗歌更是多余的摆设，"唐以诗赋取士"成为文士们一个美好的向往。朱元璋营造了经济振兴、制度齐备的皇皇景象，却没有开辟一个宽容蓬勃的文化氛围，取而代之的是一个高压沉默的局面，将明初士人的开创激情迅速凝固为自保的谨慎。前后七子的复古，无非是不满台阁风盛行，其倡唐诗最终也成为唐诗的"盆景"。而公安派、竟陵派，因有了李贽"童心说"为理论基础，盛行一时，却由于地域和才气的局限，终于未成大的影响。

倒是在晚明，钱谦益总结历朝诗学，编了一部《列朝诗集》，并在自己的创作中，重灵心又偏重学问，唐宋兼收，终成一个集大成者。

每个时代都不敢妄议唐诗，除了唐诗的艺术风范无与伦比，还有一个更重要的因素是唐诗是自《诗经》和汉魏诗文脱胎而来，有着很重的诗教传承。用诗来教化民众，是中国历代对诗的功能的一个最重要的定位。中国人把《诗》作为五经之首，孔子说："《诗》可以兴，可以观，可以群，可以怨。迩之事父，远之事君。"近的可用于家庭，远的可用于国家。

诗艺与诗教的组合，使唐诗成为正宗。

明末清初，确实是一个在诗学上比较混乱的时期：一方面，明朝以来的学唐之风还在继续，人们还是以唐为正宗；而另一方面，对宋诗的说理、性情、趣味并没有很好地消化，很多人只是跟风，并没有问宋诗从何而来。而作为有识之士，王士禛明白宋诗的趣味和性情，并不能给文坛带来最终的繁荣，只是在当时，它所带来的一股清新之风实属难得。作为钱谦益的跟随者，作为诗教宗旨的奉行者，同时作为诗坛的主盟者，在接到王嗣槐的信后，他也不得不考虑"诗风"与"世风"问题、诗教与国运问题，以及诗歌自身的命运问题。

诗如何能担当起国运兴衰？当然要行唐音。而明朝前后七子的实践已经证明如果在政治的高压下，唐风，只能使诗歌成为"盆景"，而走宋诗之路，则与诗教相背。唯一办法，就是走唐风气势宏大、境界宽博、韵律整洁之路，而又助以宋诗的灵动与趣味。远离政治的喧嚣，远离现实的聒噪，用高古的经典、清秀的山水、优美的韵律、多彩而规整的辞藻，用羚羊挂角、无迹可寻的笔法到山水中去，让诗歌既有生活的趣味、山水的灵秀，又能寓教于诗。只有这样，诗歌才会与政治无关，于朝廷有益，于世风有教！王士禛把这种想法总结为典、远、谐、则四个字，并成为他神韵派的主张。在以后，他高举起神韵大旗，一路鲜花满地。王士禛在《香祖笔记》中说："释氏言羚羊挂角，无迹可求，古言云羚羊无些子气味，虎豹再寻它不着，九渊潜龙，千仞翔凤乎，此是前言注脚，不独喻诗，亦可为士君子居身处世之法。"也许，这处世之法，也成为他在皇帝身边一待就是三十年的法宝。

王士禛几乎是连夜给刘廷玑的《葛庄编年诗》作了序，借对刘廷玑的这次诗评，王士禛也有了一番不吐不快的痛快，对当下的诗坛有了更多的思考。只是当时，他接到了祭告南海的命令，就把序文交给了门人，让他们代转刘廷玑。但是，由于门人的作怪，致使王士禛在痛快的评论之后，竟有了一次世俗的尴尬。为什么？是因为当时王士禛的名气很大，又是高官，求他给诗文作序的人应接不暇，门人见这是个发财的机会，就半路杀出，要从此处过，留下买路钱！不论谁来，就先难为一下。刘廷玑在王士禛南方之行时，曾来讨要序文，但门人却强要重金，否则"对不起，没有！"但是，赶上这个刘廷玑不吃这一套，他想，花钱得来王士禛的序，岂不太没面子？更何况，不也辱没了王士禛的清白！于是，他坚决不肯贿赂王士禛的门人。结果，直到一年后，王士禛自南方回到京师，刘廷玑才拿到序文，而为了这篇序文，竟耽误了刊印。后来，刘廷玑见到王士禛，告了门人一状，王士禛十分尴尬，便重罚门人，自责家教不严。当然，这是插曲，也是后话了！

也许是上天要继续给王士禛以江山之助！在国子监祭酒位上待了三年，他迁为詹事府少詹事兼侍讲学士，正四品，专管太子的教育。刚上任仅有一个月，康熙二十三年（1684）十一月，五十一岁的王士禛接到圣谕：祭告南海！

四、香奁幽旷

康熙二十三年，施琅收复台湾，康熙在台湾设立台湾府，隶属福建省。至此，康熙在亲政后，完成平定三藩、征服噶尔丹的大业，全国除黑龙江地区之外，东部、南部、西部完成了大一统。这位年轻的皇帝的爱民形象也逐步树立，他大力推行种痘法，使天花疫情得到控制，千万生命得以保全。他还严打高利贷，将土豪恶棍绳之以法。他专门用两个月的时间视察河道，对水患问题从人才和制度层面加以解决。

康熙爱民的形象，一个小事就很能说明问题：康熙二十三年（1684）三月，京城正阳门外一处民房突然大火，康熙正好目睹，于是，他亲临现场，奋不顾身，成了一个扑火英雄。而与一百多年前的明朝皇帝朱厚照（明武宗）相比真是天壤之别（当时朱厚照看到乾清宫大火，一点也不在意，竟说："好一棚大焰火啊！"），通过史官的大力宣传，康熙的勤政爱民形象，呼之欲出。

国家一统，就要保四方平安，保四方平安，就要求诸四方之神。面对水患频仍的局面，十月十九日，康熙先到泰山封禅，再祭孔庙。然后布告中外，遣官祭岳镇海渎之神。

十一月初五，下旨：户部侍郎鄂尔多祭告嵩山北海淮济二渎，工部侍郎金汝祥祭衡山，礼部侍郎牛钮祭华山西镇吴岳江渎，礼部侍郎范承勋祭长白山北镇医无闾，通政使王守才祭恒山中镇霍太山西海河渎，太仆寺少卿王曰温祭东镇沂山东海，兵部督捕郑重祭会稽山。而王士禛则接了个最远的路程，南下广州，到南海神庙祭告南海诸神。

正当王士禛厌倦了宫廷的陈腐无趣和京师的无聊庸俗时，南海之行，恰恰给他沉闷的心里吹来一股清气，给他阴郁的生活带来了一丝阳光。他的诗情再次得到江山之助。

这是一个甲子年，离上次到四川乡试壬子年整整过了十二年。十一月十九日，王士禛与兵部郑重祭会稽山一行一起启程，前来送行的文友和官员填街塞巷。而这时，一个满头银发的老者来到他的面前："贻上，一向可好？"王士禛定眼一看：啊，余怀，余澹心老先生！

余怀（1616—1696），字澹心，一字无怀，号曼翁、广霞，又号壶山外史、寒铁道人，晚年自号鬘持老人。因与杜濬、白梦鼎齐名，时称"余、杜、白"（"鱼肚白"之谐音）。余怀在当时是一个著作等身、声名显赫的文人，你看他的几部著作，就知道他是何等风流才子：《余子说史》十卷，记历代故事；《东山谈苑》八卷，记古人嘉言懿行，随笔辄记，足补史阙；《汗青余语》，记明末党争之事；《四莲花斋杂录》八卷，记奇闻逸事、器物古玩、花草禽兽、香茗醇酿、乡语巷谈。还有《茶史补》一卷、《妇人鞋袜考》一卷、《宫闺小名录》一卷。同时还有九部诗集、二部词集、四部传奇戏剧。而真正使余怀名扬天下的是他的一部笔记作品《板桥杂记》，共三卷：上卷为雅游，描写明末清初金陵秦淮河畔的梨园、秦淮河灯船、妓院和江南贡院；中卷为丽品，记金陵诸名妓情况，描写包括尹春、李十娘、顾媚、董小宛、李香、寇媚等秦淮群艳；下卷为轶事，杂记金陵、瓜洲、嘉兴等地方旧院诸狎客之奇闻逸事。

且看他写的顾媚："顾媚，字眉生，又名眉。庄妍靓雅，风度超群，鬒发如云，桃花满面，弓弯纤小，腰肢轻亚，通文史，善画兰，追步马守真，而姿容胜之，时人推为南曲第一。家有眉楼，绮窗绣帘，牙签玉轴，堆列几案，瑶琴锦瑟，陈设左右，香烟缭绕，檀马丁当。余尝戏之曰：'此非眉楼，乃迷楼也。'人遂以'迷楼'称之。当是时，江南侈靡，文酒之宴，红妆与乌巾紫裘相间，座无眉娘不乐。而尤艳顾家厨食品，差拟郇公、李太尉，以故设筵眉楼者无虚日。"

其凄丽文辞，确有一种"秋花"式的"幽艳晚香之韵"。

王士禛早在扬州时就与余怀交往，余怀也曾参加他组织的红桥修禊。这次余怀是到京师游历，听说王士禛要到广州，而他也正要回扬州，就随他的大队人马一起前行。

余怀比王士禛大十八岁，当时已经六十九岁了。有余怀这位前辈高人随行，一路上，给王士禛说秦淮八艳、扬州瘦马，王士禛自然多了许多快乐。

余怀是重"真情"和"性情"的，他曾经给李渔的《闲情偶记》写序，其中说："《周礼》一书，本言王道，乃上自井田军国之大，下至酒浆扉履之细，无不纤悉具备，位置得宜，故曰：'王道本乎人情。'"所以他"深恶王莽、王安石之不近人情，而独爱陶元亮之闲情作赋"。

而对于将明七子视为亡国之音，余怀认为，是国亡而诗衰，不是因诗而国亡。对唐宋诗之争，他的观点倒是很中立的，他说："我辈为诗，须以古人之格律行自己之性情，即供奉少陵，亦不可拾其牙慧。"

王士禛写过香奁诗，而且一度对此非常着迷，而余怀之所以是名士，一是狂，二是有才华，三是他不缺钱。余怀祖籍福建莆田，父辈是做生意来到金陵定居。余怀以才情应科举，却不中第，自此浪迹天涯，青楼酒肆，夜夜笙歌。他对秦淮八艳个个熟知，并为她们立传。

余怀本是多情才子，自然不乏艳事。他与松江名妓陈蕙如就演绎过一段有花无果凄婉美丽的恋情。他写下了大量香奁诗，其中写李香的最有名："生小倾城是李香，怀中婀娜袖中藏。何缘十二巫峰女，梦里偏来见楚王。"李香"身躯短小"，人称"香扇坠"，大概是那种娇小玲珑型的美女，所以余怀在诗中说李香是"怀中婀娜袖中藏"。

王士禛见到余怀，自然要谈香奁诗。

中国诗人中从白居易到柳永、周邦彦、李清照，甚至与王士禛同时代的诗人李渔、朱彝尊、彭孙遹、吴梅村、龚鼎孳都写过"玉艳珠鲜""柳敧花晻"的艳词。而王士禛绝不是一个道学先生，他的丽语述情事的香奁诗也是流传一时。就在上任扬州推官的前一年，他还与著名诗人彭孙遹、魏学渠有香奁唱和诗。顺治十三年（1656），他与哥哥王士禄还作有达四十首的香奁诗。作为诗人，拥有风流思绪、情爱惆怅自是特质，王士禛与夫人张氏感情甚笃，这无疑会给他的香奁诗以真实的情感。当时，正是二十五六岁、青春年少的诗人，正处青春热渴期，其才情自然会在绸缪缱绻的情话中得到表达。王士禛确实对香奁诗着过迷，你看他写的"何日飞星传远恨，今年花月满春江""独拥单衾人不见，小窗仿佛语喁喁""恨杀侯门深不出，朱栏曲曲护宫花"，将与爱人之间的思念写得缠绵悱恻，凄苦而美艳。

再看他的《无题》：

> 青琐萧晨碧藓滋，新莺新絮殿春时。
>
> 似疏更密苹花雨，已落犹开豆蔻枝。
>
> 洛浦神人工拾翠，魏家公子妙弹棋。
>
> 此中便拟长生约，阆苑蓬山那得知？

"洛浦"句用曹植《洛神赋》典故，曹植写洛神宓妃出游，随从的众灵"或采明珠，或拾翠羽"。魏家公子指曹丕，他以善于弹棋著称，撰有《弹棋赋》。王士禛借用这些人物和典故，咏唱青年男女在春意盎然的大自然邂逅相遇，互相倾慕，订为终生之约。其诗蕴藉微妙、圆融契通，对仗工整巧妙，好似天然佳句，不受斧凿，秀整可喜。

香奁诗虽非雅正，是儿女情长，但情之所至。正像王士禄所言，写这种诗大不了不入儒教殿堂，也没啥了不起，但总比存天理、灭人欲的理学要真诚得多。

诗人，当然有着对真情的向往，所以当有道学先生（刘体仁、汪琬）告诫王士禄这种靡靡之音，不作也可的时候，他也坚决地和彭孙遹、邹祗谟站在一起。彭孙遹就曾反唇相讥："不解填词，日诵《楞严》岂足了事？"邹祗谟也不无幽默地说："待欧阳公罢祀时，那时再理会。"那意思就是说：写诗写词不写情，每天念经不就得了？欧阳修写了许多香奁诗，怎么现在还受到人们推崇？等有一天，欧阳修不被人们推崇了，再讨论这事吧。①

但，香奁诗是对情的推崇，绝不是对肉欲的膜拜。而艳词淫语正是对真情描述的亵渎，其与艳体诗不但不是一路，在某种意义上讲，甚至

---

① 见《从香奁诗到神韵说》，邬国平文，《复旦学报》2015年第1期。

是背叛，所以是被王士禛嗤之以鼻，甚至是深恶痛绝的。

遍翻王士禛文集，我们找不到一首花酒豪宴、左搂右抱、推杯换盏的诗作，大概这是王士禛这个孔孟之乡出来的诗人所不喜欢的。

对于王士禛所写的香奁诗，余怀是大加欣赏的。他认为，香奁诗也要得之正宗，他对单纯为"艳语"并不欣赏，以为会使人"淫心不止"，而如果涉及"艳"事得当，又如何调节才不会让人觉得纯粹为"艳"，他自有自己的主张：

> 余龙潭之游艳，艳故宜于美人狂士，画舫朱帘，洞箫羯鼓。然艳之极，则其流也荡。邓尉之游幽。幽故宜于静侣名僧，疏灯冷磬，丰草长林。然幽之极，则其流也寂。崦西之游旷，旷故宜于愁人野客，浪笛渔蓑，空烟澹月。然旷之极，则其流也狂。是故艳之极不可以不幽，幽之余不可以不旷。

他的意思是：艳词之中要有幽思，要有真挚，还要有旷达和狂放。王士禛对余怀的这些见解深以为然。

在王士禛的作品当中，对女性的描述多是这四个方面：为国殉身的烈女、为夫殉节的节妇、诗画卓绝的才女以及逸闻传奇的奇女。他注重的是女性的妇德与清节，对冰霜之操、圣人贤德多有赞誉。

但是以王士禛的性情和在当朝的诗坛地位，他也注意到，香奁诗有被人误解的成分，所以，他还是从诗教的角度出发，对香奁之作稍稍收敛。在他所编的《落笺堂集》《渔洋诗集》中，只保留香奁诗三十三首，《渔洋山人精华录》对此更是一首不录，将香奁诗完全置于"精华"之外。

余怀跟随王士禛他们的车马十三天，到德州，余怀便东去泰山。而王士禛则直接南下，经恩县、高唐、茌平、兖州，过江苏徐州，经安徽、江西而下。

五、不谈为妙

南行路途遥远，到达荏平，正是中午，父亲王与敕已经率领诸位子侄在此等待了。王与敕除了思儿心切，更重要的是，他不会放过每一个家族教育的机会。

王与敕把儿孙们叫到一起，当着众儿孙的面，对王士禛说："你一介书生，蒙皇恩才到今天，应终日不忘如何报答朝廷。今天，皇上用古巡大典，派众官祭拜山川，而你有幸参与其中，当心怀敬畏，恪尽职守，不负使命。你去吧，不要以家中老人为念！"

王士禛这时抬眼看看父亲。自康熙十四年（1675），他为母亲丁忧返京，九年了，他未再见过父亲。眼前的父亲已经七十五岁，已是风烛残年，白发苍苍、步履蹒跚。看到父亲的样子，他不由热泪涌上眼眶。他想到，有一天，一定要趁父亲还健在，回家孝敬父亲，子欲养而亲不待，这是人生最大的悲剧啊！

与父亲告别，王士禛继续南行，至东平湖畔的蚕尾山前，正值大雪。天际之间，雪花飞飘，皑皑雪色，如雾如织，见烟霭之间有数个山峰像螺蛳一样时隐时现，王士禛突然想起自己在渔洋山见到的景色。望着远处的风景，他竟感觉自己好像置身梦中，梦回渔洋山。他徙倚彷徨，往返复踏，感觉这奇丽山河的神光离合，乍阴乍阳。他在《望小洞庭》一诗中写道：

> 当日苏司业[①]，风流此暂经。
> 重岩望超忽，远水界空冥。
> 积雪明蚕尾，浮云下洞庭。

---

① 唐朝太守苏源明，曾在东平湖蚕尾山前，大宴宾客，东平湖有小洞庭之称。并作歌："小洞庭兮牢方舟，风袅袅兮离平流。牢方舟兮小洞庭，云微微兮连绝峰。仍澜水兮缅以没，重岩转兮超以忽。"

明朝新霁好，回首数峰青。

以后，王士禛请著名画家禹之鼎画《蚕尾山图》，图中湖面波光粼粼，几只飞鸟滑过水面，远处的蚕尾山在月光照耀下越发幽静绵长。王士禛坐于船尾，观赏着东平湖的风光，船内几案上放满了诗人书卷。这幅画现存北京故宫博物院，为稀世珍品。

蚕尾山成为王士禛心中挥之不去的胜境。后来，他将这次南海之行的诗文和后几年的诗文编在一起，以蚕尾山之名命为《蚕尾集》。

一路上，他寻古迹、访名士，两个月后来到了安徽桐城。此时，已近年关，王士禛的行程也放缓了一些。正赶上张英于康熙二十一年（1682）乞假回乡重新安葬父亲，在家乡龙眠山构房筑屋。张英得到王士禛来到桐城的消息，分外高兴，就邀他到龙眠山自己的新斋一聚。

还有六天就是春节了，王士禛远离家乡，受到了张英的盛情款待。当时天下着蒙蒙细雨，乘酒兴回到客署，刚想歇息，只见门外雨中走来一主二仆三人。主人走在前面，后面二人背着两个大包袱，来人自报家门："我是陈焯，字默公，桐城人，来见先生，是因我二十年苦心所辑宋元诗人之作，名《宋元诗会》，共一百卷，听说先生至此，特来请你定夺。"说完，让两个仆人将两大包袱书册，放在了王士禛的案上。

陈焯的声音很大，他有些不好意思地对王士禛说："我的耳聋，声音不得不大。"王士禛在扬州时听方以智说起过陈焯，知道他是方以智的好朋友，方志大家，因耳聋而致仕。现在见他耗尽心血所辑的宋元诗，自然为之所动。

陈焯说："现在诗坛推崇盛唐，鄙夷宋元，李攀龙所选《古今诗删》由唐代直接明代，仿佛历史上没有宋元两代。那宋元数百年天地日月当置何所？所以，有感于此，我散录零抄，搜求于散佚，即使墨迹石刻，也一一博采，共录九百多个诗人七千多首诗。我所辑这些宋元诗，也可作吴之振《宋诗钞》的补充。"

王士禛知道，对宋元诗，整个诗坛正在掀起一股崇尚之风，于是也便有了王嗣槐让他重振唐风的建议。鉴于目前他在诗坛的地位，他不得不考虑整个诗坛的走向，是偏向盛世之音，还是抒发性灵的宋声，当然需要他的大旗引导。偏向唐风，自然与朝廷的要求相符，而向宋声，也是整个诗坛对明以来陈腐习气的批判。作为诗人，他当然要注重才情的挥发，而作为官员，尤其是一个文坛的主坫，他又不得不考虑政治的要求。

陈焯的《宋元诗会》无疑也是这次宋诗潮的产物，如何评论，也真的难为了王士禛。

王士禛并没有吝啬对陈焯选宋元诗成绩的赞赏，他说："李攀龙选诗不选一首宋元诗，使国朝人鲜见，真是不对！李献吉也说唐以后书可勿读，唐以后事可勿使，学者笃信其说，见宋人诗集辄摒置不观，更是不对！先生现在汲古遂初、网罗搜剔，自山经地志、稗史野书中搜得宋元诗中珍品，即使片羽寸鳞，也足以满足人们的搴芳猎秘之心，可谓造福千秋，功德无量。"

但王士禛还是闭口不谈对宋诗的评价，只是以一观点告诉陈焯：人云亦云不对，只有读了宋元诗，才能有评论的资格。

第二天，整整一天，他与陈焯谈笑风生，竟不谈诗。王士禛后来说："竟日宾主谈谐，无一言及世事，此亦冠盖交游中所少。"意思是，与陈焯的这次谈话是与官宦朋友交往中非常少有的，只胡扯，说笑话，不谈正事！

王士禛说："先生耳聋，但是能少听一些口舌，可喜可贺！'舌在口中，如鸟在笼中。鸟从此树飞彼树，言从此人飞彼人，故曰口为飞门，士君子不可不慎言！'这话竟是一个西洋人利玛窦说的！"

王士禛说这话倒是别有深意，在他看来，唐宋诗之争，也许是件无聊的事情。

陈焯笑道："天启年间的宰相张慎言有云'寡言之味饶于多，多言之味长于寡'，有时不说话比多说还有味，有时多说还不如不说。"

两人相视，不由哈哈大笑。

两人继续胡扯。王士禛说："我乡前贤沈渊（沈澄川）先生儿时在私塾打闹，被老师发现，命其对对，否则招打。先生出的上联是'一滚滚下地'，沈渊马上对下联'两登登上天'。先生一高兴，不但放下手中戒尺，还赏了他。"

陈焯接着说："明五朝老臣夏原吉尚书一次出使江南，与给事中①张某共事。一次，张闹肚子，急去厕所，夏公作联戏之'解衣脱冕而行，给事给事（急事急事）'，而张某也不甘示弱，蹲在茅厕里就应声答道'弃甲曳兵而走，尚书尚书（常输常输，古音尚与常同）'。"

王士禛笑道："以同音字联句，很需要才性。李梦阳当年督学江西，见一人的名字和自己一样，就写了一联'蔺相如司马相如，名相如，实不相如'。不想那人马上对'费无忌长孙无忌，公无忌，我亦无忌'。"

王士禛接着说："音同名同可以开谑，如果这姓相同了，还可以保命。当年我去蜀道，听到张献忠杀人无数，沿途寺庙尽毁，唯独他姓张的庙不毁，不但不毁，还有增饰。当年唐朝黄巢之乱，所过之处，也是杀人如麻，可唯独姓黄的不杀，所以黄冈、黄梅等县因有黄字而得免。这盗贼行事，竟是很相似。"

话匣子一打开，就收不住了。王士禛其实是少有的饱学幽默之士，他继续给陈焯讲同音字的故事："我老家山东有个邹平县，这里的人们都忌讳说'毕'字，因为'毕'和'毙'是谐音。可巧明末的时候，那里出了个名医叫毕尽臣，我外祖父就是邹平人，家里人常常生病，可我那些舅舅因为厌恶这个字的发音，就是不肯让毕尽臣到家看病，结果很多病人竟被耽误了。"

陈焯接着道："这个字音有避讳，古已有之。杜牧之就是梦见自己改名为毕，然后就死了，宋朝的邹浩就是因为梦见太上老君赐给他一支笔，也死了。但忌讳这个姓，而不去就医，这事稀奇、稀奇，哈哈，也真是太迂腐了吧。"

两人就这样胡扯着，不觉一天已过。陈焯提出为《宋元诗会》作序的请求，王士禛也答应了。而陈焯也隐约知道了王士禛时下对诗的观

---

① 给事中：明朝官名，掌侍从、谏诤、补阙、拾遗、审核、封驳诏旨，驳正百司所上奏章，监察六部诸司，弹劾百官，与御史互为补充。另负责记录编纂诏旨题奏，监督诸司执行情况。

点：他是不愿意纠结于无谓的唐宋之争，他要跳出来！对于争论，还是不谈为妙！

年过半百的王士禛已经没有了蜀道上的挥洒宏放、激情洋溢了，但是，南方俏丽的山水，也使他有了更多姿彩纷呈的佳作。

在庐山招隐桥，他写道："万仞黄岩瀑，流过招隐桥。长松吹细雨，水石共潇潇。"（《招隐桥》）在彭泽小姑山，他写道："吴头楚尾浪花粗，终日彭郎对小姑。杨叶洲边望烟火，江南江北雨模糊。"（《即事二绝句其一》）在完成祭告使命，北归途中，船行长江，遇逆风，困小孤山三天，在江上饱览了夕阳挂梢、澄江如练的美景，他写道："彭泽县前风倒吹，三朝休怨峭帆迟。余霞散绮澄江练，满眼青山小谢诗。"（《江上看晚霞三首其一》）

回京之后，王士禛将旅途所作三百余篇诗集为《南海集》，将沿途见闻集为《皇华纪闻》，将往来日记编为《粤行三志》。

门人陈恭尹评《南海集》诗："虽不及《蜀道》之宏放，而天然处反过之。"

王士禛对自己的南海之行诗好像不太满意，许多人向他索要诗集时，他的表现是不愿示人。后来他对门人金居敬说："南海山水奇而不秀，和峨眉山、玉垒山（成都）有些差别，是否我南海之行的诗可因此下了一格？"而金居敬的回答也颇妙，他说："诗人固然有江山之助，而山水也同样会有诗人之助，读谢灵运的永嘉诗，我们便想到林壑幽邃之处。看王羲之的兰亭序，也有想身履其境的冲动。这就是山水的诗人之助，如果山水有知，山灵也会因先生的诗而荣幸！"

六、西城别墅　神韵之思

自南海返回，王士禛回到京师复命。这时，父亲那憔悴的脸庞不断在他的眼前浮现。他想到母亲去世前，他未能守在身边尽孝，让他遗憾终生，他不能再蹈前辙。于是，到京后仅一天，他马上请假回乡，他要看望老父亲，他不想子欲孝而亲不待。

然而，悲情比他想的来得还快，就在他行至途中的时候，他接到了父亲去世的噩耗。王士禛此时"徒跣恸哭，作孺子啼"！①

在为父亲丁忧守制的三年里，王士禛有了更多的精力和时间认真地思考总结自己的诗学理论。徐乾学对汪懋麟的那次批评，以及王嗣槐的那封信，使王士禛对诗坛状况的反思也成为自觉。

这种反思首先从他的家族开始。在为父丁忧期间，他无意中发现了从弟王士骊所藏曾叔祖王之猷的诗稿《王柏峰诗稿》。王之猷是王重光的七子，王之垣的弟弟，也是明朝进士，授平阳府推官，历任淮扬兵备道、浙江按察使。王之猷学问精良，诗也作得好，王士禛在诗稿的后面作了一个题记："吾邑前辈以诗名者，自国子司业澄川沈先生②始。曾叔祖柏峰公与沈先生同时，其诗派亦略相似，大抵步趋济南③，不爽尺寸。至叔祖季木公始一变而雄肆凌厉，虽家庭风气，不相沿袭。此集传为考功手书，有东痴隐君题赞。劫灰之后，故迹仅存，古色苍然，有鼎彝之气……"

王士禛这段话颇值得玩味，李攀龙当然是复古派的、宗唐的，他在这个题记中说叔祖的诗有鼎彝之气，这正是对唐风的认同。

王士禛在新城故居，住在了儿子启涑为他刚刚修茸一新的西城别墅。

这个西城别墅其实就是王士禛的曾祖父王之垣在明朝万历年间为母亲养老而修建的一个花园，当时叫长春园。历经战火，这个花园荒废下来。花园在王家宅院的西南，王启涑见父亲回家，没有住的地方，就多方张罗，将这个花园重新整修，并重新命名为西城别墅。看到儿子的一番孝心，王士禛很高兴，并专门写了一篇后来非常著名的散文《西城别墅记》：

---

① 《渔洋先生自撰年谱》卷下，惠注。惠栋为王士禛《渔洋精华录》作注，世称"惠注"。
② 沈渊，字澄川，新城人，诗人。于慎行《沈太史传》说他："博极群书，文辞高古，有秦汉风。尤好为诗歌，体骨遒劲。"
③ 李攀龙，济南人。

西城别墅者，先曾王王父①司徒府君西园之一隅也。

初，万历中府君以户部左侍郎乞归养，经始此园于里第之西南，岁久废为人居，唯西南一隅小山尚存。山上有亭，曰石帆。其下有洞，曰小善卷。前有池，曰春草池。池南有大石横卧，曰石丈山。北有小阁，曰半偈阁。东北有楼五间，高明洞豁，坐见长白诸峰。曰高明楼，前有双松甚古。楼与亭皆毁于壬午之乱，唯松在焉。

康熙甲子，予以少詹事兼翰林侍讲学士，奉命祭告南海之神，将谋乞归侍养祭酒府君②，儿㑈念予归无偃息之所，因稍葺所谓石帆亭者，覆以茅茨，窗槛皆仍其旧，西尻而东首③。南置三石，离立曰三峰。亭后增轩三楹，曰樵唱。直半偈阁之东偏，由山之西修廊缭绍，以达于轩阁。由山之东，有石坡陀，出亭之前，左右奔峭，嘉树荫之，曰小华子冈。冈北石磴下属于轩阁，其东南皆竹也。南有石磴，与洞相直。洞之右以竹为篱，至于池南。篱东一径出竹中，以属于磴，曰竹径。其南限重关内外皆竹，榜"茂林修竹"四大字，戏戏飞动，临邑邢太仆书也。楼既久毁，葺之则力有不能，将于松下结茅三楹，名之曰"双松书坞"。西园故址尽于此。

出宸翰堂之西，有轩南向，左右佳木修竹。轩后有太湖巨石，玲珑穿漏，曰大椿轩。轩南室三楹，回廊引之，曰绿萝书屋。其上方广，可以眺远，曰啸台。薜荔下垂，作虬龙拏攫之状，百余年物也。是为西城别墅。

予尝读李文淑《洛阳名园记》、周公谨所记《吴兴园圃》，水石亭馆之胜，甲于通都，未几，已为樵苏刍牧④之所。而先

① 曾王王父：即曾祖父。
② 祭酒府君：王与敕，康熙二十一年（1682）追封朝议大夫、国子监祭酒。
③ 东首：坐西朝东。
④ 樵苏刍牧：打柴放牧。

人不腆^①敝庐，饱历兵燹，犹得仅存数椽于劫灰之后，岂非有天幸欤？

予以不才被主知，承乏台长，未能旦夕归憩于此。聊书其颠委^②，以为之记，示吾子孙。俾勿忘祖宗堂构之意云。

或笑之曰："是蕞尔^③者。何以记为？"予曰："非然也。释氏书言维摩诘方丈之地，能容三万二千师子座；第三禅遍净天上，六十人共坐一针头听法。能作如是观，安在吾庐之俭于洛阳、吴兴乎？"因并书之。

看来，这个西城别墅是略加修饰的，在这个蕞尔之地，王士禛却要自得其乐、立书讲法。在这里，他的诗学理论逐渐成熟，此时此地，他编成了《唐贤三昧集》，整理了为官以来的笔记《池北偶谈》。

康熙二十六年（1687）夏，王士禛以宋朝姚铉《唐文粹》百卷本为蓝本，删为六卷，名曰《唐文粹诗选》。第二年，又在其中选出盛唐诗人隽永超诣之作集为三卷本《唐贤三昧集》。在吴之振的《宋诗钞》和陈焯的《宋元诗会》之后，王士禛却以他诗坛盟主的地位，举起了唐诗的旗帜，其意何为？

实际上，王士禛是反对宗派的，而这次他之所以旗帜鲜明地举起宗唐大旗，当是对诗坛上学宋之风的一声断喝——停！是对宋诗流弊的一个提醒，同时，也是给认为他是宋诗派说法的一个澄清。他想告诉诗坛的是：风向该转了！尽管我也喜欢过宋诗！

蒋寅先生说：王士禛此次对唐风的回归，正是受严羽启发而确立起来的对唐诗传统的重新认识。在经历宋诗的洗礼后，他不仅认识到宋诗的局限，也在更高的层次上重新体认了唐诗的精神。为扭转诗坛学宋诗带来的流弊，他开始改弦更张，重新倡导唐诗。不过这既不是明七子的唐诗，也不是竟陵派的唐诗了。他针对"时下伪盛唐"，要在一个更高

---

① 不腆：腆，丰厚。不腆，谦词。
② 颠委：始末。
③ 蕞尔：小。

的水平上揭示唐诗的魅力及特征，"欲令海内作者识取开元、天宝本来面目"，这项工作他是通过编选唐诗来实现的。

诗风，关乎世风。王士禛接受并认可了这个观点。当下，对唐诗的推崇，也是他欲对诗坛乱象做一纠正的开始。诗歌，还是应回到正宗的诗教功能上来。

王士禛之所以被称为一代正宗，正是与他正宗的诗风有关。

张九徵曾这样评王士禛的诗："笔墨之外，自具性情。登览之余，别深寄托。"（《渔洋诗话》）笔墨之外的性情，就是含蓄，也就是温柔敦厚了。

"《国风》好色而不淫，《小雅》怨诽而不乱。"王士禛的诗温柔敦厚，怨而不乱，含而不吐，深得《国风》《小雅》之遗，这正是《诗经》的嫡传。而这，也正是王士禛诗的价值。王士禛被称为一代正宗，绝不是偶然的事情。

也许是政治上的考量，王士禛举起了唐诗的大旗，但在这个大旗下，他打出的是"神韵"之牌。

在西城别墅，他接待了许多来访者。在接待弟子王戬时，他说出了自己的想法：

"唐诗、宋诗，孰优孰劣，这些我们且搁置不谈，我自己更看重的是诗的意境之美。宋诗来自于唐，宋诗有刻露峭厉之嫌，而唐诗中也有应制刻板之作，诗关键要看其境界的表达。正像食物，关键要看滋味如何。滋味是一个说不出、道不明的话题，它是一瞬的感受，咸是咸、酸是酸，而咸酸中和的滋味，却又难以用咸酸表达。岭南人饭菜，要用酱，这味道又酸又咸，但又不是纯粹的酸咸，而就在这酸咸之间，醇美的滋味就出来了。这个醇美的滋味，就是在酸咸之外的感觉，这就是境界，不可用言语描述，所谓'不着一字，尽得风流'，即是如此。诗之神韵，也在于此。"

从骨子里，王士禛喜欢宋诗的灵秀，但他认为，不能孤立地看宋诗。宋诗是经过唐诗的浸染之后得来的，而一些未深究其理的人，把宋诗的率真、质朴、灵动视为粗俗、恣肆、狂放，究其原因，是大多数学诗者没有真正经过唐诗的浸润，就一下子因宋诗的质朴易懂、情绪抒发直接而接受了宋诗。这样，因为没有学识的支撑，便成为号啸粗粝之作。而学唐的人又因为没有对真正的宋诗加以体悟，就把这些劣质之作看作宋诗。由于这些人缺少学识与才情，刻板之作比比皆是。如何解决这个问题呢？

王士禛道出了自己的写诗之道："夫诗之道，有根柢焉，有兴会焉，二者率不可得兼。镜中之象，水中之月，相中之色，羚羊挂角，无迹可求，此兴会也；本之风雅以导其源，溯之楚骚汉魏乐府诗以达其流，博之九经三史诸子以穷其变，此根柢也。"①

根底源于学问，兴会发于性情。倡唐风的人不懂兴会，倡宋风的人没有根底，都使诗走向极端。诗不必唐，也不必宋，没有什么唐宋优劣之分。只要有学问做根底，有兴会寓性情，就是好诗！

而他认为的好诗，就是有神韵之诗，这是他在经过反复思考后所亮出的底牌！即，他所推崇的唐，是有神韵之唐！

王士禛所说的神韵，很大程度上与禅意有关。在《香祖笔记》卷二中，他说："唐人五言绝句，往往入禅，有得意忘言之妙，与净名默然、达磨得髓同一关捩。观王（维）、裴（迪）《辋川集》及祖咏《终南残雪》诗，虽钝根初机，亦能顿悟。"

他说，看唐人的五言绝句，往往像参禅打坐一样，有得意忘言之妙趣。

同时，他还举了他年少时的几首五言诗作，来说明入禅的意境。如《青山》："微雨过青山，漠漠寒烟织。不见秣陵城，坐爱秋江色。"《即目》："萧条秋雨夕，苍茫楚江晦。时见一舟行，濛濛水云外。"《惠山下邹流绮过访》："雨后明月来，照见下山路。人语隔溪烟，借问停舟处。"《焦山晓送昆仑还京口》："山堂振法鼓，江月挂寒树。遥送江南人，鸡鸣峭帆去。"《早至天宁寺》："凌晨出西郭，招提过微雨。日出不逢人，满院风铃语。"

---

① 《渔洋文集·突星阁诗集序》。

他说，"知味外味者当自得之"，而这个味外之味即是神韵。

王士禛所说的这个神韵在他的山水诗中得到了最好的体现，这也有他常常寄情山水的原因。他的山水诗常常不留痕迹，在他文字营造的语境中让读者自己体悟那种淡远的情愫。

王士禛对山水诗的钟情，未免也有偏颇之处。但是他的神韵之说，却为诗坛开辟了另一种诗歌审美的途径，让学宋的人回过神来转而重新审视唐诗，让学唐的人摆脱刻板模拟，找到唐诗之醇香，最终才形成以宋诗功力学问为骨干、以唐诗神韵格律为依托的清诗。而清诗最终也成了中国诗坛的集大成者。

在《唐贤三昧集》原序中他这样说道：

> 严沧浪论诗云：盛唐诸人，唯在兴趣，羚羊挂角，无迹可求，透彻玲珑，不可凑泊。如空中之音，相中之色，水中之月，镜中之象，言有尽而意无穷。司空表圣论诗亦云：妙在酸咸之外。康熙戊辰春杪，归自京师，居宸翰堂，同取开元、天宝诸公篇什读之，于二家之言别有会意。录其尤隽永超诣者，自王右丞而下四十二人，为《唐贤三昧集》，厘为三卷。合《文粹》《英灵》《间气》诸选诗，通为《唐诗十选》。

由此可以看出，王士禛的神韵诗说渊源于唐代司空图的《二十四诗品》中的"自然""含蓄"以及宋代严羽《沧浪诗话》中的"妙悟""兴趣"之说。他后来又说："严沧浪论诗，特拈'妙悟'二字，及所云'不涉理路，不落言筌'，又'镜中之象，水中之月，羚羊挂角，无迹可寻'云云，皆发前人未发之秘。"（《分甘余话》卷二）又说："表圣（司空图）论诗，有二十四品，予最喜'不着一字，尽得风流'八字。"（《香祖笔记》）

据陶文鹏先生考证，"神韵"二字，可能直接取自明代胡应麟的《诗薮》、陆时雍的《诗镜总论》和明末清初王夫之的《古诗评选》。胡应麟说："诗之筋骨，犹木之根干也；肌肉，犹枝叶也；色泽神韵，犹花蕊也。筋骨立于中，肌肉荣于外，色泽神韵充溢其间，而后诗之美善备。"
（《诗薮》外编卷五）

王士禛在《分甘余话》中表示赞同胡应麟的观点。

王士禛的《唐贤三昧集》获得了巨大成功，刊印之后风行海内，"言有尽而意无穷""妙在酸咸之外"的神韵诗说使他完成了对唐诗美学理想的塑造，起到了"力挽尊宋祧唐之习"的作用。"南北词坛尊宿见之者，动色相告，曰：诗学宗旨，其在斯乎！"于是王渔洋摆脱了宋诗风调，成为唐诗神韵的守护者。

至此，王士禛神韵大旗高举，飘扬在他主持的康熙诗坛，舒卷云霞，并穿越时空，在以后的华夏诗坛为百世仰望。

第九章

悲悯的司寇
敦厚的诗人

康熙三十六年（1697），经筵讲官、户部左侍郎王士禛送儿子王启汸赴任唐山县令。他拿出自己连夜手写的《手镜》，交与启汸。启汸读罢，泪流满面……

一、逃人、小民、奸佞

丁忧结束，王士禛于康熙二十九年（1690）回到京师，先补任原官詹事府少詹事兼翰林院侍讲学士。过了两个月，王士禛就被升为都察院左副都御史，正三品。十月，他再次被任命为兵部督捕右侍郎。

兵部督捕衙门，是清初特有的一个机构。顺治十一年（1654）十二月，增设兵部督捕衙门，专掌逃人事务，地方各省由派驻各省的满洲将军审理有关逃人案件。

"逃人功令严更严，比户挨门瓜蔓延。一逃两逃刺双颊，三逃立决无人怜。"这是清人所作的一首诗。

在战争中掠夺人口沦为奴婢，在中国历史上也不乏记载。秦汉时期的匈奴政权，发动战争的主要目的就是掠夺人口及财产。辽金时期在战争中掠获的人口称为"驱口"，元代称贱民，而明代社会上还流行蓄奴的风气。清代的奴婢来源主要有四：一是满洲军队抢掠的人口和对明作战时俘获的壮丁。二是投充人，畿辅之民或害怕圈地，或为逃避赋役，被迫将自己及名下的土地，投充旗下。清朝规定，贫民"如因不能资生，欲投入满洲家为奴者，本主禀明该部，果系不能资生，即准投充，其各谋生理力能自给者不准"。三是买卖的人口。四是罪犯及其家属被没为奴婢者。

奴婢有的不堪忍受奴仆生涯，就逃亡，逃亡者被称为"逃人"。逃人流落各地，于是成了一个社会问题。顺治朝一年间逃人几及三万，缉获者却不及十分之一。

满清本来就是从奴隶制向农奴制过渡的过程中发展起来的，伴随着军事上的胜利，征服地区的扩大和俘虏人口的激增，逃奴成为满洲贵族生活中重要的问题。这些奴仆既承担着生产，又为八旗兵提供军事劳役，可以说是支撑着满洲贵族的经济，奴仆逃亡，势必影响满洲贵族的经济和生活，也影响到八旗兵的士气，有关逃人方面的法律也因此产生了。清朝的刑法，对逃人制定得很详细，并且每个时代都不一样。

清入关以后，随着逃人问题日益严重，清政府对逃人法做了十分频繁的修订和增补，正式命名为《督捕则例》。在顺治十一年（1654），独立设置了督捕衙门，康熙二年（1663）隶属于兵部，直到康熙三十八年（1699），督捕衙门并入刑部。

王士禛所在的这个督捕衙门就是专管逃人的。

张希仁是陕西凤翔的一个名医，但同时又成了"逃人"，为何？且说有个叫克什兔的将军，是皇族宗亲，从四川西征回来的路上，走到凤翔，突然身上生了乱疮，差点要了命。这时，有人向他推荐了张希仁。这张希仁世代为医，尤其擅长治疮疾。张希仁为克什兔诊了病，开了几服中药，克什兔竟药到病除。克什兔一想，我这疮疾还没根除，是每年要复发的，现在治好了，明年如何办？何不将张希仁带到京城，留在自己身边，让他长年给自己治病？于是就好说歹说，把张希仁一家九口全部带到了京城。

到了京城，如何安顿这一家人，便成了个问题。克什兔竟想了个对自己两全其美的办法，让张希仁一家卖身为奴！这样，既减少养这一家人的费用，又能保证他们不逃跑。可是，让一个名医卖身为奴是不现实的事情，怎么办？他想了一招，私造卖身契，让他们在不知不觉中成为家奴！

等到张希仁要回凤翔了，走到半路，克什兔竟拿出私造的卖身契，告到官府，让官府把他一家抓了回来。

王士祯经办了这个案子。大堂会审后，王士祯问明了实情，查明这卖身契确系伪造，于是判定：张希仁全家为良民，恢复原籍。克什兔私造伪契，送宗人府查办！

但是这克什兔可是皇族宗亲，他不服，跑到宗人府，找到郡王（清宗人府设宗令一人，郡王为宗人府宗正，是宗令的副手），郡王便招来侍郎重新讨论，辨认卖身契的真伪。这一辨，克什兔竟不能自圆其说，最后被问得答不上了，就不得不承认这是伪造，于是，克什兔被革职并被鞭责。一时，人心大快，大家都为王士祯叫好。

孙小喜也是一个逃人。

孙小喜，聊城人，原来自愿卖身为奴，给在北京的一户旗人当了家奴，后来忍受不了被奴役的生活，跑回了家乡聊城。可到了家，发现爷爷孙慎行因无依无靠，把自家的田地卖给了大户于相元。爷爷急需钱，把地卖得很便宜。孙小喜回家，气不过，找到于相元家，要求加价。于相元不干了，说："我买你家的地，一个愿打，一个愿挨，是你爷爷缺钱找到我，我才买的。现在让补钱，哪有这道理？"

争来争去，于相元倒也是厚道人，招待孙小喜喝酒吃饭，并说："若嫌地价低，我可补偿点，我家里还有点零钱，也有些绫罗绸缎，你拿走吧！"可赶上这孙小喜是个无赖："这不行！我得要金子！"

于相元无奈："好吧！就给你换金子！但是得到城里去换！"

于是，于相元找到乡保，求其调和。乡保一看，这孙小喜不是逃人吗？先抓了他再说。于是，乡保让人找了绳子，套在孙小喜脖子上，牵着他就往城里走。这孙小喜一路上便又哭又闹，一再挣套，这一挣再挣，竟被绳子勒死了。

这下出了人命，于相元以七十五岁高龄，被判了绞刑！

死刑的案子都要由九卿会审的，清朝规定"凡秋审，会九卿、詹事于朝房以定爰事[①]，并收发刑具"[②]。王士禛当时的官职是兵部督捕右侍郎，同时，还兼任着詹事府少詹事。这是一个逃人的案子，王士禛当然要发言。

在会审之后，王士禛提出自己的意见：一、刑律上对七十岁以上老人的犯罪是有减刑的规定的，但这个案子中，没有体现这个原则。二、孙小喜已经卖身为奴，就证明，他是一个旗人，而旗人敲诈勒索，刑律上也有规定，孙小喜逃脱也应治罪。无论在身份上是旗人，还是逃人，都是犯罪在先。三、孙小喜是被勒死，并非被殴打致死，有他自己不愿认罪的成分在内，不是于相元故意杀人。所以，于相元不应被处死刑，而应缓刑。王士禛分析得头头是道，大家深为折服，于是，于相元被判缓刑！

王士禛的这种司法思想，体现在对权势的无畏，对奸恶的重惩，对小民的体谅上。在人命案上，他总是慎之又慎，以保全性命为第一。

还有几个例子，可以看出王士禛处理复杂命案的功力，并且，他总是站在体谅小民的立场上。

有一个叫王训的小伙子，安徽太平县人，国子监学生。父亲叫王者佐，在当时是富户，且很有势力。这一年秋天，王训的爷爷去世，许多人都去吊丧，唯独一个叫关中键的人，借了王家的钱，还对王家的丧事幸灾乐祸。王者佐气不过，就以欠钱为名，把关中键告到官府。这一告不要紧，赶上这关中键是个无赖，在家里又受到妻子的数落，就喝了毒药，先跑到王家的门口大骂。王者佐怒火中烧，命家人暴打关中键！关中键被打后，狂逃，路上毒药发作，一命呜呼，落了个被打身亡

---

① 爰事：司法文书。口供、笔录等证据。

② 《清史稿·职官志》。

的假象。

来侦办此案的官府人知道王家有钱，就向他索贿。王者佐却认为，这关中键之死很蹊跷，坚决不贿。于是，官府就缉拿王者佐。这时王训为救父亲，挺身而出，说："人是我打的，我愿领罪！"于是，官府缉拿了王训，层层审判，判了死刑。王者佐悲愤交加，一病不起，很快也死去了。

在会审案子时，王士禛认为：一、王训代父受刑，是大孝，应从轻处罚。二、王者佐已死，即使关中键真的是王者佐殴打致死，也是一命抵一命，两清。所以，应改为可矜。可矜，是一种刑法制度，是指死刑案件在经朝审复审等会审程序后，分四种情况处理：一、情实；二、缓决；三、可矜；四、留养承嗣。而可矜就是情有可原，免于一死。

还有一个例子是齐河县的房得亮，因一小孩叫阿群的，调皮不懂事，嘲讽他父亲的名字，房得亮气不过，一巴掌扇了过去。那阿群被打，破口大骂。房得亮抄起镰刀，就向阿群砍去，这一下正中要害，阿群死了，房得亮被判死刑。

王士禛会审这个案子的时候认为，阿群是斗殴而死，房得亮也不是故意杀人，应判缓刑，而不是立即杀头。

同样的例子，是小民杨成一案。杨成是安徽人，要回家过年，手头没钱，向旗人某甲借。后旗人找到杨成家要钱，看到杨成不在，只有杨妻子一人，就故意磨蹭到半夜，强奸了杨妻。杨成回来后，妻子向他哭诉。杨成火冒三丈，跑到旗人家要讨个说法。这旗人不但不承认，反抄起棍子打向杨成，杨成边跑边喊，旗人追他到了集市上。杨成经过一个屠户摊，摊上放着一把小刀，杨成抄起刀，向旗人掷去。旗人大叫一声，应声而倒，一命呜呼。于是，官府以故意杀人将杨成逮捕，判以斩刑。

王士禛认为，如果是故意杀人，必带凶器，有必死之心，而杨成是徒手前往，而且是在逃脱追打中抄起别人的刀子，先是自卫，后是误杀，绝非故意杀人。况且，旗人强奸其妇，死有余辜！于是杨成改判可矜！

但是，对于奸佞之徒，王士禛从不手软！

盐商王子明，在衡阳住旅店，晚上丢了三百两金子，就发了个告示：谁能给我找到这些金子，我就拿出一半来重赏。

重赏之下，来了个歪鼻斜眼的人，叫萧儒英。萧儒英对王子明说："我会通灵之术，可作法问冥府，找到盗金人。"王子明信了他，萧儒英就煞有介事地拿来占盘，口中念念有词。不一会儿，跳起来，对王说："我知道了，冥府青面鬼王告诉我，偷金子的人是我们村刚搬来的旷鼐，他老婆也姓萧，金子就是他们夫妇偷的。"

王子明一看萧儒英说得这么肯定，就带人将旷鼐夫妇抓了起来，私设公堂，严刑拷打，旷鼐夫妇死不承认。可是，萧儒英见萧氏年轻美貌，竟逼奸了她。

巡抚衙门判萧儒英绞刑。而王士禛认为，萧儒英利用旁门左道蛊惑人心，应斩，不留全尸！这时，有人来说情，刀下留人，判他可矜可否？

王士禛不为所动，坚持己见。第一年，由于朝廷有旨，停止秋决。到了第二年，王士禛继续坚持重判。结果，萧儒英被判腰斩，死无全尸。一时，人心大快！

每次会审，王士禛都很认真，对每个案子都过细审查，秉公办事，决不接受请托，虚与委蛇。王士禛的作风也越来越为众人所知，政声渐起。

就在王士禛准备为民请命、大展宏图的时候，他却受到了一次处分。这个处分不是因为他办案严格，而是因为他处事过于厚道。

逃人当时已经成为社会问题，掌握每年的逃人数量也是皇帝尤其关心的问题。一天，皇宫里一个侍卫叫马三捷的竟也跑了，而康熙是认识他的。上朝时，康熙就问，马三捷跑哪去了？当时康熙是用满语问的，王士禛听不懂。并且，每有皇帝问话，都有满官回答。满官手里拿着个绿头的牌子，一旦皇帝问，就把写在绿头牌上的东西汇报上去。一般情况下，皇帝也就是问问逃人数量有多少、是什么状况了，而这次，康熙竟问了个这么具体的问题。负责回答的满侍郎席殊却回答不上来了，急得满头冒汗，而王士禛又听不懂，干瞪眼。于是，康熙一怒，把督捕衙门的满汉侍郎一起，降一级留用，罚俸一年！

后来，在吏部都察司调查此事，准备下达正式处罚决定时，吏部的人想为王士禛打抱不平，认为不应和满官一同被罚。王士禛却说："都是同朝为官，我和席殊公长期共事，彼此协调，这事我也有责任，要罚，就一起罚，让席殊自己挨罚，我干心不忍。"

当时的左都御史陈廷敬感叹王士禛有古大臣之风，而负责处理此事、时任吏部尚书的李天馥做过一句评价："王公不失厚道，但未免过于厚道！吾所不能。"

李天馥这句话，如果用现代人的俏皮话说就是：王士禛这个人，优点是厚道，缺点是太厚道！

二、厚道的诗人

厚道，也许是对一个人做人做事的最高褒奖。

康熙三十年（1691），张玉书、陈廷敬为主考官，王士禛与李光地为副主考官，主持了这一年的殿试考试。王士禛在落卷中得到一个字迹清秀、文辞优美的卷子，只凭文章，甚为激赏，于是将此卷从落卷中拔出，列为第八名。而到殿试时，他才知道，这是自己的好友吴国对的侄子吴昺的卷子，吴昺此次得了探花，与他的叔叔当年正好一样。后来，吴昺表现优异，众人称赞王士禛为朝廷选了人才！

但是，王士禛并不向吴昺邀功，因为他完全是出于公心。

作为主考官，为国家选人才，这是他的良知使然。

就在这次王士禛做副主考时，他的弟子惠周惕也在榜内。早在他任淮安清江榷署时，惠周惕就拜他为师（后来，惠周惕的孙子惠栋还为王士禛的《渔洋精华录》作了注，世称"惠注"）。张玉书、陈廷敬、李光地都欲让惠卷拔为第一，而王士禛独称不可，把这卷子列为第六。待开卷一看，才知道这是自己多年的老门生。从感情上讲，王士禛为自己没有听陈廷敬他们的意见而懊悔，却也为自己的公道而心安。

王士禛第一次听到洪昇的名字是通过李天馥，那还是在康熙十四年（1675），他为母丁忧守制期间，曾回京待过短暂的三个月。当时，他住在天宁寺，只是户部郎中，而李天馥、陈廷敬、叶方蔼都进了翰林。但是因他的诗名，大家都愿与他切磋诗艺。

七月的一天，李天馥来访，并带来了一个新人叫洪昇的诗作。

洪昇（1645—1704），字昉思，号稗畦，又号稗村。洪昇的外祖父就是当朝大学者，曾任户部尚书、吏部尚书，最终官封光禄大夫和文华殿大学士的黄机。但是洪昇却仕途不顺，国子监肄业，参加科举不第，自己又才华横溢，狂放不羁。父母一气之下，不要这个儿子，断绝关系！于是洪昇就到处流浪，卖文求生。赶上那一年，他的父亲又被人诬陷，遭朝廷流放，作为孝子的洪昇奔走呼号，为父亲求情，并在父亲流放途中陪侍父亲。洪昇自己有首诗："非关游子憺忘归，南望乡园意总违。三载无家抛骨肉，一身多难远庭帏。"

洪昇写了一部传奇《长生殿》，名垂千秋。而在写《长生殿》之前，他是以诗闻名的。李天馥见到他的诗后的第一反应是叫绝，第二反应就是要拿给王士禛看。"我得把读亟叫绝，以示新城①相惊疑。"

洪昇就这样成了王士禛的弟子，并与他成为亦师亦友的关系。王士禛对洪昇寄予了厚望，当洪昇穷困潦倒，准备从京返乡时，王士禛写诗鼓励他，不要放弃希望："名高身隐恐难得，丈夫三十非蹉跎。朝廷正须雅颂手，待汝清庙赓猗那。"（《送洪昉思由大梁之武康》）但是王士禛希望洪昇为朝廷做"雅颂手"的希望并未实现。康熙二十八年（1689），洪昇因国恤期间演《长生殿》招祸，被投入大狱，出狱后，又被革去太学生籍，永不录用！

但是，这并未影响王士禛对洪昇的感情。以后，洪昇每次到京，都受到王士禛的热情款待。

可是，上天给了洪昇和《长生殿》这样的名气地位，却要让他悲摧

———
① 新城：王士禛，新城人。

地死去。康熙四十三年（1704），他受曹寅之邀去江宁织造府观看《长生殿》演出，在回途经过乌镇时，竟醉酒落水身亡。王士禛写诗缅怀自己的这个才华横溢却命运不幸的弟子："送尔前溪去，栖迟岁月多。菟裘①终未卜，鱼腹恨如何？采隐怀苕雪②，招魂吊汨罗③。新词传乐部，犹听雪儿歌。"④

王士禛对待朋友，有一种赤诚，有一种山东人特有的厚道。早在扬州时，他就为遗民陈允衡提供住宿，让他住在文选楼里安心写书。祭告南海时，他路经江西，当他听说陈允衡因贫困潦倒，死后连葬礼都没做，就被人匆匆埋掉，忍不住热泪奔流。在南昌，他利用短暂的时间，为陈允衡补办葬礼，并恸哭雨泣。

同样，当与洪昇并称为"南洪北孔"的另一位戏曲家孔尚任初到京城时，王士禛对这个小老乡也寄予了厚望，常常把他带在身边参加各种诗朋聚会，并为他的书斋亲笔题名"岸堂"。孔尚任写出《桃花扇》，名满京城时，却莫名其妙被罢官，生活极其困顿。这时，王士禛又亲自登门，在冰冻三尺的寒冬给他送去米炭。孔尚任感动地写道："新城清风天下闻，乃有大被暖铁汉。"（《谢阮亭先生送米炭》）

而形成鲜明对比的是，在孔尚任痛苦无奈，跑去诗人田雯家中想倾诉衷肠时，田雯却闭门不见，直让孔尚任在大冷天里心里雪上加霜。

王士禛厚道的天性即使在他遭罢官后也不改。康熙四十六年（1707），被罢官的王士禛闲居在家。春夏间，赶上大旱，朝廷派员赈济灾民，让各地有头有脸的绅士都造一个佃户的名册，然后按名册分粮。别人巴不得多分些粮食，很多人就多造佃户名字，可王士禛就是不报。看他是个老上司，县长便亲自上门，让他快造册领米。王士禛这时尽管家里没有一点储粮，却还是搬出康熙四十三年（1704）朝廷关于官

① 菟裘：古邑名。春秋鲁地，在今山东泰安东南楼德镇。后世称士大夫告老退隐的处所为"菟裘"。
② 苕雪：苕溪、雪溪二水的并称。今湖州市境内，是唐代张志和隐居处。张志和落水而死。
③ 汨罗：汨罗江，屈原投水地。
④ 《带经堂全集·蚕尾续诗》卷七《挽洪昉思》。

员自养佃户的规定，说："我王士禛不是绅士、地主，我还是个官员啊，怎么可以去沾国家的这点光！"

厚道得可爱！可敬！

在仕途上，王士禛从不拉帮结派。在朋友间，他也从不在背后讽议别人，有一说一，有二说二，诚恳待人，这使他赢得了不少朋友。吴雯临死时，对家人说："吾平生知己无逾渔洋先生，吾即死，遗诗勿遽出，必待先生删定。虽相望二千里，而勿惮跋涉而求焉，且谒志墓之文，吾无憾矣。"王士禛给朋友写的墓志铭不计其数，今存他为人作的传和写的墓志铭、墓表就有一百五十二篇，他的文名和人脉由此可见一斑。

对朋友的忠厚，也使他有好的回报。他的朋友、著名考据学家阎若璩临死时，特意嘱托家人："我家书架上有一本书叫《火经》，是王士禛祖父王象晋所著并送给阎家先祖的，同时送的书还有王象晋写的《群芳谱》，但是《群芳谱》不知道哪去了，只有《火经》还在。听说王家池北书库中《火经》版本众多，这个版本是王象晋所著，我死后，一定把这个本子送到王家！"于是，王家的池北书库中又多了这个珍本的《火经》。

朋友之间谈诗论道，他向来是直言无隐，所以施愚山就说："我交游满天下，学识渊博而又实诚的唯有一个王士禛！"原刑部尚书魏象枢也是每有诗作，都请王士禛斧正，而王士禛总是毫无保留地为他改诗。魏象枢赞赏的正是他的"不欺"品格，对儿子魏学诚说："我在京师三十余年，心中折服的人，唯有王士禛！"

也许正是因为厚道，在被降级罚俸的三个月后，王士禛被调任户部右侍郎。两年后，又转任左侍郎——户部第一副部长。

户部有个宝泉局，位于现在的北京城东四四条八十三号，这就是清代的中央造币厂，王士禛当时就是主管这个造币厂。有一个不成文的旧例，新币造出来，要先给主管官员送去样品，而这个样品，是不再收回的，后来发展成不但给户部主管的官员送，连户部的大小官员一起送，继而吏部、礼部、兵部、工部、刑部都送！这实际上就是变相行贿受贿。王士禛到户部，第一件事就是停止宝泉局送样钱，并立下规矩，禁止户部任何人私自去钱局。一时风气大正。

三、诗和远方

康熙三十五年（1696），中国西部新疆、蒙古地区的噶尔丹部再次作乱，康熙决定率九万大军兵分三路西征噶尔丹。东路九千余人，越兴安岭西进；西路四万六千人出归化、宁夏，越过沙漠北上，切断噶尔丹军西逃之路；康熙则亲率中路三万四千人出独石口（今河北沽源南）北上，与其他两路约期夹攻，志在歼灭噶尔丹军于克鲁伦河一带。为保大军平安，康熙命各路官员到长白山、五岳、四渎及历代帝王陵寝、孔子阙里祭告，以求大军剿匪顺利，国家平安。王士禛再次被委以重任，前往华山祭告。

这是一个丙子年，王士禛到北京后，每逢一个子年，就有一次万里之行，长途跋涉，这似乎成了命中注定。

而在此行当中，他不断接受"年家子"（即科举同年的晚辈）请求，为他们的父亲或家人撰写墓志铭和诗文，他都一一应允。

在剑州，他再次梦到了好友蒋超（字虎臣），而且是两次梦中相见。

对蒋虎臣，王士禛似乎格外牵挂。蒋超是顺治四年（1647）的进士，当年的探花，入仕后，位居翰林院修撰。但是他似乎受不了宫廷的枯燥生活，他自言前世是峨眉山和尚，能活到四十九岁，而他终究要回峨眉。在官时，他就常常请假，找机会到山林游荡。四十三岁时，他请了病假，携家眷返乡，走到高邮境内，他不走了，决意要去峨眉。儿子拉着他，泣不成声。可他心意已决，买了个小舟，溯江而上，过三峡，经重庆，于泸州入岷江，逆水至嘉定，舍舟登岸，逶迤直往峨眉山而去。到了峨眉山，只见千峰凝翠、万壑清音、松涛阵阵、楠柏森森，确是一处清心涤虑的胜地。他喜不自胜，就在海拔七百多米的伏虎寺后萝峰庵住下，剃度为僧，法名"智通"。在此期间，他编成《四川总志》和《峨眉山志》，而他真的是四十九岁时死在峨眉山。临终时偈语："妄想镀锅来避热，却从大海去翻身。功名傀儡场中物，妻子骷髅队里人。"

王士禛与蒋超的相识应是在做扬州推官时。顺治十五年（1658），蒋超返乡为父守丧三年，身陷通海案，直到康熙六年（1667）才回京复官。这时，他与王士禛有许多诗歌往来。在王士禛的心中，蒋虎臣是他心中的一个传奇，一种心之向往，时常涌动在他的归隐之心，使他对真正的归隐之人充满敬仰。尽管在皇帝身边，在别人看来他已经是平步青云，顺风顺水，春风得意，但是，俗世的羁绊、"恨人"的基因、诗人的个性，使他常常有那些无可奈何的幽叹。当那些无可奈何向他袭来，蒋超便成为他迫切想倾诉的对象，而蒋超的生活也成了他的迷恋。

赴四川做乡试主考官时，得到蒋超生病的消息，迫于回程路途，他不能去峨眉探望，就让峨眉县令朱方庵寄诗给蒋超："绝域相逢感鬓华，几行清泪落悲笳。愁中巫峡暮云合，望里峨眉秋月斜。方丈一灯谁问疾，孤帆万里客还家。故人咫尺不相见，梦绕平羌江水涯。"

在得知蒋超死讯后，他写道："西清①三十载，九病一迁官。晚忆峨眉好，真忘蜀道难。法云晴浩荡，春雪气高寒。万里堪埋骨，天成白玉棺。"

与王士禛同朝为官的人很多，他的朋友也很多，而王士禛竟时常梦到蒋超，这恐不是偶然。蒋超寄情山水，他的温柔敦厚，他的与世无争，他的挥洒飘逸，不正是一种王士禛所向往的诗意生存吗？

正像王士禛喜欢山水，喜欢竹，喜欢渔洋山和蚕尾山的幽谧一样，他同样喜欢蒋超（蒋虎臣），蒋超就是他心中人格化的竹，被赋予了灵魂的渔洋和蚕尾，是他心中挥之不去的诗和远方。

同样是在王士禛死后两百年，一个叫陈康祺的人，他写了一部《郎潜纪闻》。在这部书中，他这样评价王士禛："盖渔洋生际承平，交多英俊，其后位尊齿宿，声望益隆，故游迹所经，咳唾笑言，辄复为人传诵。世之君子，亦或有模山范水之才，耽壶觞笠屐之好，而宦匪通衢、身羁簿领、高朋屏迹、歌啸无侪，求如渔洋之主持风雅，群彦翕从，朗抱清襟，到外倾写，买丝绣平原②，瓣香敬子固③，安可得乎？"

① 西清：指西厢清静地。
② 平原：平原君。元陆文圭："买丝绣平原，似金铸子期。"
③ 子固：曾巩字，曾官济南。

这几句话说得很有意味，现在的人们沉于公务，身边也没有了朋友，再无歌啸之乐，有几个能赶上王士禛那样风流的呢？

这，也许正是他人不能与之相比的诗意生存！

这次王士禛又梦到了蒋超："抵武连驿，……梦故修撰蒋先生虎臣超顾予微笑。予壬子入蜀，先生在峨眉有寄予兄弟书，是岁示寂，距今二十五年，忽见梦，异哉！"于是，他作了《剑州梦蒋虎臣先生》一诗：

> 巴蜀重来雪鬓增，梦余古佛唉嘉陵。
>
> 手中跨跳红藤杖，劫外逍遥白足僧。
>
> 七祖门庭参北秀，百城烟水访南能。
>
> 兜罗绵界如相待，同踏峨眉绝涧冰。

他梦到了蒋超手里拿着个红藤杖，正在遍访南北高僧大德，如果冥界也可接待我的话，我多么愿意和先生一起赴一次峨眉之约啊。

但王士禛终究不能随蒋超去峨眉了，在经过七个月短暂的诗意之旅后，六十三岁的老诗人王士禛不能不回到现实中。回来后，他还撰写了一副楹联：

"创业难，守业犹难，克勤克俭以宗祖父；积德厚，世德愈厚，兴仁兴让以贻子孙。"

你看，这又是多么现实！

回到京师后的第二年，康熙三十七年（1698）七月，王士禛升任都察院左都御史，掌管院事。一年之后的康熙三十八年（1699）十一月，他又升任大清朝刑部尚书，正二品。这一任，又是五年。

四、这样的外甥

当宽厚遇到刻薄，当包容遇到尖酸，会是什么样的状态呢？

按常理，外甥和舅本应有最融洽的关系，以王士禛这样宽厚的性格，他一生中树敌极少。但他与赵执信的这一对甥舅关系，却一波三折，别扭不断，以致酿出文坛的公案。

其实赵执信也是少有的天才，他十四岁中秀才，十七岁中举人，十八岁中进士（一甲第六名），入翰林院（康熙十八年），可谓春风得意，平步青云。相比王士禛十八岁中举，二十一岁才得贡士，二十五岁中进士，是二甲三十六名，还不得馆选，赵执信初露锋芒，比王士禛要牛得多！

赵执信是淄博博山人，王士禛的老乡。赵执信的岳母，是王士禛的从妹（王士禛叔父王与阶之女），所以从姻亲关系上讲，赵执信的妻子是王士禛的外甥女，赵执信应叫王士禛舅父。

因为太聪明，才华出众，又少年得志，血气方刚，所以便有横扫天下之态。他自己就说："余少好为诗，而性失之狂易，始官长安，颇有飞扬跋扈之气。"[1]也就是说，赵执信在年轻的时候，没有把任何人放在眼里。

当时有个叫黄六鸿的人，刚刚从山东郯城知县被提拔到京城来做官——礼科给事中，人很谦虚。他写了一本书叫《福惠全书》，是自己在郯城县做知县时的经历和见闻。他闻听赵执信的才名，就带着自己的书，提着一大堆土特产去拜见赵执信，让他给书提意见。没想到赵执信却不客气，给他回了一个帖："土物拜登，大集璧还。"哈哈，那意思就是，土特产我留下了，你的集子还是拿回去吧！

其实，现在想来，赵执信之所以说这句话，是因为他对那本《福惠全书》里面的内容根本不了解，隔行如隔山，所以"璧还"也是对的。但是，这个"璧还"却深深刺痛了黄六鸿，他认为赵执信根本瞧不起他。

赵执信刚到京城的时候，当然要拜会王士禛这个当大官的亲戚，一开始，也舅舅长舅舅短，王士禛对这个外甥的少年才华也很满意。一次，赵执信请人给自己画了一幅写真，王士禛还欣然给他题诗："松花

---

[1] 《沈东田诗集序》。

谡谡吹玉缸，挥毫三峡流春江。未论文雅世无辈，风貌阮何①谁一双。"
你看，这赵执信文章好，长得英俊，酒量也好，能不是个惹眼的主儿？

当时，王士禛已主坫诗坛，许多年轻的后辈都以能结识王士禛为
荣，认他当老师，执弟子礼。哪怕获个只言片语的评价，也心满意足。
唯独这个外甥不这样，从没把这个大诗人的舅舅当老师对待，也没有认
真地向这个舅舅讨教。清人郑方坤说他："岸然自异，雅不欲附于籍
湜②、秦晁③。"看来这个外甥是特立独行的，也许，他压根儿没有把这
个大诗人的舅舅放在眼里。

这个外甥的轻狂可以在一件事上得到体现。一次，王士禛从别人那
里得到一本《浯溪摩崖碑》。

湖南祁阳湘江西岸与浯溪汇合处，江边崖壁上保存有唐宋以来三百
多位名人如元结、皇甫湜、黄庭坚、秦观、李清照、米芾、董其昌等的
书、画、诗、词题刻四百八十六方，极具价值。王士禛得到这些碑文拓
片，视若珍宝，并为此写了一篇文章《浯溪考》。他的学生汪懋麟马上
写了四十句的长诗呈上，王士禛一看非常赞赏。正赶上赵执信来访，王
士禛就把汪懋麟的诗交给赵执信看。可是，赵执信刚看了第一句"杨家
姊妹颜妖狐"，就一下把诗使劲扔到地上，王士禛大惊失色。

赵执信将汪懋麟的诗不屑一顾地掷于地上，有这样几个意思：一、
他也曾写过一首四十句的长诗《铜鼓歌》，并且传诵一时，与德州冯廷
櫆的《铜鼓歌》同被王士禛称为"二妙"，他可能认为汪懋麟在模仿他
的长诗；二、他也可能认为王士禛是拿他学生的诗向他叫板；三、汪懋
麟的这首诗确实水平很差。

且不说这诗写得如何，汪懋麟是诗坛前辈，比赵执信年长二十二
岁，更何况守着王士禛这个老师，看了第一句竟以"不合体裁"为由"遽
掷之地"，这让王士禛情何以堪？

---

① 阮何：南朝宋阮韬与何偃的并称。宋孝武选侍中四人，并以风貌。王彧、谢庄为
一双，阮韬与何偃为一双。
② 籍湜：唐张籍和皇甫湜的并称，两人都是韩愈的学生。
③ 秦晁：宋秦观和晁补之的并称，两人都是苏轼的学生。

王士禛没有说话，想起当年会试落第，登门拜访他，性情恬淡、无愤懑叫号之气的归允肃，当时他断定，以归允肃的气度必定中状元，结果第二年归允肃果然得头彩。而眼前这个呼号啸骂的外甥，真的让他无语。王士禛沉默着，眼望着前方，不再说话。

少年轻狂，使赵执信惹了不少祸。他与才子洪昇是好朋友，并为《长生殿》润色不少。《长生殿》刚写成，他就积极地撺掇演出，到处撒请柬，邀请各方名流。正赶上那年（康熙二十八年）皇后①发丧，这个赵执信看来真是没有政治意识，竟在这期间搞演出。于是，黄六鸿便抓住了一个报复的机会，将他们告了。康熙一怒，以大不敬治罪，五十余人被牵连其中。赵执信被削籍罢官，洪昇也被劾入狱，并被革国子监生籍。有人作诗："可怜一曲长生殿，断送功名到白头。"

后来赵执信也认识到了自己的不成熟，写了份检讨："国服虽除未免丧，如何便入戏文场。自家也有三分错，莫把弹章怨老黄。"

人家老黄是给事中，做的就是搞举报这事儿，自家也有错，不能光怪老黄啊！哈哈，姿态很高。

能特立独行的人，自然有自己独到的见解主张，他就主张"诗之中要有人在"，反对脱离现实，无病呻吟；主张"诗之外要有事在"，强调诗歌的现实意义和教育作用；主张"文意为主，以语言为役"；主张作家"从其所近"，自由选择艺术风格，反对用"神韵"的唯一尺度去衡量作品的好坏。这一套诗学主张偏偏就和王士禛这个舅舅的神韵较上了劲！

既然主张上有了分歧，那就难免会有表露。被罢官后，赵执信云游四海，浪迹江湖，东至黄海，西到嵩山，南到广州，北至天津。除家乡山东外，还有河北、河南、江苏、浙江、江西、广东。在江南地区，他一住就是四年。

康熙三十六年（1697），丁丑之秋，赵执信来到了苏州的朋友顾小谢家里，与徐轨、吴乔等几个文友喝酒。酒酣耳热之际，竟谈起了王士

---

① 佟佳氏，康熙帝第三任皇后。

禛的诗。赵执信开始手舞足蹈，指点江山，他先谈起王士禛《南海集》里那首《留别相送诸子》："芦沟桥上望，落日风尘昏。万里自兹始，孤怀谁与论。"

赵执信说："一大堆车马相送，好不风光，怎么叫'孤怀'呢？诗中没有真情感！无人！"

又一首说："此去珠江水，相思寄断猿。"这明明就是贬官谪宦的心态嘛，你王士禛官居高位，志得意满，怎么会知道谪官迁客是什么心态？还有"寒宵共杯酒，一笑失穷途"，我赵执信才是谪官穷途，你前呼后拥，风光无限，做什么秀，故作姿态！搞什么鬼嘛！诗中无人啊！

从诗中有人、诗中要有诗人的真感情这个角度看，赵执信说得也许很有道理。但是，真情性，也是王士禛所提倡的。赵执信忽略了一点，车马轿夫，护卫侍从，前呼后拥，确实是当时王士禛出行的情景，但这真能给王士禛这个本是"恨人"的诗人带来风光和荣耀吗？当时，他的胞兄东亭（王士祜）刚刚去世，好友陈维崧、表兄徐夜、挚友施闰章也相继告别人寰；起程前不久，继室陈孺人又刚生下第三女阿宫，而王士禛此前出生的孩子多夭折，他能不牵肠挂肚吗？远离家乡，离别亲人，自己内心的孤独难道是迁客谪官所能理解的吗？并且，这首诗是写给余怀的，而余怀当时已经六十九岁了。一位老人只身南游，交通不便，跋山涉水，远行千里，风雨如晦，意外不断，不是穷途是什么？这离别伤情，不正是人的正常体验吗？更何况，作为诗人的王士禛有着一颗更敏感的心，怎么能说诗中无人呢？

赵执信的这几句话没想到被"耳食"者传到了王士禛那里，这当舅舅的能不生气吗？

王士禛究竟是怎么发的火，以现在的资料看，我们还不太清楚。但以一般的推论，这厚道人一旦发火，要么生闷气，要么不理人。

舅舅发火，赵执信是知道的，他心里也很害怕，王士禛毕竟是当时的文坛领袖啊，他自己也很懊悔，不该得罪这个舅舅。后来写信说："不意丁丑之秋，横被口语，无以自明，断绝笔墨者四年。"赵执信因这次被王士禛怪罪，竟然吓得四年没敢写诗，由此看来，赵执信的胆识也很一般。

后来，他游历南方，写了一本诗集，名《观海集》，他想求王士禛写个序，但三番五次请求，王士禛就是不写。赵执信知道，舅舅这次是真的怪罪他了。

但是，赵执信还是改不了他的脾气。王士禛的《唐贤三昧集》出版。那个叫阎若璩的本来就是经学家，而且是地理学家，"于地理尤精审，凡山川、形势、州郡沿革，了若指掌"①。他所著《四书释地》《四书释地续》《四书释地又续》《四书释地余论》诸书，考辨精实。他天性爱骂人，看不惯的，无论是谁，想说就说。这一点和赵执信颇为相似，所以两人成了好朋友。而对于地理，王士禛也可能有些知识盲区，因为《唐贤三昧集》太有名了，读的人太多了，于是阎若璩觉得不纠正里面的错误会流毒更广，不吐不快，于是就给他挑了一大堆地理错误和错别字。但是他并不给王士禛说，而是致书赵执信。

看来，"教授"给作家挑毛病的事儿，古已有之。

本来阎若璩是让赵执信为他"秘之"，即："这些失误我只对你自己说，你若让作者知道，可别说是我挑的毛病啊！"但是信到了赵执信的手中，他忍不住了，马上给王士禛写了信。王士禛看了这封信后，应该是出了一身冷汗，他懊恼得竟然要销毁书版，不让《唐贤三昧集》再出版。

从这一点上看，赵执信对这个舅舅是真诚的，毕竟是一家人嘛，相比阎若璩不愿直说，赵执信的敢于直说，也足见他对王士禛的亲情。

王士禛对赵执信的直言也心存感激，写信奖慰他。赵执信为王士禛知错就改点赞："自庆古道可行，知己无恨。"

两人根本的分歧恐怕还在于诗论上的不同，这就不能不提一个人——冯班。

冯班（1602—1671），字定远，晚号钝吟老人，江苏常熟人。当年赵执信赴京参加会试，无意中见了冯班的《钝吟杂录》，读后对冯班诗学主张极为服膺，自此弃家学而宗奉冯班，赵执信自称为冯班的私淑弟

---

① 《清史稿》第33部。

子，推崇冯班的诗学理论。他称冯班为"碧云仙师"①，奉若神明，平时只要见到冯班的片纸只字，就高兴得了不得，当作"稀世之珍"。

而冯班是什么诗学呢？《钝吟杂录》第五卷为《严氏纠谬》，专骂宋代严羽《沧浪诗话》的"妙悟"说的，他认为"妙悟"说"似是而非，惑人为最"。

然而，妙悟说正是王士禛神韵诗说的源头，是王士禛奉若神明的法宝，所以王士禛对冯班几乎恨之入骨。

这从他的《分甘余话》卷二中可见一斑：

> 严沧浪论诗，特拈"妙悟"二字，及所云"不涉理路，不落言诠"，又"镜中之象，水中之月，羚羊挂角，无迹可寻"云云，皆发前人未发之秘。而常熟冯班诋諆之不遗余力，如周兴、来俊臣之流，文致士大夫，锻炼周纳，无所不至，不谓风雅中乃有此《罗织经》②也。昔胡元瑞作《正杨》，识者非之。近吴殳修龄作《正钱》，余在京师亦尝面规之。若冯君雌黄之口，又甚于胡、吴辈矣。此等谬论，为害于诗教非小，明眼人自当辨之。至敢詈沧浪为"一窍不通，一字不识"，则尤似醉人骂坐，闻之者唯掩耳走避而已。

王士禛把冯班列为诗教罪人，将其比附为历史上的周兴、来俊臣等酷吏，足见其对冯氏的厌恶。

一个将严羽奉为神明，一个将大骂严羽的冯班奉为神明，这种针锋相对，即使甥舅关系也不能不伤及感情了。

在王士禛去世前二年，赵执信写了一本书叫《谈龙录》，全文带序不过五千字，而通篇指名道姓直指王士禛，对王士禛的诗学、诗作极尽嘲讽讥诮，甚至于人身攻击。

---

① 苏轼诗有"弃家来伴碧云师"之句。赵执信弃家学宗奉冯班，故"碧云仙师"之称本苏轼诗。
② 《罗织经》是武周酷吏来俊臣所著的一部专讲如何罗织罪名、陷害杀人的书。

《谈龙录》开头以王士禛、洪昇与赵执信三人的对话开始：

> 钱塘洪昉思昇，久于新城之门矣，与余友。一日，并在司寇（渔洋）宅论诗，昉思嫉时俗之无章也，曰："诗如龙然，首尾爪角鳞鬣，一不具，非龙也。"司寇哂之曰："诗如神龙，见其首不见其尾，或云中露一爪一鳞而已，安得全体？是雕塑绘画者耳。"余曰："神龙者，屈伸变化，固无定体；恍惚望见者，第指其一鳞一爪，而龙之首尾完好，故宛然在也。若拘于所见，以为龙具在是，雕绘者反有辞矣。"昉思乃服。此事颇传于时。司寇以告后生，而遗余语。闻者遂以洪语斥余，而仍佋司寇往说以相难。惜哉！今出余指，彼将知龙。

那意思是说，一次在王士禛家里论诗，洪昇说现在人写诗不讲章法，写诗应该像画龙，首尾爪角鳞鬣，一个不能少。而王士禛却说，神龙见首不见尾，有时只画云中一爪一鳞，整个神龙也会在想象中给人全貌，即是形断意连，全部画出来，是雕塑画像，没有韵味可言。而赵执信却这样说，神龙虽只露一爪一鳞，但也是有全貌的，不能随心所欲，也要遵循其规律。比如大角之龙，就不可能有小爪，不能随意，一爪一鳞，也要有出处、讲究，这就是章法。

赵执信的这话本来不错，但是这却是攻击王士禛神韵说的开端。他说："王士禛后来在给弟子们谈诗艺时，常举这个例子，但是光说他自己的观点，而不说我的观点。"所以他说："我现在将我的观点公之于世，告诉大家怎么得到真龙！"

其实，洪昇在这里无非是说诗的章法，可能有些诗人不得章法，东一句、西一句，不知所云，是结构的问题。而王士禛则是指出更高层次的意会和言传的神韵，只要文脉相贯，就是好诗。可赵执信所言只是一个中和，他用这个说法来攻击王士禛真的有点文不对题。王士禛所说的是"意境"和"韵味"，是艺术表现手法的问题，而赵执信所说是诗人所观照的内容是什么（接不接地气，反映不反映生活，有没有真情），以及内容的完整性问题。难道田园诗就不接地气了吗？就没有真性情了吗？王士禛号召写诗要"远"，要自由想象；赵执信则强调不离现实，事有出处。那么，没有凭空的想象，如何有艺术的创新？其实两人的诗说，只是境界不同，王士禛站得比赵执信要高得多，两人并不是背道而驰。王士禛之所以不把赵执信的理解向弟子们传授（遗余语），也许是因为他看不到赵执信所说究竟有多少比他更高明之处！赵执信却以此为敌，他举起的矛所刺向的，并不是王士禛的盾，而是他所认为的一个"遗余语"的盾。真正背后的原因，恐怕还是王士禛对冯班诗学的攻击，是个人恩怨罢了。

王士禛当时尽管年老，但是他不可能看不到赵执信的说法。他没有做出回应，实在是因为他茫然地觉得，不知道应该如何去做。

赵执信在《谈龙录》由此借题发挥，上升到诗中有龙无龙、真龙假龙的问题——就是有无诗教的传承，有无真性情，诗中有没有人的问题！王士禛的诗中没有诗教传承吗？那么，为何被称为正宗？

《谈龙录》里还说了一件事，是指古诗声调的问题。在《谈龙录》序中，他说："新城王阮亭司寇，余妻党舅氏也，方以诗震动天下，天下士莫不趋风，余独不执弟子之礼。闻古诗别有律调，往请问，司寇靳焉。余宛转窃得之。司寇大惊异。"这意思是：王阮亭司寇大人，是我老婆的舅舅，诗名很大，天下人都以当他的弟子为荣，而我独不向他执弟子礼。听古诗中有另外一种律调，我去问他，他"靳"（吝啬，不相告），我从别处知道了其中的奥妙，他大为惊异。

在正文中，他又说："阮翁律调，盖有所受之，而终身不言所自。其以授人，又不肯尽也。有始从之学者，既得名，转以其说骄人，而不知己之有失调也。余既窃得之，阮翁曰：'子毋妄语人。'"

意思是说：王阮亭对古诗律调的掌握，可能是有高人传授的，但是他终身不愿让别人知道。即使告诉了别人，也不全告诉。有初学者，以为得到了其真传，就到处显摆，而不知道一写诗，就失调了。王士禛知道我得到窍门后，还对我说：不要对别人说啊！

古诗中的声律，有什么奥秘，这不是我们所能讲通的，但王士禛有可能粗通了其中一般的规律，而这则需要悟性，不是一般人所能理解的。王士禛大约知道其大概，并不系统，而所知道的也无非凭自己长期写诗实践的感悟，在没有形成系统见解时，就告诉别人其中的规律，这才是误人子弟！同时，王士禛也知道赵执信也无非知道大概，当然也不愿让他去随便对别人说，以免让别人误学。同时，当时社会上流传着各种古诗声调之法，这有多少意义呢？有多少是诗中真谛呢？难道失去了古诗声律的诗就不是好诗吗？拘泥于古诗声律平仄，也可能扼杀了真正好诗的诞生，这也可能是王士禛不愿深究古诗律的原因。

　　另外，把一个复杂深奥的东西简单化，其目的就是便于记忆，正像现代人把元素周期表编成歌，把历史朝代编成顺口溜一样，这是不登大雅之堂的，这里面难免有强拉硬拽的成分。而知识，通向真理的途径有多种，不愤不启，不悱不发，赵执信不也是因为王士禛的不告知才转而发愤攻取吗？这个声律的窍门也许大家不屑于说出罢了，而王士禛的这个不屑，却造成了赵执信的误会。

　　《谈龙录》成为王士禛的污点大全，其列举的王士禛种种瑕玷，除以上外，还有对学诗者赞誉过滥、为逝者写墓志铭不尊春秋笔法等等，已经上升到人身攻击的地步，有明显的个人情绪在里面。

　　我们现在真的很难理解为什么在以前多种场合和书信来往中，对王士禛这个长辈都毕恭毕敬的赵执信最后突然发难。是他想借王士禛之名异军突起，还是发泄私愤？也许是想学他的老师冯班，做一个现实版的《严氏纠谬》。但是不管怎么说，这一切都是缘于赵执信偏执、轻狂、狷急的个性，其言语和手段之下劣，当为古今文人学者鉴！

　　值得一说的是，赵执信向王士禛的挑战，同时也是对家族秩序的挑战。新城王氏与博山赵氏世代姻亲，赵执信妻母是王士禛从妹，赵执信叔叔赵作肃妻是王士禛的妹妹，赵作肃的儿子赵执端妻是王士禛侄女，赵作肃的孙子赵宪也娶王士禛的侄孙女，其族弟赵执恒娶王士禛的侄女。这种公然地向长辈叫板，使赵执信在家族中颇不得人心，甚至与族人反目为仇。他自己就叹息："今之兄弟不及路人，横向凌而潜向欺也。"而这也只能是他咎由自取了。

五、姑妄言之姑听之

在王士禛众多的交往中，蒲松龄只不过是他闲暇之时偶尔抬眼，余光中的一瞥。这一瞥，不仅给了蒲松龄灿烂的光芒，也给王士禛的"名士风流"加上了厚重的一笔。随着历史的不断演进，蒲松龄这颗星竟持续发出夺目的光彩，他的《聊斋志异》雄踞中国文学文言小说的巅峰。

在山东的同乡贤达中，王士禛敬重的有三个人：一是高珩，一是唐梦赉，一是毕际有。

康熙十九年（1680），高珩在刑部侍郎任上致仕，六十八岁告老还乡，当时王士禛刚升为国子监祭酒。

据说，高珩致仕后，怡然自得，常自己骑一头毛驴徜徉乡间，没人知道他曾在朝廷做过大官。有一次在乡间小路上累了，索性把驴一拴，倒在树荫下睡上一觉。正赶上有个农夫拉一车瓦罐推车推不动了，就叫他："喂，老头，帮我推一下车。"高珩欣然前去。还有一次高珩跳到河里洗澡，赶上来了个官府的人也跳到河里洗澡，那人叫他："老头儿，帮我搓搓背。"高珩也忙不迭地去帮他搓背。这种隐士作风，实在是王士禛羡慕不已的。

高珩有个侄女，侄女有个舅舅叫蒲松龄，所以他和蒲松龄有姻亲关系。

高珩是王士禛的姑父（高为王象乾之婿），在京期间，王士禛就常到高珩府去拜望。

在淄川，还有一大隐士，他叫唐梦赉。顺治六年（1649）进士，做官五年就拂袖而去，寄情山水、归隐故里。在当地百姓中，他几乎被神化，在诗人学者中，他更有威望。

毕际有也是淄川西铺村人，明崇祯时户部尚书毕自严的儿子，曾任江南通州知州。康熙二年（1663），四十岁时，因清欠不及额被免官，解组乡里。康熙十八年（1679），经高珩推荐，生活穷困潦倒的蒲松龄来到毕家，做了教书先生，舌耕笔耘近四十二年。而毕际有又是王士禛的从姑夫。

康熙二十八年（1689），康熙巡视黄河，正在家中为父丁忧的王士禛接到命令，到德州迎驾。在迎驾后返回新城的途中，他路过章丘，住在进士焦毓栋家里。当晚，焦氏兄弟安排了酒宴并观剧。在酒宴上，他见到了和唐梦赉一同前来章丘的蒲松龄。①

蒲松龄（1640—1715），字留仙，一字剑臣，别号柳泉居士，世称聊斋先生，自称异史氏，现淄川洪山镇蒲家庄人。十九岁应童子试，接连考取县、府、道三个第一，名震一时。补博士弟子员，以后便屡试不第，直至七十二岁时才成岁贡生。

蒲松龄是个奇人，虽屡不中第，却对鬼怪故事着迷。他小的时候，正值满清入关，在扬州屠城，在山东匪乱，便产生了很多稀奇事。这些稀奇事在民间发酵，成了许多扑朔迷离的鬼怪故事。蒲松龄发誓要记下这些故事，于是便在家乡柳泉旁摆一茶摊，请过路人讲奇异故事，听完回家加工，《聊斋志异》始成。以蒲松龄之才情，这部《聊斋》竟成了中国文言短篇小说的巅峰之作。

其实，早在康熙十八年（1679），《聊斋志异》已基本结集，但并未刊印出版。高珩将部分章节带到北京，在北京官场，早有人读过，并且很快有了高珩和唐梦赉的序。王士禛虽未读过，却知此书。他当时正在写作《池北偶谈》，其中有"谈异"的章节，他所听所记，竟有许多和蒲松龄所记一致。

蒲松龄与高珩、唐梦赉交游最多，又在毕际有家做教书先生。高、唐、毕三人，都是王士禛所敬重的先贤。所以，尽管王士禛是朝廷高官，蒲松龄是一介平民，他们之间因为有了高、唐、毕的推荐，便有了似曾相识的亲切感。

刚过上元节（元宵节）三天，一轮皓月当空，屋内炉火正红。一个

---

① 关于王士禛与蒲松龄初晤的时间，有多种版本，本书采用蒋寅先生之说。蒋寅《王渔洋事迹征略》335 页：十八日，焦氏兄弟留饮观剧，唐梦赉亦至，出《南巡纪事绝句》相示。初晤蒲松龄，夜坐谈诗，知撰《聊斋志异》一书。

是刚受到皇帝接见的朝廷重臣、文坛领袖，一个是落魄的乡间秀才。王士禛谈笑风生，跟蒲松龄没有一点架子，两人把杯畅饮，谈天、谈地、谈诗，蒲松龄真的被王士禛的学识和胸襟折服。在酒席上，蒲松龄提出，请王士禛再写一序，王士禛先是推辞："有高、唐之序，我就不作了。"但蒲松龄还是坚持，王士禛只好说："看情况，也许！"

这　次的见面，是两人的第一次，也是最后一次。

回到家，王士禛便急切地想得到《聊斋志异》手稿，便写信要他尽快寄来。可当时蒲松龄的手稿却被别人借走，不能如期寄来，于是便有了蒲松龄给王士禛的这封回信：

> 耳灌芳名，倾风结想。不意得借公事，一快读十年书，甚慰平生，而既见遽违①，瞻望增剧。前接手翰，如承音旨，又以东风未便，裁答犹疏，载辱瑶函，悚仄弥至！溽暑困人，良不可堪。粲花之在目也。想源上仙居，门近清流，序依碧荷，南窗一卷，下候姮娥为剪绿衣，亦快事也。若老熊见月欲喘，当此溽暑，倍益龙钟，云汉之忧，近亦复相同耳。几许阿堵物，何须尚存念虑？然欲却而不受，又恐无以见，昧君子一介不苟之高节也。梅屋以索无期，姑缓之，中元之后日无不相寄者。蒙遥致香茗，何以克堪？对使拜嘉，临池愧悚。

看来在这次见面中，王士禛是借了蒲松龄的某个东西，写信时表示送还，并给蒲松龄寄去了香茗。当时天气很热，想想王士禛的西城别墅，蒲松龄也觉得是一个快事。聊斋手稿被王梅屋（想必此人王士禛与蒲松龄都认识）拿去了，还没送还，七月十五中元节后一定送到！

不久，王士禛接到了《聊斋志异》的手稿，读后他不仅为其所记鬼怪之事而叫绝，还大赏其文笔，特撰《题聊斋文后》："八家古文辞，日趋平易，于是沧溟、弇州辈起而变之以古奥，而操觚家论文正宗，谓不

---

① 遽违：刚见面又分手。

若震川①之雅且正也。聊斋文不斤斤宗法震川，而古折奥峭，又非拟王李②而得之，卓乎成家，其可传于后无疑也。"认为蒲文是可传之后世的卓越的大家之作。

他还写了那首著名的《戏题蒲生聊斋志异卷后》："姑妄言之姑听之，豆棚瓜架雨如丝。料应厌作人间语，爱听秋坟鬼唱诗。"

苏东坡当年被贬黄州时，爱听人讲鬼怪故事，并乐此不疲。别人不解，他自语道："姑妄听之。"而诗鬼李贺也有《秋来》诗，其中有"思牵今夜肠应直，雨冷香魂吊书客。秋坟鬼唱鲍家诗③，恨血千年土中碧"之句。

蒲松龄读到此诗，马上应和："志异书成共笑之，布袍萧索鬓如丝。十年颇得黄州意，冷雨寒灯夜话时。"

对于王士禛的赞赏，他写诗致谢意：

> 潦倒年年愧不才，春风披拂冻云开。
> 穷途已尽行焉往？青眼忽逢涕欲来。
> 一字褒疑华衮赐，千秋业付后人猜。
> 此生所恨无知己，纵不成名未足哀。

（《偶感》）

有了这知己的称赞，我纵使不成名也不足以哀了！

王士禛是认真地看了《聊斋志异》这部书的，对书中三十一个故事做了多达三十六处的点评。看来，他当时是想为作序做认真的准备，而最终，他还是没有满足蒲松龄之愿，这不能不说是文坛的一大遗憾。或许，一代诗宗所持圣人观点——子不语怪力乱神，即使这怪力乱神如此

---

① 震川：归有光，号震川，明代"唐宋派"代表作家，被称为"今之欧阳修"。代表作《项脊轩志》。

② 王李：王世贞、李攀龙的并称。

③ 鲍家诗：指南朝宋鲍照的诗。鲍照曾写过《行路难》组诗，抒发怀才不遇之情。

使他心驰神往，他也不想"破例"①为之。好在，他除了点评外，还将《聊斋志异》中的几个故事，收录到自己的《池北偶谈》"谈异"篇中，并在其后注明"事见蒲秀才松龄《聊斋志异》"，这本身就是对《聊斋》的肯定。至于说如何评价那故事，他不可能写出高珩那种"人世不皆君子，阴曹反皆正人乎？"的对人鬼颠倒的叹息；也不会像唐梦赉那样认为，志怪不合孔孟之道，是因为怪异之事是孔子不愿计中人以下所闻。那么，对这志异说怪的书应该怎么对待呢？——王士禛道出了自己的观点，还是"姑妄听之"吧！王士禛的观点其实非常鲜明！

蒲松龄在落拓不遇之中得到王士禛这样一位高官和诗坛盟主的赞赏，自然十分欣慰。并且，他还得到了一个对他来说至关重要的关照：康熙五十年（1711），他七十二岁时，得到岁贡生名分，还有一个"儒学导训"虚职，蒲松龄一生的科举梦得以了结。

蒲松龄走了谁的后门呢？原来，也是王士禛。这一年，王士禛在康熙三十年（1691）做殿试副主考官时选拔的探花黄叔琳，做了山东学政提督，在老师王士禛的举荐下，黄叔琳与蒲松龄见面。在参加过六次乡试均落第的情况下，黄叔琳给了他信心。老眼昏花、握笔不稳的蒲松龄，居然得了岁贡之名，否则真有可能老死秀才之身了。

康熙四十年（1701），王士禛请假回乡给父亲迁坟，蒲松龄本想前去，对王士禛赠诗登门致谢，可踟蹰再三，并未成行。于是写了首长诗报谢："奎壁照齐鲁，光芒亘万丈。群登李郭门，共争滕薛长。……圣明望治深，驾言不可强。名夹琉璃瓶，勋行炳天壤。舍人促装行，大地尽瞻仰！"

诗文将王士禛比作东汉的李膺、郭太，他说：多少人想拜在王氏门下，请王士禛评定诗文。而我又是多么倾慕先生您的风采，愿意追随在您的身边，但我知道，山高路远，这是脱离实际的幻想，与先生只好在梦中相见了。我这文才平庸的人，却得到您的赞扬，心中有愧，只好效仿古人"老而好学"，弥补自身不足。最近听说您要离家回京了，我又

---

① 王士禛在回复蒲松龄的信中有"或破例一为之，未可知耳"的话。

失去芳邻，无从请教，实在遗憾，但是您回京侍奉皇帝，不久当入阁拜相了，这又是幸事！

蒲松龄对王士禛的倾慕、感激和美好祝愿尽在此诗中得到表达。

之后，王士禛被罢官，解组回乡，蒲松龄对王士禛所遭到的处分表示了极大不平。他作五言古诗《阮亭先生归田二十四韵》："玉皇香案吏，谪位冠中枢。海内称三绝，鲁东止一儒。……胡乃麋袭谤，忽成薏苡诬。……人本如春柳，家原近白榆。到门无俗驾，悦耳有真娱。莲社欣相待，醴泉幸不孤……"

诗中歌颂了王士禛的德行、政绩和文才，既为王氏罢官表示不平，又为他解组归田、名士归来感到欣幸。他劝慰王士禛：官宦如同任人呼唤的牛马，官场得失如同梦幻。庸人安于现状不愿离开官位，而您是名士，家乡的山水林木期待着您的归来啊！您身体健康，行动方便，正好游猎垂钓。您是文曲星谪居人间，大家都倾慕您，家乡的诗友会陪伴您左右，醴泉寺、锦秋湖也会因您到来而名闻天下。优哉游哉，还有什么过分希求呢？而您在这里评论时政，将有益于社会，比那些尸位素餐的官员不知要强多少倍。

不过，当王士禛被罢官后，因淄川知县韩遇春是个贪官，他想做漕粮经承，求王士禛举荐。而像王士禛这样厚道的人，极可能在不明真相的情况下，帮了韩遇春一把。就在这时，蒲松龄愤然致书王士禛，让他一定要装聋作哑，不要给这个贪官一点机会。他告诉王士禛此人"欺官害民、以肥私囊，遂使下邑贫民，皮包皆空"。王士禛在了解真相后，采纳了蒲松龄的意见，不再为韩遇春举荐。

蒲松龄对王士禛的感情是真挚的。当他得到王士禛在家乡去世的消息后，如晴天霹雳，极为震惊，一连作了四首七言律诗痛悼王士禛。其中一首："昨宵犹自梦渔洋，谁料乘云入帝乡。海岳含愁云惨淡，星河无色日凄凉。儒林道丧典型尽，大雅风衰文献亡。薤露一声关塞黑，斗南名士俱沾裳。"诗中用"海岳含愁云惨淡，星河无色日凄凉"之句，极言王士禛去世，感天动地。王士禛的去世，是文章之道的不幸、诗坛风韵的衰竭，天下名士都会为之泪下沾裳。

然而，相比于蒲松龄对王士禛的挚敬，王士禛对蒲松龄却未表现出过分的热情。蒲松龄的文集中，收录了许多他和王士禛交往的信件，但是王士禛的文集中却鲜见蒲松龄之名。而《聊斋志异》的序他终究未作，也没有答应给蒲松龄作家传。而这，不能不说是一桩憾事！

但当时，王士禛对蒲松龄的赞誉，给了蒲松龄以信心和光环，并让他借此光环逐渐前行，其价值也逐渐被后世认知。王士禛的星星之火，使蒲松龄和他的《聊斋志异》大放异彩。

六、一个父亲的叮咛

王士禛一生有五男三女，张夫人生五男：长子启涑，为岁贡生，任茌平教谕，候补知县；二子启浑，十六岁卒；三子启汸，岁贡生，官唐山知县，候补知州；四子启沂，不到三岁夭折；五子启汧（启沐改名），廪贡生，候选教谕。王士禛还有三女，均为侧室张氏和继室陈氏生：长女阿端，张氏生，于康熙二十九年（1690）卒，年十二；次女阿婉，张氏生，康熙三十八年（1699）卒；三女阿宫，陈氏生，康熙三十二年（1693）卒，年十岁。

到康熙三十八年，王士禛任刑部尚书的时候，六十六岁的他已经是孤苦伶仃，夫人、继室、侧室及三个女儿均已去世。三个儿子中，启涑在茌平，启汸在唐山，只有启汧还在身边，后来又将从侄王启座（王士骊之子）招到身边侍候。

对于孩子的教育，王士禛遵循了王家的传统，这位在外以温柔敦厚著称的老夫子，在家却是一个严父。几个儿子在他面前，几乎都是战战兢兢。

早在康熙八年（1669），他在清江榷署任上时，二儿子启浑腿上生了大疮，站立都不稳，而在父亲面前，他竟直直地站着，纹丝不动。当时，王士禛并不知道儿子生了大病。后来启浑因此夭折，十几岁就死了，这竟成了王士禛一生的痛苦记忆。

王家家教之严，是有传承的。早在四世祖王重光时就已有他在贵州督木时为五个儿子王之翰、王之垣、王之辅、王之城、王之猷写的《永宁静坐无聊寄诸儿辈读书应乡举》诗，其时，王重光已抱病在身，却牵挂着儿子的乡试。诗云：

豚犬一门总一群，纷纷长大俱成人。
自怜白发遮玄发，遥冀登云准望云。
粉署谩劳家第思，花笺间写肺肝文。
丁宁尔辈今科近，莫把光阴错半分。

久望翰儿出犬群，莫甘落落不如人。
寄来家信三两字，收拾年成八九分。
已喜象坤能好学，还教象泰更摛文。
千言万语无他意，一举成名天下闻。

久望垣儿出犬群，莫甘落落不如人。
寄来文字增光焰，才得科场畅紫芬。
好向窗前惜日月，管教足下起风云。
千言万语无他意，一举成名天下闻。

久望干儿出犬群，莫甘落落不如人。
寄来七义颇清润，还伏三场助彩芬。
从宦已能操白雪，回家须要步青云。
千言万语无他意，一举成名天下闻。

久望城儿出犬群，莫甘落落不如人。
行年二九已婚配，问道三五颇自分。
染翰摛文求进益，登云步月继芳芬。
千言万语无他意，一举成名天下闻。

久望猷儿出犬群，莫甘落落不如人。

读书千卷与万卷，作课十分至百分。

韶岁工夫能爱日，壮年科举定凌云。

千言万语无他意，一举成名天下闻。

字里行间，寄托了一个父亲多么殷切的期待。王重光首立了王家第一条成文的家训："所存者，必皆道义之心；所行者，必皆道义之事；所友者，必皆读书之人；所言者，必皆读书之言。"

到了五世祖王之垣，他写了一部《历仕录》，将自己的官场经验告诉子孙，同时还有总结几代祖先的治家经验，写成《念祖约言》作为家规家训。《念祖约言》实际上是一部家族强制性家法和劝谕性家训，同时他还有对女性教育的专门规范《阃范图》。

王之垣还最早在家族当中设立了私塾，王家的孩子五至七岁入私塾读书，"每夜五鼓即起，终年在书屋；每日读经史毕，作文七篇，缺一不可，旷一日不可；一文不佳，责有定数"。

他告诫子女们要读书："少年不学堕复堕，壮年不学亏复亏，老年不学衰复衰。一息不学谓之忘，一时不学谓之狂，一日不学谓之荒。"而他对子女要求的苛刻也是出了名的，王氏族人王培荀的《乡园忆旧录》中记载了这么一个故事：王之垣的一个孙儿有一天穿了绿纱裙褂，看上去像一个纨绔子弟。王之垣见了，怒火中烧，厉声说道："这种奢靡服饰，难道是我们王家人应穿的吗？"他命孙子脱下衣服，一把撕碎，并立即写下家书一封和衣服一并寄给在京做官的这个孙子的父亲，斥责他教子无方！

到了王士禛祖父王象晋，更把子孙的教育问题当成了头等大事。他又提出了一条家训："绍祖宗一脉真传，克勤克俭；教子孙两行正路，惟读惟耕。"他的家规著作《清寤斋心赏编》，不但对王士禛产生了极大影响，还被曾国藩引用其中多条，写入《曾国藩家训》。他继续强调道义和读书的重要，反复告诫子孙们修身乃立世之本，要达观内敛："得便宜事不可再作，得便宜处不可再往。"要做善事："人生一日，或闻一善言，见一善行，行一善事，此日方不虚生。"而对于读书，他更是谆谆告诫："天下之事，利害常相半，有全利而无少害者，唯书。"

他甚至将自己的科场经验写成《举业津梁》一书，为王渔洋兄弟提供指导和借鉴。

王士禛的父亲王与敕继承了王象晋的训诫，请画工为王象晋画了二十四幅生平事迹像，作为家诫，以示诸孙。但王与敕似乎对儿子们在诗文上的追求更加宽松一些，当别人对他的儿子工诗，提醒他不要误了孩子的科举之时，王与敕就说："你看，那些只攻八股的人，有几个是成器的！"

也许，正是他的这种开明，成就了一代诗宗王士禛。

与王士禛兄弟几人由祖父亲自授课的私塾中学习不一样，王士禛的几个儿子皆以保送和推举的办法到国子监学习。"岁贡"就是指每年或每两三年从各府、州、县学中选送优秀的生员升入国子监就读，如此录用的读书人便是"岁贡生"。而"廪贡生"，则是由公家拿钱上学的贡生，相当于公派学习。启涑和启汸都是岁贡生，而启汧则是廪贡生。看来，启汧的成绩比两个哥哥都好。

国子监是国家的最高学府，在此学习除了父母不再操心外，还有一个很好的待遇，就是学习三年就有"吏部议叙"当官的资格。这要比考进士入仕轻松得多，启汸就是在康熙三十六年（1697）在吏部谒选，得了个唐山知县的官。

这一年，王启汸也是三十六岁了，但是让他直接去当一县之长，王士禛还真的有些不放心。想想自己在三十六岁时，已经做了礼部的员外郎，在官场上混了十年了。可这个儿子一介书生，在京城养尊处优，没有任何从政经历。况且由于自幼管教严格，他性情严毅，不苟言笑，不愿和人打交道，到一个穷乡僻壤、赋税不过万金的地方做知县，能行吗？王士禛几夜不能合眼！

于是他要给儿子一些提醒，他想起叔祖王象乾初任闻喜县令之时，作为父亲的曾祖王之垣对儿子说的话："为令，当上宣王德，下奠民生，一染于墨，视盗加等，吾不愿有此子也，勉之哉。"那意思是说：当县令，应当上宣皇帝功德，下为民生，一旦品行受污，比盗贼还厉害，我不愿意有这样的儿子啊，你努力吧！

对儿子的告诫要让他时常在耳边想起，要让他反复琢磨。自己这些年，在官场的江湖中游泳，经历了多少波折和风浪，自己走过的险途应该让儿子避免重蹈覆辙，这是教训，也是提醒。在险途中，要把一根拐杖给儿子，让他时常拿在手中，放在枕边。而这些提醒，又是一面镜子，让他时常正衣冠、知兴替、明得失。于是，王士禛不顾年老眼花，一夜奋笔，写了这两千余字的《手镜》：

昔欧阳文忠公①以文章名天下，后进谒见者，顾多与谈政事。刘忠宣公②愿为有司亲民之官，蓋州县令长与民最近，设施当则民食其利，不当则民受其害，捷若影响，居此官者，可勿兢兢慎之与？康熙丁丑，予承乏左司徒且四年余矣。儿子启泞筮仕得顺德之唐山，赋税不过万金，县距驿路又三十里。向称简僻易治，近乃以乏粮遗欠，递马协济为累，拊循调剂，殆未易言。泞以书生骤膺斯任，老夫心殊惴惴，辄献思虑所及，手迹数十条付之，俾朝夕置座右，披玩而从事焉。泞能守而勿替，纵不敢遽拟古之循良，其亦可无损越也夫。二月十二日渔洋老人书于京邸。

1.公子公孙做官，一切倍要谨慎、检点。见上司，处同寅，接待绅士皆然；稍有任性，便谓以门第傲人。时时事事须存此意。做官自己脚跟须正，持门第不得。

2.有司衙门严内外之防，是第一要紧之事，家人勿令出外。

3.日用节俭，可以成廉。而下人衣食，亦须照管，令其无缺。

4.日用米、肉、薪、蔬、草、豆之类，皆当照市价平买，

① 指欧阳修。
② 刘大夏（1436—1516），谥号文宣。

不可有官价名色。

5. 朔望行香及有朝廷大典礼、拜牌等事，须早起，恭敬侍事。

6. 每日坐堂须早，早起用粥及姜汤御寒气。午堂亦须饭，然后出，惟不可多用酒，酒后比粮、审刑，尤断断不可，慎慎之！

7. 春秋课农，须身亲劝谕鼓舞之。尤须减驺从，自备饮食，令民间不惊扰。

8. 文庙当加意修葺，严其启闭，洁其洒扫，严禁兵丁、衙役、闲杂人等赌博饮酒于其中。时时嘱广文先生查之。

9. 牌甲一事，诘盗弭盗之良法，但要行之极善，勿致骚扰。盗有犯者，鞫得其实，当执法严惩，则不肖之徒屏迹矣。欲清盗源，尤在严禁赌博，有窝赌者，犯即枷示重惩，不宜轻纵。

10. 神会人杂，当令捕官弹压之。严禁赌钱、吃酒、聚众打架。城门亦当令防弁严谨出入，面生可疑之人不放入城。

11. 宴会当早赴早散，不可夜饮。

12. 钱粮不论多寡，批回俱要一一清楚。号件簿最要稽查，每日勾销一次，须无延捱迟误及贿压等弊。

13. 夏天出门，亦要带棉衣、棉被褥之类，以防风雨骤寒。此少闻于方伯赠司徒公者，四五十年守之不敢忘。

14. 捕快多纵盗殃民，当严驾驭之。

15. 做有司官须忍耐、耐烦，事至徐三思而行，不可急遽，急遽必有错误。

16、火烛门户，时时谨慎。遇年节、灯节，民间烟火、起火等，亦宜禁之；如花炮则不妨。

17. 地方如有聚众烧香念佛，白莲、龙天等邪教左道惑众者，当于严牌甲时力禁之，早杜其源，勿令滋蔓。

18. 解钱粮，须慎选老成殷实人役。银入鞘必自家经眼，然后贴封，不可粗心。

19.义学多有名无实，宜实实举行之。

20.皇上御书赐天下督抚，不过"清慎勤"三字。无暮夜枉法之金，清也；事事小心，不敢任性率意，慎也；早作夜思，事事不敢因循怠玩，勤也。畿辅之地，果为好官，声誉易起；如不努力做好官，亦易滋谤。勉之，勉之！

21.地方万一有水旱之灾，即当极力申诤，为民请命；不可如山左向年以报灾为讳，贻民间之害。

22.政有闲暇，令广文选生员美秀而文者，为文会作养之。

23.学院少司马李公，素讲理学，孤峭立崖岸，礼遇或优，断不可有片纸竿牍。

24.养马一差及协济驿马二事当留心，相机行之，非笔墨可尽。

25.雾天早起当使饱，若枵腹则恐致疾，行路尤不可也。暑天有汗亦不可在有风处脱衣帽，寒天又不必言。

26.与上司禀启，当先简点，勿犯讳。其父祖名讳，亦宜话间而避之。如守道于之祖，谥"清端"公，讳成龙；巡道许之父，讳世昌(福建巡抚)；太守宜之父，讳永贵(总兵改巡抚)；军厅王之父，讳永茂(河间知府)。此其及知者，馀可类推也。

27.上司、同寅有送优伶之类者，量给盘费，不妨从优。不可久留地方滋扰，亦不必多留衙中做戏。

28.凡审事及商榷事体，最宜慎秘。虽门役等日在左右者，亦不可令窥探意指，洩漏语言。

29.同寅切戒戏谑，往往有成嫌疑者，不可不慎。

30.堂规要严肃，此最观瞻所系。上堂辇笑亦不可轻易，所云"君子不重则不威"也。

31.勿用重刑，勿滥刑；至于夹棍，尤万万不可轻用；病人、醉人不宜轻加朴责；盛怒之下，万不可动刑。

32.审事务极虚公，须参互原告、被告及干证口供，虚实曲直自见。不可先执成见，致下有不得尽之情，或至枉纵。至于盗案，尤要详慎。强之与窃，相去天渊，一出一入，万万不可轻易。

33.人命最重，极当详慎，务于初招，确得真情。尸格不可听仵作妄报（暑月检尸，须先食辟恶之物），方不致开后来翻案驳窦，亦不致有冤枉。详册中招首数语，谓之"招眼"，更有关系。如"素无仇怨"等语，即系斗殴杀；如"夙有仇恨，遂动杀机"等语，即系谋故杀。斗殴矜释者多，谋故遇赦不赦，轻重判若天渊，故招眼数语最当详慎。

34.凡人命，投井、投缳、服毒、自尽等，多是刁徒藉命诬赖，居奇骗诈。如审出此等节情，即当反坐，不惟诬告者少，而轻生者亦少矣。惟真正有威逼实据者，乃当别论。

35.不可多准词状，不可轻易差人拘提，不可令妇女出官，不可轻易监禁，不可令久候审理。随到随结，则案无留牍，不误农事，而衙役亦不敢恐吓诈骗矣。事体小者或事关骨肉亲戚者，止当令其和息、自悔、自艾，亦教化之一端也。

36.风俗教化所关甚巨，每月朔望，会师儒讲《上谕十六条》，须敷陈明白畅，乡愚人人可解，中才以下之人，皆可勉于为善，而不敢为不善，勿视以为具文。

37.待绅衿须各尽礼貌。生员闭户读书、绩学能文者，当爱敬作养之。惟出入衙门扛帮词讼者，不在此例。（生员不可责，有过语广文可也。）

38.逃人随获随解，不可监禁过三日。或获之道路，或获之空庙，断不可株累窝家。万一果有窝家，令作自首，则保全者大矣。别有《督捕条例注释》可细看，此事尤可行阴骘也！留心，留心！凡解逃人一名，须金有身家、不吃酒的殷实解役二名，方保无虞。此事大有干系。慎之，慎之！

39.旗下人不可刑责。

40.衙门仓库、巡逻、监仓、防范俱要严紧。宅中上宿巡更，亦当每夜严紧。如有公事赴省、赴府尤要加紧，勿忽。

41.待广文、捕衙、防守将官皆要和睦。

42.催征钱粮各省不同，要以便民为主。如自封投柜，不经胥吏之手，流水簿备照分明，则胥吏不能作奸，则天下所同也。比粮不可用刑太重，此事最系官声，慎之。

43.羡余一项，各处相沿有定规，若前人有已甚者，则去之。若无害于民，不妨仍旧。断不可于戥头加重，加重，此敛怨之道也。居官以得民心为主，为民间省一分，则受一分之赐，诵声亦易起矣。银匠需择人。

44.加派一事最碍官声，最为民害。如地方有大役，必出于地丁正项之外者，必有院、道、府通行明文，看别州县如何行，本县往年遇此等大役如何行，与邻封同寅、本县绅衿详酌尽善，禀命于府，然后行之。断断不可一毫染指，切嘱，切嘱！

45.常平仓米谷盛贮，须择高燥爽垲之地，以防浥烂。又须峻其墙垣，严其锁钥，以老成殷实人专司其事。此项近往往为有司之累，不可不慎。

46.民壮快手，选少壮恩实者，暇日教之习射，亦有得力处。

47.驭胥役辈要严，亦要体恤人情，勿近刻薄。最不可令吏胥等有时道用事之名。

48.非万不得已，不可轻易借贷，亦系官评也。

49.必实实有真诚与民同休戚之意，民未有不感动者，不恃智术驾驭。

50.遇下犯上、贱凌贵、奴欺主之辈，当严正名分，以维风俗。

右五十条随忆随书，未有伦次，汝时时玩味遵行，庶几寡过，慎勿忽也。后有忆及者续寄钞入。

　　好在这篇《手镜》并不难读，不必每句翻译。看完这篇《手镜》，我们不禁惊讶于一个父亲竟是如此细心和唠叨，这也难怪现在有人看了之后，说这是"上任约谈书"和"官场护身符"了。但是，除了说一些从政的经验外，这篇《手镜》中连文庙关门、跟上级汇报时要避开他们的名讳，同事间别乱开玩笑，晚上喝酒要早去早回，甚至，夏天出门也要带棉衣，大雾天早起时应当吃饱饭，饿着肚子要生病，走路时不可以空腹，暑天有汗时也不可以在有风处脱衣摘帽，这些生活琐事也一一叮咛。这哪里是一个父亲，这分明是一个母亲的叮咛。也许，启沄的母亲在他十五岁时就去世了，没娘的孩子，他这个父亲要尽到责任啊。读到此，能不让人潸然泪下？

　　而到此，还没有完，王士禛最后说："右列五十条随想随书，没有条理，你要时时琢磨并遵照执行，这样或许可以少犯错误，一定不要忽视啊。以后有想起的条文再寄给你抄进去。"

　　如果启沄能为父亲讴歌，他应有一曲泣泪的歌唱；如果穿越时空也可以对话，那么就让天下的儿子给王士禛这位父亲送去敬仰的鲜花。这是一篇做高官的父亲在儿子面前毫无矫情和掩饰的沉吟自语，又如抚摸着儿子额头轻声的叮咛，这篇父亲的唠叨像捧到天下儿女面前的一颗滚烫的心在怦怦跳动。父爱，从三百多年前的时空中传来，温暖大地，温暖时空，温暖天下儿女！

结语

可怜多少谈诗客
谁识渔洋是嫡传

王士禛要求儿子的谨慎，却没能在自己身上实现。康熙四十三年（1704）九月，王士禛因王五案，以"微罪行"。他庆幸自己没有在官场江湖中犯下重罪，被下狱或九族株连。尽管，没有解甲归田、衣锦还乡的荣耀，但是，他还是得到了大家的谅解。在他从京城返回故里时，一车又一车都是满满的书籍，相送的人塞满街巷，许多人流着泪为他送别。当时的保和殿大学士吴琠拉着他的手，流着泪说："大贤去国，余不能留，负愧多矣！"

王士禛就这样离开了京城，离开了他在这里待了四十年的家，他要"角巾归里，篮舆竹杖，逍遥于长白、锦秋之间"了！

名士返乡，自有名士的风范。王士禛真的携孙挂杖，遍游齐鲁，甚至最远处都到了宋荦的老家河南商丘。三年间，仅到德州谢重辉家就达六次。在故里隐居的六年中，他有了更多的时间接待朋友、谈诗论道。同时，他在长白山下，春秋名士田仲隐居的抑泉口附近，建一别墅，别墅旁有古人所建夫于亭，于是在此作《古夫于亭杂录》六卷。

在此期间，他继《居易录》和《池北偶谈》后，又完成笔记著作《香祖笔记》二十二卷；在病中口述完成《渔洋山人自撰年谱》；取七十三岁所撰诗话六十则，又新增一百六十则编为《渔洋诗话》；集七十六岁诗作编为《蚕尾后集》；集七十七岁所作笔记为《分甘余话》；集历年诗文，删繁就简，汇为一集，于康熙四十九年（1710）编为九十二卷的《带经堂集》。可谓诗文璀璨，著作等身。

康熙五十年（1711）的正月初一，皑皑雪花飘满新城，瑞雪让七十八岁的老人王士禛心情格外愉快。他的疡症（疮毒）尽管不能痊愈，但是这场瑞雪却让他精神大振。他想到这又是一个辛卯年，离自己顺治辛卯中举已经一个甲子。他突发奇想，对儿子说："如果我疡症好了，你们要把我用轿子抬到省城，我要与新中举子一起，叙同年之谊。"这话音还未落，外面家人赶来禀报，在京城翰林院的同乡何世璂派家人送来邸报。王士禛亲手打开一看，不由喜出望外：康熙眷念旧臣，命王士禛回京！官复原职。

其实，康熙当时已经五十八岁了。这年的冬天，也许格外冷，老皇帝坐在皇宫内不由心中凄凉。他想到顺治年间的进士目前在任的已经没有几个人了，王士禛等老臣都因公务过失而被罢官。这些老臣在他身边陪伴了多年，他的恋旧情结突发，不由怅然，于是颁旨："朕每因朝列旧臣渐次衰谢，时切轸怀。爰命内阁询问，顺治间进士所有罢职在籍者，已有多人，王士禛、江皋、周敏政、叶矫然、徐淑嘉、宋庆远皆因公诖误，屏废里居。今年臻耄耋，深可悯念，着复原职，以示朕格外加恩至意。余依议。"

但是这时，王士禛的谨慎、厚道脾气又上来了，他想：这仅仅是朝廷的邸报，不是吏部的正式文件啊！而这时，儿子和侄子们就要马上去京城谢恩，王士禛把子侄们堵在大门口，告诉他们："现在朝廷禁止邸报流传，我们现在还没见到正式部文，按理我是应亲自赴京谢恩的。谢恩是大事，可现在疮毒在身，不能躬行，还是等疮毒好了，部文来了，我亲自赴京！"

王士禛可能也知道，这时是春节，是岁前各部锁印之时，正式部文要到，起码也要一个月。他也许真正纠结的是，自己的身体究竟还能不能复任！

一个月后，真的部文来了，王士禛的疮毒还是没痊愈。无奈之中，他只好派从弟王士骊和儿子王启汸赴京谢恩。然而，为时已晚。也许皇帝的热情已经消退，当谢表送上，康熙只说了三个字：知道了。那冷冷的回复，直让王士骊、王启汸心里凉了半截。

这个冷冷的回答，也让王士禛感到心寒，他的心情也从灿烂的巅峰跌落到失意的谷底。

在那个山谷的谷底，阴风怒吼，树摇石飞。远远地，似乎传来冥界的召唤，那声音好像是在问他，你能这样去了吗？你在人世间还有没有没完成的事？王士禛在思维的狂风骇浪中一遍遍检索着记忆，他是一个厚道的人，他不愿背负着情债和文债撒手而去……突然，昏迷中的王士禛竟一下子坐了起来，他疾呼身边的儿子启汸，说道："吾初官维扬时，为居烈妇雪冤一事，久欲为立一传，因循未果。今烦闷郁辒①中偶于枕上得之。了此一段公事。"（《渔洋山人自撰年谱》启汸跋）于是，启汸秉笔蘸墨，王士禛斜倚枕上，一字一句，竟成一文：

居烈妇向氏传

向氏，高邮人向崇德女也。许字同州人居某次子士骥。有居轩者，大猾也。家富于财，至不可赀计，复窜名盐漕诸台使吏籍中。轩于某为族祖，相厚善。某且死，以其妇张二子士聪、士骥为托，自是日往来其家，久之遂与张通。继而士聪娶于申，轩又通之。向既于归，轩复谋通之，嘱张与申为谕，意坚不可。自是，闻轩至，必深避远隐，轩计绌，更制丽服一称，簪珥之属称是，嘱申贻之。向持之益坚。碎其衣投之地，骂不绝口。申走报轩于张所，轩大恚。乃谋以明日匿轩于别室，而张与申偕往，阳以好语劝譬之，复大骂加故。乃呼轩出，三人共殴之，立死，至死骂不绝口。未几，（其父）崇德控于官。事下，江都县及扬州府同知皆入居轩之贿，且欲以自

---

① 郁辒：郁闷不畅。

媚于台使，遂当崇德诬告。既数月矣。余时为扬州推官，最后属余谳刑，讯轩备得情实，三人皆论弃市。

  ……

  王士禛口述完毕，长出一口气，他感到那样轻松，那样愉快，他感到自己的灵魂不断地往上飘、往上飘，自由自在地穿过树丛、山脉和大地，在蜀道的山峦之上，在南海的浪涛之巅，在淮扬的烟霞之间，在京城的雾霭之中……他与自己的朋友一个个擦肩而过，那一个个熟悉的面庞在向他微笑着：蒋超、冒襄、陈维崧、吴雯、汪琬、洪昇……还有祖父王象晋、哥哥王士禄；更有父母以及逝去的爱妻张氏、侧室张氏、继室陈氏，以及过早夭折的儿子和女儿们……

  他要去了，他要到一个真正无忧无虑的国度中去了，带着他的万卷诗书，带着他的神韵诗说。在那个神秘的国度里，他要忘掉所有俗世的伤痛，让灵魂做快乐的遨游。

  康熙五十年（1711）农历五月十一酉时，一颗在诗坛上闪耀了半个世纪的巨星陨落。

  赵执信闻讯，奔哭之，曰："典型杳矣！"

  蒲松龄作诗极尽哀痛："……儒林道丧典型尽，大雅风衰文献亡。薤露①一声关塞黑，斗南②名士俱沾裳。"

  尤珍③闻讣，有《新城王大司寇挽诗二首》：

    中天星斗换，奎壁④忽韬光。

    一代诗人没，千秋作者亡。

    风骚谁管领，词赋少平章。

---

① 薤露：西汉无名氏创作的著名挽歌辞。原诗："薤上露，何易晞。露晞明朝更复落，人死一去何时归。"

② 斗南：北斗星以南。犹言中国或海内。

③ 尤珍（1647—1721）：尤侗之子。历任《大清会典》《明史》《三朝国史》纂修官，深于诗学。著《沧湄诗稿》。

④ 奎壁：二十八宿中奎宿与壁宿的并称。旧谓二宿主文运，故常用以比喻文苑。

幸得遗编富，流传后学长。

夫于山色好，高卧老尚书。
风月堪吟弄，云霞任卷舒。
达官同梦幻，华屋等丘墟。
独有文章在，光芒万丈余。

沈德潜挽诗曰："三百年来久，风骚让此贤。……"

陈廷敬有诗悼曰："诗忆平生句，人怀别后颜。高秋回白首，落日下青山。感怀风尘际，论交杵臼①间。九原②见汪大，应笑老夫顽。"

在北京，众多弟子闻听老师去世的消息，在京城黑龙潭的一庵中，设王士禛牌位供人祭奠。

为了给王士禛争取死后谥号，王士骊和王启汸再次赴京。

而当他们辗转二十余日将奏折送上后，老皇帝康熙却只在奏折上批了五个字"用该部知道"，一代诗宗身后不能享受死后恤典，其福可谓薄矣！

康熙五十年（1711）十二月初七，王士禛去世后的半年有余。冬天的下午，北风凄号，朔气袭骨。由山东提督学政黄叔琳和王士禛从弟王士骊带队，王士禛的安葬仪式在新城系河北岸的王家祖茔的空地上举行。作为王士禛弟子的黄叔琳手持朱笔，在原写有"神王"的木牌的"王"字上点上一笔，使之成为"神主"牌位。点后，他轻轻地将牌位竖起，继而匍匐在地，痛哭失声。一旁前来参加安葬仪式的众亲友也同时跪地，哭声震天。这震天的哭声既有对一代文星逝去的怀念，也有对王士禛死后不得被赐谥号的怨怒。

而王家和王士禛弟子们的这种怨怒竟持续了半个多世纪。

---

① 论交杵臼：《后汉书·吴佑传》："时公沙穆东游太学，无粮，乃变服客佣，为佑凭春。佑与语，大惊，遂共定交于杵臼之间。"
② 九原：指墓地。

乾隆三十年（1765）三月，江宁，繁花如织；江面上，龙舟威武，百舸争流。王士禛去世五十四年之后，乾隆——这位康熙宠爱的孙子已是第四次南巡了。这时，离康熙去世也有四十三年了。

这是一个云白风清、天朗气暖的上午，乾隆在行宫内接见了已经归隐的著名诗人、学者沈德潜。两人谈诗，说起当下朝内诗道中衰，不复康熙时的繁荣景象。沈德潜不失时机地说："圣祖（康熙）在位时，王士禛高举诗坛大旗，其诗风温柔敦厚，被奉为国朝正宗，从者如流。而现在坫主缺失，并且，现在人很少能读到王士禛的诗了，原因也是王士禛死后没有谥号，人们现在无所追从啊！"

乾隆听罢，若有所思。

乾隆三十年四月，谕曰："士正（禛）积学工诗，在本朝诸家中流派较正，从前未邀①易名②之典，宜示褒，为稽古③者劝。"④

于是，故刑部尚书王士禛被追谥号为"文简"。

皇帝赐给的谥号在王士禛去世半个世纪后终于落在一代诗宗的名下，但这个谥号对王士禛已经不重要，对他的评判似乎更应交给公正的历史。王士禛的文坛素望不会因为皇帝赐予的谥号而加重分量，随着时间的延伸，他在浩若星海的文坛上发出的璀璨的光芒才是真正的价值所在。

《四库全书总目提要》云："当我朝开国之初，人皆厌明代王（世贞）、李（攀龙）之肤廓，钟（惺）、谭（元春）之纤仄，于是谈诗者竞尚宋元。既而宋诗质直，流为有韵之语录；元诗缛艳，流为对句之小词。于是士禛等以清新俊逸之才，范水模山，批风抹月，倡天下以'不着一字，尽得风流'之说，天下遂翕然应之。"

袁枚："本朝古文之有方望溪，犹诗之有阮亭。"

胡云非在《王士禛诗》绪言中说："清初以诗鸣者，为钱谦益、吴

① 邀：谋求。
② 易名：指古时帝王、公卿、大夫死后朝廷为之立谥号。
③ 稽：考察。稽古指考察古代事迹，明辨是非。其结果为：择善而从，不宜而改。
④ 《清史稿》卷二六七《王士禛传》。

伟业、汪琬、施闰章、王士禛、朱彝尊、宋荦、吴雯、屈大均、陈恭伊、梁佩兰等，中以王朱为大家，王以才胜，朱以学胜，而时推王为正宗……"

沈曾植有句云："国朝坛坫首新城。"

民国"文治"总统徐世昌辑《晚晴簃诗汇》对王士禛做出这样评价："以诗学论，不得不推为一代正宗也。"

民国时学者胡怀琛将王士禛与屈原、陶渊明、李白、杜甫、白居易、苏东坡、陆游列为中国八大诗人，他说："我承认王渔洋的诗，是《诗经》的嫡传，可以当得正宗而无愧。"他对王士禛的评语这样写：

敦厚温柔三百篇，风人微旨忆当年。

可怜多少谈诗客，谁识渔洋是嫡传！

郁达夫："清朝诗唯王渔洋全集可诵。"

钱钟书："渔洋谈艺四字'典''远''谐''则'……方为拯乱之药，功亦伟矣！"

附录一

王士禛年表

崇祯七年（1634） 一岁

士禛于闰八月廿八日亥时，生于开封官邸。

崇祯八年（1635） 二岁

祖父象晋迁任浙江布政使，士禛一家随任至杭州。

崇祯十年（1637） 四岁

祖父象晋致仕归里。王士禛一家尽回故乡新城。

崇祯十三年（1640） 七岁

王士禛始入小学，在新城家塾从祖父象晋读。与伯兄士禄、仲兄士禧、叔兄士祜同学。习五七言韵语。

崇祯十五年（1642） 九岁

十一月，清兵陷新城。全家避兵邹平长白山鲁泉。清兵攻陷松山（今锦州西南），名将洪承畴降。十二月，清兵攻陷兖州，杀鲁王，至济南，新城陷，王氏三十余口殉难。

崇祯十六年（1643） 十岁
王士禛全家避兵于邹平，依外祖孙氏家，居长白山之鲁泉。

顺治三年（1646） 十三岁
王士禛全家因避高苑县义民谢迁兵乱居长白山，依邹平张氏。

顺治四年（1647） 十四岁
王士禛与诸兄和《月泉吟社诗》。

顺治五年（1648） 十五岁
王士禛出应童子试，未中。

至是有《落笺堂初稿》一卷。

顺治六年（1649） 十六岁
在家塾读书。

顺治七年（1650） 十七岁
再应童子试，郡、邑、提学三试皆第一。读书水月禅寺，寺在大明湖东北。八月与张氏成婚。

顺治八年（1651） 十八岁
应乡试，举第六名。是冬，与伯兄士禄同上公车赴京会试。一路唱和，题诗驿壁。

顺治九年（1652） 十九岁
在京应会试，落第。

顺治十年（1653） 二十岁

八月，士禛长子启涑生。十月，祖父象晋（1560—1653）寿终于故里，享年九十三岁。

顺治十二年（1655） 二十二岁

士禄以殿试与士禛同上公车，士祜亦以太学生廷试入都。与海内文人论交，时号"新城三王"。士禛中会试五十六名，未殿试而归，致力于诗。

顺治十三年（1656） 二十三岁

五月，士禛第二子启浑生。

春与邑高士诗人徐夜游长白山，有《长白游诗》《长白山录》合一卷。《渔洋诗集》编年始于本年，并在《丙申诗》序中确立了"神韵"诗论。

顺治十四年（1657） 二十四岁

八月，游历下，集诸名士于大明湖。举秋柳诗社。初展神韵诗风。赋《秋柳》诗四章。

顺治十五年（1658） 二十五岁

春，赴京。殿试中二甲三十六名。观政兵部，备任。九月归里。

顺治十六年（1659） 二十六岁

十月，得授扬州府推官。十二月，赴任便道归里，伯兄士禄、叔兄士祜送至天宁寺。自此，兄弟离多聚少。

冬，与西樵、彭羡门以香奁体唱和。刻《彭王倡和集》。

顺治十七年（1660） 二十七岁

春，赴扬州任，父与敕同行。三月，到任。八月，充江南同考官，赴江宁。九月，病归扬州。

顺治十八年（1661）　二十八岁

在扬州。审理"海寇案""奏销案"等，多所平反，严惩诬告。罢
除迎春琼花观会，严惩从中谋利奸官，扬州百姓称颂其东坡再世。

康熙元年（1662）　二十九岁

正月，第三子启汸生。

是春与袁于令、杜濬等名士修禊红桥，有《红桥唱和集》。

康熙三年（1664）　三十一岁

春，士禛与林古度、杜濬、张纲孙、孙豹人诸名士修禊红桥。
十月，得内迁礼部命。

康熙四年（1665）　三十二岁

春，至如皋与冒襄、邵潜、陈维崧、许嗣隆诸名士，修禊水绘
园。七月，登舟赴京任。

九月到礼部任。十月，因户部郎中某以恶言告吏部，士禛被罢官。

康熙五年（1666）　三十三岁

二月，与伯兄自京师归济南。士禛暂返新城。

康熙八年（1669）　三十六岁

三月，至淮安榷清江浦关，专司船厂。

以甲辰前之作增《过江》《入吴》《白门》前、后诸集，汇为一编，
名《渔洋编》。力陈其神韵诗论。

康熙九年（1670）　三十七岁

五月，修《大清会典》。

冬，还京师。

康熙十年（1671） 三十八岁

在京师，迁户部福建司郎中。

康熙十一年（1672） 三十九岁

在户部。四月，第五子启汧生。五月，次子启浑死，时年十七岁。六月，奉命典四川乡试。母逝，闻讣，奔丧。十一月，至新城。

赴川途中作诗三百五十余篇，编为《蜀道集》。又有《蜀道驿程记》。

康熙十二年（1673） 四十岁

在新城居母丧。

康熙十四年（1675） 四十二岁

服阙，七月以父命赴京。居天宁寺。八月，待依次补阙归里。

康熙十五年（1676） 四十三岁

正月，赴京师。五月，补户部四川司郎中。九月，张宜人卒于家。

康熙十六年（1677） 四十四岁

在户部。六月，康熙帝与张英考察士禛诗文。七月初一日，又与李霨、冯溥考察士禛诗文。

为部院同人宋荦、王又旦、谢重辉等选定《十子诗略》及文集等。

康熙十七年（1678） 四十五岁

正月二十二日，与翰林院学士陈廷敬同召对懋勤殿。二十三日，特旨授翰林院侍读。夏，与陈廷敬、叶方蔼入直南书房。十月，奉旨偕侍讲韩菼典顺天乡试。

康熙十八年（1679） 四十六岁

入直南书房。在翰林院充《明史》纂修官。

康熙十九年（1680） 四十七岁

在翰林院。十二月，迁国子监祭酒。

康熙二十年（1681） 四十八岁

在国子监。主秋试。

康熙二十二年（1683） 五十岁

疏清修补国学所藏《十三经注疏》《二十一史》刻板，多次上疏请定圣庙祀典等事宜，准行。

康熙二十三年（1684） 五十一岁

九月二十日，三女阿宫生。十月，迁詹事府少詹事兼翰林院侍讲学士。十月，奉命祭告南海。

刻辛亥至癸亥诗，为《渔洋续集》。冬，赴粤，至东平阻雪。爱其小洞庭湖及蚕尾山胜景，故后名其集为《蚕尾集》。

康熙二十四年（1685） 五十二岁

二月十日，抵广州，入南海神庙祭告毕。四月一日，归自广州，七月，过里。九月至京复命闻父讣，奔丧。

广州之行，得诗三百余篇，编为《南海集》。又有《粤行二志》三卷、《皇华纪闻》四卷。

康熙二十五年（1686） 五十三岁

父丧在里，居庐。住西城别墅。

康熙二十六年（1687） 五十四岁

在里居庐，秋移南城旧第，居宸翰堂。

取唐人殷璠、高仲武诸家诗选，各删定，增韦庄《又玄集》、姚铉《唐文粹》，通为《十种唐诗选》。体现神韵诗论。

康熙二十七年（1688） 五十五岁

正月，赴京悼太皇太后。三月，自京返里。

有《北征日记》。选《唐贤三昧集》三卷，评点蒲松龄小说《聊斋志异》。

康熙二十八年（1689） 五十六岁

正月，康熙帝南巡，士禛自里赴德州迎驾。三月，葬父并母。冬十月，赴京。

有《迎驾纪恩录》一卷。编成《池北偶谈》二十六卷。

又有《戏题蒲生〈聊斋志异〉卷后》等诗。

康熙二十九年（1690） 五十七岁

正月，再补詹事府少詹事兼翰林院侍讲学士。三月十日，迁都察院左副都御史、三朝国史副总裁。六月，长女阿端死。七月秋审平反数案。九月，迁兵部督捕右侍郎，孔尚任与其订交。

康熙三十年（1691） 五十八岁

二月六日，奉命主考会试。

康熙三十一年（1692） 五十九岁

四月，因受侍卫马三捷潜逃案牵连降一级，为兵部督捕右侍郎。

八月初五日，调户部右侍郎。整饬铸钱法规，革除送样钱陋弊。

康熙三十三年（1694） 六十一岁

在户部。二月，署兵部事。六月，充纂修《类涵》总裁官；下旬，转户部左侍郎。

康熙三十四年（1695） 六十二岁

编次甲子使粤以前及丁卯以后诗、庚午以后杂文，编为《蚕尾集》十卷。又为《渔洋文略》十四卷，属门人张汉瞻为序，序中唯推士禛为当代文宗。

康熙三十五年（1696） 六十三岁

奉命祭告西岳。正月二十七日，发京师。七月，归里。九月，复命京师。

西行，有诗百篇，为《雍益集》。又有《秦蜀驿程后记》二卷、《陇蜀余闻》二卷。

康熙三十七年（1698） 六十五岁

七月十三日，迁都察院左都御史。十一月二十四日，奉命直南书房编《类御集》。

康熙三十八年（1699） 六十六岁

春，在都察院。五月，康熙帝返宫，迎驾通州。奉命直南书房。六月，侧室张孺人卒。九月，次女婉卒。十一月五日，迁刑部尚书。

康熙三十九年（1700） 六十七岁

在刑部。五月，平反徐起龙案。六月二十八日，赐御书"带经堂"匾额。七月，与诸公内直，赐御书唐诗湘竹金扇。十月，充武会试读卷官。

康熙四十年（1701） 六十八岁

在刑部。三月，归里迁祖墓、父墓。十月，返京。蒲松龄以五古诗送别。

康熙四十一年（1702） 六十九岁

四月六日，赐御书"信古斋"匾额，暗示"信古"不妄今之意。九月，拜送车驾南巡。冬，奉命阅御试顺天举人卷。

康熙四十二年（1703） 七十岁

三月，启奏刑部释囚犯八百余人。七月，启奏赈济山东灾民。八月，奉旨截留漕米，赈山东饥民。

康熙四十三年（1704） 七十一岁

九月，因王五一案"失出"，罢归。

编辑近十年诗作为《蚕尾续集》。

康熙四十四年（1705） 七十二岁

在新城故居。五月，以送驾至德州，下榻故国相谢升家。

康熙四十五年（1706） 七十三岁

四月，往邹平长白山中兹山别业，息居夫于草堂。

有诗九十一篇，编为《古夫于亭集》。夏，避暑于西城别墅。编《年谱》。

康熙四十七年（1708） 七十五岁

编次一年诗、文为《蚕尾后集》。刊定宋洪迈选集唐绝句，为《唐人万首绝句选》。又撰诗话一百六十篇。

康熙四十八年（1709） 七十六岁

著《分甘余话》四卷。

康熙四十九年（1710） 七十七岁

卧病在家。十二月，奉旨复职，因病甚剧，具疏遣子启汸入京谢恩。

将各集编次凡九十二卷，据庚辰夏御赐堂名，名《带经堂集》。

康熙五十年（1711） 七十八岁

五月十一日，士禛卒于里第。十一月七日，葬于系河北岸祖茔之次。太仓相国王掞作神道碑文，商丘宋荦作墓志。

附录二

参考文献

1.《王渔洋事迹征略》，蒋寅著，中国社会科学院出版社 2014 年版。

2.《王渔洋先生年谱》，伊丕聪著，山东大学出版社 1989 年版。

3.《王士禛志》，《山东省志·诸子名家系列丛书》编纂委员会编，齐鲁书社 2006 年版。

4.《秋柳的世界——王渔洋与清初诗坛侧议》，严志雄著，香港大学出版社 2013 年版。

5.《王渔洋与康熙诗坛》，蒋寅著，凤凰出版社 2013 年版。

6.《清诗与传承——以山左与江南个案为例》，石玲、王小舒、刘靖渊著，齐鲁书社 2008 年版。

7.《明末清初的思想与佛教》，[日]荒木见悟著，上海古籍出版社 2010 年版。

8.《明清之际士大夫研究——作为一种现象的遗民》，赵园著，北京师范大学出版社 2014 年版。

9.《想象与叙述》，赵园著，北京师范大学出版社 2015 年版。

10.《清初至中叶扬州娱乐文化与文学》，戴健著，社会科学文献出版社 2008 年版。

11.《说扬州——1550—1850 年的一座中国城市》，[澳] 安东篱著，中华书局 2007 年版。

12.《清代十大冤案》，李景屏著，中国旅游出版社 2011 年版。

13.《王渔洋传奇》，徐承诩著，中国文联出版社 2012 年版。

14.《神韵诗学》，王小舒著，山东人民出版社 2006 年版。

15.《大清时报》首部曲、二部曲，黄荣郎文／图，游奇惠主编，远流出版事业股份有限公司 2014 年版。

16.《中国八大诗人》，胡怀琛著，安徽人民出版社 2013 年版。

17.《恒台国际王渔洋讨论会论文集》，恒台国际王渔洋讨论会组委会编，山东大学出版社 1995 年版。

18.《王渔洋文化·2009 年—2018 年》，曹瑞刚主编，魏恒远执行主编。编辑出版：中共桓台县委宣传部桓台王渔洋学术研究中心。淄博市内部资料准印证：淄连内资（2009）第 37 号。

19.《王士禛全集》，王士禛著，袁世硕主编，齐鲁书社 2007 年版。

20.《渔洋精华录集注》，王士禛著，惠栋、金荣注，齐鲁书社 2009 年版。

21.《渔洋山人感旧集》，上海古籍出版社 2014 年版。

22.《池北偶谈》《古夫于亭杂录》《分甘余话》，王士禛著，中华书局 1982 年版。

23.《带经堂诗话》，王士禛著，中国人民大学出版社 2006 年版。

24.《古诗笺》，王士禛著，上海古籍出版社 2010 年版。

25.《谈龙录·注释》，赵执信著，赵蔚芝、刘聿鑫注释，齐鲁书社 1987 年版。

26.《汪琬全集笺注》，汪琬著，李圣华笺注，人民文学出版社 2010 年版。

27.《丁耀亢全集》，丁耀亢著，李增坡主编，张清吉校点，中州古籍出版社 1999 年版。

28.《郎潜纪闻四笔》，（清）陈康祺著，中华书局 1990 年版。

29.《阅世编》，（清）叶梦珠著，中华书局 2007 年版。

30.《今世说》，（清）王晫著，吴晶、周膺点校，当代中国出版社2014年版。

31.《不下带编——巾箱说》，（清）金埴著，中华书局1982年版。

32.《啸亭杂录》，（清）昭梿著，中华书局1980年版。

33.《履园丛话》，（清）钱泳著，中华书局1979年版。

34.《听雨丛谈》，（清）福格著，中华书局1959年版。

35.《在园杂记》，（清）刘廷玑著，中华书局2005年版。

36.《三渔堂日记》，（清）陆陇其著，中华书局2016年版。

37.《乡园忆旧录》，（清）王培荀著，中国文联出版社2011年版。

38.《板桥杂记·续板桥杂记》，（清）余怀著，人民文学出版社2000年版。

39.《北游录》，（清）谈迁著，中华书局1960年版。

40.《清督捕则例的研究》，南开大学博士论文，吴爱明著。

41.《明清初京师汉官的生活空间和关系网络——以王士祯为个案》，王成兰著，文《北京社会科学》2009年第4期。

42.《关于清代榷关"差官"问题的考察》，祁美琴著，《清史研究》2003年第4期。

跋

　　写完王士禛，瞩望窗外，细雨蒙蒙，绿柳婆娑，这天正是谷雨。

　　远树无枝、远水无波，沉浸在这诗意的窗外画景中，我多么想与三百多年前的渔洋先生再做一次时空的对话：先生，我不能对面聆听您的教诲，只能在文字的沙海里爬罗剔抉、参互考寻，为的是一步步接近您，探寻那些时空中稍纵即逝的灵光、幽奥和悬微。我知道，我是站在研究您的众多学者的肩膀上与您对话的，我用键盘敲出的这些字，用这些字拼成的大餐，酸咸之外，是否合乎胃口？您说，诗的韵味在酸咸之外，其妙处在于"不着一字，尽得风流"。而评传却必须明昏启聩，做结论性的判断。好在，我是尽力的，那个缥缈无定的神韵诗说，我自感触摸到了它的脉搏。期待，那个时空中的您，也能给我投来温柔敦厚的一笑。

　　接受这个任务，是在五年前，为了与渔洋先生有更多接触的机会，我尽力在工作之余，沿着他的足迹去触踏他走过的大地，抚摸他曾经抚摸过的瓦木砖石。

　　渡清远峡，来到广东清远人迹罕至的飞来寺，去感受渔洋先生所谓"石壁留孤云，飞亭俯江色"的壮丽。在"鸟啼修修竹，花覆濛濛水"的亭栏处，远眺江水，船舫点点，便真的有了"逍遥问摩诘"的滋味了。

　　山西榆次什贴镇的旅店可能是我住过的唯一一个乡镇级的旅店，一夜二十元钱。在王士禛的时代，这里却是一个重要的官驿，西来东去的官员几乎都要在此落脚。康熙十一年（1672），王士禛主试四川乡试，就曾在此驿站停留，并在当地官员的安排下，看了一场射箭表演。傍晚，在过访一个荒寺之后，我们来到断崖旁，那条官道就在我们的脚下。抬眼望去，崖深丈许，蓬蒿满崖，几只大鸟自崖对面飞来，叫声悠扬，那回音自谷底传来，又随远方白云，簌然散去，似是一个遥远的致意，而这致意却直戳心底。我在想，莫非渔洋先生还在这里？

感谢黄宾堂总编对我的信任，让我能与王士禛这样一位大师做五年充分的对话，也让我把明末清初的历史撕开冰山一角，烛幽探微，对其中的些许人物、事件做历史与现实的深切观照。在这个过程中，我得到了读史的乐趣，也得到了知识的充实和现实的感悟。

渔洋是一位诗人，同时，他还是一位官员，而且是一位高官，二品。历代有影响的诗人中做到他这种高位的，不多。这也许是他将诗法和处世之法相统一的结果。

渔洋一生中有四次被降级、撤职和罢官的经历。幸运的是，每一次，他都有山水之助，在山水之间洗涤烦忧。渔洋是不幸的，不到成年就目睹家族涂炭；渔洋又是幸运的，他有那样好的祖父和一个开明的皇帝。以他的天资和温柔敦厚的禀赋，能进对了门，跟对了人，当然是一片前程锦绣。

渔洋一生的爱好无非是写诗、读书、山水和交友。他生活的圈子，使他可以尽情地挥洒才华，留下风流华章。得意时，他能诗酒唱和，失意时，他可以遥望天空。他深悟"用之则行，舍之则藏"的道理，当他必须面对时，他可以在公堂上铁面无私；当他需要回避时，也可与陈焯一天胡扯。即使好朋友来借钱，他也没有豪举，而是由夫人褪下腕上的手镯；即使如赵执信辈，骂到他的脸上，他也没有激愤之情，而是淡然一笑，不做回应。渔洋的韵味确在于此，写完此书，他留给我的是一个淡淡的笑容，那样亲切，那样敦厚。这不露声色的一笑，如光如电，如梦幻泡影，让当世的人去体味、去思量。这种风流是一般人所难以达到的。所以说，渔洋是个奇人，打仗，他行；打牌，他也行。

渔洋一生讴歌忠烈，在他的潜意识当中，忠烈是他人格的基石。无论是椒山祠前，还是五人墓旁；无论是国士桥头，还是杨慎故宅，每到一地，他都要在忠烈面前做流连慨叹。有了这种人格的基石，王士禛便能舞动处世的太极，打起灵魂的乒乓，在你推我挡之间，保护自己，成就别人。所谓成人达己，内圣外王是也。

　　人们对清代的文学成就似乎仅仅专注于《红楼梦》《儒林外史》和《聊斋志异》，以至于清诗常常被人忽视。清人焦循提出了"一代有一代之所胜"的观点，认为各个朝代都有巅峰的文学样式，如汉魏大赋、唐诗、宋词、元曲、明清小说，殊不知，这种观点误导了人们对传统诗歌在清代地位的认识。在清代，由于有了如王士禛这样嗜诗如命的人，清诗成为了中国诗歌——这一最古老的义学样式的集大成者，但是集大成的顶峰在哪里？在此，我还是引用著名学者胡怀琛的观点——即在王渔洋！

　　胡怀琛先生有一本著作——《中国八大诗人》，继屈、陶、李、杜、白、苏、陆之后，第八大诗人，就是王渔洋。何以如此？综合诸多学者和胡怀琛先生的分析，我认为：一、以王士禛"我本恨人，性多感慨"的天性，他找到的最好的抒情方式，自然是诗歌。即说，王士禛有诗人最好的基因。二、清代是中国古代文学和文字传承的最晚期，传统的积淀已经非常深厚，王士禛先学唐后学宋、学宋后又宗唐，使他能兼收并蓄。清以后，进入白话文时代，再也没有古诗歌得天独厚的土壤了。同时，满人尊古、复古，这是清代训诂和学术飞速发展的根本，而诗歌也得以在古文字中汲取更多营养。王士禛科举出身，自然在古文字的浸润中出类拔萃。所以，中国诗歌最好的土壤出现在清代。三、中国诗歌讲究含蓄、婉转，乐而不淫，哀而不伤，不像外国诗歌那样直接，而这正是中国诗歌的正宗传统，以诗教化，可诗教也。王士禛诗风的温柔敦厚和"不着一字，尽得风流"的神韵学说，正是中国诗歌的正宗传承。

　　从中国诗歌的发展历程看，清诗是中国诗歌的集大成者，从王士禛生活的时代和他的诗风看，王士禛是中国诗歌的正宗在有清一代发展的巅峰。

　　渔洋是位诗歌大家，他的典、远、谐、则之说是诗歌中的瑰宝，他"羚羊挂角，无迹可求"的神韵，正如中国画的水墨韵味，与西洋画的逼真写实是两种完全不同的艺术流派。水墨就是中国元素、中国风格、中国味道，在渔洋诗文中浸淫，领悟其美、其妙，又能生发多少文化自信！

　　渔洋除了是一个诗人、官员，还是一个诗论家，他的神韵诗说光照中国文坛三百六十多年的历史，神韵的精髓在于"不着一字，尽得风流"，而要说透这个理论却是万言也难道尽的。渔洋一生参禅学佛，其思想博大精深，我也力图以讲故事的方式增强其可读性，至于效果，只有让读者评说。

　　我庆幸能在王士禛这片思想和艺术的沃土上深耕细作，五年来，我汲取的营养会受益终身！

　　另外，需要说明的是，我之所以用这种新闻体来写作，是因为我的新闻经历。前面加上导语，可能也是职业习惯。同时，为增强可读性，我在书中加入了在王士禛和诸多清人笔记中所见到的故事，当是作传记文学的尝试。

　　我还要感谢我的父母、妻子和家人在我写作过程中给予的支持。父亲八十一岁高龄还不断为我找来资料，祝他老人家健康长寿，能永远给我鼓励和关心。同时，我还要感谢纪冉、魏恒远、曹瑞刚、朱斌、李兆山、叶思平等朋友无私的支持和帮助。

　　夜朗气清，柳影摇曳，遥望天际，叹问渔洋。

　　至此搁笔，作一小结，以慰五年搜罗奔波之苦，以慰一年码字费神之劳。

李长征

2018 年 4 月 29 日

第七辑已出版书目

第八辑出版书目

图书在版编目（CIP）数据

神韵秋柳：王士禛传 / 李长征 著. -- 北京：作家出版社，2019.3

（中国历史文化名人传丛书）

ISBN 978-7-5212-0430-8

Ⅰ.①神… Ⅱ.①李… Ⅲ.①王士禛（1634—1711）-传记 Ⅳ.①K825.6

中国版本图书馆CIP数据核字（2019）第049768号

神韵秋柳：王士禛传

作　　者：李长征

传主画像：高　莽

责任编辑：江小燕

书籍设计：刘晓翔+韩湛宁

责任印制：李卫东 李大庆

出版发行：作家出版社有限公司

社　　址：北京农展馆南里10号　　邮　　编：100125

电话传真：86-10-65067186（发行中心及邮购部）

　　　　　86-10-65004079（总编室）

E-mail:zuojia@zuojia.net.cn

http://www.zuojiachubanshe.com

印　　刷：北京汇林印务有限公司

成品尺寸：152×230

字　　数：330千

印　　张：23.25

版　　次：2019年7月第1版

印　　次：2019年7月第1次印刷

ISBN 978-7-5212-0430-8

定　　价：45.00元（平）